신 웰빙시대의

여행사실무

도미경 저

백산출판사

Preface

21세기는 전자시대로 전자여권, 미국입국허가 전자신고, 전자항공권 등 관광업계는 전자시대의 물결 속에 큰 변화를 겪고 있다. 여행사는 사람들을 가고 싶어 하는 곳으로 여행을 이끌어주는 전문지식을 가진 사업이었다. 그렇지만 인터넷시대는 외국여행 경험을 가진 사람들이 주변에 많고, 여행지식으로 무상된 여행작가와 여행인들이 있고, 인터넷을 통한 정보교류는 실시간 정보들을 산재시켰다. 따라서 사람들은 더 이상 여행사를 유일한 정보제공처로 의지하지 않게 되었다.

전자시대의 일상화는 관광상품 공급업자인 항공사, 훼리, 호텔예약, 현지교통회사, 각종 패스 등에 대해서도 일대 변혁을 가져왔다. 항공사의 항공권 예약발권시스템은 윈도우를 기반으로 쉽게 접근할 수 있고 선호하는 좌석을 선정할 수도 있다. 이제 항공사는 고객과 직접 접촉할 수 있기 때문에 더 이상 여행사에 수수료를 주고 싶어 하지 않는다. 수수료가 제외된 저렴한 가격을 제시하자, 고객들은 가격비교 사이트를 통해 간단하게 원하는 여행을 구성하는 FIT가 될 수 있게 되었다. 여행상품의 대량생산능력과 운영능력으로 상품을 생산하고 소매점을 통해 판매하지만 소매점은 이제 여행사만이 아니다. 홈페이지, 각종 인터넷 사이트, 카드사, 홈쇼핑, 쇼핑몰 등 대규모 자본이 경쟁가가 되었다.

그러나 이런 기술적인 발전과 경쟁의 도전에도 불구하고 여행사의 훌륭한 자산과 강점은 여전히 직원이다. 사람들이 모든 것을 스스로 할 수 있는 시대임에도 불구하고 여행사를 찾는 이유는 전문적인 판단을 필요로 하기 때문이다. 긴 텍스트를 읽어야 하고, 여러 사이트를 찾아다니는 데 써야 할 시간의 양과 그러고도 잘못된 판단을 할 수 있다는 것을 안다면, 전문가의 즉시적인 판단이 얼마나 가치 있는 것인지를 알게 된다. 특히 여행사가 고객의 여행가치를 알고 실현시켜 준다면 기꺼이 도움을 청할 것이다. 따라서 전자시대의 여행사실무는 여행실무 지식을 바탕으로 온라인 여행정보를 최대한 수집하고 분석하여 정보로 판단할 수 있는 능력이 필수적이다.

본서는 앞으로 여행사실무에 종사할 학생들에게 지식의 스펀지와 같은 여행실무의 기본체계를 익히도록 하는 데 첫 번째 목적을 두고 있다. 전자여권의 본인신청제도로 여행사의 여권업무가 사라지고, 미국비자 면제조치로 업무가 축소되었으며, 전자항공권으로 실물항공권 업무가 제거되었음에도 불구하고 국외여행의 기본체계는 변하지 않았다. 항공권은 예약, 발권의 과정을 거쳐야 하고, 실물항공권의 내용은 그대로 전자항공권에 형식 없이 기재되고 있다. 여권업무를 하지 않고, 비자가 면제되었어도 여전히 국외여행업무에서 여권과 비자에 대한 사항은 철저히 확인하고 숙지해야 하기 때문이다. 두 번째는 지식을 체득하도록 하였다. 여행사실무는 현장에서 직접 사용할 수 있어야 하기 때문에 실제 서류작업과 예제를 통해 익숙해지도록 하였다. 특히 다양한 on-line상의 예제들을 제시하여 실무에서도 익숙할 수 있도록 하였다. 여행사의 기본업무를 익히는 데 충실하고 여행정보에 대한 전문적인 판단능력을 기른다면 여행사의 위기는 오히려 여행업무를 더욱 전문화된 지식으로 발전시키는 계기가 될 것이다.

부디 본서를 통해 학생들이 여행사실무의 기본을 쉽게 익히고, 실무를 체득하며 더 나아가 다양한 사례들을 통해 여행사 고객이 바라는 전문적 판단을 제시할 수 있는 전문 여행인이 되기를 바란다. 끝으로, 본서가 나오기까지 관심과 지원을 아끼지 않은 정갑철 박사와 의석군 그리고 백산출판사 임직원 여러분께 깊은 감사를 드린다.

2010년 1월

관광경영학 박사 도미경

Contents

Chapter 13 여행자보험

1

국외여행업무의 이해

1 국외여행과 국외여행업무

1) 국외여행의 의미

(1) 국외여행의 뜻

한국에서 국외여행은 해외여행과 혼용되어 사용된다. 엄밀하게는 국외여행은 외국여행을 말한다. 즉 자국의 국경을 벗어나 타국을 여행하는 것이다. 우리나라에서는 흔히 이것을 해외여행이라고 한다. 이것은 바다를 건너 외부를 여행한다는 의미로 섬나라에서 사용하는 용어이다.

해외여행 국외여행

두 용어의 혼용은 여행사가 등장하고 관광이 사업적으로 활성화되기 시작한 것이 일제시대였기 때문에 일본 용어에서 영향을 받았을 것으로 추정된다. 섬나라 일본에서의 외국여행은 바다를 건너는 해외여행이기 때문이다. 또 다른 하나는 현실적으로 우리나라가 분단되기 이전에는 북쪽의 육로를 통한 여행이 가능했었지만, 국토의 분단 이후 바다를 건너는 것만이 우리의 유일한 국외여행의 수단이 되었기 때문에 현재로서 국외여행은 해외여행과 혼용되어 사용되고 있는 것이 현실이다. 업계에서는 한국인의 국외여행업무를 'Outbound'라고도 한다.

[그림 1•1] 한국에서 출발하는 국외여행 경로

(2) 국외여행의 방법

한국인에게 있어서 국외여행은 항공여행을 연상하지만, 실제로 많은 국외여행상품은 항공여행과 선박여행이 함께 이루어지고 있다. 다수의 여행상품이 단기 휴가철과 방학기간에 집중되어 있어 이동시간의 소요가 최대한 단축되어야 하기 때문에 항공여행을 선호하고 있다. 항공여행은 빠른 시간 내에 이동할 수 있다는 장점이 있지만, 수속에 많은 시간이 소요되고 이동시간 내내 좌석에 앉아 있어야 하는 단점이 있다.

[그림 1•2] 대한항공 탑승 브리지와 기내

인접한 일본과 중국의 경우 선박여행상품이 활발하게 운영되고 있다. 선박여행은 항공여행에 비해 저렴하며 성수비와 비수기의 요금변동이 적고, 공항에 비해 부두의 수속시간이 짧고, 이동 중에 넓은 공간에서 자유롭게 활동할 수 있다는 장점이 있어 단체여행에서 특히 선호되고 있다.

[그림 1•3] 부산-오사카를 연결하는 팬스타

[그림 1•4] 부산-후쿠오카를 연결하는 코비

2) 국외여행업무의 전문화

(1) 국외여행과 해외여행 자유화

한국에서 국외여행이 시작된 것은 매우 오래전의 일이다. 정확한 시작은 알 수 없지만, 5세기의 법현(法顯), 7세기의 현장, 8세기의 혜초 · 오공(悟空) 등의 명승이 돈황지방을 여행한 것으로 문헌에 나타나 있다. 특히 신라의 혜초는 왕오천축국전을 남겨 당시의 여행과 문화에 관한 많은 자료를 남겼다.[1]

이와 같이 문헌과 그 외 많은 사람들이 국외여행을 했지만, 1989년 이전까지는 국가의 통제를 받아야 했기 때문에 매우 제한적이었다. 국외여행이 대중화에 이른 것은 1989년 해외여행 완전자유화의 실시였다. 1982년에 처음으로 50세 이상의 일반인에 대해 해외여행 자유화를 실시했다. 다만, 일정금액의 예치금을 납부한 후 국외여행을 할 수 있도록 한 것을 시작으로, 1983년이 예치금제도가 폐지되었고, 1988년에는 '88서울올림픽을 치루면서 순차적

1 정수일, 혜초의 왕오천축국전, 학고재, 2008년.

[그림 1•5] 서역기행 중인 혜초의 모습(복원도)[2]

으로 자유화를 실시해서 40세 이상을 그리고 곧 30세 이상의 국민의 국외여행을 자유화시켰으며 1989년 1월 1일 국민의 국외여행 완전 자유화가 실시되었다. 이에 따라 국외여행자의 수는 급격히 증가하였다.

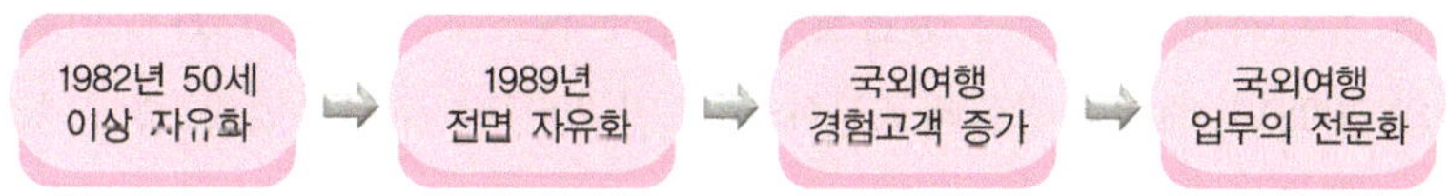

[그림 1•6] 국외여행업무의 전문화 과정

이와 같은 국외여행의 대중화는 해를 거듭할수록 급격한 증가를 보였다.

(2) 출국자수의 증가와 국외여행 경험자의 증가

한국의 출국자수는 관광 관련 제 조치와 1989년 해외여행 자유화를 기점으

2 전게서.

로 폭발적으로 증가했다. 출국자수의 증가는 필연적으로 여행사의 증가를 가져왔고, 특히 국외여행업무에 집중하게 했다. 다수의 국외여행사가 경쟁을 하면서 여행업무는 그 영역을 넓히고 동시에 전문화하기에 이르렀다.

〈표 1•1〉 연도별 출국자수 및 관광 관련 제 조치

연 도	출국자수	증가율	국외여행 자유화 조치
1982	499,707	14.6	50세 이상 국외여행(예치금)
1983	493,461	-1.2	50세 이상 완전자유화
1988	725,176	42	40세 / 30세 이상
1989	1,213,112	67.3	국외여행 완전자유화(1월 1일)
1996	4,649,251	21.7	
1998	3,066,926	-32.5	IMF 경제위기 도래
2004	8,825,442	24.5	
2007	13,324,977	14.8	
2008	11,996,094	-10.0	세계 경기 침체

출국자수의 증가는 국외여행 경험자수의 증가를 가져왔다. 더욱이 조사에 따르면 국외여행 경험자의 경험횟수가 증가하는 것으로 나타났다. 한국관광공사의 2008년 해외여행실태조사에 따르면 2007년 조사응답자 중 1년간 국외를 2회 이상 방문한 사람이 51.3%에 달하고, 2008년에는 57.2%로 증가했다.[3] 국민의 국외여행 경험이 증가하면서 국외여행에 필요한 절차와 정보에 익숙한 고객이 늘어나게 되었다. 따라서 국외여행업무는 해외여행 경험이 축적된 고객을 상대해야 하는 일이 많아졌으며, 더욱 더 많은 여행지식을 필요로 하는 업무가 되고 있다.

3 한국관광공사, 2008 국민해외여행실태조사.

(3) 국외여행 정보의 증가와 기술의 발전

인터넷의 발달로 관광 및 국외여행과 관련된 정보를 공유하면서 전문가 수준의 고객이 급격히 많아졌다. 국내 사이트뿐만 아니라 국외 사이트를 망라하는 정보망을 통해 여행정보 습득과 가격비교 등이 실시간 가능해졌다. 개별여행의 증가와 여행 관련 블로그 활동은 여행전문가 수준의 정보축적을 가능하게 했고, 누구나 현지의 자세한 정보를 실시간으로 확인할 수 있게 되었다. 항공예약 및 호텔예약시스템의 발전은 손쉽게 예약과 발권을 직접 하고 고객이 좌석 지정까지 할 수 있게 되면서 여행업무와 관련한 지식이 일반고객들에게도 공개되고 있는 실정이어서 여행업만의 전문화를 요구하고 있다. 한편으로, 정보화는 여행업무에 있어서도 실시간 정보를 확인할 수 있게 해주기 때문에 여행업무의 전문화에 기여하고 있다.

3) 국외여행사의 증가와 대형화

(1) 국외여행사의 증가

여기서 국외여행사는 국외여행업과 일반여행업을 포함하여 국외여행 부분에서 실적이 높은 여행사를 말한다. 국외여행자의 증가와 함께 1982년 여행업이 허가제에서 등록제로 바뀌면서 여행사의 수는 크게 증가하기 시작했다. 특히 국외여행업무 부분은 폭발적인 증가세를 보이고 있다. 법률적으로 구분된 여행업은 일반여행업, 국외여행업, 국내여행업이지만 일반여행업의 대부분이 국외여행업을 주로 담당하는 경우가 많고, 국외여행업과 국내여행업을 겸하는 여행사들이 많다. 따라서 국외여행업 업무를 담당하는 여행업의 수는 일반여행업과 국외여행업의 수를 합한 것으로 보았을 때 2009년 6월 현재 한국에서 국외여행업무를 담당하는 여행사는 5,833여 개가 된다.

〈표 1•2〉 연도별 / 업종별 여행사의 현황 (2009년 6월)

연도	일반여행업	국외여행업	국내여행업	비고
1976	25	0	113	허가제
1987	25	0	162	
1980	25	0	224	
1982	71	22	414	등록제
1988	89	105	784	
1989	122	254	839	
1996	335	1,570	2,074	
1998	329	2,435	2,726	
2001	629	3,085	3,225	
2008	705	5,329	3,616	
2009(6월)	927	4,906	3,042	

이들 여행사를 지역적 분포로 살펴보면 서울 집중현상이 두드러진다. 또한 대형 여행사의 대부분이 서울에 본사를 두고 있는 것을 감안할 때 여행업의 대기업은 서울에 위치하고 있는 것을 알 수 있다.

〈표 1•3〉 지역별 여행사의 현황 (2009년 6월)

업종 \ 지역	서울	부산	대구	인천	광주	대전	울산	경기
국외여행업	2,587	431	181	74	125	176	64	170
국내여행업	934	286	13	68	126	15	62	212
일반여행업	673	32	10	8	13	9	6	45
소계	4,194	749	204	150	264	200	132	427

강원	충북	충남	전북	전남	경북	경남	제주	합계
88	140	144	96	136	212	240	42	4,906
89	65	174	104	198	260	258	178	3,042
14(8)	12	1	20	10	5	12	57	927
191(8)	217	319	220	344	477	510	277	8,875

(2) 국외여행사의 대형화

1 송출시장의 소수 여행사 집중

2008년 전체 출국자수 11,996,094명을 기준으로 할 때, 전체의 여행사 실적은 4,356,705명으로 전체의 36.3%를 차지한다. 전체 여행사 실적 중 97.7% 이상을 상위 30위권 여행사들이 차지하고 있다. 여기서 30위까지의 여행사 실적 중 3위까지를 차지하고 있는 하나투어, 모두투어, 롯데관광의 송객인원은 1,970,379명으로 30위권 실적의 46.3%를 차지하고 있다. 자유여행사와 OK투어를 포함하여 5위권까지 살펴보면, 이 비율은 55.7%로 늘어난다.

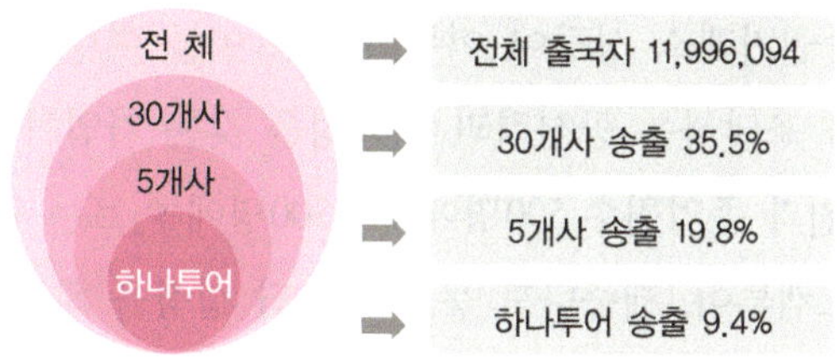

[그림 1•7] 국외여행사의 시장점유율과 현황

〈표 1•4〉 출국지 기준 여행사의 송객실적 (2008년 12월 기준)

순 위	업 체 명	인원(명 / 2008. 12)	30개사 대비	전체 대비
1	하나투어	1,126,901	26.47%	9.4%
2	모두투어네트워크	568,617	-	-
3	롯데관광개발	274,861	-	-
4	자유투어	224,420	-	-
5	오케이투어	176,450	-	-
	소 계	2,371,249	55.7%	19.8%
	30개사 합계	4,257,266	-	35.5%
	여행사 전체 합계	4,356,705	-	36.3%
	전체 출국자수	11,996,094	-	-

이와 같이 국외여행업에서 몇몇의 대기업이 시장의 절반 이상을 차지하고 있는 것을 알 수 있다. 1위인 하나투어는 1,126,901명을 송객하여 30개사 합계의 26.4%를 차지하고, 2위인 모두투어의 568,617명에 비해 약 두 배의 수준을 보이고 있다.

2 여행사의 자본확대와 주식시장 상장

주식시장에 상장하는 것은 기업으로서의 신뢰도를 평가받는다는 의미와 주식을 통해 거대 자본을 조달할 수 있다는 의미를 동시에 갖는다. 국외여행업을 하는 여행사들은 2000년대 들어서 상장을 하기 시작했다. 2000년 11월 28일 하나투어 코스닥 상장, 2005년 7월 25일 모두투어 코스닥 상장, 2006년 6월 롯데관광 증권거래소 상장이 이루어졌다. 이들 여행사는 주식회사로서 외부에서 자금을 조달하는 공신력과 신뢰성을 갖는 기업이 되고 있으며, 자본금 50~100억 원과 종업원수 500명에서 1,300명에 이르는 규모를 갖추고 있다. 그 밖에 레드캡투어, 세중나모 등도 코스닥 상장을 하는 등 여행사의 상장기업이 날로 늘어가고 있다.

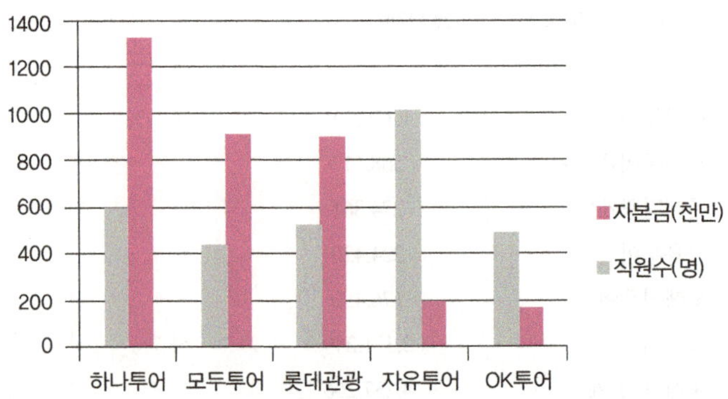

[그림 1•8] 5대 국외여행사의 자본금과 직원수

〈표 1•5〉 2008년 송객실적 5대 여행사의 상장현황 (2009년 3월 기준)

업체명	자본금	직원수	상 장
하나투어	58억 원	1,304명	코스닥
모두투어	42억 원	896명	코스닥
롯데관광	50억 원	880명	증권거래소
자유투어	99억 원	176명	코스닥
OK투어	47억 원	150명	비상장

2 여행사와 국외여행업무

1) 국외여행사

(1) 국외여행업무 담당 가능 여행사

일반여행 국외여행

국외여행업무(Outbound)를 담당할 수 있는 여행업의 형태는 일반여행업과 국외여행업이다. 다시 말해, 국외여행업무가 가능한 여행사는 규모나 유통구조에 관계없이 관광진흥법에 의해 일반여행업과 국외여행업으로 등록된 모든 여행사이다. 그러나 실무에서는 여행상품의 생산과 유통구조의 측면에서 직접 여행상품을 대량으로 생산, 운영 및 촉진관리를 하는 여행사를 도매여행사(Wholesaler)라고 하고, 대량 생산된 여행상품의 판매를 주로 담당하고 수수료를 받는 여행사를 소매여행사(Retailer)라고 한다.

도매여행사(Wholesaler)

소매여행사(Retailer)

이런 명칭은 오랫동안 관행으로 사용되어 오다 정착된 용어로서 항공권에 대한 도매의 성격을 가지고 대량의 항공권을 항공사로부터 block으로 배정받아 이것을 다시 소매여행사를 통해 분배하고 판매했던 역할에서 비롯되었다. 그러나 현대적 의미의 도매여행사의 역할은 여행상품에 대한 대량 생산활동을 하고 자사의 브랜드로 상품을 책임지고 관리하며, 여행상품에 대한 대규모 촉진활동을 주관하고, 최종 행사운영까지를 담당하고 고객만족을 추구하는 대기업 여행사들이다.

앞서 본 바와 같이, 도매여행사의 모든 기능을 하면서 부가적으로 직접 여행상품을 판매하는 대형 여행사와 소형의 소매여행사도 있으므로 도매여행

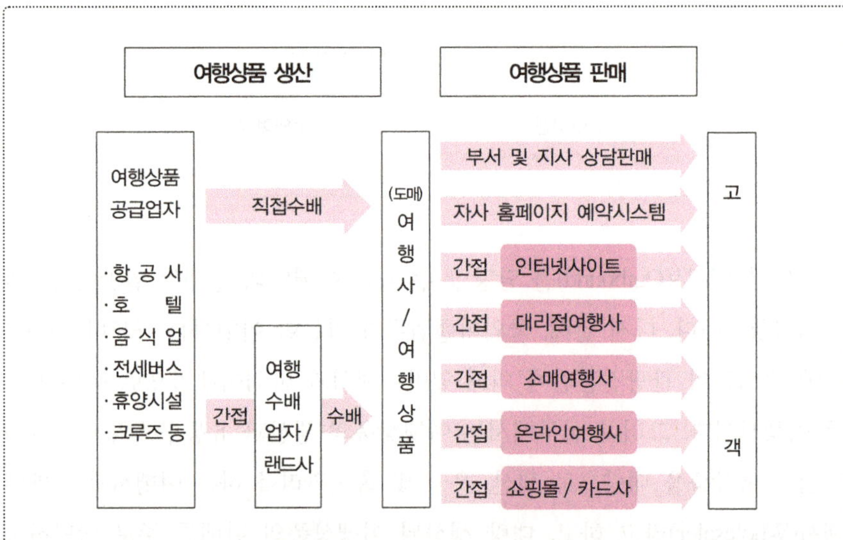

[그림 1•9] 여행상품의 유통구조

사라는 용어에 한정되기보다는 국외여행업무는 국외여행상품의 생산과 판매의 개념으로 이해하는 것이 바람직하다.

(2) 국외여행상품의 대량 생산 여행사

대기업 형태의 여행사로 대규모 인력으로 구성되어 있고 자금력이 있으며, 여행상품 운영시스템을 갖추고 대량의 항공좌석을 확보하여 지상수배와 상품운영을 한다. 또한 대규모 광고 및 촉진활동을 전개하고 상품관리와 운영을 한다. 그리고 고객을 상담하는 실제 판매활동은 지사나 영업 등을 통해 직접 하기도 하고, 소매여행사에 전담시키고 완전히 여행상품의 생산운영에만 전력하기도 한다. 하나투어, 모두투어 등이 대표적인 도매여행사로 판매 및 상담업무는 대리점이 전담하도록 하고, 영업사원이 대리점을 관리하고 여행상품의 자료를 배포하며 수수료를 지급한다. 반면에, 롯데관광이나 OK투어의 경우에는 직판을 함께하고 있으므로 여행상품의 생산과 판매를 모두 담당한다.

[그림 1•10] 여행상품의 대규모 생산 여행사의 예

(3) 국외여행상품의 판매 전담여행사

대규모의 국외여행상품 생산은 하지 않고 대기업 형태의 국외여행상품 생산 여행사가 생산한 여행상품의 판매를 영업의 주 내용으로 한다. 업계의 실무상으로는 소매여행사(Retailer)가 이런 역할을 담당하며 대개 지역을 기반으로 운영되는데, 독립적으로 운

[그림 1•11] 하나투어 대리점의 예

영하기도 하지만, 영업의 편의를 위해 도매여행사와 대리점 관계를 맺고 도매여행사 간판을 걸고 상품을 판매한다. 지역의 인맥이나 영업력을 기반으로 직접 모객하고 고객을 관리하며 상담 및 상품판매활동을 주로 하고 일정한 수수료 수입을 얻는다.

2) 국외여행업무의 주요 내용

국외여행업무는 국외여행을 위한 상품의 생산과 판매 그리고 행사운영으로 나눌 수 있다. 그리고 여기에 여행상품의 생산을 위해 필수적인 항공수배와 지상수배업무가 있다.

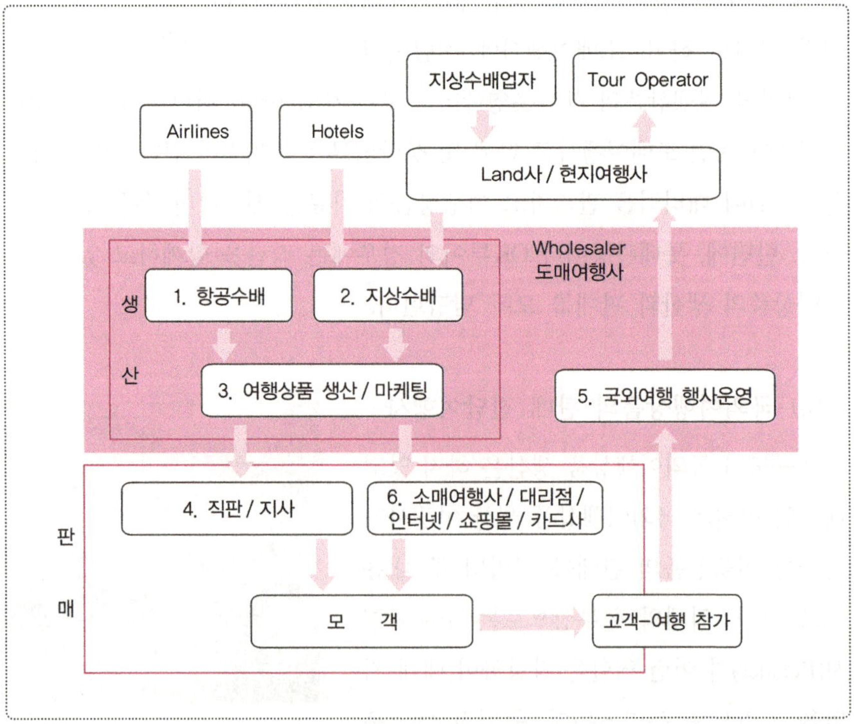

[그림 1•12] 국외여행업무의 구성

(1) 항공수배업무

항공수배는 항공사로부터 필요한 노선과 시간대의 항공권을 대량 확보하고, 높은 할인율을 적용받을 수 있도록 하여 여행상품을 생산할 수 있게 하거나 항공권을 판매할 수 있도록 하는 업무이다. 편리한 노선을 제공하는 국적항공사와의 관계관리, 여러 외항사와의 관계관리, 능숙한 CRS업무, IATA의 BSP관리업무, 전세계 항공노선 및 운임에 관련된 지식 등이 필요한 업무이다.

(2) 지상수배업무

지상수배는 매력적인 상품을 구성할 수 있도록 현지관광에 필요한 요소들을 예약 또는 대금을 지불하고 확보하는 업무를 말한다. 지상수배는 항공기나 선박 등으로 도착한 후 현지에서의 관광활동을 위한 것들이다. 현지호텔수배, 현지교통수배, 현지가이드수배, 현지식당수배, 관광지수배 등이다. 현지에 지사가 설치되어 있는 경우에는 직접수배도 가능하지만, 전세계 관광지에 대해 직접 수배를 하는 것은 거의 불가능하므로 전문 수배업자와 협력하게 된다. 전체 패키지상품이 아니고 일부 호텔수배의 경우는 호텔예약 전문업체와 협력하기도 한다.

(3) 여행상품 생산과 마케팅 업무

여행상품 기획과 관련하여 고객의 욕구에 부합되는 여행상품 아이디어를 국외여행상품으로 출시하기 위해서는 지상수배와 항공수배를 거쳐 여행상품을 생산한다. 그리고 적절한 시기를 선택하여 생산된 여행상품은 마케팅 활동을 통해 상품에 대해 고객들이 인지하고 관심을 갖도록 하며, 상품을 기억하도록 함으로써 구매로 이어지도록 하는 활동을 해야 한다. 각종 브로셔 제작 및 배포, 광고 및 홍보활동, 상품정보의 확보 및 제공시스템 구축 등의 업무를 해야 한다.

(4) 여행상품 판매업무와 고객관리업무

여행상품의 판매는 여행상품을 생산한 여행사가 직접 고객을 상담하고 판매하는 직판의 방법도 있고, 홈페이지에 결제시스템을 갖추어 판매하는 방법, 지사나 영업소를 설치하여 판매하는 방법도 직판에 해당한다. 간접판매의 방법으로는 소매여행사를 통해 판매하는 방법, 타사의 사이트와 협력하거나 홈쇼핑이나 카드사와 연계하여 판매하는 방법 등이 있다. 여행상품을 생산하였으나 전혀 직판을 하지 않고 판매활동을 모두 간접판매의 방식으로 하고 판매 대리점을 확대하여 대리점 관리에 주력하는 방식도 있다.

〈표 1•6〉 여행상품의 판매경로

구 분		판 매 경 로
직접 판매	ON-LINE	고객 → 인터넷(생산여행사 홈페이지) → 인터넷사업부(인터넷 결제) 또는 담당직원 → 생산여행사
	OFF-LINE	고객 → 여행사 → 본사 / 지사(고객상담) → 생산여행사
간접 판매	ON-LINE	고객 → 인터넷(제휴사 홈페이지) → 인터넷사업부(인터넷 결제) 또는 담당직원 → 생산여행사
	OFF-LINE	고객 → 여행사 → 대리점 / 홈쇼핑 / 카드사(생산여행사의 영업사원이 지원 및 관리) → 생산여행사

㈜하나투어와 ㈜모두투어 네트워크 등은 대리점을 통한 간접판매 방식을 사용하고 롯데관광과 자유투어는 직접광고를 실시하고 고객상담을 담당하는 직접판매 방식을 사용한다.

(5) 국외여행 행사운영업무

모객이 완료되면 국외여행상품의 행사를 운영하는 업무를 한다. 이 업무의 책임은 여행상품 생산여행사가 가지며, 업계에서는 주로 도매여행사가 이를 담당한다. 국외여행 행사운영담당은 OP가 총괄하고 현지행사운영은 주로 국외여행인솔자가 하는데, 상품의 특성에 따라 현지 행사운영 전체를 국외여행인솔자 혼자서 책임지는 경우도 있고, 국외여행인솔자가 인솔을 하지만 현지행사를 책임지는 현지여행사가 따로 계약되어 있는 경우도 있다. 이 경우 현지행사의 실무는 현지가이드가 담당하고 국외여행 인솔자는 현지행사관리업무를 담당하게 된다. 여행상품 생산여행사가 외국 현지에 지사를 설치하여 현지행사를 직접 관리하기도 한다.

3) 국외여행상품 생산여행사

(1) 하나투어

HANATOUR www.hanatour.com

하나투어는 1993년 10월 25일 국진여행사로 설립되었으며, 2000년 11월 28일 코스닥에 상장되었다. 1995년 전문 홀세일(Wholesale) 여행사로 영업방침을 정하고, 1996년 하나투어로 명칭을 변경하여 대리점 판매에 주력하고 있다. 2007년 현재 전국 5,000여 개 소매여행사와 다양한 형태의 판매제휴를 맺고 있으며, 하나투어 전문판매점 682개와 프랜차이즈 관계를 맺고 있으며 카드사, 온라인 쇼핑몰, 할인마트 등과도 제휴하고 있다. 또한 1,012개 온라인 대리점을 통해 온라인 판매를 실시하고 있다. 2007년 매출액 1,992억 원, 영업이익 359억 원이다.

2009년 현재 현지직영체제를 갖추면서 태국 현지법인을 시작으로 동남아시아, 대양주, 미주, 유럽 등지에 모두 27개 현지법인을 가지고 있다. 직원수 1,400명으로 국내 최대 규모이며, 자본금 58억 원, 수익의 구성은 여행상품 84.4%, 항공권 판매 12.3%, 기타 3.3%이다. 2004년 4월에는 당시 시장 3위의

OK투어를 전략적으로 인수(28.2억 원 투입, 지분 50% 취득)하였고, Webtour, 하나투어리스트, 투어토털닷컴 등 14개 자회사를 가지고 있다(서울 종로구 공평동 1번지).

(2) 모두투어

모두투어	www.modetour.com

모두투어는 1989년 2월 14일 국일여행사로 설립되었으며, 법인명은 ㈜모두투어네트워크로 자본금 42억 원 규모의 일반여행업이다. 2005년 7월 25일 코스닥에 신규 상장되었다. 2009년 3월 기준으로 수입의 구성은 항공권 판매 32.3%, 여행상품 판매 62.5%, 기타 5.2%이며 직원수는 896명이다.

여행상품 도매업을 표방하고 대리점 사업본부를 구성하여 2007년 12월 현재 서울의 중심지역 여행사를 대상으로 본사 영업팀인 중부지점을 두고 전국에 32개의 지점 및 영업소를 두어 전국의 여행사들을 대상으로 직원을 파견하고 있으며, 고객관리는 대리점에서 직접 하도록 한다. 또 인터넷 사업본부를 구성하여 온라인 여행사나 온라인 업체를 대상으로 하는 온라인 영업팀과 일반기업과 협회 등을 대상으로 하는 법인 영업팀을 가지고 있다. 주요 거래처로는 인터파크투어, 네이버, 넥스투어, 투어익스프레스 등 쇼핑몰/포털사이트 및 인터넷 여행사와 카드사, 대형할인마트 등이다(서울 중구 을지로 1가 188-3 백남빌딩 5층).

(3) 롯데관광

LOTTETOUR	www.lottetour.com

롯데관광개발㈜은 1971년 5월 24일 설립되어 관광개발 및 국내·외 여행알선업, 항공권 판매대행업, 전세운수업을 주요 사업으로 하는 일반여행업이

다. 2006년 6월 8일자로 업계 최초 한국증권선물거래소를 개설하는 유가증권 시장에 신규 상장되었다. 자본금은 50억 원, 350여 명의 직원이 있다. 코레일과 공동출자하여 설립한 코레일투어서비스㈜, ㈜동화면세점, 동화주류㈜, 인바운드사업을 하는 롯데관광㈜ 등 관계회사를 가지고 있다. 2009년 3월 현재 항공권 판매 34.7%, 여행상품 판매 55.7%, 기타 9.6%의 수입으로 구성되어 있다.

판매방법은 직판을 위주로 하며, 본사에 전문상담원으로 고객센터를 운영하며 상담, 예약, 입금, 출발준비까지 모두 담당한다. 14개의 롯데백화점 내에 위치한 영업소와 19개의 일반영업소 등 33개의 직영영업소를 설치, 운영하고 있다. 68개의 프랜차이즈 형태의 대리점을 운영하며 간판, 시설, 직원의 운영, 영업활동 전반에 대한 원칙에 따라 공동 마케팅과 개별 마케팅을 동시에 수행한다. 그 외에 전국 수백 개의 중소여행사에 상품 브로셔 및 전단지, 인터넷 사이트 및 상품판매교육 등을 제공하는 등 영업을 지원하며, 이들 여행사들은 예약고객의 수수료를 받고 전도하는 방법으로 협력하고 있다. 또한 국내 영업부를 활발히 운영하며 육지관광, 섬관광, 제주도, 철도여행, 골프, 금강산관광, 허니문 등의 각종 기획여행과 국내 항공권, 철도, 전세버스, 호텔, 렌터카 등의 상품을 판매한다(서울 종로구 세종로 211).

(4) 자유투어

자유투어	www.jautour.com

㈜자유투어는 1994년 6월 25일 설립되었으며, 2005년 11월 코스닥에 상장된 일반여행업이다. 2005년 10월 20일에 주식회사 예스테크놀로지와 자유여행사가 합병하면서 디자유투어 개발로, 2006년 6월 23일에 다시 주식회사 자유투어로 상호를 변경하였다. 자본금 99억 7,300만 원으로 국내여행사 중 최대 규모이다. 2009년 3월 31일 현재 ㈜투어닷코리아(30.53%), ㈜교원나라여행사 19억 원 출자(51.18%), ㈜자유레저산업 20억 원 출자(99.50%), ㈜한스투어

5천만 원 출자(16.67%), ㈜나폴리리조트 18억 원 출자(97.30%)로 5개의 계열회사를 가지고 있다.[4]

자유투어는 언론매체의 광고를 통하여 소비자에게 여행상품의 90% 이상을 직접 판매하고 있으며, 협력관계를 맺은 전국 17개 대리점망을 통한 판매는 10% 정도이다. 항공권 판매 19.4%, 상품 판매 72.0%, 기타 8.6%의 수익으로 구성되어 있다. 판매방법은 대부분 광고를 통해 본사 및 대리점에서 상담 및 예약을 하고 모객이 되면 수배를 실시한 후 행사운영을 한다. 따라서 직접 고객 DB를 구축하여 관리한다(서울 중구 다동 88 동아빌딩 5, 6층).

(5) 기타 여행사

1 오케이투어

오케이투어 www.oktour.com

주식회사 오케이투어는 1998년 2월 20일에 설립된 일반여행업이다. 2009년 현재 자본금 47억 원, 직원수는 약 150명이며, 송객실적 순위 5위를 차지하고 있다(서울 종로구 인사동 대일빌딩 15층).

2 온라인투어

Onlinetour.co.kr www.onlinetour.co.kr

온라인투어는 2000년 1월 10일 일반여행업으로 설립되었다. 자본금 11억 원, 직원수 162명의 규모를 가지고 있으며, 2008년 송객실적 6위를 차지했다. 주요 업무는 실시간 항공호텔 여행검색엔진 및 예약시스템 개발, 관광, 문화, 금융업이다. 2000년 Tour Wizard를 개발하고, 2001년 싱가포르 Linbert사와 실시간 호텔예약시스템 GSA 체결을 하였으며, 신기술 개발 벤처기업으로 등록

4 자유투어, 2009 분기보고서, 공시자료.

되었다. 2002년 여행부분 우수 벤처기업으로 선정되었으며 온라인 여행부문 국내 1위를 점하고 있는 온라인 여행사이다. 2006년 실시간 전세계 항공검색 엔진 및 예약시스템 개발, 특허출원을 실시한 호텔검색엔진 및 예약시스템 개발특허를 출원하였고, 2007년 Multi-GDS 기술 전세계 항공 검색엔진 및 예약시스템 개발 INNO-BIZ 기술혁신 중소기업으로 인증을 받았다(서울 중구 남대문로 2가 한진빌딩 9층).

4) 국외여행업무 조직

(1) 기본조직

① 공통적 특징

국외여행상품을 생산하는 여행사 조직의 공통적인 특성은 여행사 조직을 크게 비영업부와 영업부로 나누는 것이다. 관리와 회계를 담당하는 비영업부서와 영업을 담당하는 영업부서로 나누고, 영업부서는 다시 판매 등의 영업활동과 관련한 영업 1부와 지역별로 나누어 국외여행상품 관리 및 운영을 담당하는 영업 2부로 나눈다. 영업부서는 고객 및 국외여행상품과 직접적인 관련을 갖는 부서로 국외여행상품개발, 항공수배, 지상수배, 국외여행상품생산, 판매(모객), 행사운영을 담당한다.

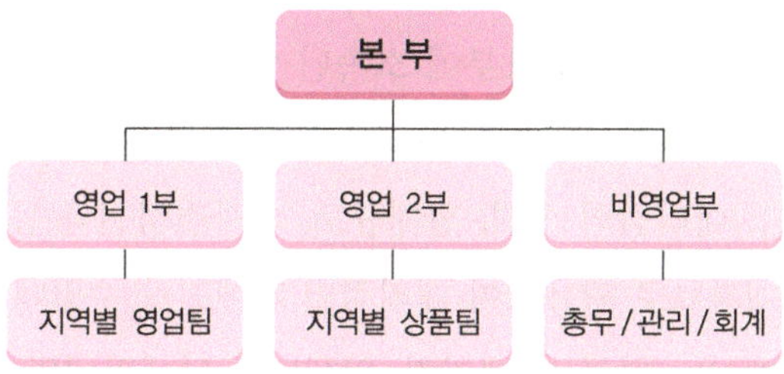

[그림 1•13] 국외여행업무의 기본조직

2 본부와 비영업부서

본부는 사장과 이사 등 회사를 경영하기 위한 총괄책임 부분이다. 특히 회사의 최고 의사결정권자인 사장을 중심으로 회사의 장기발전계획, 비전을 제시하고 단기적인 운영방침을 정하는 등 전반적인 회사의 경영관리와 전체 조직의 관리 · 감독을 담당한다.

비영업부서는 여행상품을 다루는 영업부서를 지원하고 여행사 경영에 필요한 제반 업무를 수행하는 부서이다. 영업부서를 지원하는 영업지원과, 수속과(여권 · 비자), 관리팀, 회계정산팀, 홍보팀 등으로 나뉜다. 고객이나 여행상품과 직접적인 관련이 없으며 회사의 운영관리상 필요한 제반 업무를 수행하는 데 영업을 위한 출장처리, 금전관리, 직원의 인사관리, 급여계산, 법인세 납부 등의 업무를 담당한다.

3 영업 1부

서부영업팀 | 동부영업팀 | 중부영업팀 | 온라인영업팀 | 법인영업팀

여행사가 생산한 여행상품을 대리점을 통해 간접판매를 할 때 대리점에 대한 Sales를 담당하는 부서이다. 대리점뿐 아니라 더 넓게는 자사의 타 부서, 지점, 소매여행사들이다. 영업 1부에 소속된 영업사원은 지역별로 담당을 정하고 담당지역 내의 대리점 현황표를 작성하여 항상 대리점의 변동상황을 파악하며 관리한다. 대리점의 성격, 판매규모, 의사결정권자 등의 현황을 파악하여 대리점 판매자료로 활용하여 대리점별 판매전략 수립에 사용한다. 대리점의 월별 판매액이나 항공권, 패키지, 인센티브 단체판매의 정확한 정보, 타 경쟁업체의 점유율 등 영업현황을 파악하는 것이 매우 중요하다. 또 대리점

방문시에는 경쟁업체의 영업활동과 관련된 정보나 항공사, 랜드사들의 활동을 수집하여 해당부서에 전달하여 회사의 전략 수립에 정보를 제공한다.

4 영업 2부

동남아팀 | 중국팀 | 일본팀 | 남태평양팀 | 미주팀 | 유럽팀 | 항공팀 | 국내팀

영업 2부는 여행상품을 지역별로 나누어 상품의 생산과 운영을 담당하는 부서이다. 여행상품의 기획과 개발, 항공 및 지상수배, 여행상품 상담 및 예약관리, 고객관리, 설명회 및 TC 배정을 담당한다. 담당자는 상품기획개발, OP, 항공카운터업무를 수행한다. 고객과 여행상품 상담을 실시하고, 매일 모객현황표를 작성하여 상황을 파악하고 정리해야 한다. 또한 항공사 및 랜드사 등과 긴밀한 협조체계를 구축하여 빈틈없는 여행이 될 수 있도록 해야 한다.

[그림 1•14] 영업 2부 동남아팀 모습

업무의 전문화를 위해 지역별로 나누고 동남아팀, 중국팀, 일본팀, 남태평양팀, 미주팀, 유럽팀, 항공팀, 국내팀 등으로 운영한다.

영업 2부의 업무는 종합적이고 논리적인 판단력을 가지고 있어야 하고, 순발력 있게 고객을 대할 줄 아는 능력이 요구된다. 작은 실수라도 고객에게는 매우 중요한 요소가 될 수 있기 때문에 매우 전문적인 자세가 요구된다.

(2) 간접판매 조직

간접판매만을 하는 여행사 조직과 직접판매를 함께하는 여행사 조직과는 차이가 있다. 간접판매만을 하는 경우 영업부에 고객상담과 판매업무를 담당하는 부서가 없고 대리점이나 인터넷 등을 관리하는 부서만을 두게 된다.

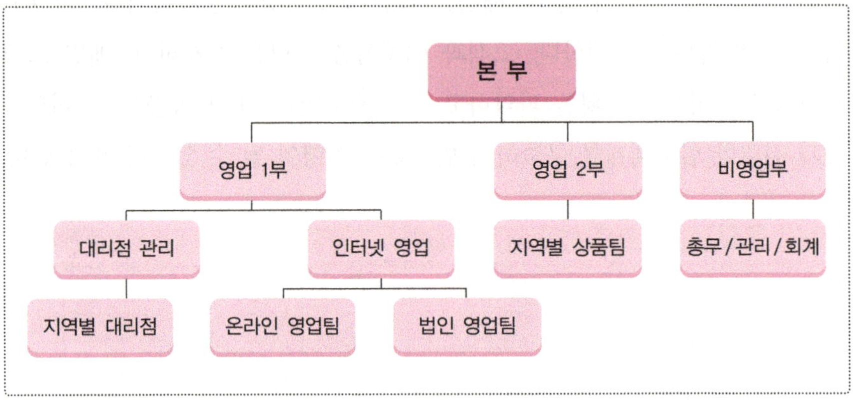

[그림 1•15] 국외여행의 간접판매 조직

1 온라인 영업팀

온라인 업체들이 확보한 회원이나 일반유저를 대상으로 인터넷상에서 항공권과 여행상품들을 판매하거나 여행정보서비스를 제공한다. 온라인 업체들과의 전략적 업무협약을 통해 각종 고객관리 프로그램의 제공, 상담인력지원, 기획상품개발 지원, 항공좌석 공유 등을 통하여 온라인 업체의 회원과 유저들을 대상으로 여행상품 및 항공권을 판매하고 온라인 업체에게는 수수료를 제공한다.

2 법인 영업팀

회원을 대상으로 한 비즈니스 모델을 가진 기업, 방문고객이 많은 매장을 운영하는 기업, 고객에게 다양한 종합금융서비스를 제공하고 있는 금융기관 등을 대상한다. 특정 고객을 대상으로 하는 기획여행상품 제공, 고객관리 차원의 여행정보서비스 지원, 기업고객 우대 할인서비스 및 상담 콜센터 지원 등의 다양한 업무제휴 마케팅을 전개한다. 해당기업이 갖지 못한 여행 관련 상품을 개발하고 관련 업무시스템을 지원하여 제휴기업은 고객관리 강화 및 고객대상 부가서비스 제공의 이점을 얻고, 여행사는 매출확대를 꾀할 수 있다. 제휴기업 직원들에게 복리후생 차원의 여행 관련 상담 및 할인서비스도 병행하여 제공하기도 한다.

(3) 직접판매와 간접판매 혼합조직

국외여행상품을 대량으로 생산하고 광고를 통해 모객을 실시하고 직접 고

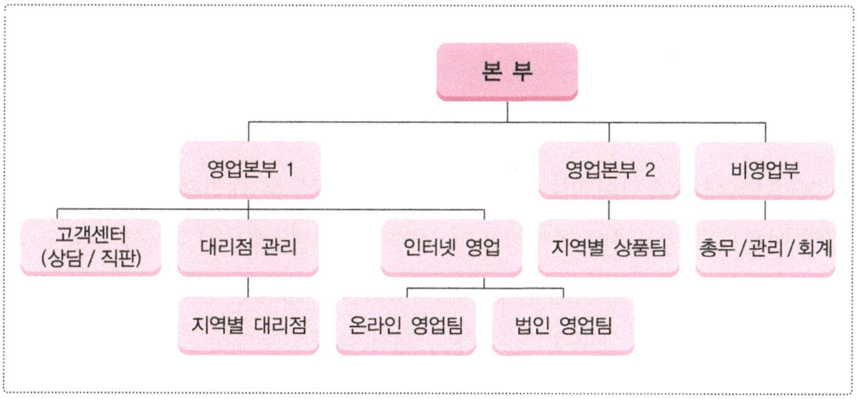

[그림 1•16] 국외여행의 직·간접판매 혼합조직

객상담을 실시하여 판매를 하는 직접판매의 방법을 사용하는 여행사는 대개 대리점을 통한 판매도 병행하고 있다. 다만, 대리점의 규모가 간접판매만을 하는 여행사보다 상대적으로 적다.

4대 일간지 광고와 전문지 광고 등 광범위한 광고활동을 실시하기 때문에 여행상품에 대한 노출이 많아 많은 문의전화를 받게 된다. 문의전화가 많지 않은 여행사의 경우에는 영업 2부의 지역별 상품팀의 직원이 상품 전문지식을 활용하여 전화상담에 응하고 상품을 판매한다. 그러나 대규모 전화상담은 상담을 전문으로 하는 직원이 필요하다. 따라서 별도의 고객센터를 설치하고 여행상품 전문지식을 교육받은 직원을 배치하여 상담 및 판매를 달성한다.

3 국외여행업무의 실무적 구분

1) 영업사원의 업무

담당지역 여행사 방문	여행상품 브로셔 배포	소매점 상담 및 교육	여행상품 판매흐름 파악

영업 1부에 소속되어 있는 영업사원의 주요 업무는 대리점 관리이다. 담당 지역 여행사를 방문하여 여행상품 및 여행정보 리플렛과 브로셔를 무료로 배포하고, 중소여행사 직원에게 패키지 여행상품과 항공권 등과 관련하여 중요한 것들을 상담하고 교육한다. 이를 위해서 여행상품 관련 지식과 여행상품 판매의 흐름을 익혀야 한다. 영업업무는 여행사의 가장 기본이 되는 경험과

경력을 제공한다. 따라서 1~3년의 대리점 관리 영업 후 상품기획개발 업무로 전환되었을 때 성공적인 여행상품의 개발로 여행전문가가 될 수 있는 필수적인 중요 경력이 된다.

2) 대리점 직원의 업무

고객상담 | 판매와 서류준비 | 여행계약서 작성 | 입금처리와 세금계산서 발행

여행상품을 생산하는 여행사와 대리점 관계를 맺는 여행사는 대개 지역의 중소여행사이다. 대리점 직원들은 실제 소비자인 고객을 대상으로 당사의 여행 패키지상품과 항공권 등을 소개하고 고객이 원하는 지역의 상품을 구매할 수 있도록 상담을 해야 한다. 고객이 구매를 결정하도록 도움을 줄 수 있고 유도할 수 있도록 해서 계약을 맺도록 해야 한다. 예약절차를 통해 고객으로부터 신청금과 관련 서류를 준비할 수 있도록 한다. 출발 수일 전에 잔여 경비 입금과 여행자 계약서 작성을 마무리하면 여행출발 전 단계를 마무리한 것이다. 이때 입금방식은 현금 통장입금이나 카드결제가 있으며, 입금처리가 되면 여행상품 생산여행사로부터 해당상품 판매에 대한 수수료를 받고 중소여행사는 수수료에 대한 세금계산서를 발행한다.

3) 여행상품 관리와 운영업무 / OP(Operator)

상품관리 | 여행상품 상담과 판매 | 여행상품 대금수령 | 설명회와 샌딩관리 | 인솔과 정산관리

(1) 상품관리

OP는 고객과 대리점(Retailer)에게 여행과 여행상품에 대한 조언과 상담을 하는 Tour Coordinator라고 할 수 있다. 여행상품에 대한 지식과 경험을 가지고 관련된 정보를 제공하고 상담하는 여행지도자이며 전문 여행상품 판매관리자이다. 또 고객과 대리점에서 들어온 예약을 관리하고, 담당부서에 항공예약 및 발권을 의뢰한다.

OP의 기본업무는 상품기획, 판매, 판매관리, 수배, 인솔, 정산과 결산으로 나눈다. 즉 상품의 전과정을 운영하는데 상품예약 상담 및 대리점 관리에서 여행상품의 일정과 특징, 장점, 주의사항, 준비사항, 가격경쟁력 등을 모두 파악하고 있기 때문에 항상 영업사원과 대리점 사이의 중간자 역할을 한다. 특히 판매 후 고객관리를 통해 재판매를 가능케 한다. OP는 정확한 지식, 이해력, 판단력을 가지고 고객과 대리점에게 원하는 정보를 즉시 제공하는 능력을 갖추어야 한다.

(2) 여행상품 상담과 판매

여행사는 여행상품 상담의 편의를 위해 지역별로 상품을 구분해 직원을 배치함으로써 담당직원이 그 지역의 상품 및 관련 정보를 정확하게 알고 해당지역에 대한 자세한 지식과 정보를 가지고 상담과 판매활동을 하는 데 효율적이다. 특히 허니문상품 상담은 다양한 지역을 포함하고 있기 때문에 신혼여행객의 특성을 고려한 상담과 폭넓은 지역에 대한 더 많은 지식이 필요하다.

1 허니문상품 상담의 예

허니문은 전지역이 해당한다. 동남아권의 경우 필리핀, 태국, 싱가포르, 인도네시아 등이고 구체적인 지역으로는 보라카이, 세부, 바탐, 푸켓, 후아힌, 코사무이, 빈탄, 발리 등으로 나뉜다. 신혼여행에서는 휴양이 중요한 반면에, 지루하지 않아야 하므로 다양하게 이용할 수 있는 부대시설이 부각되어야 한다. 보통 신혼여행상품은 가장 수요가 많은 인기 있는 여행상품 중에서 선별하여 고급스럽게 내용을 구성한다.

상담을 위해 각 지역 호텔의 특성과 가격을 알아야 하고 호텔의 주변 경관, 객실의 시설, 부대시설 등에 대한 자료를 준비해야 한다. 또 어떤 장점과 단점이 있는지, 상품의 특징, 일정, 날씨(우기 등), 식사의 형태와 종류에 대해서도 제공해야 한다. 또 신혼여행은 단 한 번의 중요한 행사이므로 현지호텔의 예약이 확실치 않을 때는 반드시 확인 후에 예약(금)을 받아야 한다.

② 허니문상품 주요 지역

태국은 오래전부터 인기 있는 여행지이므로 매일 7편이 운항되고 있어 비행기 노선이 가장 좋다. 태국에 비한다면 필리핀, 싱가포르는 비행기 편수가 많지 않다. 태국은 푸켓의 피피섬-산호섬, 코사무이(방콕에서 차로 9시간, 비행기로 1시간), 후아힌 등이 유명하고 호텔로는 라야바디가든, 에바손호텔 등이 있다.

싱가포르/빈탄 상품은 관광과 휴양이 혼합되어 있다. 한국에서 비행시간은 6시간 10분 정도이며, 시차는 1시간이다. 기후는 열대기후이고 홍콩과 마찬가지로 면세국가이므로 신혼부부의 예물시계를 구입하려는 사람들이 많다. 입국할 때 담배를 두 갑 이상 가져가면 세금을 물어야 한다. 반얀트리 호텔이 유명하다.

랑카위는 한국에서 비행시간은 6시간 40분이고, 시차는 1시간이 느리다. 역시 열대기후이므로 열대과일이 풍성하고 연중 수영을 즐길 수 있다. 탄중루 리조트가 유명하다.

(3) 여행상품 대금의 수령

여행사는 항공료나 패키지상품 및 서비스 제공의 지불수단으로 현금, 은행발행 자기앞 수표, 해당항공사나 여행사가 인정하는 신용카드에 한한다. 고객이 자기앞 수표로 지불할 경우 반드시 발행은행에 수표조회를 해서 분실 및 위조 수표인지를 확인해야 한다.

① 신용카드

여행사는 패키지상품의 지불수단으로 신용카드 결제는 특별히 회사가 지정한 기간 또는 특정 지정 판촉상품을 제외하고는 불허하는 것이 보통이다. 이것은 패키지상품에 참가하는 제3자(항공사, 랜드사, 보험사, 공항사용료나 출국세 등)가 신용카드 결제에 참가하지 않는 한 결제수단으로서의 한계가 있기 때문이다. 또 여행사가 제공하는 서비스료(비자발급대행 수수료, 공항 SENDING 서비스료, 기타 서류배달 서비스 등)는 현금지불을 원칙으로 한다.

② 현금 / 자기앞수표

여행사와 항공사, 대리점, 고객 간의 결제는 은행을 통한 온라인 송금을 원칙으로 한다. 국외여행상품이 고액의 거래이기 때문에 현금의 수수에 따르는 위험을 줄이기 위해서이다. 부득이 직원이 전달할 경우는 현금의 운송이나 보관에 철저해야 하며 직원은 바로 회계부서에 입금 후 확인을 받아야 한다. 만일 문제가 발생할 경우 해당직원이 모든 책임을 지게 된다.

(4) 설명회와 샌딩업무

여행상품을 판매한 후 국외여행을 위한 각종 서류를 마련하고, 수배가 확정되면 인솔자를 확정한 후 여행출발 1주일 전 고객에게 여행을 위한 제반 주의사항을 전달할 수 있도록 설명회를 개최한다. 설명회에서는 팀으로 조직된 국외여행 단체고객들이 처음으로 한 장소에 모여 인사를 나누고, 인솔자를 소개한다. 또한 여행의 준비상황과 주의사항을 최종 확인한다.

해당 여행 출발일 고객과 인솔자는 공항에서 만나 여행을 시작하게 되는데, 이때 공항에서 여행 출발에 필요한 업무를 샌딩이라고 한다. 샌딩업무는

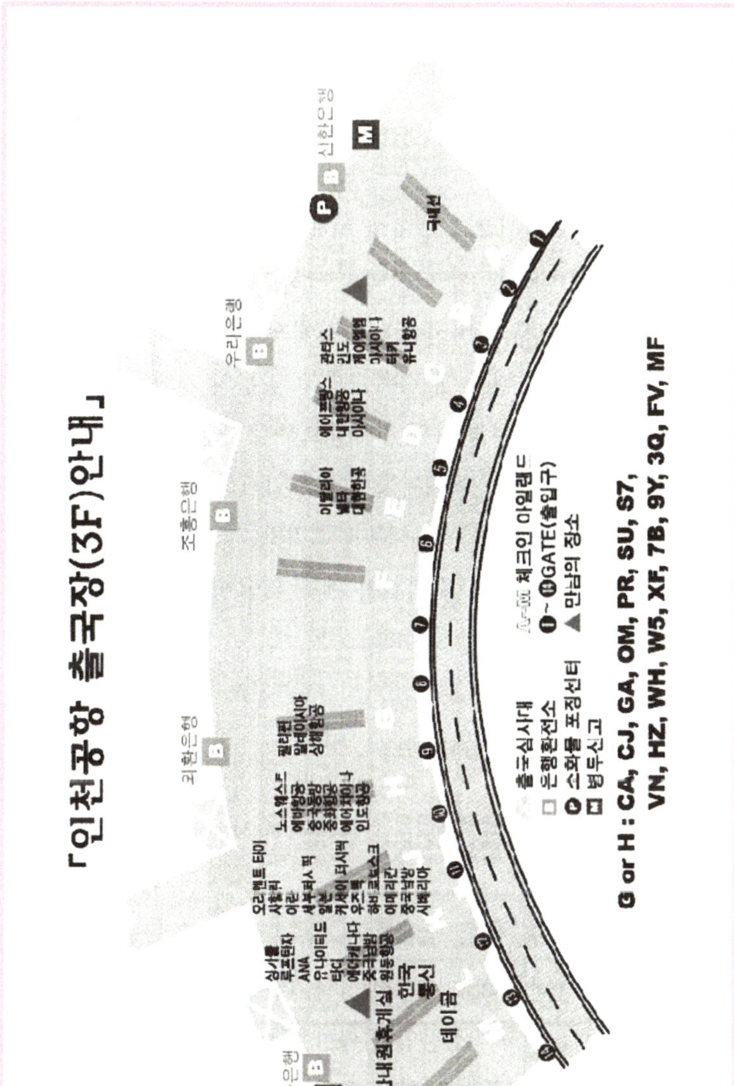

[그림 1•17] 인천공항 출국장과 항공사별 카운터 위치

우선 여행사에서 발권한 고객의 항공권을 공항으로 가지고 간다. 그리고 인솔자를 보조하여 탑승수속 및 수하물의 수속업무를 돕는다.

(5) 인솔과 정산

인솔은 고객의 국외여행에 동행하여 여행행사 운영을 총괄 지휘하는 것을 말한다. 직원 중에서 이 업무를 담당하기도 하고, 전문인솔자를 두어 전담케 하거나 계약에 의해 외부의 비전속 인솔자에게 행사를 의뢰하기도 한다. 어떤 경우라도 여행사는 여행사 내 직원에게 TC업무의 기회를 주고 있는데, 그것은 직원교육 및 동기부여의 차원에서 중요하기 때문이다. 국외여행 인솔업무는 국외여행에 대한 전문지식은 물론이고 위기상황에서의 대처능력과 순발력 그리고 뛰어난 판단력이 요구된다. 그리고 다양한 계층의 고객을 이해하고 동시에 인솔할 수 있는 리더십이 매우 중요하다.

4) 상품개발업무(수배업무)

항공수배 지상수배

국외여행상품은 크게 자체 기획여행상품, 타사 기획상품, 기타 호텔/렌터카/교통패스 등이 있다. 자체 상품인 기획여행상품을 제외한 Club Med, 컨티키, 크루즈 등 외국업체의 상품들은 해외 유명업체의 국내 총판매대리점(GSA : General Sales Agency)으로 판매 대행을 하거나 전략적 제휴관계를 맺어 거래를 하면서 전문화하고 있다.

기획여행(Package)상품 기획개발업무는 크게 항공업무 담당과 수배업무 담당으로 나눌 수 있는데, 각 구성요소 최적의 결합으로 상품이 생산되고, 각

소요비용의 합은 여행상품가격 산정의 기초가 된다. 항공담당자는 항공사로부터 좌석을 확보해야 하고, 경쟁력 있는 요금을 조건으로 해야 한다. 지상수배 담당은 현지행사 운영을 위해 조건에 맞는 호텔, 식당, 차량, 가이드 및 관광요소를 확보해야 한다. 이때 수배는 고객과 여행의 특성, 가격, 등급을 고려하여 경쟁력 있게 구성해야 한다. 특히 고객의 요구가 세분화되고 경쟁이 심화됨에 따라 수배업무의 중요성은 더욱 높아가고 있으므로 담당자는 상품과 고객에 대한 지식과 가격 교섭력을 가지기 위해서 여행상품 관련업계와의 관계강화와 정보습득에 노력을 기울여야 한다.

5) 항공카운터업무

항공예약발권(CRS) | 항공노선 및 세계지리 | 항공운임지식

항공카운터는 항공권의 예약 및 발권을 담당한다. 항공권에 대한 문의에 답하고 예약을 실시하며 OP에 의해 제시된 발권의뢰서에 따라서 발권을 한다. 따라서 CRS 지식은 필수이다. CRS 교육은 TOPAS와 ABACUS에 대한 교육을 중심으로 전문교육기관과 대학의 관광과에서 교육을 실시하고 있는데, 일정시험을 거쳐 인증서를 발급받는다.

항공카운터업무는 CRS 지식뿐만 아니라 항공운임체계에 대한 이해, 세계지리에 관한 지식이 있어야만 고객에게 가장 적정한 가격, 효율적인 노선과 운항시간 등을 찾아 욕구에 맞추어줄 수 있고 더 나아가 회사의 경영에 도움이 되도록 순발력 있게 업무를 처리할 수 있다. 항공권의 관리와 운용은 항공사와의 긴밀한 관계 속에서 이루어지며 항공권의 기재내용은 오차를 허용하지 않기 때문에 주의해야 한다. 특히 항공권의 발권에는 자금의 수령과 인도

의 절차에 따르는 책임 때문에 매우 신중하고 철저한 업무수행의 자세가 요구된다.

6) 기획, 홍보, 총무업무

(1) 업무 개괄

여행사의 기획 또는 총무부서는 여행사의 총괄 경영과 관련한 업무를 수행한다. 기획, 홍보, 인사, 교육, 마케팅, 총무 및 회계 등을 담당하는 비영업부서이다. 특히 기획부서는 여행업 전반에 대한 흐름을 이해하고 폭넓게 업무를 수행하며 개개인은 담당업무에 재량권이 어느 정도 인정되는 결정권자로서 업무를 수행할 수 있다. 구체적으로는 주식업무, 업무제휴, 근태관리, 상벌관리, 인사관리, 퇴직자관리, 상품권관리, 4대보험, 노동부 관련, 품의상신 및 기안, 환전업무, 국제전화카드업무, 각종 인허가 및 지급보증, 별도사옥, 문서관리, 명판 및 인감관리, 등기부등본 및 사업자등록증 보관, 각종 계약서 보관, 법인 관련 서류, 공문서관리, 게시판에 게시물관리 등을 담당하므로 타 회사업무와 큰 맥락은 대동소이하다.

(2) 회계업무

회계부서는 여행사 내의 자금의 흐름과 관련한 업무를 담당하고 있는데, 그 구체적인 업무를 정리하면 다음과 같다.

1 BSP REMITTANCE

IATA 항공권 판매분에 대한 송금(REMITTANCE)은 월 2회 실시하며, 15일 송금시는 전월 16~31일 판매분을, 30일에는 당월 1~15일까지의 판매분을 송금해야 한다.

② 거래은행 통장관리

고객이 입금한 상품대금의 입금을 확인하고 해당부서에 입금사실을 고지한다.

③ 기타 전표관리

세금계산서 및 전표관리를 하는데, 세금계산서는 월별로 구분한 뒤 사업자등록번호를 확인한다. 회계팀에서는 다른 팀에서 쓴 요금에 대한 내역서를 제출받아 일별로 나누어 작은 금액부터 큰 금액으로 순서대로 입금된 금액과 출금된 금액을 일일이 입력해둔다.

각종 전표는 증빙서를 첨부해야 한다. 증빙에는 요금환불요청서, 티켓복사본, 지출결의서, 요금내역서, 통신비 등이 있다. 그 중 지출서와 환불요청서가 대부분을 차지한다. 그것을 부착할 때는 여행사명과 금액을 확인해 가면서 부착해야 한다. 모든 전표는 회사 회계처리의 기본이며 VAT(VALUE ADDED TAX) 산출을 위한 기초자료가 된다. 상업적 이익이 발생하면 그 순이익(NET PROFIT)에는 법적인 세금이 10% 계상된다. 이것을 부가가치세(VAT)라고 한다.

④ 행랑과 우편업무

행랑은 본사에서 보낼 세금계산서, 티켓 등을 지사로 보내기 위해 만든 가방/상자이다. 또 각종 등기 및 내용증명 등 우편물 처리를 담당한다.

(3) 여행상품 행사운영 후 정산서 관리

단체별 정산서는 정산팀에서 월별로 정리하기 때문에 부착하지 않고 분류한다. 여행자보험서류를 떼고 상품코드에 따라 분류한 후 출발일로 다시 정리한다.

(4) 미수금 관리

미수는 받아야 할 대금을 받지 못한 경우를 말한다. 판매된 상품대금을 받지 못한 경우를 실미수라고 하고, 정산시 잘못으로 떠 있는 허수도 미수라고 한다. 예를 들어, 싱가포르 티켓을 판매하고 안전세(tax)를 받지 않아도 미수가 된다. 미수 체크는 세일즈맨들의 스트레스 1호 대상일 정도로 세일보다 더 중요한 것이라 해도 과언이 아니다.

7) 인터넷 관리 및 시스템 구축업무

(1) 인터넷 관리의 내용과 중요성

여행업은 차츰 전산 인프라 구축에 힘써 온라인을 통한 실시간 상품조회 및 예약시스템을 가능케 하는 홈페이지 구축 및 유지, 지리정보를 포함한 여행정보 관리, 독자적 프로그램 개발 및 관리 등 다양한 인력이 다양한 업무를

[그림 1•18] 여행사 홈페이지의 예(자유투어)

수행한다. 담당자는 전산프로그래머, 웹프로그래머, 웹디자이너, 웹컨텐츠 전문가, 시스템 유지보수 담당 등으로 구성된다. 동영상을 제공하기 위해서는 전세계 여행지를 촬영, 편집하여 인터넷으로 서비스하기 때문에 6mm DV 촬영과 편집기술도 요구되고 있다.

해외여행 경험이 축적되고 인터넷이 일반화되면서 20~30대를 중심으로 하는 개별자유여행(FIT)이 확산되면서 인터넷을 통한 정보탐색과 결제시스템이 요구되고 다양한 온라인 여행사와 호텔 및 항공권 예약 사이트가 등장했다. 온라인 여행사는 1999년 인터파크, 투어익스프레스, 넥스투어를 시작으로 속속 등장했고 또 호텔패스, 옥토퍼스트래블, RTS(리얼타임 트래블 솔루션) 등 호텔예약 전문업체들이 등장해 FIT 시장을 넓히면서 여행상품과 경쟁하고 있기 때문에 대량의 여행상품 판매와 고객만족을 위해서 여행사의 인터넷 관리는 필수적인 과제이다.

(2) 예약 및 결제시스템 구축

국내 여행업계 최초로 하나투어는 통합여행 결제시스템인 '아이월 마법사'를 구현했다. 항공, 호텔 및 현지투어와 같은 여행에 필요한 요소를 일반 인터넷 쇼핑몰처럼 장바구니에 담아 고객이 직접 마음에 드는 상품으로 구성해 예약하고, 한 번에 일괄 결제할 수 있도록 구현된 시스템이다. 고객이 자유롭

[그림 1•19] 하나투어 예약시스템

게 여행 구성 상품과 일정을 기획하고 상담원과의 연결 불편 없이 간편하게 예약과 결제를 할 수 있게 되었다.

(3) 여행정보시스템 구축

하나투어, 스투비투어(www.stubbytour.com)를 비롯한 여행사들이 홈페이지를 통해 지도검색과 사진 및 동영상을 기반으로 하는 여행정보시스템을 제공하고 있다. 이미 구글을 통해 원하는 관광지의 위치를 확인하고 실시간 현장을 제공하며, 이것을 기반으로 여행사는 여행을 중심으로 검색을 편리하게 하도록 하고 있다. 가능한 교통편, 식당의 위치, 호텔의 위치, 관광지의 위치를 간편하게 확인할 수 있는 시스템들이 등장하고 있다.

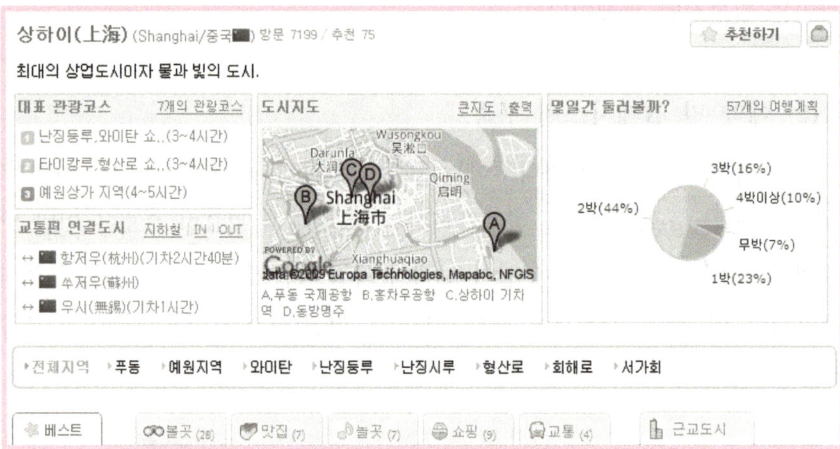

[그림 1•20] 지도검색을 이용한 여행정보 제공의 예(스투비투어 : www.stubbytour.com)

2

국외여행상품의 종류

1 기획여행상품(Package)의 이해

1) 기획여행상품의 뜻과 내용

(1) 기획여행상품의 뜻

국외여행상품은 그 종류가 매우 다양할 뿐만 아니라 상품을 지칭하는 용어도 다양하다. 관광진흥법은 기획여행상품만을 언급하고 있지만 실무에서는 잘 쓰이지 않는다. 보통 패키지상품(Package)으로 불리는 기획여행상품은 학술적으로는 포괄여행(Inclusive Tour)에 가깝지만 완전하게 동의어는 아니다. 기획여행상품은 여행의 구성내용을 모두 포함하여 가격을 책정하는 포괄여행에는 없는 조건이 제시되고 있다. 즉 널리 불특정 다수에게 광고를 해서 모객하는 상품으로 광고에 게재할 내용에 조건을 두고 있다. 여행조건, 상품가격, 최소 출발인원 등을 포함하도록 하여 광고로 인한 고객의 피해를 사전에 방지할 수 있도록 최소한의 조치를 취한 상품이다. 그러나 여행사실무에서는 고객의 필요와 욕구에 부합하는 상품을 제공하고자 고객만족을 추구하므로, 시기에 따라 적절하게 변형하고 있으며 수시로 다양한 형태의 아이디어를 포함하는 신상품이 출시되고 있어 기준만으로 상품의 종류를 구분하기는 어렵다.

(2) 기획여행상품의 구성

기획여행상품은 실무에서는 '패키지' 또는 '팩(PACK)'으로 불리고 있으며, 가장 일반적으로 여행사가 생산하는 상품의 형태이다. 사전에 일괄 가격을 책정하고, 최저 행사인원을 정해서 판매한다. 왕복항공료, 전일정 2인 1실 숙박, 식사, 현지관광 입장료, 인솔자, 현지가이드, 전용버스, 여행자보험이 포함되어 있다. 인천공항세, 관광진흥기금, 현지출국세, 유류할증료, 전쟁보험료 등은 항공요금에 포함되는 추세이므로 포함되어 있는 경우 명시하지 않는다. TIP, 현지 공용 음용수값 등은 상품에 따라 보통 미포함으로 명시되어 행사가 시작되면 별도로 지불된다. 개인적으로 추가비용을 지불하고 선택할 수 있는 선택관광(Optional Tour)이 제시되기도 한다.

[그림 2•1] 여행상품의 예(www.stubbytour.com)

한국에서 출발을 할 때 항공기를 이용하는 경우가 대부분이지만, 최근 중국과 일본상품에서는 선박을 이용한 저렴한 가격의 상품도 출시되고 있다.

2) 기획여행상품의 실무적 분류

여행사들의 상품분류를 살펴보면, 공통적인 유사성이 있다. 우선 상품을 목적별로 분류하여 해외여행, 자유/배낭, 허니문, 골프, 항공, 리조트/호텔 등으로 나눈 후, 각 목적 내에서 다시 동남아시아, 일본, 중국, 미주, 남태평양, 유럽 등 지역별 분류를 하는 방법이다.

(1) 하나투어 상품분류

해외여행, 허니문, 자유여행, 배낭여행, 골프, 국내여행, 항공, 호텔예약으로 8개의 목적별 구분을 한 후 해외패키지에 동남아, 일본, 중국, 남태평양, 유럽, 미주, 지방출발, 특수지역 등으로 8개의 지역별 구분을 하였다.

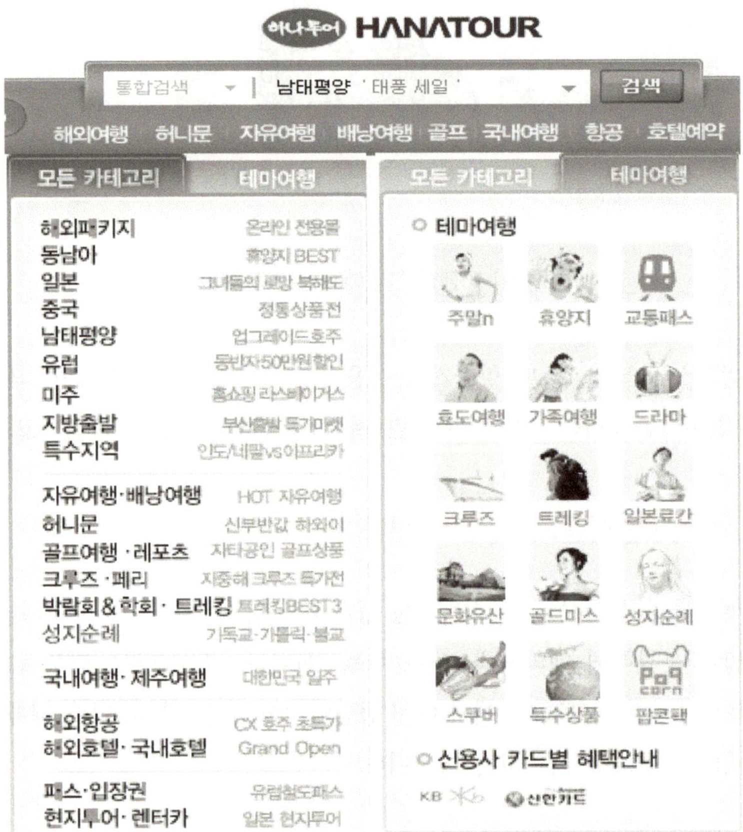

[그림 2•2] 하나투어의 상품분류

(2) 모두투어 상품분류

해외여행, 허니문, 자유여행, 골프여행, 명품/크루즈, 국내여행, 지방출발로 7개의 목적별 분류를 하고 다시 7개의 지역별로 구분했다.

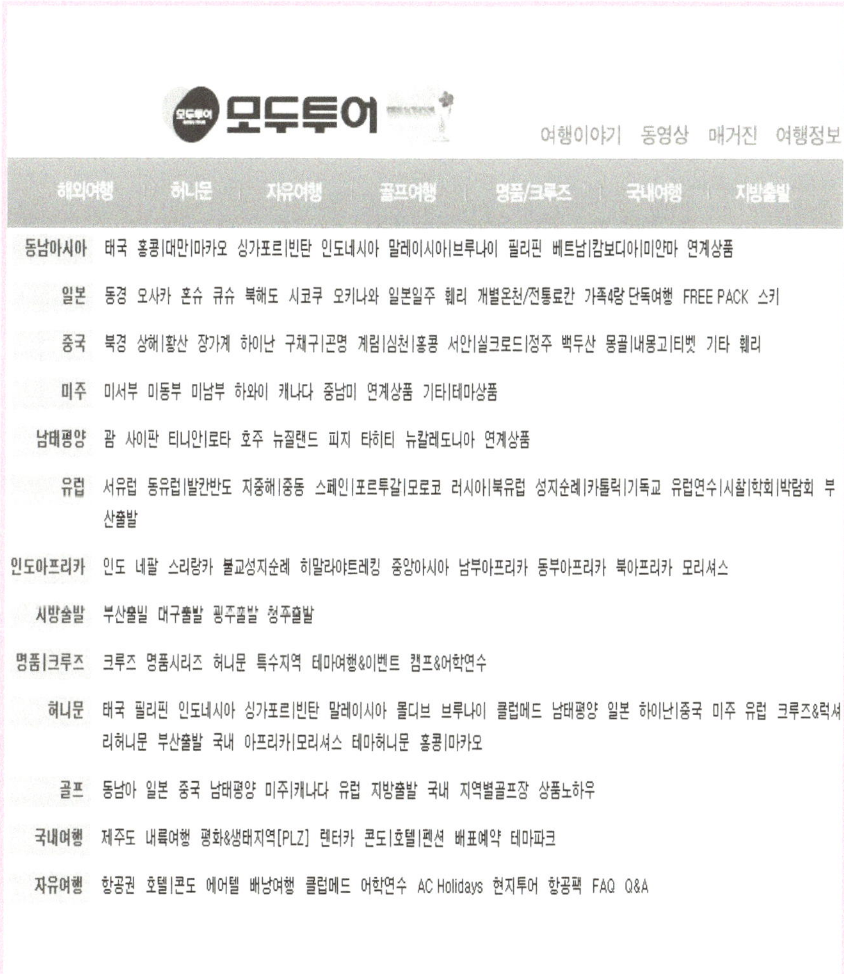

[그림 2•3] 모두투어의 상품분류

(3) 롯데투어 상품분류

해외패키지, 테마여행, 자유여행, 항공권, 허니문, 골프, 크루즈, 국내여행으로 8개의 목적별 구분을 한 후 각 범주 내에서 6개의 지역별 구분을 했다.

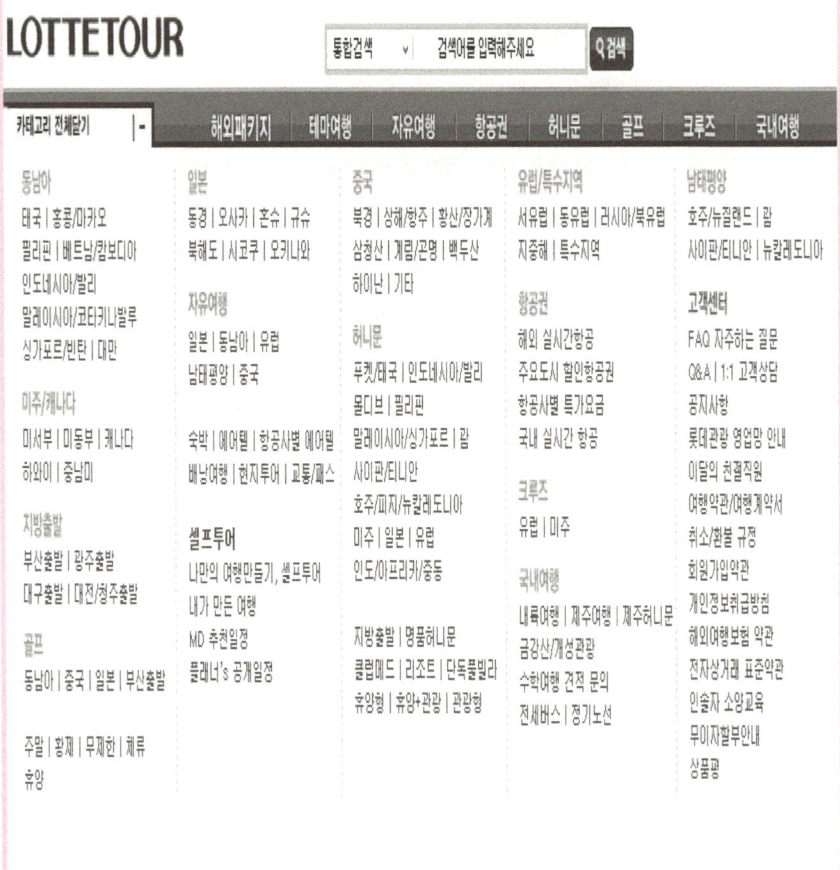

[그림 2•4] 롯데투어의 상품분류

(4) 자유투어 상품분류

해외여행, 자유/배낭, 허니문, 골프, 할인항공, 리조트/호텔, 법인여행, 국내/제주의 8개의 목적별 큰 범주로 나누고, 이를 다시 해외패키지여행과 테마여행으로 구분지은 후 6개의 지역별 구분을 하였다.

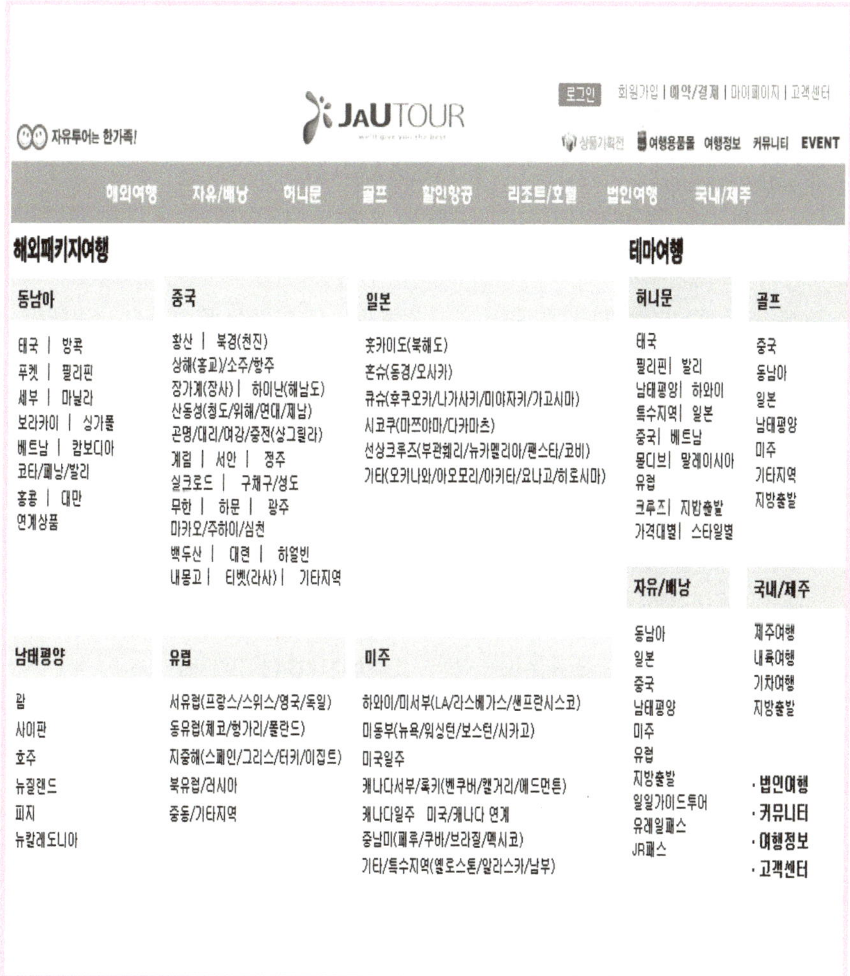

[그림 2•5] 자유투어의 상품분류

(5) 넥스투어 상품분류

해외와 국내로 대분류를 한 후 해외부분은 해외항공, 호텔, 패키지, 자유/배낭으로 4개의 목적별 분류를 하고, 패키지의 경우 6개의 지역별 분류에 4개의 형태별 분류를 추가했다.

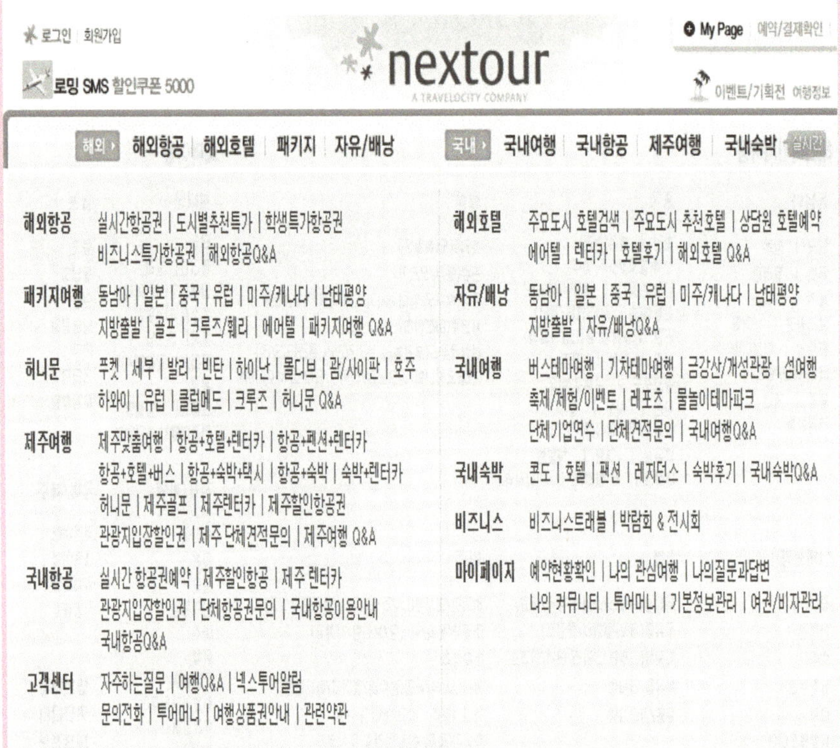

[그림 2•6] 넥스투어의 상품분류

2 여행사의 기획여행상품

여행사는 지역별, 고객계층별, 시즌별 기획상품을 구성하고 있다. 이러한 상품들은 종류별로 상품코드를 가지고 있다. 예를 들어, OK투어의 경우 OK1 동남아, OK2 미국 OK3 유럽, OK4 대양주, OK5 중국, OK7 배낭, OK8 허니문, OK9 국내 등이다.

1) 지역별 국외여행상품

(1) 동남아 상품

동남아 상품은 3~6시간 정도 소요되는 거리에 위치하고, 여행상품의 기간은 2박 3일~6박 7일 정도로 구성된 상품이 인기 있다. 주요 지역으로는 태국, 필리핀, 싱가포르, 인도네시아, 말레이시아, 베트남, 캄보디아, 대만, 홍콩, 마카오, 미얀마, 인도 등이다. 가격은 50~150만 원 정도이며, 초특가 상품의 경우 30만 원대에 제시되기도 한다. 동남아지역의 저렴한 물가로 비교적 낮은 가격에 상대적으로 고급의 초특급 리조트를 이용한 럭셔리 상품과 자연자원 및 열대성 기후 등으로 사계절 여행상품이 가능한 지역이다.

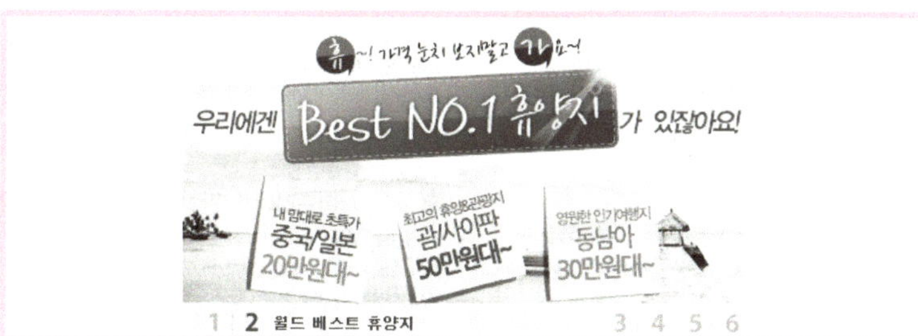

[그림 2•7] 지역별 상품의 가격대 예제

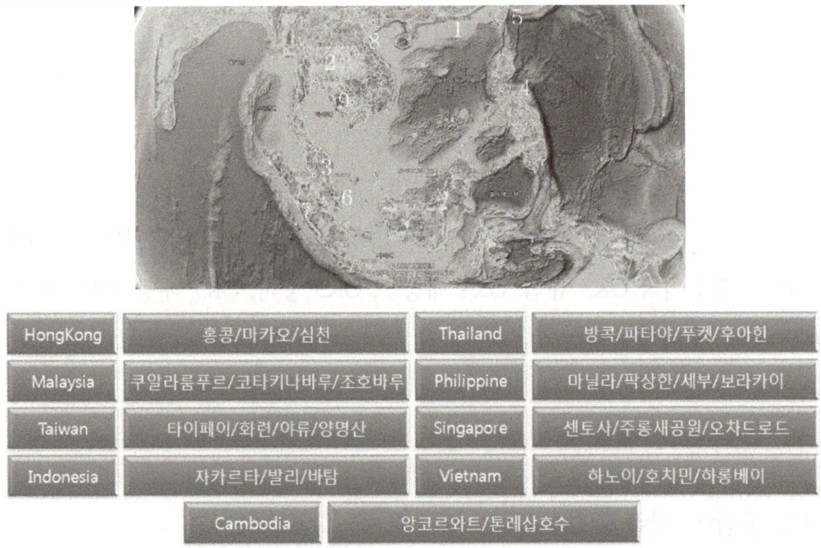

[그림 2•8] 동남아 상품의 주요 관광지

[그림 2•9] 동남아 상품의 예

1 홍콩(Hongkong)

홍콩은 1997년 6월 30일 영국 식민지령에서 중국으로 귀속되었다. 홍콩섬 및 구룡반도를 포함한 235개의 섬으로 되어 있다. 영어와 광동어를 사용하고 '얌차'와 '딤섬'으로 유명하며, 중국 제일의 경제특구이다. 한국에서 1,292마일에 위치하여 비행시간 3시간 10분이 소요된다.

여행상품은 홍콩과 심천, 홍콩과 마카오를 연계하고 있으며 3~4일 정도의 일정으로 50~80만 원의 상품이 많다. 홍콩섬 주변지 리펄스베이, 점보 레스토랑, 삼판 수상마을, 빅토리아 피크 그리고 야경이 유명하다.

[그림 2•10] 홍콩 지도

[그림 2•11] 홍콩 여행상품의 예

2 태국(The Kingdom of Thailand)

태국은 방콕, 파타야 상품을 시작으로 푸켓, 코사무이, 후아힌, 칸차나부리, 치앙마이 등의 지역상품이 지속적으로 개발되고 있으며, 50~150만 원 정도에 구성되고 있다.

배낭여행자들의 천국으로 알려진 방콕의 카오산 로드는 세계의 배낭여행자들에게 매우 유명한 거리이다. 5박 6일 상품이 일반적이지만 3박 5일도 가능하다. 2,280마일의 거리로 비행시간에 5시간이 소요된다.

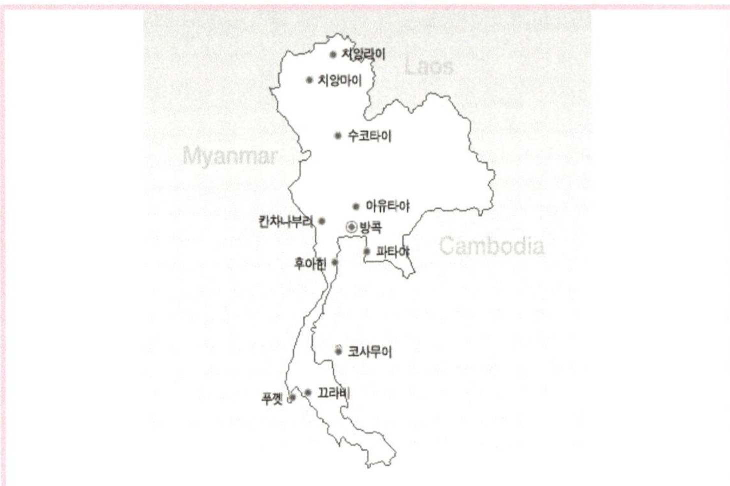

[그림 2•12] 태국 지도

[그림 2•13] 태국 여행상품의 예

3 말레이시아(Malaysia)

말레이시아는 수도 쿠알라룸푸르 이외에 동양의 진주로 알려진 페낭, 고대 도시 말라카, 조호바루 그리고 휴양형 상품으로 코타키나바루, 랑카위 등이 있다. 4~5일 정도의 상품이 대부분이다.

한국에서 쿠알라룸푸르까지 6시간 정도 소요되고 2,854마일의 거리이다. 영어와 말레이어를 사용하고 불교 신자가 많다. 50~140만 원 정도에 상품이 구성된다.

[그림 2•14] 말레이시아 지노

[그림 2•15] 말레이시아 여행상품의 예

4 필리핀(Philippine)

필리핀은 수도 마닐라를 중심으로 상품이 구성되어 있으며 세부, 보라카이 등이 휴양형 및 신혼여행지로 각광을 받고 있다. 마닐라 인근의 팍상한 폭포가 주요 코스에 속하며, 주로 5일 전후의 상품이 주를 이룬다.

자국어인 따갈로그어 이외에 영어를 사용하고 있으므로 유학 및 영어 연수로도 유명한 지역이다. 한국으로부터 1,542마일 거리에 있으며 3시간 20분 정도 소요된다.

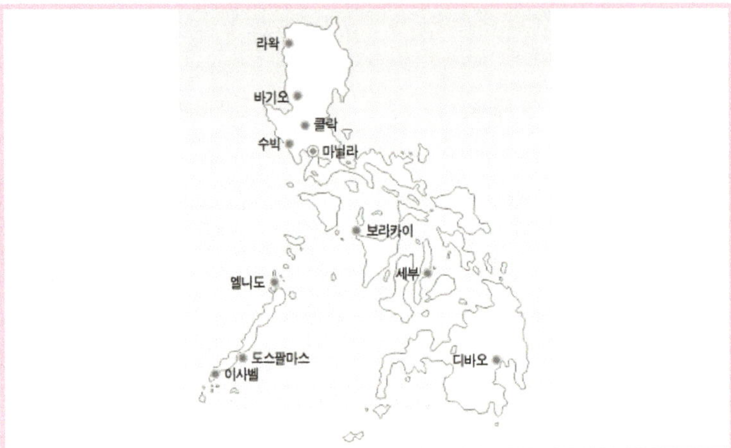

[그림 2•16] 필리핀 지도

[그림 2•17] 필리핀 여행상품의 예

5 대만(Taiwan)

대만은 한국과 수교가 단절된 후 한동안 관광상품으로서 고전을 겪었으나, 최근 관계가 회복되어 여행상품의 출시도 활발하다. 대만의 수도 타이페이, 화련, 까오슝 등의 4일 정도의 상품이 주를 이루며 인천에서 출발하여 3시간 정도 소요된다.

[그림 2•18] 대만 지도

[그림 2•19] 대만 여행상품의 예

6 싱가포르(Singapore)

싱가포르는 말레이반도 끝의 섬나라이다. 조호바루와는 다리로 연결이 되어 있다. 작은 도시국가이며 쇼핑의 천국으로 알려져 있다. 말레이시아의 조호바루와 인도네시아의 바탐과 연계된 5일 정도의 상품이 인기가 있다.

70~140만 원에 상품이 구성된다. 한국으로부터 2,880마일 거리에 있으며 비행시간으로 약 6시간이 소요된다.

[그림 2•20] 싱가포르 지도

[그림 2•21] 싱가포르 여행상품의 예

7 인도네시아(Indonesia)

인도네시아는 수도 자카르타보다는 휴양지인 발리, 롬복, 바탐, 빈탄 등의 관광지가 유명하다. 거리가 멀고 휴양형 상품이 주를 이루기 때문에 가격이 다소 높게 책정되고 있어 60~150만 원에 구성된다.

한국에서 3,278마일 거리에 있으며, 비행시간 6시간 30분 정도가 소요된다.

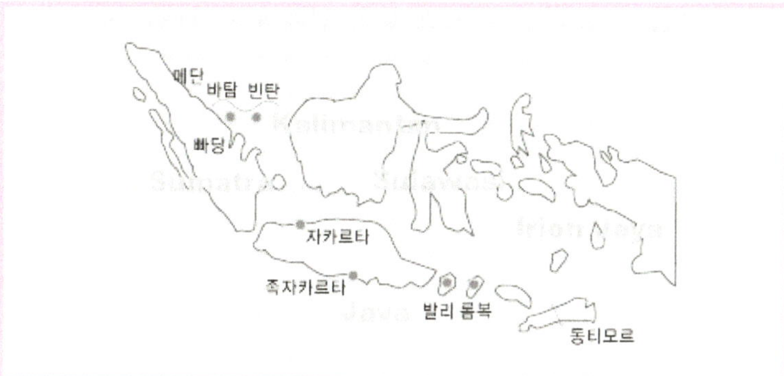

[그림 2•22] 인도네시아 지도

[그림 2•23] 인도네시아 여행상품의 예

8 베트남(Vietnam)

베트남은 수도인 북부의 행정 중심도시 하노이와 우리나라에 친숙한 남부의 경제 중심도시 호치민을 중심으로 상품이 구성된다. 하노이와 하롱베이를 연계하는 상품이 가장 인기가 있으며, 그 외 인근을 연계하는 도시로서 닌빈, 후에, 다낭, 호이난, 달랏 등의 상품이 출시되고 있다. 서울과 하노이는 약 1,600마일 거리에 놓여 있으며 비행시간 4시간 50분 소요된다. 베트남과 국경을 마주보고 있는 캄보디아, 라오스 등과 연계되는 상품도 출시되고 있다.

[그림 2•24] 베트남 지도

[그림 2•25] 베트남 여행상품의 예

9 캄보디아(Combodia)

캄보디아는 수도 프놈펜보다는 앙코르 왓트가 있는 시엠립으로의 상품이 압도적으로 많다. 앙코르 왓트 이외에 관광상품이 빈약한 캄보디아의 특성상 태국, 베트남 등 인근 국가와 연계된 상품이 많이 출시되고 인기를 누리고 있다. 시엠립까지의 직항이 개설되어 있고, 방콕과 육로 연결이 가능한 상품도 출시되어 있다.

[그림 2•26] 캄보디아 지도

[그림 2•27] 캄보디아 여행상품의 예

(2) 중국상품

중국은 우리와 인접된 이웃국가이지만 오랫동안 여행을 할 수 없는 지역이었다. 중국의 개방화정책의 영향과 백두산관광을 시작으로 중국여행이 활발하게 개방되기 시작하면서, 현재는 넓은 중국대륙에 매력 있는 관광지가 되어가고 있다. 우선 여행상품은 한국과 중국을 연계하는 교통수단인 항공과 선박으로 나누어지고 지역별로 상품이 구성되어 있다. 북경, 상해, 장가계, 실

[그림 2•28] 중국 지도

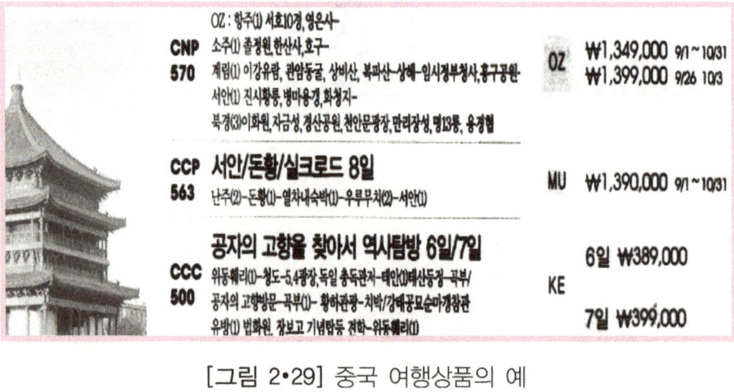

[그림 2•29] 중국 여행상품의 예

크로드, 공자 및 장보고 유적을 중심으로 하는 산동반도, 고구려 유적의 단동, 백두산, 심양 등이다. 가격대는 20~190만 원대까지 형성되고 4~10일 정도의 일정으로 구성된다. 비행시간은 약 1시간 40분 정도 소요된다.

1 북경 / 상해상품

중국으로의 항공은 현재 중국 곳곳으로 연결되고 있다. 초기 인천과 북경을 잇는 상품이 가장 먼저 등장하여 빠르게 성장했고, 대도시 상해로도 활발히 연계노선이 취항하면서 현재는 가장 저렴한 상품이 되었다. 북경 / 만리장성 / 용경협, 상해 / 항주 / 소주 / 황산 상품이 대표적이고, 진시황병마용이 있는 서안과 연계되기도 한다.

[그림 2•30] 북경 여행상품의 예

2 자연풍경구 관광 및 실크로드

자연풍경구로는 장가계, 원가계, 황산, 서해대협곡 등으로 중국대륙의 중앙에 위치한 산과 협곡지역이다. 수요가 많아지면서 직항이 개설되어 편의성을 가져왔다. 또 실크로드를 찾아가는 북부 횡단은 우루무치, 투루판, 돈황 등이 포함되는데, 거리가 멀고 일정도 길어서 대량수요가 발생하는 것은 아니므로 가격이 높은 편이다.

[그림 2•31] 중국 자연풍경구 관광 및 실크로드

3 훼리여행

선박으로 연결이 되는 중국의 지역은 단동, 대련 등이 고구려 유적을 중심으로 하는 백두산, 장춘, 연길, 심양, 집안, 하얼빈 등을 연계하는 상품이 있다. 천진, 진황도 등은 북경상품과 연계되고, 산동반도의 청도, 연대, 위해, 일조 등과 연결되는 노선은 장보고의 유적과 공자의 고향인 곡부와 연계된 상품이 출시되고 있다. 물론 이 지역으로의 항공연계도 가능하다.

중국으로 가는 선편은 인천, 평택에서 출발하고 천진, 산동반도, 단동, 상해 등과 연결되고 있으며, 대개 12시간에서 23시간 소요된다.

[그림 2•32] 중국 훼리상품

〈표 2•1〉 한중 및 러시아 훼리 여객노선

터미널	선박회사	선 명	출발 → 도착	소요시간	운항 스케줄(출발기준)
인천 제 1 국제 여객 터미널 (연안 부두)	단동해운	동방명주호	인천 → 단동 단동 → 인천	15:00	(주 3회) 월, 수, 금 17:00 (주 3회) 화, 목, 일 15:00
	대인훼리	대 인 호	인천 → 대련 대련 → 인천	16:00	(주 3회) 화, 목, 토 17:00 (주 3회) 월, 수, 금 18:00
	범영훼리	자정향	인천 → 영구 영구 → 인천	24:00	(주 2회) 화 19:00, 토 12:00 (주 2회) 월, 목 11:00
	진인해운	욱금향	인천 → 진황도 진황도 → 인천	21:00	(주 2회) 월 19:00, 금 13:00 (주 2회) 수, 일 13:00
	한중훼리	향설란호	인천 → 연태 연태 → 인천	16:00	(주 3회) 화, 목, 토 18:00 (주 3회) 월, 수, 금 17:00
	화동해운	화동명주호	인천 → 석도 석도 → 인천	12:00	(주 3회) 월, 수, 금 18:00 (주 3회) 화, 목, 일 18:00
인천 제 2 국제 여객 터미널	연운항훼리	자옥란	인천 → 연운항 연운항 → 인천	24:00	(주 2회) 화 19:00, 토 15:00 (주 2회) 월 11:00, 목 13:00
	위동해운	N.G.B II	인천 → 위해 위해 → 인천	14:00	(주 3회) 월, 수, 토 19:00 (주 3회) 화, 목, 일 18:00
		N.G.B V	인천 → 청도 청도 → 인천	17:00	(주 3회) 화, 목, 토 17:00 (주 3회) 월, 수, 금 16:00
	진천항운	천인호	인천 → 천진 천진 → 인천	25:00	(주 2회) 화 13:00, 금 19:00 (주 2회) 목, 일 11:00
평택항	교동훼리	교동호	평택 → 위해 위해 → 평택	12:00	(주 3회) 화, 목, 토 10:30 (주 3회) 화, 일 20:00, 목 17:00
	대룡해운(주)	대룡호	평택 → 영성 영성 → 평택	12:00	(주 3회) 월, 목, 토 09:00 (주 3회) 화, 목, 토 19:00
	연운항훼리	-	평택 → 연운항 연운항 → 평택	20:00	(주 2회) 월 14:00, 목 16:30 (주 2회) 월 21:00, 금 19:00
군산항	석도국제훼리	SHIDAO	군산 → 석도 석도 → 군산	15:00	(주 3회) 화, 목, 일 18:00 (주 3회) 월, 수, 토 18:00
속초항	동춘항운	뉴동춘호	속초 → 자루비노 자루비노 → 속초	19:00	(주 3회) 화, 목, 일 15:00 (주 4회) 월, 수, 토 18:00
	동춘항운	뉴동춘호	속초 → 블라디보스톡 블라디보스톡 → 속초	29:00 (5시간)	(주1 회) 목 15:00(자루비노 경유) (주 1회) 토 10:30
	동북아훼리	퀸칭따오	속초 → 니이가타 니이가타 → 속초	28시간	(주 1회) 월 12:00 (주 1회) 토 12:00

(3) 일본상품

중국과 일본상품은 지리적으로 매우 가까워 주말을 이용한 여행이 가능하고 항공편뿐만 아니라 선박을 이용한 저렴한 여행이 가능한 곳이다. 4~7일 정도의 상품이 가장 인기가 있으며 동남아 상품보다 가격은 약간 높은 편이지만, 동경의 전자제품과 패션에 관심 있는 젊은 층이 주말을 이용해서 다녀올 수 있는 상품이 출시되어 좋은 반응을 얻고 있다. 항공편뿐만 아니라 일본행 선편은 부산에서 출발하며 후쿠오카, 시모노세키, 오사카를 연결한다. 특히 제트포일의 경우 부산-후쿠오카를 2시간 50분 만에 연결한다.

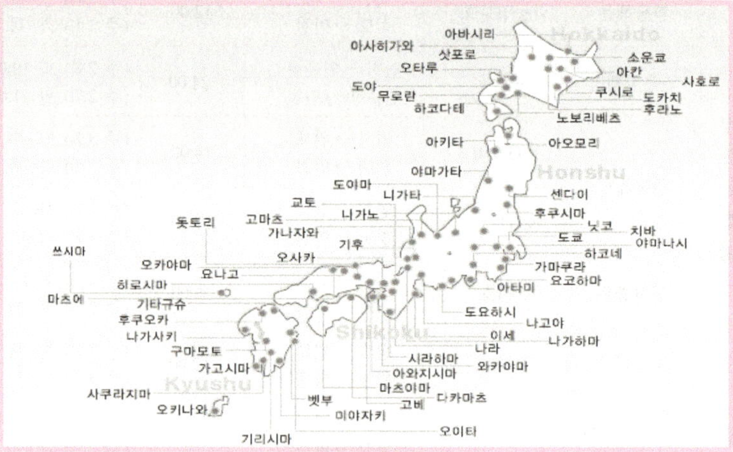

[그림 2•33] 일본 지도

JKP 505	그랜드 하얏트와 함께하는 **명품 큐슈/벳부/스기노이 4일** 후쿠오카-스기노이(1)-벳부-구마모토(1)-기타큐슈-후쿠오카(1)	₩699,000~₩1,049,000
JKP 506	**큐슈/벳부/스기노이 3일** OZ : 후쿠오카-스기노이(1)-벳부-아소-구마모토(1)-후쿠오카 KE : 후쿠오카-스기노이(1)-벳부-아소-후쿠오카 그랜드하얏트(1)	₩649,000~₩899,000
JKP 504	**화려한 큐슈의 매력 북큐슈/남큐슈 일주 5일** 후쿠오카-벳부(1)-아소-구마모토(1)-기리시마-가고시마(1)-미야자키	₩999,000
JKP 507	**명품 나가사키 하우스텐보스 3일** 나가사키(1)-하우스텐보스(1)	₩499,000~₩699,000

[그림 2•34] 일본 여행상품의 예

1 동경 / 오사카

수도인 동경은 인근의 디즈니랜드, 요코하마, 하코네 등과 연계된다. 오사카/교토, 나라, 고베 등의 상품도 있다. 항공편도 많고 거리도 동경까지 1시간 45분, 오사카까지 1시간 30분 만에 연결되기 때문에 주말상품이 많다.

[그림 2•35] 동경상품

2 규슈상품과 훼리상품

남부에 위치한 규슈는 후쿠오카, 벳부, 미야자키, 나카사키, 하우스텐보스와 연계되는 상품이 출시되고 있다. 규슈지역은 온천여행으로도 유명하다. 벳부, 아소 등 화산지대가 많아 온천여행, 료칸여행으로도 유명하다. 특히 부산과 가까이 위치해 있고 부산과는 선박을 이용할 수 있다. 선박은 부관훼리, 카멜리아, 팬스타와 그리고 제트포일형 초고속 여객선인 비틀, 코비가 있다. 부관훼리와 팬스타, 카멜리아는 정원 700여 명의 대형선박으로 오사카까지 16시간 30분 소요된다. 팬스타는 오사카를 연결하고 카멜리아와 부관훼리는 규슈를 연결한다.

[그림 2•36] 규슈 / 훼리상품

한국의 미래고속이 운항하는 코비는 200명 정도의 정원을 태울 수 있으며 부산에서 후쿠오카까지 2시간 55분이 소요된다. 비틀은 일본 JR 규슈 고속선 주식회사가 운항하는 고속선이다.

〈표 2•2〉 한일 훼리 여객노선

항 로 (Service)	선 사 (Company)	여객선 (Name of ship)	총톤수 (Tonnage)	승선정원 (Capacity)	운항형태 (Operation)	소요시간 (Time)	홈페이지 (Hompage)
부산→후쿠오카 (Busan→Fukuoka)	고려훼리 (Korea Ferry)	뉴-카멜리아 (New-camellia)	20,400	522	주 6회(매일) (everyday)	6시간 (6h)	Home
부산→후쿠오카 (Busan→Fukuoka)	미래고속(주) (Mirejet)	비틀 (Beetle)	164	220	매일 (everyday)	2시간 55분 (2h 55m)	Home
부산→후쿠오카 (Busan→Fukuoka)	미래고속(주) (Mirejet)	코비호 (Kobee)	306	222	매일 (everyday)	2시간 55분 (2h 55m)	Home
부산→시모노세키 (Busan→Shimonoseki)	부관훼리(주) (Pukwan Ferry)	하마유 (Hamayuu)	16,187	460	매일 (everyday)	8시간 30분 (8h 30m)	Home
부산→시모노세키 (Busan→Shimonoseki)	부관훼리(주) (Pukwan Ferry)	성희호 (Seonghee)	16,665	562	매일 (everyday)	8시간 30분 (8h 30m)	Home
부산→이즈하라 (Busan→Izuhara)	대아고속해운 (Daea Express)	씨플라워 2 (Sea Flower 2)	555	376	월, 금, 토, 목 (2, 4주) Mon, Fri, Sat, Thu (2, 4week)	2시간 40분 (2h 40m)	Home
		드림플라워 (Dream Flower)	303	300		2시간 20분 (2h 20m)	Home
부산→히타카츠 (Busan→Hitakatsu)	대아고속해운 (Daea Express)	씨플라워 2 (Sea Flower 2)	555	376	수, 일, 목 (1, 3, 5주) Wed, Sun, Thu (1, 3, 5week)	1시간 40분 (1h 40m)	Home
		드림플라워 (Dream Flower)	303	300		1시간 20분 (1h 20m)	Home
부산→오사카 (Busan→Osaka)	(주)팬스타라인닷컴 (Panstar line dotcom)	팬스타드림호 (Panstar Dream)	21,535	681	일, 화, 목 (주 3회)	18시간 (18h)	Home

3 북부지역

북부지역은 북해도, 오타루, 삿포로를 연계하는 상품이다. 여름철에는 시원한 날씨로 그리고 겨울철에는 스키상품으로 전세기 수요를 채운다. 삿포로 얼음축제가 유명하며 오타루와 같은 영화의 배경지도 있어 인기가 많다. 직항도 개설되어 있으며 가격은 일본상품 중에서 이 지역 상품이 다소 높게 책정된다.

[특별전세기]
■하코다테관광포함■북해도/하코
₩ 1,299,000 ~ 1,399,000원

[☞한국인이 동경하는 그곳☜]
§오타루 관광§ 북해도 온천♨4일
₩ 859,000 ~ 2,599,000원

[특별전세기]
■실속특가■ 북해도 실속 온천♨4
₩ 899,000 ~ 1,499,000원

[그림 2•37] 일본 북부지역 상품

(4) 남태평양 및 대양주

괌/사이판, 호주/뉴질랜드, 피지를 비롯한 남태평양의 섬에는 PIC(Pacific Islands Club)와 Club Med를 비롯한 리조트 휴양지가 많기 때문에 신혼여행지로 인기 있다. 특히, 괌/사이판은 비자 없이 방문할 수 있을 뿐만 아니라 서울에서 밤에 출발하는 항공기를 이용하여 괌에 새벽에 도착해서 주말을 보내고, 다시 밤에 출발하는 항공기로 서울에 아침에 도착할 수 있기 때문에 주말여행지로도 인기가 높다.

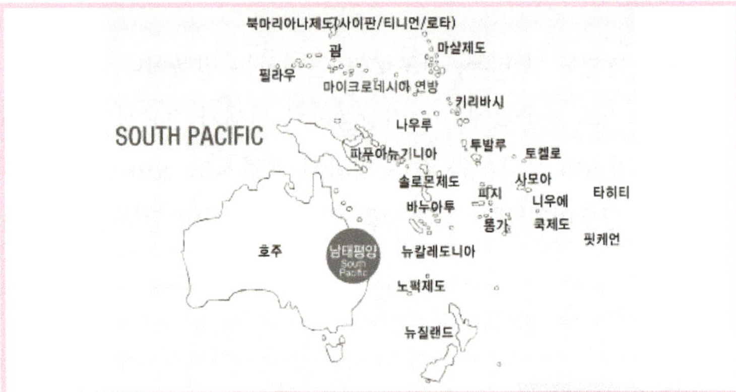

[그림 2•38] 남태평양 대양주 지도

1 남태평양

남태평양 상품으로는 괌, 사이판, 피지, 티니안, 뉴칼레도니아, 팔라우 등이 상품으로 출시되어 있다. 괌과 사이판은 개별상품으로도 연계상품으로도 인기가 많다. 남태평양의 섬들은 신혼여행지로 인기가 높다. 관광보다는 휴양 위주의 리조트를 중심으로 하는 상품이다. 인천에서 괌까지는 비행시간 4시간 20분이 소요되며 2,002마일 거리이다.

[그림 2•39] 남태평양 여행상품

2 호 주

호주의 수도는 캔버라이다. 관광지로는 시드니, 골드코스트, 멜버른, 케언즈 등을 중심으로 하는 6일 정도의 상품으로 구성되며 가격은 150만 원 정도이다. 인천에서 시드니까지는 5,177마일 거리이며 비행시간은 9시간 34분이 걸린다.

[그림 2•40] 호주 지도

[그림 2•41] 호주 여행상품

3 뉴질랜드

뉴질랜드는 남섬과 북섬으로 이루어져 있고 수도는 웰링턴이다. 주요 관광지는 오클랜드, 크라이스트처치, 퀸스타운 등을 방문하는 7~8일 정도의 상품이다. 인천에서 오클랜드까지 10시간 50분의 비행시간이 소요되고 거리는 5,997마일이다.

[그림 2•42] 뉴질랜드 지도

[그림 2•43] 뉴질랜드 여행상품

(5) 유럽상품

유럽에는 여러 나라들이 있고 각기 특징을 달리하기 때문에 동선에 따라서 상품이 구성된다. 서유럽, 북유럽, 남유럽, 동유럽으로 분류하는 것이 보통이다. 유럽상품은 보통 8~12일 정도로 구성되며 250~450만 원 정도로 장기간의 일정을 갖는 고가의 상품이다. 인천에서 유럽까지는 12시간 이상이 소요된다.

[그림 2•44] 유럽 지도

1 서유럽상품

서유럽상품은 주로 영국, 프랑스, 스위스, 독일, 이탈리아, 오스트리아가 포함된다. 영국을 포함한 서유럽 일주상품의 경우는 영국으로 입국하여 여행을 마치고 서유럽 내 국가 중 한 곳에서 출국하거나 반대로 영국에서 출국하는 여정을 택하는 것이 보통이다.

[그림 2•45] 서유럽 여행상품

2 북유럽상품

북유럽상품은 스웨덴, 노르웨이, 핀란드, 네덜란드, 벨기에, 룩셈부르크 등이다. 송네피요르드 등 빙하여행과 백야현상이 인기 있고 가격이 매우 고가이다.

[그림 2•46] 북유럽 여행상품

3 동유럽상품

동유럽상품은 체코, 슬로베니아, 헝가리, 폴란드, 슬로바키아, 러시아를 방문한다.

[그림 2•47] 동유럽 여행상품

4 남유럽상품

남유럽의 스페인과 포르투갈을 중심으로 지중해 건너 모로코나 터키를 포함하여 지중해상품으로 출시하기도 한다. 먼 거리이므로 10일을 전후한 여정으로 만들어진다.

[그림 2•48] 남유럽 여행상품

(6) 미주상품

미국과 캐나다, 남미를 여행하는 상품이다. 장거리의 상품이기 때문에 여행일정이 길고 고가로 구성된다. 최소한 7~8일에서 20일에 가까운 일정으로 구성되고, 각 국가별 상품, 미국과 캐나다가 함께 묶여 있는 상품, 남미상품으로 나뉜다.

1 캐나다상품 / 알래스카상품

캐나다상품은 밴쿠버 / 토론토 / 몬트리올 / 나이야가라 / 퀘백 등을 방문하고 7~10일 정도의 상품이다. 가격은 200~290만 원 정도이다. 알래스카 상품은 빙하관광으로 빙하, 고래, 물개 등 수상동물을 관찰하는 유람선과 경비행기, 바다낚시, 골프 등의 상품이 있다. 가격은 200~260만 원이다.

[그림 2•49] 캐나다 지도

♣ 여행은 스/타/일 이다♣ 서부 캐 ₩1,790,000 ~ 2,150,000원

♡ 선택의 기술 ♡ 벤쿠버/빅토리 ₩1,650,000 ~ 2,450,000원

[외국인과 함께 하는 1DAY TOUR ₩1,550,000 ~ 1,990,000원

[그림 2•50] 캐나다 여행상품

2 미주상품

미주지역은 동부, 서부, 하와이로 구분된다. 동부상품은 뉴욕 / 나이아가라

와 캐나다가 연계되는 상품이고, 서부상품은 샌프란시스코/라스베이거스/디즈니랜드 등이 포함된다. 8~10일 정도의 상품이고 200~300만 원 정도이다. 동부와 서부를 연계한 일주상품은 15일 이상으로 350만 원 정도로 구성된다.

[그림 2•51] 미국 지도

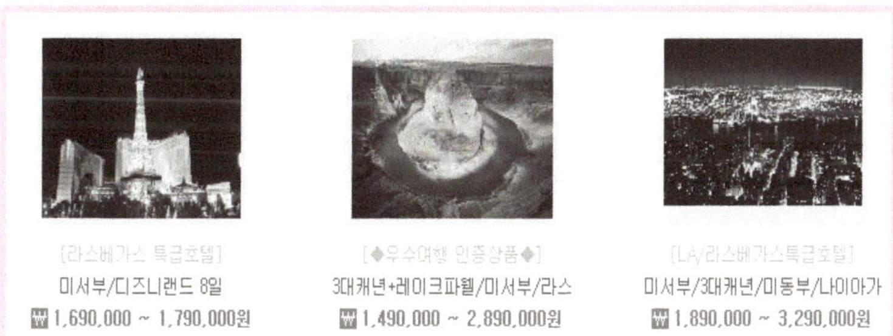

[그림 2•52] 미국 여행상품

3 미국과 캐나다 연계상품

미국과 캐나다 연계상품은 주로 서부지역의 그랜드캐년과 LA 그리고 캐나다 서부 밴쿠버를 연결한다. 동부로는 나이아가라 폭포를 중심으로 미국 워싱턴, 뉴욕 등과 캐나다의 토론토를 연계한다.

HCP 254
캐나다 미동부 11일
밴쿠버(2)-빅토리아-밴프-캔모아(1)-캘거리(1)-나이아가라(1)-토론토(1)-워싱턴(1)-뉴욕(2)-기내(1)
AC ₩2,790,000 9/1~10/11
₩2,690,000 10/12~10/31

캐나다 미서부 10일
밴쿠버(3)-빅토리아-휘슬러-샌프란시스코(1)-요세미티-후레스노(1)-바스토우-라스베가스(1)-그랜드캐넌-라플린(1)-L.A(1)-기내(1)
* SFO IN / LAX OUT
AC ₩1,990,000 9/1~9/30
₩1,890,000 10/1~10/31

HCP 255
캐나다 미서부 11일
밴쿠버(2)-빅토리아-밴프-캔모아(1)-캘거리(1)-샌프란시스코(1)-요세미티-후레스노(1)-바스토우-라스베가스(1)-그랜드캐넌-라플린(1)-L.A(1)-기내(1) *LAX IN/LAX OUT
AC ₩2,290,000 9/1~9/30
₩2,190,000 10/1~10/31

[그림 2•53] 미국 / 캐나다 연계상품

4 중남미상품

중남미상품은 지리적으로 떨어져 있을 뿐만 아니라 이용객이 많지 않아 항공편도 적고 가격이 높게 책정된다. LA / 산티아고, 부에노스아이레스, 이과수, 리오, 리마, 마추피추를 포함하는 12일 상품의 경우 400만 원으로 구성되며 17일은 600만 원이다.

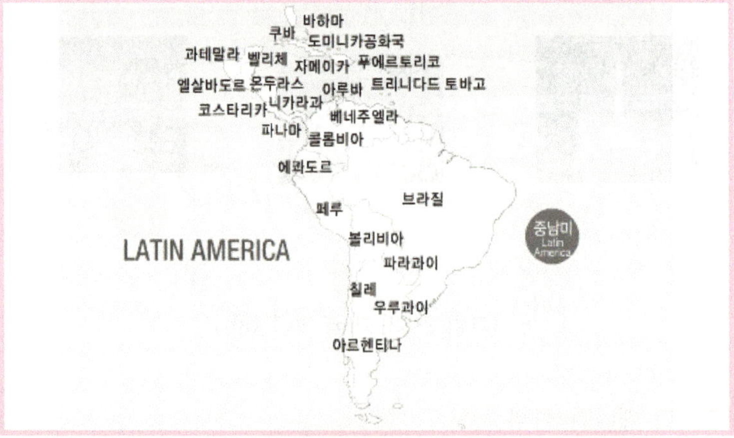

[그림 2•54] 남미 지도

[그림 2•55] 남미 여행상품

(7) 기타 인도 아프리카

수요가 많지 않고 대중적이지 않은 상품이지만, 소수의 특화된 수요가 지속적으로 있다. 종교단체, 산악회원, 전문여행가 등 오지여행과 개별적인 의미와 필요에 의한 여행으로 선택하는 상품이다.

[그림 2•56] 기타 지역상품

2) 목적별 국외여행상품

(1) 허니문상품(Honeymoon Pack)

신혼여행객을 위한 상품이다. 모든 구성내용은 패키지상품과 유사하지만,

운영방식과 구성요소의 특징과 형태가 달라지고 이로 인해 가격이 상승한다. 왕복항공은 결혼식이 많은 주말에 출발하도록 하고, 숙박시설은 휴양과 신혼의 분위기를 조성할 수 있는 호화롭고 특별한 시설로 풀빌라나 휴양형 리조트가 선호된다.

[그림 2•57] 허니문 여행상품(예제 1)

직장인이 사용하는 결혼휴가 기간인 4박 5일 정도에 여행이 가능한 괌, 사이판, 발리, 세부 등 남태평양과 동남아 지역이 선호된다. 두 사람만의 중요한 순간이므로 최소 인원조건이 없고 1쌍이라도 출발하며, 인솔자의 서비스는 선택에 따라 제공되기도 하며 일반 패키지에 비해 가격은 상당히 높다.

[그림 2•58] 허니문 여행상품(예제 2)

여행의 형태는 숙박시설의 종류, 관광과 휴양의 비율, 상품 구성요소의 호화로움 등에 따라 풀빌라형, 휴양형, 레저형, 관광과 휴양형, 자유허니문 등으로 구분할 수 있다. 이런 특징을 고려하여 지역별로 허니문 상품을 출시하고 있다.

[그림 2•59] 허니문 여행상품의 객실

여행사의 수입에도 매우 유리한 상품이고 신혼부부의 수요에 맞출 수 있는 전문성이 요구되기 때문에 허니문 팀을 따로 운영하는 경우가 많다. 최근에는 웨딩플래너(Wedding Planner)로서의 종합적인 기능을 수행하기도 한다.

(2) 골프투어(Golf Tour)

외국에서 골프와 관광을 동시에 할 수 있도록 한 상품이다. 한국의 골프장 이용에서 겪는 불편함을 해결하면서 유사한 가격으로 또는 더욱 저렴한 가격으로 동시에 국외여행을 할 수 있다는 장점이 있다. 상품가격에 항공료, 숙박, 그린피, 캐디피, 전동카드 사용료, 라커, 조식, 클럽하우스 중식, 비자비용 등이 모두 포함되어 있는 경우와 캐디피와 전동카트피는 미포함되어 있는 경우가 있다. 가격이 저렴하고 지리적으로 가까운 중국과 동남아 골프여행이 인기를 모으고 있다.

[그림 2•60] 골프투어상품

골프여행객은 주로 고소득층이 많고 반복 이용자가 많기 때문에 여행사의 영업에 유리하고 관광뿐만 아니라 시설이 훌륭한 골프장을 직접 운영하거나 거래관계를 맺음으로써 수익을 넓힐 수 있는 기회가 된다.

[그림 2•61] 중국 골프투어상품

(3) 크루즈(Cruise)상품

1 크루즈의 뜻과 유래

여행실무에서 말하는 크루즈상품은 유람선 여행을 말한다. 여기서 유람선은 최소 200명 이상~4,000명이 승선할 수 있는 규모이며, 선내 휴양의 목적을 갖는 유람선을 말한다. 제1차 세계대전 이후 물자수송에 쓰이던 선박들이 항공기의 등장으로 위기를 겪으면서 1980년 로얄캐러비안 크루즈가 카리브 노선에 항공과 해상을 연결하는 패키지 프로그램을 선보이면서 크루즈의 대중화를 이끌었다.

[그림 2•62] 크루즈의 예

2 크루즈의 규모와 등급

소형선박	중형선박	대형선박	초대형선박
25,000톤 이하	25,000~70,000톤	75,000~100,000톤	100,000톤 이상
승객 200~500명	승객 500~1,700명	승객 1,700~2,500명	승객 2,500명 이상

[그림 2•63] 크루즈의 규모 및 등급분류

3 크루즈상품의 내용

럭셔리

- Crystal Cruises 크리스탈 크루즈
- Cunard Line 큐나드 라인
- Silversea Cruises 실버시 크루즈
- Seabourn Cruise Line 씨본 크루즈라인

프리미엄

- Princess Cruises 프린세스 크루즈
- Celebrity Cruises 셀러브리티 크루즈
- Holland America Line 홀랜드 아메리카

디럭스

- Azamara Cruises 아자마라 크루즈
- Regent Seven Seas Cruises 리젠트 세븐시스

컨템퍼러리

- Royal Caribbean International 로얄캐리비안 인터내셔널
- Carnival Cruise Lines 카니발 크루즈 (준 컨템퍼러리급)
- Costa Cruises 코스타 크루즈
- Disney Cruise Line 디즈니 크루즈 라인
- MSC Cruises MSC 크루즈
- Norwegian Cruise Line 노르지안 크루즈 라인 (NCL)

[그림 2•64] 등급별 크루즈의 예

카리브해와 바하마 노선, 지중해와 북유럽 노선, 알라스카 노선, 아시아 노선 등이 있다. 50일 이상의 세계일주를 하거나 단기간에 대양을 오가는 상품이 있다. 숙박, 식사, 스포츠, 선상활동 및 엔터테인먼트 등이 모두 요금에 포함되어 있다. 따라서 24시간 무료 룸서비스, 일일 7차례 이상의 식사, 다양한 운동기구 및 시설과 활동의 무료사용이 가능하다.

[그림 2•65] 크루즈상품의 예

호화 선박 내에서 매일 쇼가 열리고, 특급호텔 수준의 부대시설, 카지노, 면세점, 마사지 및 스파, 어린이프로그램, 도서관, 수영장 등 사교와 유흥이 포함되며 유명 관광지에 정박하여 도시 관광을 한다.

[그림 2•66] 동남아 크루즈상품의 예

전체 일정에 참여하지 않고 일부 일정에 참여하는 것도 가능하다. 한국에 정기 기항하는 선사가 없기 때문에 기항지까지 항공편을 이용하여 이동한 후 승선하여 관광에 참여하고 하선한 후 다시 항공편으로 귀국한다.

4 크루즈 선사들

로열캐리비안 크루즈의 경우 160,000톤급 길이 229m, 너비 56m로 총 탑승객 4,370명이 가능하다. 세계적인 호화 유람선 커나드호는 약 3,000명 이상의 승객과 1,200여 명 이상의 승무원이 탑승한다. 아시아-태평양지역 크루즈인 'Star Cruises'는 싱가포르를 기항해 동남아시아의 주요 관광지에 항로를 갖고 있다. 최신의 선박인 'Superstar Virgo'는 길이 268m, 폭 32.2m, 수용인원 2,800명, 승무원 1,100명이 승선할 수 있다.

[그림 2•67] Star Cruises의 수영장

(4) 인센티브상품(Incentive Tour)과 법인여행

인센티브상품은 기업체 또는 단체에서 목표달성을 위한 동기부여 수단으로 성과급이나 포상의 수단으로 제공되는 여행상품이며 포상여행이라고 한다. 실무에서는 인센티브상품으로 부른다. 구매자가 개별고객이 아니라 단체의 대표(사장 등)이고, 대량 구매되며 참여자는 조직 내 구성원들이다. 프로그램의 결정과 운영에 관해서는 대표와 의논해야 하고 협의를 하는 과정을 거쳐야 한다. 상품이 확정된 후 운영을 할 때는 업무가 일괄적으로 처리되기 때문에 수월하다. 보험회사, 학습지 회사, 대기업 등 실적과 성과를 중요시하는 회사들이 활용하고 있다.

인센티브 행사는 20~1,000명 이상의 단체가 되기도 하기 때문에 맞춤형 프로그램이 필요하고 수배와 인솔에도 특별한 배려와 준비가 요구된다. 또한 단체의 장과 교섭해야 하고 단체의 행사목적에 맞는 프로그램을 만들고 진행해야 한다. 대규모의 거래를 일시에 일으키기 때문에 지속적인 거래관계의 유지에 각별한 노력을 기울이게 된다. 여행사로서는 매우 많은 이점이 있는 상품이기 때문에 법인 영업팀을 별도 운영하기도 한다. 그러나 거래처가 무리한 가격인하를 요구하거나 대금지불을 지연하는 경우 여행사는 막대한 금액이 미수로 발생되어 곤란을 겪기도 한다.

(5) 주문여행(Order Made Tour)

맞춤여행이라고도 한다. 개별고객이 특별한 일정이나 조건을 원하는데 그에 맞는 기획상품이 없다면 여행사는 요구에 맞추어 상품을 구성할 수 있다. 또는 가족여행, 친척들의 모임 등을 위해 특별한 주문을 할 수 있다. 다만, 이 경우 특별 촉진상품들로 구성할 수 없기 때문에 가격이 비싸진다. 고소득층의 개별고객이나 가족단위의 팀 구성 또는 일정규모 이상의 단체가 특별한 프로그램을 원할 경우 주로 이용한다.

3 기타 여행상품

1) 자유여행상품과 에어텔

(1) 자유여행상품

자유여행상품은 대개 단기여행상품으로 주말을 이용한 직장인의 여행 등에 이용된다. 인솔자(TC)나 현지가이드가 없고, 현지 전용버스(Coach)도 없다. 출발일과 귀국일이 지정되어 있는 왕복항공권을 기본으로 하고 숙박권, 교통패스, 관광지 입장권, 여행자보험 중 일부가 포함되어 있는 상품이다. 주중 출발과 주말 출발 가격이 다르게 책정되어 있고, 도착 공항 인근의 대도시를 중심으로 한 단기관광이 주로 해당된다.

[그림 2•68] 자유여행상품의 예

여기서 자유여행(Individual Tour)이란 개별여행, 배낭여행, FIT 등으로 불리며 개인이 항공권을 비롯한 모든 여행의 준비와 진행을 하는 것으로 사실상 여행사의 상품은 아니다. 그렇지만 개별여행의 경우 할인의 혜택이 매우 작기 때문에 여행사가 이런 개인여행의 단점을 보완하여 항공권 및 숙박, 교통 등에서 단체할인을 이용할 수 있도록 하여 저렴하게 묶음으로 판매되는 상품이다. 상품의 구성은 단체의 할인혜택을 받지만 여행은 스스로의 책임으로 자유롭게 할 수 있다.

(2) 에어텔

에어텔상품은 개별 비즈니스 여행객을 위해 출시된 상품이다. 그 밖에도 개별여행의 확산으로 최근에는 가족여행이나 편리한 자유여행을 선호하는 사람들에게 많이 이용된다. 주요 내용은 항공권과 도심의 비즈니스호텔에서의 숙박을 제공한다. 항공과 호텔숙박을 묶음으로 상품을 구성한 것은 자유여행과 유사하지만, 자유여행과의 차이점은 단체여행의 개념에서 출발하여 단체할인을 이용하고자 한 것이 아니라 개별여행의 개념으로 만들어진 상품이다. 초기에는 주로 항공사가 자사의 항공권 판매에 부가적인 서비스를 제공하고자 개별여행자에 대해 호텔과 묶음판매를 시작한 것이 계기였다.

[그림 2•69] 에어텔상품의 예

호텔은 공항근처나 도심에 위치한 비즈니스호텔이기 때문에 가격은 배낭여행의 숙소보다는 다소 비싸진다. 공항에서 호텔까지의 교통을 제공하기도 하지만, 현지교통과 관련된 패스는 제공하지 않는다. 따라서 장거리나 장기간의 여행보다는 한 도시를 중심으로 한 단기간의 여행상품이다.

2) 배낭여행상품과 호텔팩

(1) 배낭여행상품

1989년 해외여행 전면 자유화로 대학생을 중심으로 해외여행이 대중화되면서 등장한 저렴한 상품의 대명사이다. 운영형태는 자유여행상품과 유사하게 인솔자 및 현지가이드, Coach가 없고 왕복항공권을 제공한다. 그러나 자유여행에 비해 비교적 장기간의 장거리 여행이 많기 때문에 항공권의 여정이 왕복구간만이 아닌 여러 나라를 방문하도록 구성하고 오픈 발권하는 경우가 많다. 또 현지숙박보다는 현지교통 Pass, 국제학생증, 융프라우 등정 할인권(스위스), 1억 원 여행자보험 등이 포함된다.

현지숙박을 제공하지 않기 때문에 스스로 현지에서 숙박을 해야 하는데, 세계의 각 도시는 배낭여행자를 위한 숙소(Guest House)가 마련되어 있다. 특히 배낭여행자의 천국이라고 불리는 태국의 '카오산 로드'는 저렴한 숙소가 밀집해 있고, 세계 각국의 젊은이들을 한 장소에서 만날 수 있는 유명한 곳이다. 한국에는 종로 1가에 배낭여행자를 위한 저렴한 숙소가 많이 위치해 있다. 숙박을 제공하는 경우를 호텔팩이라고 한다.

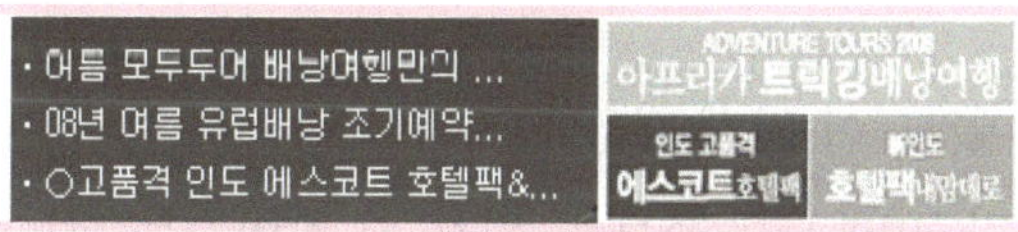

[그림 2•70] 배낭여행상품의 예

자유여행보다 여행자의 책임이 더 많은 상품이기 때문에 사전준비가 요구되고 경험의 양과 질도 풍부해진다. 따라서 배낭여행을 경험하는 젊은이들이 향후 여행사에 취업하여 전문가로서의 역량을 발휘하기도 한다. 여행사는 장거리 항공권 판매에 따른 수수료 수입과 장래의 고객을 확보하는 차원에서 배낭여행에 많은 관심을 기울이고 있다.

(2) 호텔팩상품

배낭여행의 한 형태로 비교적 호화로운 배낭여행이라고 할 수 있다. 일정한 여정을 갖는 왕복항공권과 호텔숙박을 여행사가 미리 예약 및 대금지불을 완불하고 제공하는 상품이다. 주로 유럽상품을 중심으로 왕복항공권, 호텔 그리고 Eurail Pass를 제공하는 상품으로 등장했다.

배낭여행과 마찬가지로 장기간의 장거리 상품이 해당되지만 시설이 다소 불편한 배낭여행 숙소(Guest House)보다는 비용을 추가하여 호텔에서 숙박하고 조식을 제공받게 된다. 호텔은 도심 외곽이나 Eurail을 이용하기 편리하도록 역 근처에 위치한다.

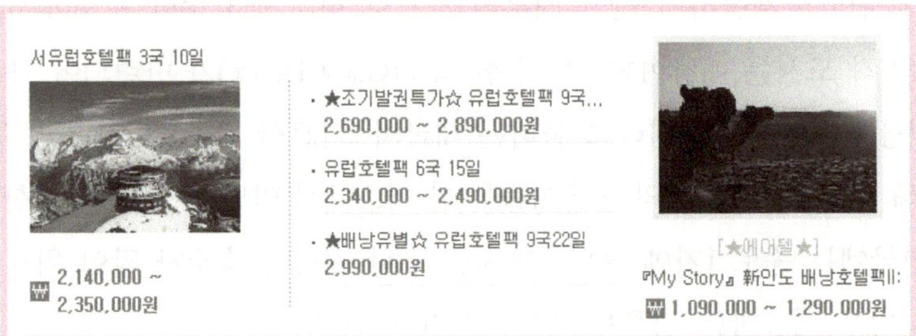

[그림 2•71] 호텔팩상품의 예

미리 호텔이 예약되어 있기 때문에 여정이 정해져 있고 인솔자 없이 스스로 찾아가야 한다. 여행사는 호텔의 위치 및 찾아가는 방법에 대한 정보를 제공하고 있다. 왕복항공과 숙박을 제외한 나머지는 모두 개인의 자유의사에 따라 여행한다.

3) 단체배낭여행상품 / 코치투어

배낭여행이 갖는 위험성과 부담을 줄이기 위해 여행사가 단체를 구성하여 함께 배낭여행을 할 수 있도록 한 상품이다. 기본적인 운영형태는 동일하지만, 여정에 따라 지역별로 숙소가 미리 예약되어 있고 현지가이드는 없지만 경험이 풍부한 '배낭여행 인솔자'가 함께 동행해서 위험을 줄여준다. 이때 인솔자는 지역 이동을 인솔할 뿐 현지관광을 인솔하지는 않는다.

[그림 2•72] 코치투어상품의 예

즉 한국에서부터 동행하여 출입국 수속과 현지도시 간 이동 및 숙소로의 이동을 인솔한다. 일정지역에서의 관광은 개별적으로 자유롭게 하는 상품이다. 자유여행상품은 다양한 구성요소들의 포함 여부와 형태에 따라 지속적으로 변화된 새로운 상품이 등장하고 있다.

4) 클럽메드상품

클럽메드(Club Med)는 1950년 Gerard Bilitz가 스페인 Alcudia에 첫 텐트 빌리지를 시작으로 전세계 120여 개의 리조트 시설인 빌리지를 운영하고 있다. 독창적인 프로그램으로 '무엇이든 할 자유', '아무것도 하지 않을 자유'를 내세우며 1992년 한국 지사를 설립했다. 휴양을 목적으로 식사와 숙박 이외에 각종 스포츠, 가족활동, 극장, 클럽 등 모든 활동이 무료로 제공된다. 빌리지 외부의 관광을 원할 경우 추가비용으로 선택될 수 있다. 따라서 상품가격이 패키지상품에 비해 비싸지만 고객의 만족도와 재방문 비율이 높다. 즐기고 쉴 수 있는 Total resort 개념으로 여행패키지의 혁신적인 서비스를 제공하고 있으며, 특히 리조트 내의 직원은 종사원의 개념이 아니라 GO라고 불리며 즐거운 활동의 친구와 동반자로서 스포츠활동, 공연활동 등 다양한 활동을 함께한다.

5) 유럽 버스투어와 다국적 코치투어

(1) 유럽 버스투어

[그림 2•73] 유럽의 캠핑장 예(플로렌스)

유럽 버스투어란 2000년 초반에 유럽여행이 대중화되면서 매우 저렴한 가격으로 인기를 얻었던 상품이다. 유럽까지의 왕복항공권, 전문인솔자, 전용버스(Coach)를 이용한 유럽 내 도시이동과 캠프장 숙박과 현지취사가 포함된 상품이다.

인솔자와 함께 한국에서 단체로 출발하고 현지공항에서 바로 전용버스(Coach)에 승차하여 이동한다. 관광은 정차하는 도시에서 개별적으로 하며 약속된 시간에 다시 Coach를 타고 현지의 캠프장에서 주차하고, 취사를 하며 Coach 내에서 또는 Cabin에서 숙박한다. 현지가이드는 없으며 식사는 관광 중에 개별적으로 하거나 현지캠프에서 직접 조리한다. 그 외의 관광은 모두 개별적으로 하는 상품이다.

(2) 다국적 코치투어

다국적 코치투어는 여러 국가의 사람들이 함께 모여 인솔자와 함께 COACH로 여행하는 상품이다. 대표적인 상품 중 하나인 CONTIKI는 전세계적으로 운영하는 상품으로 만 18~35세의 젊은이들의 저렴한 여행을 위한 상품으로 캠핑장을 주로 이용한다. TRAFALGAR'S는 나이의 제한이 없는 다국적 코치투어이며, TREK AMERICA는 북미와 멕시코를 중심으로 하는 11~13명의 소그룹 투어상품이다. 국내의 여행사는 이러한 다국적 코치투어상품을 판매하고 있다. 상품은 왕복항공권과 코치투어 참가비로 이루어지고 인솔자 없이 항공을 이용해 현지로 가서 코치투어에 합류한다.

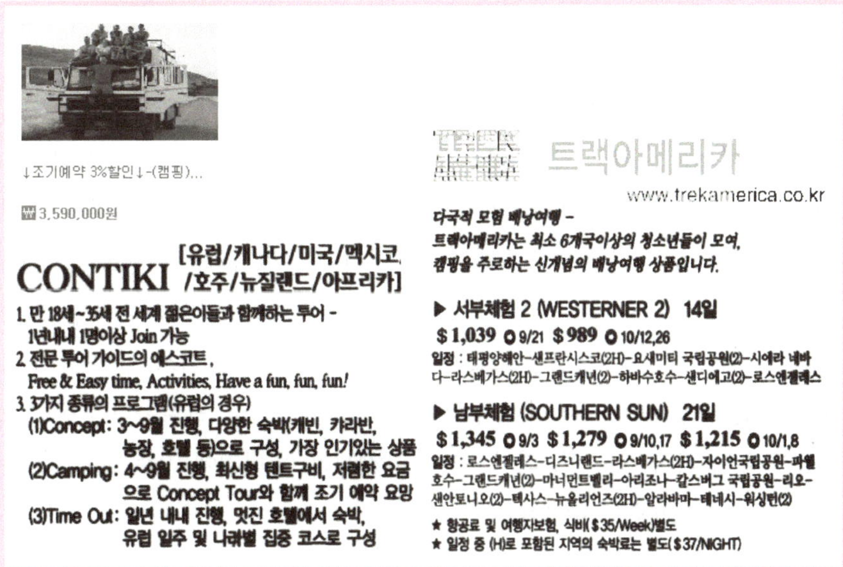

[그림 2•74] 다국적 코치투어 컨터키와 트랙아메리카

4 각종 패스와 호텔예약

1) 패스(Pass)상품의 뜻

패스란 외국인 여행자를 위해서 일정기간 일정 교통수단에 대해 무제한 승·하차할 수 있도록 하여 개별여행자가 현지교통을 저렴하게 이용할 수 있도록 한 상품이다. 교통비가 매우 비싼 일본, 유럽, 미주, 오세아니아주 등의 지역이 이와 같은 시스템을 가지고 있다. 패스의 가장 큰 특징은 외국인 여행자를 위한 것이므로 자국민은 이용할 수 없으며, 외국인은 여행을 출발하기 전 자국에서 구입해 가야 한다.

2) 유레일패스(EURAIL PASS)

(1) 유레일패스의 뜻

유레일패스란 유럽 이외의 지역 관광객 유치를 위한 특별할인 승차권이다. 2009년 11월 현재 유럽 21개국의 국철을 정해진 기간 동안 주행거리, 승차횟수, 국경통과 제한 없이 마음대로 승·하차하며 유럽지역을 여행할 수 있다.

통용 21개국은 프랑스, 스위스, 독일, 이탈리아, 오스트리아, 스페인, 헝가리, 네덜란드, 벨기에, 룩셈부르크, 아일랜드, 포르투갈, 그리스, 덴마크, 노르웨이, 핀란드, 스웨덴, 루마니아, 슬로베니아, 체코공화국, 크로아티아 등이다. 따라서 유럽 각국, 러시아, 터키, 모로코, 알제리, 튀니지에 거주자는 패스를 구매, 발권 및 이용할 수 없다.

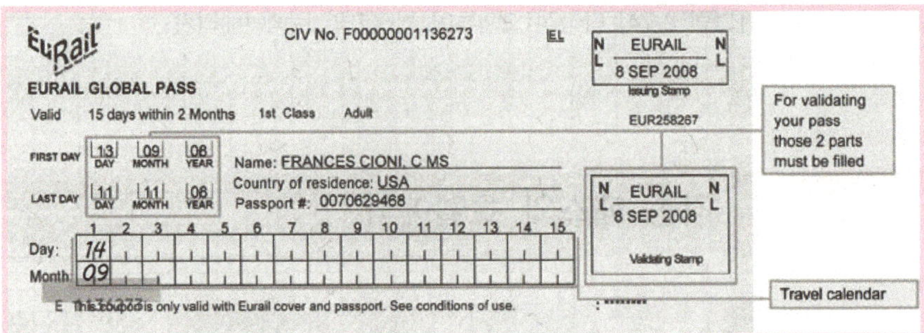

[그림 2•75] EURAIL PASS(http://www.eurail.com/eurail-conditions-of-use)

(2) 유레일패스의 사용법

패스는 발행일로부터 6개월 이내에 사용해야 하며, 유효기간은 자정부터 자정까지이다. 단, 선택사용패스(FLEXI PASS)는 오후 7시 이후 출발하는 〈직행야간열차〉이면 사용일 기록표에 그 다음날로 기록한다. Eurail pass는 사용기간에 따라 다음과 같으며 정해진 기간 동안 주행거리, 승차횟수에 제한 없이 마음껏 탈 수 있다.

〈표 2•3〉 유레일패스(Eurail Pass) 가격 (US$)

구 분	성인(1등석)	세이버(1등석)	유스(2등석)
15일	588	498	382
21일	762	648	495
1개월	946	804	615
2개월	1,338	1,138	870
3개월	1,654	1,408	1,075

탑승조건에 따라 Saver Pass(세이버)는 2명 이상~5명까지의 승객이 늘 함께 이동하는 경우 패스 한 장에 여행자들의 이름과 여권번호를 기재하는 조건으로 저렴하게 제공되는 패스이다. 단, 저렴한 대신 개별적으로 사용이 불가하다. Youth Pass(유스)는 탑승일 기준으로 만 26세 미만의 여행자에게 가장 저렴한 방법으로 여행할 수 있도록 혜택을 주는데 단 2등석만으로 제한하고 있다. Eurail Flexi Pass는 지정된 날짜만큼만 사용할 수 있는데, 유효기간 2개월 동안 가능하다.

〈표 2•4〉 유레일 플랙시 패스(Eurailpass Flexi Pass) (US$)

구 분	성인(1등석)	세이버(1등석)	유스(2등석)
10일 / 2개월 내	694	592	451
15일 / 2개월 내	914	778	594

(3) 유레일패스의 혜택

모든 PASS는 무료 또는 할인특혜를 제공하는데, 유로스타와 라인강 유람선, 등산열차, 박물관과 자전거 렌털 등을 무료 또는 할인혜택을 받아 이용할 수 있다. 만 4~11세(첫 탑승일 기준)까지는 성인 요금의 반액이고 만 4세 미만은 무료이다.

3) JR 패스(JAPAN RAIL PASS)

(1) JR 패스의 뜻

일본 철도패스는 일본 국철(JAPAN RAIL)과 초고속 신간센열차, 특급열차, JR버스, JR고속버스 등을 일정기간 동안 횟수와 구간, 거리에 관계없이 이용할 수 있는 패스이다.

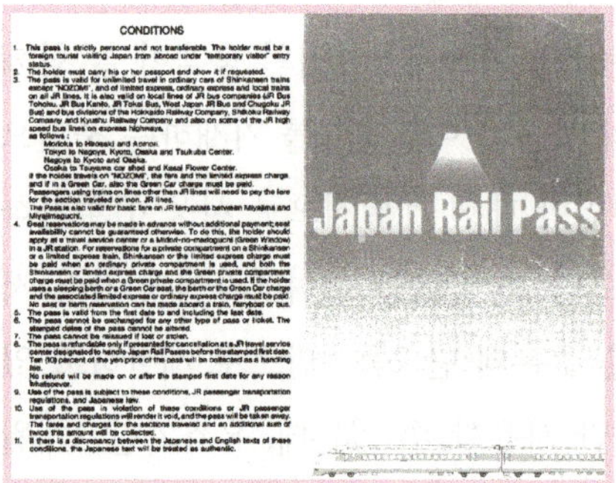

[그림 2•76] JR PASS 겉면

[그림 2•77] JR PASS 안쪽 면

정확히는 6개의 철도 여객수송업체의 연합으로 시테츠(사철)와 구분하기 위해 흔히 국철로 부르며, 철도 외에도 버스, 해운을 포함하는 종합교통운수 회사이다. 따라서 일본 전역의 JR철도, JR전철 그리고 일부 JR버스 및 훼리를 이용할 수 있다. 단 신칸센 노조미호는 이용할 수 없고, 우노와 다카마쓰 사이의 선박 이용시 약간의 추가요금을 내야 한다.

(2) JR 패스의 사용법과 가격

사용하는 방법은 개찰구에서 역무원에게 패스를 보여준 후 통과하면 되고 예약하지 않고 자유석을 이용하거나, 역의 미도리노마도구치(녹색창구)나 TIS(여행서비스센터) 등에서 지정석을 예약할 수 있다. 예약수수료는 없다.

〈표 2•5〉 JR PASS 가격

종류 기한	1등석(그린) 성인 / 어린이	2등석(보통) 성인 / 어린이
7일	37,800￥ / 18,900￥	28,300￥ / 14,150￥
14일	61,200￥ / 30,600￥	45,100￥ / 22,550￥
21일	79,600￥ / 39,800￥	57,700￥ / 28,850￥

일본 철도 패스(JR Pass)는 일본 내에서는 판매되지 않고 국외의 JR 지정판매점 및 그 대리점에서 인수교환증(Exchange Order, 引換證)을 구입한 후 3개월 이내에 일본 지정장소에서 여권과 신청서를 기재하여 JR패스로 교환한다.

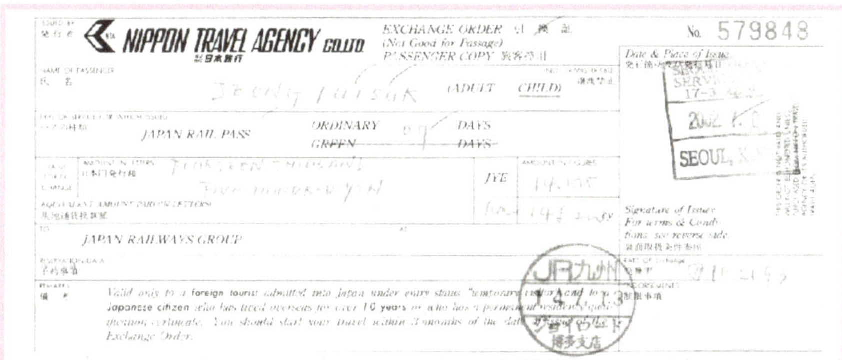
NIPPON TRAVEL AGENCY CO.,LTD
EXCHANGE ORDER
(Not Good for Passage)
PASSENGER COPY
No. 579848
ADULT CHILD
JAPAN RAIL PASS ORDINARY GREEN DAYS
JAPAN RAILWAYS GROUP
SEOUL

[그림 2•78] 인수교환증

(3) 기타 JR 패스

① JR 큐수레일 패스(Japan Kyushe Rail Pass)

지정된 기간 동안 큐슈 전지역의 JR 특급 및 보통열차를 이용할 수 있는 패스이다. 일부 사철을 제외하고 큐슈지역에서 운행되는 쯔바메, 미도리, 하이퍼살론, 카모메, 유후인모리 등 특급열차를 이용할 수 있다.

② JR 웨스트 패스(Japan Rail West Pass)

오사카를 기점으로 일본의 서쪽 지방인 서부 혼슈지역을 이용하는 패스이다. 간사이 지역 내를 이용하는 간사이패스와 오사카 및 산요지역을 이용하는 산요패스도 있다.

③ JR 이스트 패스(Japan Rail East Pass)

홋가이도를 제외한 도쿄 북쪽 지방인 간토지역을 이용하는 패스이다. 도쿄 시내를 기점으로 혼슈지역인 니가타, 니가노, 센다이, 아키타, 모리오카, 후쿠시마, 야마가타, 요코하마 구간과 나리타공항과 도쿄를 연결하는 나리타 익스프레스도 이용할 수 있다.

4) 오지 패스(Aussie Pass)

(1) 오지 패스의 뜻

호주에서 가장 큰 고속버스회사인 그레이하운드와 메카퍼티사의 버스를 이용하는 고속버스 패스이다. 패스 구입 후 영문이름, 패스명, 요금 등을 확인해야 한다. VIP Backpackers, YHA, ISIC, ISEC, Nomads 카드소지자는 할인혜택을 받을 수 있다. 버스터미널 또는 call center에 전화하여 탑승할 구간을 예

[그림 2•79] 오지 패스

약해야 하는데 성수기에는 2, 3일 전에, 비수기에는 최소 12시간 전에 예약해야 한다. 이때 본인의 예약번호와 영문이름, 탑승일, 시간을 알려준다. 버스 출발 최소 30분 전에는 버스터미널에 도착하여 탑승수속을 한다. 짐은 20kg으로 2개까지 가능하다.

(2) 오지익스플로어 패스

이 패스는 정해진 루트로 1개월에서 12개월까지 한 방향으로 여행할 수 있으며, 원하는 대로 제한 없이 서고 다시 시작할 수 있다. 여행의 시작은 양쪽 방향에서 모두 가능하나 편도는 한 방향으로만 여행이 가능하다.

(3) 오지킬로미터 패스

여행객 자신의 여정에 맞춰 마음대로 되돌아가거나 버스를 타고 내릴 수 있는 패스이다. 다만, 정해진 킬로미터 안에서는 방향에 상관없이 여행이 가능하다. 2,000~20,000km까지 다양한 패스가 있으며, 어느 방향으로든지 여행이 가능하다. 익스플로어 패스보다 가격이 높지만 자유롭게 일정조정이 가능한 패스이다.

(4) 오지데이 패스

구체적인 계획 없이 자유로운 여행을 원하는 사람에게 적합한 패스로 거리, 방향에 상관없이 무제한 사용이 가능하지만 가격이 비싸다. 유효기간 30일 중 7일 사용시 $758, 10일 사용시 $973, 15일 사용시 $1,084이다. 유효기간 60일 패스로는 21일 사용시 $1,497, 30일 사용시 $1,824이다.

(5) 오지스테이 패스

배낭여행자들을 위해 aussie pass와 호주 전역 130여 개의 VIP Backpackers

Resorts를 일정기간 동안 이용할 수 있는 교통과 숙박이 연계된 패스이다.

5) 기타 패스

(1) 유럽 국가별 패스

유럽 17개국이 아니라 단일국가만을 여행할 경우 국가별 Pass를 이용할 수 있다. 프랑스는 열차를 6일 동안 이용할 수 있는 France Railpass, 토요일 저녁을 포함하여 4일 동안 철도를 이용할 수 있는 France Weekender Pass, 파리 시내와 일드프랑스의 버스와 지하철을 정해진 기간 동안 무제한 이용할 수 있는 Paris Visit Pass, 유로스타와 프랑스 철도를 이용할 수 있는 Eurostar+ France Railpass 등이 있다.

기타 유럽지역은 영국, 스위스, 독일, 오스트리아, 스페인, 네덜란드, 발칸, 이탈리아, 체코, 프라하, 그리스, 베네룩스, 스칸디나비아, 이베리아, 동유럽 패스 등이 있다.

(2) 미주 및 뉴질랜드 패스

미주지역은 캐나다, 미국, 뉴질랜드 등이 모두 패스제도를 가지고 있다.

1 북미열차 패스(North America Rail Pass)

캐나다의 VIA Rail을 이용한 여행이나 미국의 암트렉(Amtrak)을 이용한 여행 중에 30일간 무제한 사용 가능한 패스이다.

2 디스커버리 패스(Discovery Pass)

알래스카와 하와이를 제외한 북미대륙 3,700곳, 17,000마일의 루트를 확보하고 있는 장거리 버스노선인 그레이하운드와 제휴회사들의 버스를 유효기간 내에 무제한 이용할 수 있는 패스이다.

③ 암트랙(Amtrac)

미국의 철도 패스로 미국 내와 캐나다지역 벤쿠버, 몬트리올 구간을 사용할 수 있다. 사용조건에 따라 내셔널 레일 패스(National Rail Pass), 서부 레일 패스(West ail Pass), 동부 레일 패스(East Rail Pass), 북동부 레일 패스(North-east Rail Pass)의 4종류가 있다.

④ Canrail Pass

캐나다 전역에서 사용할 수 있는 철도 패스로 유효기간 30일 동안 12일간 사용할 수 있다.

⑤ Corridor Pass

몬트리올, 오타와, 토론토, 퀘벡시, 나이아가라폭포 등 정해진 동부지역을 10일 동안 캐나다 국철 VIA를 이용할 수 있는 패스이다.

⑥ 뉴질랜드 트레블 패스

종류에 따라 버스(Inter City Coach Lines, Newmans Coach lines), 철도(Tranz Scenic), 남북 섬을 잇는 훼리(Interislander, Lynx), 항공(Air Newzealand)을 모두 이용할 수 있는 패스이다.

6) 각종 할인예약상품과 서류대행상품

(1) 호텔 할인예약상품

세계 각지의 호텔예약을 대행하는 상품이다. 자유여행에서 별도로 호텔예약만을 원하는 고객을 위해 제공한다. 예약만 대행하는 것이 아니라, 개인이 예약하는 경우보다 매우 저렴한 가격과 조건에 제공된다. 이 경우 예약 후 손님에게 직접 Voucher를 내주게 된다.

미주

• 단위 : US$ HUH200

호텔	등급	1인	2인	객실수	위치
로스앤젤레스 (LOS ANGELES, CA)					
Holiday Inn Downtown	ST	64	64	204	다운타운
Radisson Wilshire Plaze	F	92	92	380	한인타운
Westin Bonaventure	D	95	95	1354	다운타운
뉴욕 (NEW YORK, NY)					
Pennsylvania	T	120	120	1705	한인타운,34th
Ramada New Yorker	F	120	120	1018	34th
Grand Hyatt	D	188	188	375	맨하탄
샌프란시스코 (SAN FRANCISCO, CA)					
Monarch	ST	79	79	101	유니언스퀘어
Ramada Plaza Int'l	ST	96	96	458	다운타운
Marriott	D	136	136	1500	유니언스퀘어

남태평양

• 단위 : US$ PPH900

호텔	등급	1인	2인	객실수	위치
시드니 (SYDNEY)					
Crest (조식)	F	65	65	227	킹스 크로스
Ibis airport	F	63	63	200	공항
Boulevard (조식)	SF	93	93	271	킹스 크로스
Four Points Sheraton	SF	109	109	390	달링하버
케언즈 (CAIRNS)					
Hilton (조식)	F	133	133	62	다운타운
PalmRoyal (조식)	SF	69	69	174	다운타운
하와이 (Honolulu)					
Hilton (조식)	D	169	169	195	와이키키비치
Marriott (조식)	D	135	135		와이키키비치

[그림 2•80] 호텔할인상품

(2) 렌터카 및 공연 예약상품

세계적인 렌터카 회사들의 상품과 세계적인 공연상품의 판매를 대행한다. 전세계에 영업소가 있는 ALAMO, AVIS, NATIONAL, Hertz 등의 랜터카 예약을 대행하고 있고 2002 월드컵 입장권의 판매도 대행한 바 있다.

(3) 각종 서류대행상품

비자, 국제학생증, 유스호스텔 회원증, 여행자보험가입 등 국외여행에 필요한 서류의 작성과 수속 등을 대행하는 각종 상품이 있다.

3

여행일정표 이해

1 여행상품 일정표

1) 여행일정표의 뜻과 의의

(1) 여행일정표의 뜻

일정표 보기

추천 N 정통 확정일정표

[코코스 아일랜드+남부관광]괌 힐튼 오션프론트 5일

淸淨地帶(청정지대)-알뜰여행 큰 기쁨!! 특급 힐튼 리조트 & 스파 힐튼 오션프론트 룸업그레이드, 최고의 식사와 괌의 이색 남부관광과 괌의 보물 환상의 코코스 아일랜드 체험을 합니다.

포토갤러리 동영상갤러리

괌 힐튼호텔

• 다른 이미지 보기 (총25개)

- 성인가격(만 12세 이상) 999,000원 가격안내 무이자
- 아동가격(만 12세 미만) 649,000원
- 유아가격(만 2세 미만) 100,000원
- 객실 1인 사용료 원
- 상품코드 PGP412090818KE
- 상품등급 NEW정통
- 투어카드 투어세이브(50만원)+ 무이자3개월 월166,340원 자세히보기
- 여행기간 4박 5일
- 한국출발 2009년 08월 18일 (화) 20:20 - KE111
- 한국도착 2009년 08월 22일 (토) 06:55 - KE112
- 예약인원 4명
- 항공좌석수 8석(최소출발인원:1명)
- 이용항공 대한항공 KE
- 여행지역 인천/괌(4박)/인천
- 인솔자 인솔자가 동행하지 않으며 현지공항 도착시 현지가이드와 미팅이 이루어 집니다.

NEW 상품등급제	N 정통
호텔	각 호텔별 상품(+등급기준보기 참조)
행사인원	15명 이하 행사합니다
차량	15인승 밴 배정합니다
식사	특식 1회 또는 호텔 골드카드 (호텔 골드카드의 경우 PIC 힐튼 하얏트 호텔식 상품만 적용 됩니다)
가이드	일반가이드가 행사 합니다
쇼핑	전일정 쇼핑 3회 이하 방문합니다
기타	일정표상 기본조건(대표관광지 포함)

[그림 3•1] 괌 여행상품 일정표

여행일정표는 여행일정(Tour Itinerary)과 여정 그리고 시간대별 스케줄을 나타낸다. 여행의 출발일 및 시간과 도착일과 시간, 교통수단, 여행의 순서, 숙박호텔, 음식의 종류, 방문지 등 여행의 활동내용을 한눈으로 볼 수 있도록 작성된다. 여행일정표는 여행의 내용이 표시되어 있으므로 여행상품을 판매할 때 제시되며, 판매 후에도 여행행사에 참여하는 고객에게 여행행사의 내용을 알리기 위해서도 제시된다.

(2) 여행일정표의 의의

물리적 여행상품 | 여행기대 자극제 | 계약내용 확인서

1 물리적 여행상품

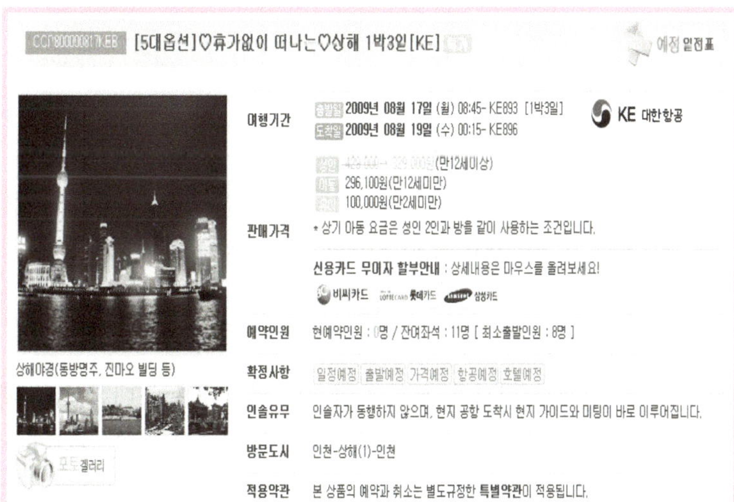

[그림 3•2] 상해 여행상품 일정표

여행일정표는 그 자체로 여행상품이다. 무형의 여행상품을 유형의 형태로 제공하기 때문이다. 일정한 규칙은 없으나 여행상품의 장점, 특징, 가치, 우수성이 잘 나타나도록 독특한 양식, 화려한 수식어, 친밀감 있는 용어, 고급스러운 사진과 인쇄의 방법으로 작성되고 있다.

2 여행기대 자극제

여행일정표는 여행에 대한 기대를 자극하고 매력을 일으킨다. 일정표로서의 기능으로 관광지 명칭을 시간 순으로 나열만 하는 것이 아니라 각각의 일정에 수많은 화려한 수식어가 첨가되어 있다. 이렇게 하는 이유는 여행에 대한 기대를 불러일으키고 관광지와 여행에 가치와 의미를 부여함으로써 다양한 기대에 부응하고 놀이와 유흥을 뛰어넘어 많은 것들을 얻을 수 있다는 가치를 확인시켜 줄 수 있기 때문이다.

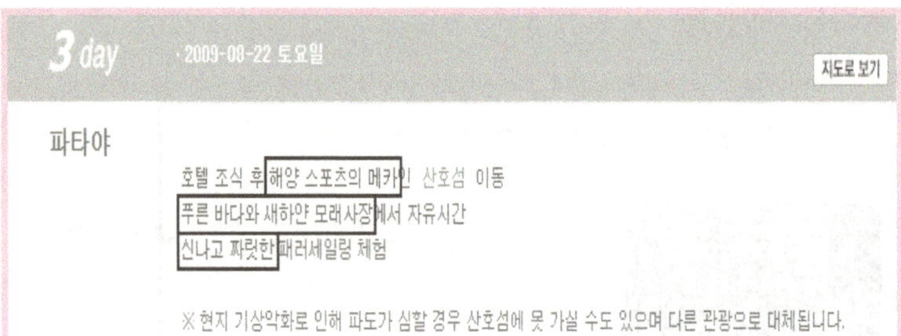

[그림 3•3] 여행일정표의 수식어 사용 예

3 계약내용 확인서

여행일정표는 고객과 회사가 맺은 계약서의 계약내용에 대한 최종 확인서이다. 고객은 여행일정표로 여행상품을 판단하고 구매할 뿐만 아니라 여행상품 행사운영의 과정에서도 세부행사의 내용을 확인한다. 따라서 여행일정표의 내용은 반드시 지켜져야 할 뿐만 아니라 고객과 마찰이 생겼을 때 책임을 판단하는 근거자료가 된다. 따라서 정확하게 작성되어야 하며 불필요한 추측이나 기대를 갖게 하는 불분명한 문구는 피하고, 책임을 질 수 없는 부득이한 일정의 변경가능성이나 미포함 사항에 대해서 분명하게 명시해야 한다.

*** 여행일정변경**

국외여행표준약관 제13조(여행조건의 변경요건 및 요금 등의 정산),14조(손해배상)에 의거 다음의 경우에 변경될수 있습니다.

1. 여행자의 안전과 보호를 위하여 여행자의 요청 또는 현지사정에 의하여 부득이하다고 쌍방이 합의한 경우
2. 천재지변, 전란, 정부의 명령, 운송, 숙박기관 등의 파업, 휴업 등으로 여행의 목적을 달성할 수 없는 경우
3. 당사의 고의 또는 과실이 아닌 항공기, 기차, 선박 등 교통기관의 연발착 또는 교통체증 등으로 인한 여행일정 변경의 경우

[그림 3•4] 여행일정 변경가능 여부

• **불포함사항!** 취향과 필요에 따라 선택하시고 별도 지불하시는 내역입니다.

쇼핑,옵션 등 기타개인비용, 에티켓팁[2~3$정도]

국제항공운송협회(IATA)의 ROE(Rate Of Exchange)인상발표에 따라 '국외여행표준약관'에 준하여
여행상품가를 부득이하게 인상할수 있으니 양해부탁드립니다.

국외여행표준약관 제12조(여행요금의 변경)
① 국외여행을 실시함에 있어서 이용운송·숙박기관에 지급하여야 할 요금이 계약체결시보다 5% 이상
증감하거나 여행요금에 적용된 외화환율이 계약체결시보다 2% 이상 증감한 경우 여행업자 또는 여행자는
그 증감된 금액 범위 내에서 여행요금의 증감을 상대방에게 청구할 수 있습니다.
② 여행업자는 제1항의 규정에 따라 여행요금을 증액하였을 때에는 여행출발일 15일전에 여행자에게
통지하여야 합니다.

- 국제유가와 항공사 영업환경을 고려한 국토 해양부의 '국제선 항공요금과 유류할증료 확대방안'에 따라 여행비용이 예고없이 인상되거나, 또는 인하된 금액으로 반영될 수 있습니다.

[그림 3•5] 여행일정표의 미포함 사항 표시

2) 여행일정표의 구성내용

여행상품명 | 기본일정 | 가 격 | 상세일정 | 조 건 | 주의사항 / 미포함 사항

(1) 여행상품명

여행상품의 이름은 여행상품의 특성이 잘 나타나도록 정한다. 실무에서 여행상품명을 만드는 방식은 주로 지역과 기간을 표기하여 상해 3박 5일, 괌 5일 등과 같이 상품명을 만든다. 더 나아가 여행지, 일정, 특징 등이 잘 포함되도록 하면서 매력과 욕구를 불러일으키도록 하는 것이 보통이다.

꼭 봐야할 서유럽 4개국 8일【 교황의 여름피서지 "헬부른"과 나/폼/쏘 】	EWP348OZ2
[5대옵션]♡휴가없이 떠나는♡상해 1박3일[KE]	CCP800090817KEB
방콕 파타야 5일 <알카자쇼+코끼리트레킹+패러세일링+베이욕뷔페>	A090802071
[최고궁합]홍콩(해양공원)/마카오(베네시안관광)4일	[PAS200417]
[코코스 아일랜드+남부관광]괌 힐튼 오션프론트 5일	PGP412090818KE

[그림 3•6] 여행상품명 표기와 여행상품 코드

여행사에서는 여러 여행상품을 취급하고 있을 뿐만 아니라 동일한 지역, 동일한 일정의 여행상품이라 하더라도 출발일에 따라서 가격이 서로 다르고

출발일	상품명	상품가	교통편	좌석
2009-08-15 (토)	[OZ특가 홍마4일] - 홍콩(해양공원)/마카오(베네시안관광)4일	609,000원~	아시아나항공	2
2009-08-15 (토)	[최고궁합]홍콩(해양공원)/마카오(베네시안관광)4일	519,000원~	에어마카오	2
2009-08-15 (토)	[KE특가 홍마4일] - 홍콩(해양공원)/마카오(피셔맨즈와프)4일	689,000원~	대한항공	16
2009-08-16 (일)	[최고궁합]홍콩(해양공원)/마카오(베네시안관광)4일	519,000원~	에어마카오	12
2009-08-16 (일)	[OZ특가 홍마4일] - 홍콩(해양공원)/마카오(베네시안관광)4일	689,000원~	아시아나항공	0
2009-08-17 (월)	[최고궁합]홍콩(해양공원)/마카오(베네시안관광)4일	519,000원~	에어마카오	12
2009-08-17 (월)	[KE특가 홍마4일] - 홍콩(해양공원)/마카오(피셔맨즈와프)4일	689,000원~	대한항공	14

[그림 3•7] 여행상품명과 가격

출발일별로 구분하여 모객하고 행사를 운영해야 하므로 각기 다른 상품으로 반드시 구분할 수 있어야 한다. 따라서 실무에서는 여행사마다 일정한 규칙을 만들어 상품마다 서로 다른 상품코드를 사용하고 있다. 또한 동일한 상품 내에서 출발일자가 다르거나, 항공편이 서로 다른 팀이 만들어지므로 이에 대해서는 다시 "단체번호"를 부여해서 사용하기도 한다. 아래의 예제는 고객에게는 "[최고 궁합] 홍콩(해양공원) / 마카오(베네시안 관광) 4일"로 판매하지만 실무에서는 상품코드인 [PAS200417]로 구분하여 사용한다.

(2) 기본일정

기본일정은 총 여행일수를 행사일로 한다. 저녁 비행기를 타서 아침에 도착하는 경우 여행일수는 실제보다 하루 많게 표기된다. 왕복 당일 출・도착 여행은 3박 4일, 4박 5일과 같이 표기되는 것이 보통이다. 그렇지만 국외여행에서 6박 8일이 되는 경우는 출・도착에 2일이 소요되기 때문이다. 출・도착에 소요된 숙박은 제외하고 계산한다.

간략일정 : 인천-런던(1)-항공이동-로마(1)-나폴쏘-로마(2)-피렌체-밀라노(1)-헬부른-제네바-TGV-파리(1)-기내(1)

예제는 출발일이 8월 29일 오후 1시 35분이고 런던 히드로공항에 도착하는 현지시간은 17시 25분이다. 런던은 한국보다 9시간이 늦기 때문에 총 비행시간은 약 12시간이 소요된 것이다. 그렇지만 날짜가 변하지 않고 당일 도착이 되었다. 그러나 돌아오는 날은 5일 21시에 출발하고, 인천에 도착하는 것은 다음날 오후 4시가 되었으므로 2일이 소요되었다. 따라서 현지에서 숙박한 일수는 6일이지만, 여행에 소요된 일수는 총 8일이 된다.

[그림 3•8] 서유럽 여행상품명 일정표 예제

(3) 여행요금

여행요금은 성인, 어린이, 유아요금으로 나뉜다. 여기서 어린이와 유아의 구분은 항공요금체계의 구분기준에 따른다. 유아는 만 2세 미만이고, 어린이는 만 2세 이상~12세 미만이다. 성인요금을 100%로 할 때 어린이요금은 80% 내외이고, 유아요금은 20% 내외이다. 이 경우 어린이와 유아는 부모와 같은 침실을 사용하여 3인 1실을 기본으로 하고 추가 침대를 원할 경우 요금이 추가된다.

(4) 상세일정

일차별로 자세한 일정을 보여준다. 그러나 하루의 일정시작시간을 자세하게 나열하지는 않는다. 기상시간, 취침시간 식사시간 등은 현지사정에 따라 달라질 수 있고, 현지사정에 맞춰 TC에 의해 운영되기 때문이다. 그날의 방문지를 순서대로 나열하고 소요시간과 내용을 흥미 있게 설명한다.

5일 09월 02일 수요일

로 마 피 렌 체	전용버스	전 일	호텔에서 뷔페로 조식을 하고 르네상스의 발원지, 단테, 메디치가의 고장이면, 이탈리아에서 가장 분위기 있고 생동감 넘치는 피렌체로 이동 중식 후 피렌체 시내관광 - 소설"냉정과 열정사이"의 배경이 되었던 두오모 성당(꽃의 성모마리아성당, 정식명은 산타마리아 델 피오레) 관광 - 중요한 역사적 사건들의 배경이 되었던 시뇨리아 광장, 단테생가 - 피렌체 시내가 한눈에 보이는 미켈란젤로 언덕
밀 라 노			이태리의 경제 중심인 밀라노로 이동하여 두오모성당,스칼라극장 등 밀라노 관광 후 석식 및 호텔에서 휴식합니다.. 【로 마 - 피렌체 약 300KM, 약4시간 소요】 【피렌체 - 밀라노 약 300KM, 약4시간 소요 】 [예정호텔-이급호텔 또는 동급] 즐길거리 리스트

관광 두오모 성당

관광 스칼라 극장

호 텔 - Hotel Boomerang(2급) [Tel. +39 0524 565228 - Fax +39 0524 565348] TEL +39 0524 565228 FAX +39 0524 565348 [예정]

식 사 - 호텔식 현지식 중국식

[그림 3•9] 서유럽 여행상품의 5일차 상세일정 예제

(5) 기본조건

상품등급제	실속	행사인원	15명 이상 ~ 45명 이하
호텔	최소 이급 이상	항공	모든항공
차량	전용버스 45인승이상 대형버스(연식 5년 이하 대형 버스) - 장거리 버스(LDC) 기준 *15인 이하 행사시 시내투어시 미니버스 배정될 수 있습니다.*	식사	특식 2회 이상 일정에 포함
가이드	전문가이드 (3년 이상 경력자)	인솔자	유럽 전문 인솔자 및 일반 인솔자 (15명 이상 동행)
쇼핑	관광 도시별 2회 이하	선택관광	고객 요청시 선택관광 가능 (일정표 참고)
팁	불포함	일정조건	*파리 에펠탑 전망대+세느강 유람선 (주간) *관광지 내부 입장 최소 2회
기타	*1억원 여행자 보험 *여행설명회 출발 2~3일전 인솔자 사전 전화 설명회		

[그림 3•10] 서유럽 여행상품의 기본조건 예제

상품이 제공하는 호텔, 항공, 차량, 식사, 가이드와 인솔자 등에 대해 등급이나 조건을 명시한다.

(6) 주의사항 및 포함 / 미포함 사항

포함사항

* 이급호텔(컨티넨탈 조식)
* 일정상의 항공료,호텔(2인 1실 기준),차량,식사, 관광입장료 포함 및 인솔자 동행합니다.
* 여행자 보험료, 인천 공항세(17,000원) 제세금 포함입니다.

불포함사항

* 공동경비(인솔자, 현지가이드, 기사, 테이블팁,식당물값)가 발생할 수 있습니다.
  전일정 1인당 80 유로 정도가 권장 됩니다.
* 기타 개인 음료 및 호텔팁 ,쇼핑 경비
* 선택관광(일정표 명기)은 자유롭게 현지에서 선택하시면 됩니다.
  단, 현지사정이나 행사인원 미달시 진행되어지지 않을수 있습니다.

참고사항

예약취소료 규정

▶여행자의 취소요청시시 하기의 경우에 해당시 여행약관에 의거 취소료가 부과됩니다.
- 여행출발 20일전까지 취소요청시: 여행계약금 환급
- 여행출발 19일~10일전까지 취소요청시 : 여행경비의 5% 배상
- 여행출발 9~8일전까지 취소요청시 : 여행경비의 10% 배상
- 여행출발 7~1일전까지 취소요청시 : 여행경비의 20% 배상
- 여행출발 당일 통보시 : 여행경비의 50% 배상

선택추가경비

▶당사 여행약관에 근거 여행요금의 변경 규정은 다음과 같습니다.
① 국외여행을 실시함에 있어서 이용운송, 숙박기관에 지급하여야 할 요금이 계약체결시보다 5%이상 증감하거나 여행요금에 적용된 외화환율이 계약체결시보다 2% 이상 증감한 경우 당사 또는 여행자는 그 증감된 금액 범위 내에서 여행요금의 증감을 상대방에게 청구할 수 있습니다.
② 당사는 제1항의 규정에 따라 여행요금을 증액하였을 때에는 여행출발일 15일전에 여행자에게 통지하여야 합니다.

▶상기 일정중 추가 서비스를 원하시는 분들을 위한 안내
① 와인서비스 (한화 55,000원)
- 와인의 본고장 유럽에서 지역별 정통 와인을 경험할 수 있는 좋은 기회로서 호텔에서 제공됩니다.

② 과일서비스 (한화 55,000원)
- 정갈하게 준비되어 제공되는 과일서비스이며 호텔에서 제공됩니다.
====> 신청은 출발전 판매 담당자에게 요청 바랍니다.

[그림 3•11] 포함 및 미포함 사항 예제

3) 여행일정표 구성의 기본예제

(1) 예제문제 제시

다음의 〈표 3·1〉 예제 일정표를 읽고 내용을 정리해 보자.

① 여행상품명과 코드는 무엇이고 어떻게 다른가?
② 기본일정을 설명하시오.
③ 가격은 어떻게 구성되어 있는가?
④ 상세 일정의 특징을 설명하시오(식사/현지교통 등).
⑤ 여행의 조건은 무엇인가?
⑥ 주의사항 및 포함/미포함 사항은 무엇인가?

(2) 예제풀이

① 상품명은 '유럽 3국 8일 AF'이고, 코드는 EPP235AF4이다.
② 일정표의 8일은 사실상 6박(Night) 8일(Days)이며, '6N8D'로 표기한다. 전체 일정을 간략하게 방문 도시명과 숙박일수를 표시한다. 예세에서 루체른(1), 밀라노(1), 베네치아(1), 로마(1)에서 1박을 하고, 파리(2)에서는 2박을 하고, 기내(1)에서 1박을 한다.
③ 성인, 어린이, 유아요금
④ 전용버스로 이동하고 일정 중 항공이 1회 포함되어 있다.
⑤ 인솔자가 동행하며, 쇼핑이 2회 있으며, 선택관광이 표시되어 있다.
⑥ 팁은 미포함이므로 개인이 준비해야 한다.

〈표 3•1〉 여행일정표 읽기

상 품 명 : 유럽 3국 8일 AF(EPP235AF4) 행 사 일 : 8일
성인요금 : 1,490,000 어린이요금 : 1,341,000 유아요금 : 149,000

기본일정
인천-파리-취리히-루체른(1)-밀라노(1)-베네치아(1)-피렌체-로마(1)-파리(2)-기내(1)-인천

상 세 일 정

일차	도 시	교통편	시간	일 정 내 역	식 사
1	인 천 인 천 파 리 취리히 루체른	AF267 AF1054 전용버스	10:00 13:05 19:05 20:20 21:30	· 인천공항 3층 B/C 카운터 "만남의 장소" 집결 · 인천 출발/파리 향발(17:20 파리 도착) · 연결편으로 취리히 향발 · 취리히 도착하여 루째른으로 이동하여 호텔투숙 HOTEL : ALPENHOF OR SIMILAR	기내식 기내식
2	루체른 루체른 밀라노 밀라노 밀라노	전용버스	08:00 12:00 18:00 20:00	· 호텔조식 후 알프스 영봉 중 하나인 "리기산" 등정 · 하산하여 카펠교, 빈사의 사자상 등 관광 · 밀라노로 이동하여 스포르체스코성, 스칼라좌 · 두오모성당, 관광 후 석식 및 호텔투숙 HOTEL : AOSTA OR SIMILAR	호텔식 현지식 중국식
3	밀라노 베네치아 베네치아 베네치아 베네치아	전용버스	08:00 12:00 19:00	· 호텔조식 후 물의 도시 베니스로 이동 · 산마르코광장, 성당, 탄식의 다리, 두칼레궁전, 유리세공공장 등 관광 · 석식 및 호텔투숙 HOTEL : EUROPA OR SIMILAR	호텔식 현지식 중국식
4	베네치아 피렌체 피렌체 로 마 로 마	전용버스	08:00 12:00 18:00 19:00	· 호텔조식 후 플로렌스로 이동 · 시뇨리아광장, 베키오다리, 미켈란젤로언덕, 꽃의 두오모성당 등 관광 후 로마로 이동 · 석식 및 호텔투숙 HOTEL : GOLDEN OR SIMILAR	호텔식 현지식 한 식
5	로 마 로 마 로 마 로 마 파 리 파 리	전용버스 AF2205	08:00 12:00 20:25 22:30	· 호텔조식 후 바티칸 박물관, 성 베드로대성당 · 트레비 분수, 진실의 입, 콜로세움, 포로로마노 대전차경기장 등 관광 · 로마 출발/파리 향발 · 파리 도착하여 호텔투숙 HOTEL : CAMPANILE DRANCY OR SIMILAR	호텔식 중국식 기내식
6	파 리 파 리 파 리 파 리	전용버스	09:00 12:00 18:00	· 조식 후 루브르박물관, 샹제리제거리, 개선문 · 콩코드광장, 에펠탑 등 관광 · 석식 및 호텔투숙 HOTEL : SAME AS ABOVE	호텔식 현지식 한 식
7	파 리 파 리 파 리	전용버스 AF264	09:00 12:00 15:55	· 호텔조식 후 몽마르뜨, 노틀담사원, 베르사이유궁전 관광 · 파리 출발/인천 향발	호텔식 현지식 기내식
8	인 천		10:45	· 인천 도착	

기본조건
전문인솔자가 동행합니다. 쇼핑은 2회 포함됩니다.
선택관광 파리 : 에펠탑+세느강 유람선 80$/로마 : 마차 · 리무진투어 50$/베니스 : 곤돌라 50$

미포함 사항
현지에서 안내원에 대한 TIP은 미포함입니다.
* 본 일정은 현지사정에 의해 변경될 수 있습니다.

2 항공편 및 운항형태

1) 항공편명과 항공사 코드

예제에서 AF267은 Air France의 항공사 코드 AF와 숫자로 나타낸 항공편명(Flight No.)이다. 2Letter 항공사 코드는 IATA(International Air Transport Association : 국제항공운송협회)가 업무의 편의를 위해서 항공사 코드(Air Line Designator Code)를 Two Letter Alphabet Code로 정하였다. 이와는 달리 국제민간항공기구(ICAO)는 3Letter를 이용하여 항공사, 공항, 도시 등을 표기하고 있다. 따라서 KAL은 ICAO 코드이고 KE는 IATA의 코드 표기법이다. 특히 IATA의 항공사 코드는 실무에서 매우 중요하므로 반드시 알아두어야 한다. IATA는 비정부조직으로 1945년 4월, 쿠바의 Havana에서 설립되어 항공사 간 항공운송에 관한 주요 절차 및 규정을 표준화하여 특히 국제공항운임 책정기능이 중요하다. 이를 위해 항공사 코드를 부여하는데 선착순 배정원칙에 의한다. 즉 우선은 항공사의 희망을 고려하지만, 이미 다른 항공사가 사용 중이면 다른 약자로 하도록 항공사와 협의한다. 1988년 설립된 아시아나의 경우, 초기 IATA에 AA를 신청했으나 이미 미국의 아메리칸항공이 사용 중이었고, AS는 미국 알래스카항공이 사용 중이어서 고심하던 중 호주의 한 항공사가 'OZ'를 반납하자 마법사를 연상시키고 신생 항공사의 신비감에 부합되어 이를 채택하게 되었다. KE의 경우도 대한항공은 KL이나 KA가 약자에 더 부합되지만 각각 네덜란드항공과 홍콩의 드레곤에어가 사용 중이었다.

2005년 6월 현재 인천공항의 취항 여부로 항공사 코드를 구분하면 다음과 같다.

1.	AA	AMERICAN AIRLINES 아메리칸항공 www.aa.com 예약 319-3401
2.	AC	AIR CANADA 에어캐나다 www.aircanada.co.kr 예약 · 발권 3788-0100 공항 (032)744-0898~9 체크인카운터: K1-5
3.	AD	AIR PARADISE INTERNATIONAL 에어파라다이스 인터네셔널 예약 · 발권 7718-300 공항 (032)743-1014/5 www.airparadise.net
4.	AF	AIR FRANCE 에어프랑스 www.airfrance.co.kr 예약 · 발권 (개인) 3483-1033 GRP 3788-0444 공항 032)744-4900-1
5.	AI	AIR INDIA LIMITED 인도항공 www.airindia.co.kr 예약 · 발권 752-6310/1
6.	AZ	ALITALIA AIRLINES 이탈리아 항공 www.alitaliakorea.com 예약 · 발권 560-7001/3
7.	BR	EVAAIR 에바항공 예약 · 발권 756-0015 공항 (032)744-3512 www.evaair.co.kr 체크인카운터: H25~29
8.	B7	UNI AIR 유니항공 www.uniair.co.kr 예약 · 발권 2652-3066 체크인카운터: J25~28
9.	CA	AIR CHINA 중국국제항공 www.air-china.co.kr 예약 774-6886 BSP판매/발권 773-9234 공항 (032)744-3255~8 체크인카운터: H1~8 영업부 774-6602
10.	CI	CHINA AIRLINES 중화항공 www.china-airlines.com 예약 · 발권 317-8888 체크인카운터: H28~31
11.	CX	CATHAY PACIFIC 캐세이패시픽항공 GRP 3112-750 예약 3112-800 발권 3112-787 공항 (032)744-6777 www.cathaypacific.com 체크인카운터: J
12.	CZ	CHINA SOUTHERN AIRLINES 중국남방항공 예약 · 발권 775-9070/5 화물(032)744-3461 공항 (032)744-3455~9 www.cs-air.co 체크인카운터: H
13.	DL	DELTA AIRLINES 델타항공 www.delta.com 예약 754-1921/2 발권 754-2688/9 공항 (032)744-3772/3 체크인카운터: D,E,F
14.	FM	SHANGHAI AIRLINES 상해항공 예약 · 발권 317-8899 영업 317-8873~4 체크인카운터: G25~29
15.	GA	GARUDA INDONESIA 가루다 인도네시아항공 예약 773-2092/4 발권 773-2095 공항 (032)744-1990~2
16.	HU	CHINA HAINAM AIRWAYS 중국해남 항공 예약 · 발권 779-0600
17.	HY	UZBEKISTAN AIRWAYS 우즈벡 항공 www.uzbekair.co.kr 예약 · 발권 754-1041/2 공항 (032)744-3700 영업 722-8041 화물 722-8045 체크인카운터: J 19~25
18.	HZ	SAKHALINSK AIRLINES 사할린항공 예약 · 발권 753-7131 부산지사 (051)253-0156 www.satairlines.com 체크인카운터: J21~24
19.	H8	DALAVIA FAR EAST AIRWAYS 달라비아 하바로브스크 항공 예약 · 발권 3788-0222 공항 (032)743-2621 www.dalavia.co.kr 체크인카운터: J 21~24
20.	IR	IRAN AIR 이란항공 예약 · 발권 319-4555 공항 (032)744-3728 체크인카운터: H 21~24
21.	JL	JAPAN AIRLINES 일본항공 예약 757-1711 발권 3788-5788 GRP 757-1708 www.jal.com 공항 (032)744-3601 체크인카운터: J
22.	KE	KOREAN AIR 대한항공 예약 1588-2001 GRP 310-6584~8 발권 751-7755 www.koreanair.co.kr 체크인카운터: D,E,F
23.	KL	KLM ROYAL DUTCH AIRLINES 네덜란드항공 www.klm.co.kr 예약 2011-5500 발권 2011-5501 GRP 2011-5502 공항 (032)744-6700 체크인카운터: C
24.	LH	LUFTHANSA 루프트한자 독일항공 www.lufthansa-korea.com 예약 3420-0400 발권 3420-0420 공항 (032)744-3400 체크인카운터: K21~31
25.	MF	XIAMEN AIRLINES 중국하문 항공 예약 · 발권 3455-1666 체크인카운터: H

[그림 3•12] 인천공항 취항 항공사(계속)

No.	로고	코드	항공사 정보
26.		MH	MALAYSIA AIRLINES 말레이시아 항공 공항 032-744-3501/2 예약 777-7761/2 발권 777-6214 체크인카운터: G 31-36 www.malaysia-airlines.co.kr (MH9071: E 23~24)
27.		MU	CHINA EASTERN AIRLINES 중국동방항공 www.easternair.co.kr 예약·발권 518-0330 공항 (032)744-3780 체크인카운터: H30-32
28.	ANA	NH	ALL NIPPON AIRWAYS 전 일본 공수 www.anakorea.co.kr 예약 752-5500 발권 757-1611 공항 (032)744-3200 체크인카운터: K12~16
29.	nwa	NW	NORTHWEST AIRLINES 노스웨스트항공 공항 (032)744-6300 예약 732-1700 요금문의 724-7031~3 GRP 724-7011 www.nwa.com/kr
30.		MS	EGYPT AIR 이집트 항공 예약·발권 319-4555
31.		NX	AIR MACAU 에어 마카오 예약·발권 3455-9900
32.	CSA	OK	CZECH AIRLINES 체코 항공 예약·발권 775-3557
33.		OM	MONGOLIAN AIRLINES 몽고리안 항공 예약·발권 756-9761
34.	THAI	OX	ORIENT THAI AIRLINES 오리엔트 타이 항공 예약·발권 757-6399 공항 (032)743-1014 www.orient-thai.net 화물 (032)777-6399
35.		OZ	ASIANA AIRLINES 아시아나 항공 www.flyasiana.com 예약 1588-8000 발권 2127-8261~4 체크인카운터: C,D
36.		PR	PHILIPPINE AIRLINES 필리핀 항공 예약 774-3581 발권 774-4433 공항 (032)744-3720~3 www.philippineair.co.kr 체크인카운터: G31~36
37.		QF	QANTAS AIRWAYS 콴타스 호주항공 www.qantaskorea.com 예약·발권 777-6871/3 공항 (032)744-3283
38.		QR	QATAR AIRWAYS 카타르 항공 www.qatarairways.co.kr 예약·발권 3708-8571~3 공항 (032)744-3370
39.		R8	KYRGRZ AIRLINES 키르기즈에어라인 www.airkyrgyz.com 예약·발권 2279-7701/2263-8246
40.		SQ	SINGAPORE AIRLINES 싱가폴 항공 공항 (032)744-6500~5 예약 755-1226/8 GRP 3455-6566 발권 3455-6560 www.singaporeair.com 체크인카운터: K28~35
41.		SU	AEROFLOT RUSSIAN AIRLINES 아에로플로트 러시아항공 예약·발권 551-0321/4 공항 (032)744-8672/3 체크인카운터: H25~30
42.		S7	SIBERIA AIRLINES 시베리아 항공 예약·발권 3455-1234
43.		TG	THAI AIRWAYS INT'L 타이 항공 www.thaiair.co.kr 예약 3707-0011 발권 3707-0133 GRP 3707-0122 공항 (032)744-3571~3 체크인카운터: K
44.		TK	TURKISH AIRLINES 터키항공 www.turkishairlines.com 예약·발권 777-7055 공항 (032)744-3737/8
45.		UA	UNITED AIRLINES 유나이티드 항공 공항 (032)744-6666 예약 757-1691 발권 778-4961 GRP 753-8704/5 www.ual.com
46.		VN	VIETNAM AIRLINES 베트남 항공 www.vietnamairlines.co.kr 예약·발권 757-8920 공항 (032)744-6565 체크인카운터: G 26~30
47.		XF	VLADIVOSTOK AIR 블라디보스톡 항공 예약·발권 733-2920 체크인카운터: G www.vladivostokavia.co.kr
48.		4L	AIR ASTANA 에어 아스타나 예약·발권 3788-0170 영업부 3788-0182~3 공항 (032)743-2620 체크인카운터: H
49.		5J	CEBU PACIFIC AIR 세부퍼시픽항공 예약·발권 3708-8585~90 공항 (032)743-5393~4 www.cebupacificair.co.kr 체크인카운터: J 21~25

[그림 3•12] 인천공항 취항 항공사

1.	AM	AERO MEXICO	멕시코	34.	NZ	AIR NEW ZEALAND	뉴질랜드
2.	AQ	ALOHA AIRLINES	미국	35.	N7	NATIONAL AIRLINES	미국
3.	AR	AEROLINAS ARGENTINAS	아르헨티나	36.	OA	OLYMPIC AIRWAYS	그리스
4.	AS	ALASKA AIRLINES	미국	37.	OS	AUSTRIAN AIRLINES	오스트리아
5.	AY	FINNAIR	핀란드	38.	PK	PAKISTAN INTERNATIONAL	파키스탄
6.	BA	BRITISH AIRWAYS	영국	39.	PS	UKRAINE INTERNATIONAL AIRLINES	우크라이나
7.	BC	SKYMARK AIRLINES	일본	40.	PX	AIR NIUGINI	파파누기니아
8.	BD	BRITISH MIDLAND	영국	41.	QV	LAO AIRLINES	라오스
9.	BG	BIMAN BANGLADESH AIRLINES	방글라데쉬	42.	RA	ROYAL NEPAL AIRLINES	네팔
10.	BI	ROYAL BRUNNEI AIR	부루나이	43.	RG	VARIG BRAZILIAN	브라질
11.	CO	CONTINENTAL AIRLINES	미국	44.	RK	ROYAL KHMER AIRLINES	캄보디아
12.	EK	EMIRATES	에미레이트	45.	RJ	ROYAL JORDANIAN	요르단
13.	ET	ETHIOPIAN AIRLINES	이디오피아	46.	SA	SOUTH AFRICAN AIRWAYS	남아공
14.	FJ	AIR PACIFIC (FIJI)	피지	47.	SB	AIR CALEDONIE INTERNATIONAL	뉴칼레도니아
15.	GF	GULF AIR	바레인	48.	SK	SCANDINAVIAN AIRLINES	스칸디나비안
16.	HA	HAWAIIAN AIRLINES	하와이안	49.	SV	SAUDI ARABIAN AIRLINES	사우디아라비아
17.	HP	AMERICA WEST AIRLINES	미국	50.	S2	AIR SAHARA	인도
18.	HR	HAHN AIR	독일	51.	TA	GRUPO TACA	중남미
19.	IC	INDIAN AIRLINES	인도	52.	TN	AIR TAHITINUI	타이티
20.	IZ	AKIA ISRAELI AIRLINES	이스라엘	53.	TP	AIR PORTUGAL	포루투갈
21.	KA	DRAGON AIR	홍콩	54.	UB	MYANMAR AIRWAYS	미얀마
22.	KU	KUWAIT AIRWAYS	쿠웨이트	55.	UL	SRILANKAN AIRLINES	스리랑카
23.	KQ	KENYA AIRWAYS	케냐	56.	US	US AIRWAYS	미국
24.	LA	LAN CHILE	칠레	57.	UX	AIR EUROPA	스페인
25.	LB	BOLIVIA AIRLINES	볼리비아	58.	VJ	ROYAL AIR CAMBODGE	캄보디아
26.	LO	LOT POLISH AIRLINES	폴란드	59.	VV	AEROSVIT AIRLINES	우크라이나(키에브)
27.	LY	ELAL ISRAEL AIRLINES	이스라엘	60.	W5	MAHAN AIR	테헤란
28.	LX	SWISS AIRLINES	스위스	61.	2P	AIR PHILIPPINES	필리핀
29.	MD	AIR MADAGASCAR	마다가스카르	62.	6K	ASIAN SPIRIT	필리핀
30.	MK	AIR MAURITIUS	모리셔스	63.	7B	KRASNOYARSK AIRLINES	크라스노야르스크
31.	MS	EGYPTAIR	이집트	64.	9W	JET AIRWAYS	인도
32.	MX	MEXICANA	멕시코	65.	9Y	AIR KAZAKHSTAN	알마티
33.	MZ	MERPATI AIRLINES	인도네시아				

[그림 3•13] 인천공항 미취항 항공사

2) 항공기의 운항형태

(1) 직항과 경유(환승)

직항은 Non Stop으로 나타내고 무착륙 또는 도중 기항을 하지 않는 항공운항을 말한다. 반면에 Direct란 직항은 물론 Transit을 포함한다.

경유란 중간기착지인 경유지(Inter-mediate Point)에서 비행기를 갈아타는 것(환승)을 말한다. 경유지는 항공기가 운송상 또는 기술상의 목적으로 정기적으로 착륙하도록 지정된 중간지점으로 Transit, Transfer, Stopover를 할 수 있다.

[그림 3•14] 환승시설 표시

(2) 트랜짓(TRANSIT)과 트랜스퍼(TRANSFER)

트랜짓(Transit)은 경유지에서 동일한 항공기로 환승하는 것이다. 동일한 비행기에서 잠시 내렸다가 다시 타기 때문에 좌석을 다시 배정받을 필요가 없고, 수화물 칸에 들어가 있는 짐(Baggage)도 움직이지 않게 된다. 들고 탄

가방(Hand Carry) 중에 큰 짐 등은 기내에 그대로 두고 분실위험이 있는 귀중품만 들고 내렸다가 다시 타면 된다. 그사이 비행기는 최종 목적지에 도착하기 전에 급유, 급수, 기내식 보급, 승무원 교체, 기체점검 등을 하게 된다. 또는 경유지에서 일부 승객은 내리고 새로운 승객들이 타기도 한다.

항공사 직원들이 내리는 GATE 길목에서 내리는 승객과 다시 탈 승객을 구분하고 Transit 승객들의 가슴에 스티커를 붙여주거나 간이 티켓을 주기도 한다. 별생각 없이 앞사람이 가는 대로 따라가는 경우 앞사람이 그곳에서 내리는 승객일 경우 엉뚱한 나라에 입국할 위험이 있다. 재출국할 수 있지만 출국세를 납부해야 하고 Transit 시간이 부족해서 다시 탈 시간을 놓칠 수 있기 때문에 주의해야 한다.

트랜스퍼(Transfer)는 경유지까지 타고 온 항공편이 아닌 타 항공편으로 갈아타는 경우이다. 새로 좌석을 배정받아야 하고 수하물도 다시 찾아서 Boarding 수속을 해야 한다. 상기 예제는 도착 후 내려서 1시간 45분간 대기하고 있다가 19:05분에 타고 왔던 비행기가 아닌 다른 비행기(AF21054)를 타고 스위스 취리히(Zurich)로 향해 20:20분에 도착한다. 이 경우가 'Transfer'이다.

(3) 쓰루보딩(THROUGH BOARDING)과 MCT

경유하는 경우 쓰루보딩(Through Boarding)을 할 수 있다. 예제의 인천에서 파리를 거쳐 취리히까지 가는 경우 처음 보딩할 때 보딩패스는 SEL→PAR 1장, PAR→ZRH 1장 모두 2장을 받고, 수화물 위탁은 최종 목적지인 취리히까지로 하는 것이다. Stopover 1박을 하는 경우를 제외하고는 처음 Boarding을 할 때 최종 목적지를 밝혀 쓰루보딩(Through Boarding)을 받을 수 있다.

환승할 때는 항공기에서 내리면 직원의 안내를 받거나 모니터를 통해 자신이 가야 할 Gate와 Boarding Time을 정확히 확인한 후 대기했다가 환승한다. 이때 연결편으로 승객과 수하물이 탈 수 있는 최소한의 허용시간을 MCT(Minimum Connection Time)이라고 한다. MCT는 IATA에 등록된 최소 연결시간으로 발권시에 필수적으로 확인하는 사항이다. 인천국제공항과 김포공항 내에서의 환승소요시간은 다음과 같다.

〈표 3•2〉 인천국제공항과 김포공항의 MCT

구 분	인천국제공항(ICN)	김포공항
MCT	① 국제선→국제선 : 60분 ② 국제선→국내선 : 100분 ③ 국내선→국제선 : 70분	① 국내선→내선 : 60분 ② 국제선→국내선 : 160분 ③ 국내선→국제선 : 170분

비행 지연으로 Transfer하는 항공편과의 연결시간이 촉박할 때는 연결편의 직원이 나와서 직접 안내를 하기도 한다. 만약 환승객을 연결하지 못했을 경우 항공사는 상당액의 벌금을 물어야 하는 경우도 있다.

(4) STOPOVER(도중 체류)와 STPC

STOPPOVER는 항공여객이 출발지와 목적지 간 어느 한 지점에서 항공사의 승인을 얻어 국내선은 4시간, 국제선은 24시간 이상 의도적으로 여행을 중지하는 항공여행의 계획적 중단(Break of Journey)이다. Stopover 여부는 항공권 발행 시 X/O란에 표기되며 X표기는 '불가'를, O 또는 아무 표시가 없는 것은 STOPOVER 하는 것으로 인정한다. Stopover의 횟수는 여행개시 지점(Orgin)과 종료지점 및 목적지점은 빼고 계산하며 Surface 구간(비항공구간)은 항공기에서 내린 도시와 탑승한 도시를 한 번의 Stopover로 간주한다. 예를 들어 SEL-OSA//TYO-LAX-NYC의 여정에서 Stopover는 2회이다. 도착 당일 다음 도시로 가는 항공기가 있는 데도 다음날 이후에 출발하는 경우는 추가 비용을 받기도 한다.

도착 당일 다음 도시의 당일 연결편이 없는 경우에 도착시간으로부터 24시간 이상 체류할 시 항공사에서 숙식을 제공하는 것을 STPC라고 한다. STPC

(Stopover on Company's Account)는 Meal Coupon과 공항 근처에 HTL(Hotel) 등 Accomodation을 제공해 준다. 비자가 필요한 경우 공항에서 바로 경유비자를 받을 수 있다.

3 국외여행의 출·도착시간과 시차

1) 시차(TIME DIFFERENCE)와 G.M.T.

모든 국외여행과 관련한 시간은 해당도시의 현지시간(Local Time)이며, 24시로 표시된다. 예제의 일정표는 Air France 267기로 인천 13:05분 이륙하여 PARIS에 현지시간 17:20분에 도착한다.

두 지역 사이의 시차(Time Difference)를 표기하는 방법은 G.M.T.(Greenwich Astronomical Observatory Mean Time)을 기준으로 각 지역의 시간차를 나타낸다. G.M.T는 영국 런던 동남부 교외의 그리니치 천문대를 통과하는 본초 자오선을 기준으로 동쪽을 +12가지, 서쪽을 -12가지 시간대로 나누었다. G.M.T. 0이 되는 Greenwich를 World Time Zone이라고도 한다. 여기를 중심으로 지구는 동으로 경도가 180°(동경), 서로도 경도가 180°(서경)씩이므로 15°마다 1시간의 시차를 갖게 된다. 한국은 동경 135°이므로 G.M.T. (+9)로 표기한다.

지구가 자전을 하기 때문에 인위적으로 하루의 시작점을 정한 것이 날짜변경선이다. 날짜변경선에서 하루가 시작하여 서쪽으로 1시간에 15°씩 시간대가 이동하게 된다.

〈표 3•3〉 각국의 G.M.T. 기준시 이해

G.M.T. 기준	의 미
KOREA (+9)	G.M.T.보다 9시간 빠름
THAILAND (+7)	G.M.T. 〃 7 〃
HONGKONG (+8)	G.M.T. 〃 8 〃
HAWAII (−10)	G.M.T. 〃 10시간 느림
TORONTO (−5)	G.M.T. 〃 5 〃
LOS ANGELES (−8)	G.M.T. 〃 8 〃
AUCKLAND (+13)	G.M.T.보다 13시간 빠름
BRISBAINE (+10)	G.M.T. 〃 10 〃

−10	−9	−8	−7	−6	−5	−4	−3	−2	−1	한국	+1	+2	+3	−20	−19	−18	−17	−16	−15	−14	−13	−12	−11
	마드리드·런던	베를린·로마·파리	카이로·아테네	바그다드	테헤란	켈커타+30분	랑군+30분	방콕	홍콩·북경·마닐라	동경·서울	멜버른·시드니	오호츠크	웰링턴	사모아·미드웨이	호놀루루		시애틀·샌프란시스코	피닉스·덴버	멕시코시티·시카고	마이애미·뉴욕	구수베이·조지타운	리오데자네이로	
−1	0	+1	+2	+3	+4	+5	+6	+7	+8	+9	+10	+11	+12	−11	−10	−9	−8	−7	−6	−5	−4	−3	−2
G.M.T. 기준																							

[그림 3•15] 한국을 기준으로 표기된 시차

2) 날짜변경선(THE DATE LINE)과 LOCAL TIME

(1) 날짜변경선(THE DATE LINE)

두 나라 사이의 시차를 계산할 때에는 반드시 날짜변경선(The Date Line)을 고려해야 한다. 날짜변경선은 동경 180°의 선을 따라 남극과 북극을 잇는 경계선이다. 이 선의 동에서 서로 넘어가게 되면 날짜가 변하는 지점이다. 따라서 이 선에서 시작하여 서쪽으로 이동하면서 시간이 흐르고 지구를 한 바퀴 돌아 날짜변경선에 닿을 때까지를 하루로 본다.

(2) LOCAL TIME

Local Time은 현지시간이다. 각국의 시간이 서로 다르기 때문에 출·도착 시간이나 외국과의 전화통화 등에는 시차가 고려되어야 한다. 상대국의 시간은 기준국가와 비교국가의 G.M.T.를 비교해 시차를 구한 후 기준국가의 시간에서 시차를 빼주면 구할 수 있다. 우선 한국과 상대국과의 시차는 다음의 공식에 의한다.

한국 G.M.T. (+9) − 상대국 G.M.T. + + 또는 −

이때 +(플러스)가 되는 경우는 날짜변경선을 기준으로 한국의 서쪽에 위치하였고 한국보다 시간이 느리다. −(마이너스)가 되는 경우는 한국의 동쪽에 위치한 국가들로 한국보다 시간이 빠르다. 날짜변경선 기준은 호주와 뉴질랜드, 괌, 사이판, 블라디보스톡, 미크로네시아, 파푸아뉴기니, 피지 등이 해당된다. 시차가 +(플러스)이거나 −(마이너스)이거나 현재 한국시간에서 시차를 빼주면 상대국의 Local Time이다.

한국의 현재시간 − 상대국과의 시차

시차가 −(마이너스)인 동쪽에 위치한 국가들은 결과적으로 시차는 더해지게 된다. 한국시간을 기준으로 다음 표에 나타난 각국의 Local Time을 계산해 보자.

〈표 3•4〉 한국시간을 기준으로 한 각국의 시간연습

G.M.T. 기준	한국과의 시차	LOCAL TIME
KOREA (+9)	0	15:30
THAILAND (+7)		
HONGKONG (+8)		
HAWAII (−10)		
TORONTO (−5)		
LOS ANGELES (−8)		
AUCKLAND (+13)		
BRISBAINE (+10)		

(3) SUMMER TIME

Summer Time을 적용하는 경우 1시간씩을 앞당겨야 한다. Summer Time 실시 전에 13시라면 Summer Time에는 14시로 1시간이 빨라진다. 그러므로 이 기간 동안에는 산출된 Local Time에 1시간을 더해 주어야 1시간이 빠른 시간이 된다. 각 지역의 Summer Time 실시기간은 다음과 같다.

〈표 3•5〉 SUMMER TIME 실시지역과 기간

지 역	기 간
유 럽	3월 마지막 일요일~10월 마지막 일요일
북 미	4월 첫 일요일~10월 마지막 일요일
남미(일부)	보통 10월~3월 초
대양주	보통 10월~3월

3) LOCAL TIME 계산연습

(1) 기준국가 G.M.T.에서 비교국가의 G.M.T.를 뺀다

그 결과 +인 경우는 기준지역의 시간보다 상대지역의 시간이 느린 것이고, -인 경우는 기준지역의 시간보다 상대지역의 시간이 빠른 것이다. 빈칸을 채워보자.

〈표 3•6〉 시차계산 연습

기준지역(A)	상대지역(B)	A-B	기준지역에 비해 상대지역
SEOUL (+9)	MANIL (A+8)	+1	1시간 느리다
SEOUL (+9)	FRANKFURT (+2)		
SEOUL (+9)	HONOLULU (-10)		
SEOUL (+9)	SYDNEY (+10)		
SEOUL (+9)	AUCKLAND (+13)	-4	4시간 빠르다

(2) 기준국가 현재시간에서 시차를 뺀다. 빈칸을 채워보자

〈표 3•7〉 LOCAL TIME 계산 예

한국시간	상대지역(B)	A-시차	LOCAL TIME
08:00	MANILA (+8)	08:00-(+1)	07:00
08:00	FRANKFURT (+2)		
08:00	HONOLULU (-10)		
08:00	SYDNEY (+10)		
08:00	AUCKLAND (+13)		

한국시간에서 (±)시차를 빼주게 되면 한국의 서쪽에 위치한 국가들의 시간은 시차만큼을 빼게 되고, 동쪽에 위치한 곳의 시간은 결과적으로 시차만큼 더해지게 된다.

4) LOCAL TIME 계산 연습하기

(1) 서쪽에 위치한 나라

기준지역에서 서쪽으로 이동하여 날짜변경선까지 걸쳐 있는 나라 또는 도시들의 시간은 기준지역의 시간보다 느리다. 따라서 시차만큼을 빼주면 된다. 빈칸을 채워보자.

〈표 3•8〉 한국의 서쪽에 위치한 국가들의 시간 계산

번 호	서울의 시간	현지국가 G.M.T.	시 차	현지시간
1	SEOUL 09:00	HO CHI MINH CITY (+7)		
2	SEOUL 23:15	ISTANBUL (+3)		
3	SEOUL 02:35	HONOLULU (−10)		
4	SEOUL 05:25	TASHKENT (+5)		
5	SEOUL 18:40	LONDON (+1)		
6	SEOUL 05:35	SINGAPORE (+8)		
7	SEOUL 07:35	LOS ANGELES (−8)		
8	SEOUL 10:35	ATLANTA (−5)		
9	SEOUL 13:35	KUALA LUMPUR (+8)		
10	SEOUL 02:45	MUMBAI (+5:30)		

(2) 동쪽에 위치한 나라

기준지역에서 동쪽으로 이동하여 날짜변경선까지 있는 나라 또는 도시들의 시간은 기준지역 시간보다 빠르다. 시차를 바로 더해 주어도 되지만, 똑같은 공식으로 계산하여 '기준지역시간 − 시차'를 적용하면 결과적으로 시차만큼 더해 주게 된다. 빈칸을 채워보자.

〈표 3•9〉 한국의 동쪽에 위치한 국가들의 시간 계산

번 호	기준국가 시간	현지국가 G.M.T.	시 차	현지시간
1	SEOUL 12:20	SYDNEY (+10)		
2	SEOUL 01:20	SAKHALINSK (+11)		
3	SEOUL 23:35	AUCKLAND (+12)		
4	SEOUL 23:18	BRISBANE (+10)		
5	SEOUL 12:25	NADI (+11)		
6	SEOUL 03:30	GUAM (+10)		
7	SEOUL 18:20	VLADIVOSTOK (+10)		
8	SEOUL 22:45	WELLINGTON (+12)		
9	SEOUL 23:50	CHRISTCHURCH (+12)		
10	SEOUL 15:20	KHABAROVSK (+11)		

(3) 외국에서 한국시간 구하기

외국을 기준으로 한국이 동쪽에 위치했는지 서쪽에 위치했는지를 염두에 두고 동일한 계산규칙을 적용할 수 있다. 빈칸을 채워보자.

〈표 3•10〉 외국에서 한국시간 계산

번 호	기준국가 시간	현지국가 G.M.T.	시 차	한국시간
1	DENVER (-6) 16:45	SEOUL (+9)		
2	JAKARTA (+7) 18:10	SEOUL (+9)		
3	L.A. (-7) 20:30	SEOUL (+9)		
4	SHANGHAI (+8) 11:00	SEOUL (+9)		
5	MANILA (+8) 23:00	SEOUL (+9)		
6	SANTA MARIA (-7) 19:30	SEOUL (+9)		
7	SYDNEY (+10) 01:15	SEOUL (+9)		
8	BOSTON (-4) 15:45	SEOUL (+9)		
9	LAS VEGAS (-8)	SEOUL (+9)		
10	NEW YORK (-5)	SEOUL (+9)		

5) TIMETABLE과 비행시간 계산

(1) TIMETABLE의 뜻

TIMETABLE이란 각종 운송수단의 스케줄 및 시간 등이 기록된 표를 말하는데 주로 책자의 형태로 발행되고 있다. 각 항공사마다 발행하고 있는 항공 운항시간표는 그 형태가 다소 다르지만 내용은 유사하다. 항공편명, 출·도착 시간, 기종, 클래스, 운항요일, 경유지, 유효기간 등을 담고 있다. TIMETABLE과 사용되는 용어는 다음과 같다.

〈표 3•11〉 TIMETABLE 사용 용어

용 어	내 용	표 기
Flight Number	편 명	KE086, OZ359, LH720 등
Departure	출 발	LOCAL TIME +1, +2로 표기(a(two) day(s) after first departure)
Arrival	도 착	
Aircraft	기 종	Boeing(B737), Airbus(A330)
Class	클래스	P(일등석 : Sleeper), F(일등석), C(비즈니스석), Y(이코노미석)
Day	요 일	1(Monday) ~ 7(Sunday)
VIA	경유지	LAX 14:01 / 20:50 : 경유지 도착과 출발시
Validity	유효기간	2.28~ 등으로 표기

편명은 항공사의 IATA 코드와 숫자의 조합으로 이루어져 있다. 출·도착 시간 중에 '06:20+1'과 같이 표기된 경우 +1, +2는 1일 후, 2일 후를 말한다. 기종은 항공기 제작사의 명칭을 포함하여 표기된다. 클래스 P는 First Class Sleeper Seat, F는 First Class, C는 Prestige Class로 비즈니스석을 의미하고, Y는 Economy Class로 일반석을 의미한다. 요일은 월요일을 나타내는 1부터 7번 일요일까지 표기한다.

요일Days	출발Dep	도착Arr	등급Class	편명Flight	기종A/C	경유지Via	
한국 Korea韓國 → **중국** China中國							비행시간
서울 Seoul 漢城 (GMT+9) → **항주** Hangzhou 杭州 (+8)							1H 55M
월수목금토	12:45	13:40	CY	OZ359	B767		
월금	16:15	17:15	Y	*OZ6715	B737		
*중국 국제항공과 공동운항합니다.							
부산 Busan 釜山 (GMT+9) → **북경** Beijing 北京 (+8)							2H 20M
목일	12:20	14:00	Y	*OZ6713	B737		
매일	14:00	15:20	CY	OZ315	A321		
*중국 국제항공과 공동운항합니다.							
부산 Busan 釜山 (GMT+9) → **심양** Shenyang 瀋陽 (+8)							2H
화토	12:10	13:10	CY	OZ313	B737/A321		
제주 Jeju 濟州 (GMT+9) → **상해** Shanghai 上海 (+8)							1H 15M
금	14:30	14:45	CY	OZ379	B737/A321		
대구 Daegu 大邱 (GMT+9) → **상해** Shanghai 上海 (+8)							1H 45M
월목	12:10	12:55	CY	OZ377	B737/A321		
한국 Korea 韓國 → **대양주** Oceania 大洋州							비행시간
서울 Seoul (GMT+9) → **시드니** Sydney (+10)							10H 10M
매일	20:00	07:10+1	CY	OZ601	B777		
서울 Seoul (GMT+9) → **오클랜드** Auckland (+12)							11H 10M
월수금 (-9/19)	19:30	09:40+1	CY	OZ607	B777		
월수금일 (9/20-10/2)	19:30	09:40+1	CY	OZ607	B777		
월수금일 (10/3-)	19:30	10:40+1	CY	OZ607	B777		
서울 Seoul (GMT+9) → **웰링턴** Wellington (+12)							
월수금 (-9/19)	19:30	12:30+1	CY	OZ607/*6557	B777/737	AKL	
월수금일 (9/20-)	19:30	12:30+1	CY	OZ607/*6557	B777/737	AKL	
*에어 뉴질랜드와 공동운항합니다.				·오클랜드 도중체류 가능합니다.			
서울 Seoul (GMT+9) → **크라이스트처치** Christchurch (+12)							
월수금 (-9/19)	19:30	13:05+1	CY	OZ607/*6555	B777/737	AKL	
월수금일 (9/20-)	19:30	13:05+1	CY	OZ607/*6555	B777/737	AKL	
*에어 뉴질랜드와 공동운항합니다.				·오클랜드 도중체류 가능합니다.			

[그림 3•16] TIMETABLE 예제 1(OZ)

요일Days	출발Dep	도착Arr	등급Class	편명Flight	기종A/C	경유지Via	
중국 China 中國 → 한국 Korea 韓國							
항주 Hangzhou 杭州 (GMT+8) → 서울 Seoul 漢城 (+9)							1H 50M
월금	12:15	15:15	Y	*OZ6716	B737		
월수목금토	15:00	17:50	CY	OZ360	B767		
*중국 국제항공과 공동운항합니다.							
북경 Beijing 北京 (GMT+8) → 부산 Busan 釜山 (+9)							2H
목일	08:10	11:25	Y	*OZ6714	B737		
매일	16:30	19:30	CY	OZ316	A321		
*중국 국제항공과 공동운항합니다.							
심양 Shenyang 瀋陽 (GMT+8) → 부산 Busan 釜山 (+9)							2H
화토	14:10	17:10	CY	OZ314	B737/A321		
상해 Shanghai 上海 (GMT+8) → 제주 Jeju 濟州 (+9)							1H 5M
금	16:00	18:05	CY	OZ380	B737/A321		
상해 Shanghai 上海 (GMT+8) → 대구 Daegu 大邱 (+9)							1H 35M
목	13:55	16:30	CY	OZ378	B737/A321		
월	14:05	16:40	CY	OZ378	B737/A321		
대양주 Oceania 大洋州 → 한국 Korea 韓國							
시드니 Sydney (GMT+10) → 서울 Seoul (+9)							10H 25M
매일	08:35	18:00	CY	OZ602	B777		
오클랜드 Auckland (GMT+12) → 서울 Seoul (+9)							11H 50M
화목토 (-9/20)	11:10	20:00	CY	OZ608	B777		
월하목투 (9/21-10/3)	11:10	20:00	CY	OZ608	B777		
월화목토 (10/4-)	12:10	20:00	CY	OZ608	B777		
웰링턴 Wellington (GMT+12) → 서울 Seoul (GMT+9)							
화목토 (-9/20)	08:30	20:00	CY	*OZ6558/608	B737/777	AKL	
월화목토 (9/21-)	08:30	20:00	CY	*OZ6558/608	B737/777	AKL	
*에어 뉴질랜드와 공동운항합니다.				•오클랜드 도중체류 가능합니다			
크라이스트처치 Christchurch (GMT+12) → 서울 Seoul (GMT+9)							
화목 (-9/20)	07:40	20:00	CY	*OZ6556/608	B737/777	AKL	
월화목 (9/21-)	07:40	20:00	CY	*OZ6556/608	B737/777	AKL	
토	07:55	20:00	CY	*OZ6556/608	B737/777	AKL	
*에어 뉴질랜드와 공동운항합니다.				•오클랜드 도중체류 가능합니다			

[그림 3•17] TIMETABLE 예제 2(OZ)

(2) 도시 및 공항 코드의 사용

TIMETABLE상의 Departure와 Arrival은 도시명이 쓰이지만 다음과 같이 도시 내에 공항이 두 곳 이상 있으면 공항이름으로 표기된다.

〈표 3•12〉 두 곳 이상의 공항이 있는 도시명과 공항명

NATION	CITY CODE	CODE	AIRPORT
USA	NYC (NEW YORK)	JFK EWR LG	JOHN F KENNEDY ARPT NEW WARK ARPT LA GUARDIA AIRPORT
	WAS (WASHINGTON)	DCA IAD	RONALD REAGAN ARPT(NATIONAL INT'S ARPT) DULLES INT'L AIRPORT
BRITISH	LON (LONDON)	LHR LGW	HEATHROW AIRPORT GATWICK AIRPORT
FRANCE	PAR (PARIS)	CDG ORY	CHARLES DE GAULLE ARPT ORLY AIRPORT
JAPAN	TYO (TOKYO)	NRT HAN	NARITA AIRPORT HANEDA AIRPORT
	OSA (OSAKA)	ITM KIX	ITAMI AIRPORT KANSAI INTERNATIONAL AIRPORT

(3) 출 · 도착시간(DEPARTURE / ARRIVAL TIME)

TIMETABLE의 모든 시간은 Local Time으로 기재되어 있다. 또 Departure Time과 Arrival Time은 도착예정시간 STA(Scheduled Time of Aircraft Arrival)와 출발예정시간 STD(Scheduled Time of Aircraft Departure)로 표기된다.

〈표 3•13〉 TIMETABLE 예제(KE)

Flight	Departure	Arrival	Aircraft	Class	Day	VIA Arr. / Dep.	Validity
Seoul 서울(Incheon) (+9) – Bangkok 방콕 (+7)							
KE651	16:01	20:10	747	CY	1234567		
KE653	20:05	00:05+1	777	CY	1234567		

韓國 · Korea ➜ 美洲 · The Americas

Flight 편 명	Departure 출 발	Arrival 도 착	Aircraft 기 종	Class 클래스	Day 요 일	VIA 경유지	Validity 유효기간
Seoul 서울(Incheon 인천공항) (+9) – Anchorage 앵커리지 (-8)							
KE085	18:30	08:10	747	PCY	-2--56-		~ 3.29
KE085	18:55	08:35	747	PCY	-2--56-		3.30 ~ 4. 5
KE085	18:55	09:35	747	PCY	-2--56-		4. 6 ~

• 4.4부터 일광절약시간 적용 Daylight saving time begins on 04 Apr.

Flight 편 명	Departure 출 발	Arrival 도 착	Aircraft 기 종	Class 클래스	Day 요 일	VIA 경유지	Validity 유효기간
Seoul 서울(Incheon 인천공항) (+9) – Atlanta 애틀랜타 (-5)							
KE035	10:00	09:50	777	JCY	1--4-6-		~ 4. 3
KE035	10:00	10:50	777	JCY	1--4-6-		4. 4 ~ 4.30
KE035	10:00	10:50	777/747	JCY	1-34-67		5. 1 ~
KE017	15:00	09:00	747	PCY	1234567		~ 4. 3
KE017	15:00	10:00	747	PCY	1234567	LAX	4. 4 ~
DL114/KE7021＊	13:45	20:55	777	FY	1234567		

• KE7021＊편은 델타항공의 항공기로 운항합니다. Operated by Delta Airlines.
• 4.4부터 일광절약시간 적용 Daylight saving time begins on 04 Apr.

Flight 편 명	Departure 출 발	Arrival 도 착	Aircraft 기 종	Class 클래스	Day 요 일	VIA 경유지	Validity 유효기간
Seoul 서울(Incheon 인천공항) (+9) – Chicago 시카고 (-6)							
KE037	12:00	09:45	777	JCY	12-456-		~ 4. 3
KE037	12:00	10:45	777	JCY	12-456-		4. 4 ~ 5.22
KE037	12:00	10:45	777	JCY	12-4567		5.23 ~ 6.21
KE037	12:00	10:55	747	JCY	1234567		6.22 ~

• 4.4부터 일광절약시간 적용 Daylight saving time begins on 04 Apr.

Flight 편 명	Departure 출 발	Arrival 도 착	Aircraft 기 종	Class 클래스	Day 요 일	VIA 경유지	Validity 유효기간
Seoul 서울(Incheon 인천공항) (+9) – Dallas 댈러스 (-6)							
KE031	12:15	10:00	777	JCY	-2-4-6-		~ 3.29
KE031	11:30	09:15	777	JCY	-2-4-6-		3.30 ~ 4. 3
KE031	11:30	10:15	777	JCY	-2-4-6		4. 4 ~
KE017	15:00	09:00	747	PCY	1234567		~ 4. 3
KE017	15:00	10:00	747	PCY	1234567	LAX	4. 4 ~
DL1530/KE7013＊	11:55	16:50	M80	FY	1234567		

• KE7013＊편은 델타항공의 항공기로 운항합니다. Operated by Delta Airlines.
• 4.4부터 일광절약시간 적용 Daylight saving time begins on 04 Apr.

[그림 3•18] TIMETABLE 예제 3(KE)

美洲 · The Americas → 韓國 · Korea

Flight 편 명	Departure 출 발	Arrival 도 착	Aircraft 기 종	Class 클래스	Day 요 일	VIA 경유지	Validity 유효기간
Anchorage 앵커리지 (-8) – Seoul 서울 (Incheon 인천공항) (+9)							
KE086	03:45	06:20+1	747	PCY	--3--67		~ 3.30
KE086	03:25	06:05+1	747	PCY	--3--6-		3.31 ~ 4. 3
KE086	04:25	06:05+1	747	PCY	--3--67		4. 4~
Atlanta 애틀랜타 (-5) – Seoul 서울 (Incheon 인천공항) (+9)							
KE036	12:00	16:55+1	777	JCY	1--4-6-		~ 4. 3
KE036	13:00	16:55+1	777	JCY	1--4-6-		4. 4~ 4.30
KE036	13:00	16:55+1	777/747	JCY	1-34-67		5. 1~
DL437/KE7020*	20:35	22:26	757	FY	1234567		
KE012	00:30+1	06:40+2	747	PCY	1234567	LAX	~ 4. 4
KE012	00:30+1	05:40+2	747	PCY	1234567		4. 5~
Chicago 시카고 (-6) – Seoul 서울 (Incheon 인천공항) (+9)							
KE038	11:45	16:45+1	777	JCY	12-456-		~ 4. 3
KE038	12:45	16:45+1	777	JCY	12-456-		4. 4~ 4.30
KE038	12:45	16:35+1	777	JCY	12-456-		5. 1~ 5.22
KE038	12:45	16:35+1	777	JCY	12-4567		5.23~ 5.31
KE038	12:55	16:45+1	777	JCY	12-4567		6. 1~ 6.21
KE038	12:55	16:45+1	747	JCY	1234567		6.22~
Dallas 댈러스 (-6) – Seoul 서울 (Incheon 인천공항) (+9)							
KE032	12:10	17:40+1	777	JCY	-2-4-6-		~ 3.29
KE032	11:35	17:00+1	777	JCY	-2-4-6-		3.30~ 4. 3
KE032	12:35	17:00+1	777	JCY	-2-4-6-		4. 4~
DL1879/KE7016*	15:45	17:07	M80	FY	1234567		
KE012	00:30+1	06:40+2	747	PCY	1234567	LAX	~ 4. 4
KE012	00:30+1	05:40+2	747	PCY	1234567		4. 5~

Anchorage:
- 4.4부터 일광절약시간 적용 Daylight saving time begins on 04 Apr.

Atlanta:
- KE7020*편은 델타항공의 항공기로 운항합니다; Operated by Delta Airlines.
- 4.4부터 일광절약시간 적용 Daylight saving time begins on 04 Apr.

Chicago:
- 4.4부터 일광절약시간 적용 Daylight saving time begins on 04 Apr.

Dallas:
- KE7016*편은 델타항공의 항공기로 운항합니다; Operated by Delta Airlines.
- 4.4부터 일광절약시간 적용 Daylight saving time begins on 04 Apr.

미주

[그림 3•19] TIMETABLE 예제 4(KE)

(4) 실제비행시간(Actual Flying Time) 구하기

시차와 TIMETABLE의 Dep.와 Arr. 시간으로 두 지역 사이의 비행시간을 계산할 수 있다. 그러나 실제 항공기가 운항될 때는 기상조건이나 다른 상황에 의해 시간이 바뀔 수 있으므로 예정시간을 따로 명시하여 구분한다.

〈표 3•14〉 출·도착 예정시간과 실제 시간

구 분	FULL NAME	뜻
ETA	Estimated Time of Arrival	도착예정시간
ETD	Estimated Time of Depature	출발예정시간
ATD	Actual Time of Departure	실제 항공기 출발시각
ATA	Actual Time of Arrival	실제 항공기 도착시간

6) 비행시간 계산하기

출발시간(Dep. : Departure Time)과 도착시간(Arr. : Arrival Time)이 현지시간(Local Time)으로 표기되므로 실제비행시간은 '도착시간 - 출발시간'과 함께 시차를 고려해야 한다.

비행시간을 계산하는 방법에는 다음과 같은 것이 있다.

(1) 도착시간(ARR.) – 출발시간(DEP.) + (±시차)

우선 ARR. - DEP.를 한 다음 시차를 더해 주게 된다. 출발지 기준의 시차가 +일 경우는 출발지에서 서쪽으로 이동하였으므로 시차만큼 더해지고, 동쪽으로 이동한 경우에는 시차가 -이므로 시차만큼 빼는 결과가 된다.

〈표 3•15〉 도착시간(ARR.) – 출발시간(DEP.) 비행시간 계산 1

DEP.	ARR.	ARR. −DEP. ±시차	비행시간
SEOUL (+9) 17:00	BANGKOK (+7) 20:55	(20:55 − 17:00) + 2시간	5시간 55분
SEOUL (+9) 10:00	BEIJING (+8) 10:55	10:55 − 10:00 +1시간	
SEOUL (+9) 16:30	LAS VEGAS (−7) 13:56	13:56 − 16:30 +16시간	
SEOUL (+9) 09:30	KHABAROVSK (+11) 14:30	14:30 − 09:30 − 2시간	
SEOUL (+9) 20:20	SAIPAN (+10) 01:50+1	01:50 (+1) − 20:20 − 1시간	

〈표 3•16〉 비행시간 계산연습

번 호	DEP. TIME	ARR. TIME	ARR. −DEP. ±시차	비행시간
1	SANJOSE (−7) 08:40	SEOUL (+9) 18:30+1		
2	SEOUL (+9) 16:30	SANJOSE (−7) 19:16		
3	BOSTON (−4) 18:30	SEOUL (+9) 05:10+2		
4	SEOUL (+9) 10:10	SAKHALINSK (+11) 15:10		
5	ISTANBUL (+3) 20:35	SEOUL (+9) 12:35+1		
6	JAKARTA (+7) 21:00	SEOUL (+9) 06:05+1		
7	SEOUL (+9) 13:30	PARIS (+1) 17:30		
8	PARIS (+1) 21:20	SEOUL (+9) 16:45+1		
9	SEOUL (+9) 20:35	AUCKLAND (+13) 11:45+1		
10	AUCKLAND (+13) 21:30	SEOUL (+9) 05:20+1		

(2) 시간단위 일치시키기

출발지 시간이나 도착지 시간을 어느 한 기준으로 바꾸어 계산하는 방법이다. 출발지 시간(Departure Time)을 도착지와의 시차를 고려하여 도착지의 시간으로 바꾸면 Arrival Time과 Departure Time의 단위가 일치한다. 단위를 일치시킨 후에는 '도착시간 - 출발시간'으로 계산한다.

〈표 3•17〉 시간단위 일치방법 1(도착지 시간으로 연결시키기)

DEP.(1)	DEP.(2)	ARR.	비행시간(ARR. -DEP.)
SEOUL (+9) 17:00	17:00 − 2시간 = 15:00	BANGKOK (+7) 20:55	20:55 − 15:00 = 5시간 55분
SEOUL (+9) 20:20		SAIPAN (+10) 01:50+1	
SEOUL (+9) 16:30		LAS VEGAS (-7) 13:56	
SEOUL (+9) 09:30		KHABAROVSK (+11) 14:30	
SEOUL (+9) 10:00		BEIJING (+8) 10:55	

반대로, 도착한 현지시간(Arrival Time)을 시차를 고려하여 출발지인 한국시간으로 바꾸면 DEP. TIME과 ARR. TIME의 단위가 일치한다. 단위를 일치시킨 후 도착시간 - 출발시간으로 계산한다.

〈표 3•18〉 시간단위 일치시키기 2(출발지 시간으로 일치시키기)

DEP.	ARR.(1)	ARR.(2)	비행시간(ARR. -DEP.)
SEOUL (+9) 17:00	BANGKOK (+7) 20:50	20:50 + 2시간 = 22:55	22:55 − 17:00 = 5시간 55분
SEOUL (+9) 20:20	SAIPAN (+10) 01:50+1		

DEP.	ARR.(1)	ARR.(2)	비행시간(ARR. -DEP.)
SEOUL (+9) 16:30	LAS VEGAS (-7) 13:56		
SEOUL (+9) 09:30	KHABAROVSK (+11) 14:30		
SEOUL (+9) 10:00	BEIJING (+8) 10:55		

7) 왕복 실제비행시간의 차이 발생

(1) 왕복비행시간의 차이 구간

비행시간을 계산하다 보면 동일한 두 도시를 운항하는 항공기의 왕복비행시간이 차이 나는 것을 볼 수 있다. 이 차이는 항공기가 바람의 영향을 받기 때문에 나타나는 결과인데 대표적인 것이 제트기류이다. 한국에서 유럽으로 운항할 때보다 유럽에서 돌아올 때 시간이 더 짧다. 미주 노선의 경우에는 한국에서 미국으로 갈 때보다 미국에서 한국으로 돌아올 때 시간이 더 걸린다. 다음을 계산해 보자.

〈표 3•19〉 왕복비행시간의 차이 계산 연습

DEP.	ARR.	비행시간 계산	비행시간
SEOUL (+9) 19:30	SAN FRANCISCO (-7) 14:00		
SAN FRANCISCO (-7) 01:00	SEOUL (+9) 05:20+1		
SEOUL (+9) 12:30	FRANKFURT (+2) 17:00		
FRANKFURT (+2) 19:00	SEOUL (+9) 12:30+1		

(2) 제트기류

제트기류는 항공기 순항고도와 같은 3~4만 피트(9천~1만 2천m) 상공에서 북극을 중심으로 서쪽에서 동쪽으로 부는 평균풍속 50노트(초당 25m) 이상의 강한 편서풍을 말한다. 제트기류는 일 년 내내 형성되어 있으나, 여름철에는 세력이 약해져 만주지역에 위치해 있고 풍속도 떨어지지만, 겨울철에는 우리나라와 일본지역 상공까지 내려오며 풍속도 150~190노트 정도로 강하게 불기 때문에 겨울철에 북반구 중위도 지역을 운항하는 항공기에 많은 영향을 준다.

4 여행상품 상세일정표 작성

1) 일자 / 도시 / 교통편

일자는 제1일, 제2일…로 나타내기도 하지만, 정확한 출발일(○○월 ○○일)과 요일을 표기하기도 한다. 도시는 방문 또는 경유하는 도시를 나타내며 해당일에 체류한 도시명을 순서대로 표기한다.

교통편은 이동수단을 모두 표기한다. 항공기와 전용버스가 주로 쓰이지만, 상품에 따라서는 선박을 이용하기도 하고 현지의 교통수단으로 철도나 마차, 선박을 이용하는 경우도 있으므로 정확하게 표기하여야 한다.

2일 08월 30일 일요일

런 던	전용버스	전 일	호텔에서 뷔페로 조식을 하고 - 하이드파크 공원 - 세계 3대 박물관 중 하나인 대영박물관 관광 - 버킹검 궁전 및 근위병 교대식 관람 - 국회의사당의 빅벤, 웨스트민스터사원 - 런던의 상징인 타워브릿지(가동교) 등
			런던 히드로 국제공항으로 이동하여
	AZ 209	20:05	런던 출발
로 마 (이태리)	(또는 BA 항공)	23:35	로마 피우미치노 공항 도착 후, 호텔로 이동하여 휴식합니다. ※ 근위병교대식은 격일제로 실시하여 못보실수도 있습니다. [예정호텔-이급호텔 또는 동급]

볼거리 리스트

H 호 텔 - STELLA HOTEL(★★★) [2급호텔] T +39 06 9358 172 [예정]
식 사 - 호텔식 현지식 김밥도시락

[그림 3•20] 여행상품 일정표의 상세내용 예제

2) 방문지 표기

일정내역은 방문하는 관광지를 구체적으로 표현하는데 가능하면 매력이 느껴지도록 한다. '알프스 영봉 중 하나인 리기산', '물의 도시 베니스' 등은 매력을 더해 주는 표현이다. 행사의 진행순서대로 방문지가 표기되며 표기된 곳은 반드시 방문해야 하는 확정된 장소이다. 따라서 관광지의 개장과 폐장 시간을 확인, 주말 적용 여부가 사전에 확인되어야 한다. 방문시간은 현지에서 변동되는 경우가 많기 때문에 굳이 표시하지 않는 것이 좋다.

'전일관광'이라고만 표현하는 경우도 있는데, 행사의 유연성을 갖기 위해서 구체성을 피하는 경우이다. '전일 자유관광'이라고 할 때는 정해진 시간 동안 고객의 책임 하에 자유롭게 관광할 수 있도록 자유시간을 주고 그 시간 동안 여행상품에서 제공하는 일정이 없는 것이다.

4DAY 08월 21일 | 금요일

괌

* 호텔 조식 후 전일 자유일정입니다.

* 스테이크(고급스러운 유러피안 퓨전식 스테이크)로 중식 제공 됩니다.
* 코리도스뷔페(한식과 현지식이 결합된 뷔페식)로 석식 제공 됩니다.

: 투어 추천옵션
괌의 또다른 매력을 만끽 할 수 있는 골프요금
- 18홀기준이며 그린피, 전동카트 포함이고 캐디는 없습니다. 골프장 셔틀버스를 타고 골프장으로 이동합니다.

- **망길라오C.C ($200)** : 해변에 만들어진 골프장으로 바다를 넘겨야 하는 코스가 있어 박진감이 넘칩니다.
- **레오팔레스C.C ($150)** : 괌에서 가장 큰 36홀 규모의 리조트내 골프장으로 다이나믹하고 전략성을 요구하는 코스로 유명합니다.

호텔 **HILTON GUAM RESORT & SPA [확정] (1671-646-1835)**

조식 **호텔식** 중식 **스테이크** 석식 **코리도스뷔페**

[그림 3•21] 여행상품 일정표의 방문자 표기 예제

3) 식사와 호텔

식사는 기내식, 호텔식, 현지식, 한식, 중식 등이 있는데, 기내식과 호텔조식의 경우는 지상비를 산출할 때 제외된다. 중식과 석식을 주로 하여 운영되며 단순한 식사 이외에 공연과 함께하는 식사가 포함된다. 유명 식사로는 홍콩의 얌차식, 베트남의 하롱베이 선상식사, 캄보디아의 압살라 민속쇼와 식사, 태국의 타이정식 및 씨푸드, 북경의 오리요리(카오야)가 있다.

호텔은 명확하게 그 이름을 표기하는 것이 좋으나 현지사정에 의해 변동될 수 있으므로 '…or similar'로 표시하기도 한다. 또한 호텔의 등급은 국가마다 다르기 때문에 일률적으로 표기하기 어렵다. 호텔 관련 정보를 제공함으로써 확인시켜 주는 것이 좋다.

4) 모이는 장소 표기

모이는 장소 : 10:35 인천국제공항 3층 출국장 만남의 장소 M카운터 옆 창측 29~32번 테이블 "투어" [인천공항 안내]
※ 탑승수속은 〈출발 1시간전 마감〉을 원칙으로 하오니, 이점 유의해주시기 바랍니다.

[그림 3•22] 여행상품 일정표의 모이는 장소 표기 예제

여행출발시간과 모이는 장소를 잘 보이도록 한다. 예제에서는 10:00 인천공항 3층 출국장에 집결, 완료해야 한다. 출국장의 규모가 크기 때문에 카운터에 번호가 있으므로 이것으로 구분하여 만남의 장소를 정한다. 특히 대형 여행사들은 만남의 장소를 고정적으로 가지고 카운터를 설치하고 직원을 배치하고 있다. 만남의 시간은 단체가 만나기 때문에 늦어지는 경우 업무가 매우 곤란해질 뿐만 아니라 고객과 분쟁이 생길 우려가 있다. 따라서 사전에 '출발 1시간 전 마감' 원칙을 제시하고 있다.

[그림 3•23] 출발층 전경

만일 늦어지는 고객이 있을 경우 이 시간을 넘기면 고객의 책임이 된다. 여행사의 Sending Service 직원과 TC는 이 시간보다 30분에서 1시간 정도 일찍 공항에 도착하여 고객을 맞을 준비를 해야 하는 기준시간이 된다.

5) 공통사항 / 주의사항 / 공통조건

고객에게 고지하고자 하는 사항을 알리는 것으로 여행사마다 표기는 공통사항, 주의사항, 공통조건, 참고사항 등으로 항목을 정하고 있다. 그 내용은 예약취소료 규정, 선택추가경비, 예약시 주의사항, 사용객실정보, 싱글룸차지 요금, 항공정보, 유류할증료 및 환율, 국내 긴급연락처, 해외 긴급연락처, 한국 수신자부담전화, 여권 · 비자 관련 정보, 쇼핑정보, 여행시 주의사항, 최소출발인원 규정 등이다.

(1) 예약취소료 규정

여행약관에 의해 표기된 사항을 제시하여 분쟁을 미연에 방지한다.

예약취소료 규정	▶여행자의 취소요청시시 하기의 경우에 해당시 여행약관에 의거 취소료가 부과됩니다. - 여행출발 20일전까지 취소요청시: 여행계약금 환급 - 여행출발 19일~10일전까지 취소요청시 : 여행경비의 5% 배상 - 여행출발 9~8일전까지 취소요청시 : 여행경비의 10% 배상 - 여행출발 7~1일전까지 취소요청시 : 여행경비의 20% 배상 - 여행출발 당일 통보시 : 여행경비의 50% 배상

[그림 3•24] 여행상품 예약취소료 규정

(2) 선택추가경비

추가경비의 발생은 선택사항에 의한 경우도 있지만, 환율변동이나 현지사정에 의해 발생되는 경우도 있다. 후자의 경우는 고객과 분쟁이 발생될 수 있으므로 주의를 기울여야 한다.

선택추가경비	▶당사 여행약관에 근거 여행요금의 변경 규정은 다음과 같습니다. ① 국외여행을 실시함에 있어서 이용운송, 숙박기관에 지급하여야 할 요금이 계약체결시보다 5%이상 증감하거나 여행요금에 적용된 외화환율이 계약체결시보다 2% 이상 증감한 경우 당사 또는 여행자는 그 증감된 금액 범위 내에서 여행요금의 증감을 상대방에게 청구할 수 있습니다. ② 당사는 제1항의 규정에 따라 여행요금을 증액하였을 때에는 여행출발일 15일전에 여행자에게 통지하여야 합니다. ▶상기 일정중 추가 서비스를 원하시는 분들을 위한 안내 ① 와인서비스 (한화 55,000원) - 와인의 본고장 유럽에서 지역별 정통 와인을 경험할 수 있는 좋은 기회로서 호텔에서 제공됩니다. ② 과일서비스 (한화 55,000원) - 정갈하게 준비되어 제공되는 과일서비스이며 호텔에서 제공됩니다. ====> 신청은 출발전 판매 담당자에게 요청 바랍니다.

[그림 3•25] 여행상품의 선택추가경비 예제

(3) 예약시 주의사항

고객에게 필요한 사항은 제안하고 조언할 수 있다. 또한 사소한 것이라도 현지에서 오해가 생겨 불만족으로 이어질 수 있으므로 사전에 고지하는 것이 좋다.

예약시 유의사항	* 환전은 반드시 유로화로 해주시고 50유로 이하의 잔돈으로 환전하면 편리합니다. * 일정상 입력된 예정호텔은 부득이한 경우 동급의 다른 호텔로 변동 가능합니다. * 유럽 호텔은 전압(210V~240V)은 같지만 콘센트 모양이 우리와 달라 전자 제품 사용시 각기 다른 어댑터를 준비하셔야 사용할 수 있습니다. * 유럽 대부분의 나라들이 물을 사서 먹기 때문에 식당에서도 생수를 사서 드셔야 하며 한식당에서 반찬을 추가할 경우 추가비용을 받습니다. * 한국에서 가지고 가신 소주나 외부에서 구입한 술을 식당에서 드실 수 없습니다.

[그림 3•26] 여행상품 예약시 주의사항 표기 예제

(4) 호텔 및 항공이용 부가정보

호텔에 대한 사전지식이 많은 고객이라 하더라도 일괄 패키지에서 상호 협의하지 않는 사항에 대해서는 추가요금지불에 대해 불쾌감이 생길 수 있으므로 자세하게 사전 고지하는 것이 좋다.

사용객실정보	* 2인 1실 트윈룸 사용 기준입니다. 또는 일부 더블베드가 나오는 경우도 있습니다. * 싱글사용시 별도의 추가요금이 발생합니다. * 3인 1실의 경우 EXTRA BED(간이침대 또는 소파베드) 사용합니다. * 유럽현지 객실 상 4인이 1객실에 투숙할수 없습니다. * 4인 가족은 방을 2개 사용하셔야 하며, 어린이 요금은 그대로 적용됩니다.
싱글룸차지요금	* 1인 1실(싱글룸) 사용시 총 6박 240,000원 추가입금 해 주셔야 합니다.
항공 정보	리턴변경을 원하실 경우 출발일로부터 15일 이내 귀국은 20만원, 35일내 귀국은 30만원의 추가요금을 내셔야합니다. ※ 원하시는 날짜의 좌석상황을 확인해야하므로 담당자에게 필히 말씀해주세요. ※ 추가요금은 귀국시 현지공항에서 현지화폐로 지불하시면 됩니다. ※ 유럽 다른 도시로의 지역변경은 되지않습니다.

[그림 3•27] 여행상품의 호텔·항공의 부가정보 예제

(5) 기타 정보

여행지에서 한국으로 가족이나 친지에게 안부전화를 하게 되므로 한국으로 전화하는 방법을 알리거나 그 밖에 여행사에서 추가적으로 제공하는 서비스나 별도사항을 알릴 수 있다.

여행시 주의사항	▣ 현지행사 참가 조건 ▣ * 현지행사만 조인할경우 **상품가 219만원** * **런던-로마 중간항공요금은 별도입니다.** 시즌별로 차이는 있지만 별도로 한구간만 요청하실경우 대략 80-90만원 정도 추가경비 발생합니다. 중간항공은 변경 될수 있으므로▶예약 후 발권시 꼭 확인을 받으시기 바랍니다.◀

한국수신자부담전화	수신자 부담 국제전화 하는 방법(한국통신) * 영국 : 0800-028-6516 * 프랑스 : 0800-908-536 * 스위스 : 0800-561-401 * 이태리 : 800-172-222 * 독일 : 0800-181-3972 * 네델란드: 080-0022-0082 ★ 유럽 현지 로밍폰 임대 서비스 => 임대료 전액무료(30일간) ★ * 기본료&가입비 없음/사용하신 통화요금만 납부(이통사 대비 30% 저렴) * 멀티아답터 무료대여 * 택배 또는 공항에서 직접 수령 가능 * 문의 및 전화예약 : 1566-9070 (와이드 모바일)

[그림 3•28] 여행상품의 기타 정보 예제

6) 포함 / 미포함 사항과 일정의 변경가능성

포함사항은 반드시 제공해주어야 하는 필수사항이며, 미포함 사항은 여행상품에 포함되지 않았으므로 고객이 지불해야 되는 사항임을 의미한다. 주로 미포함되는 사항은 여권 및 비자수속비용, 항공료에 포함되지 않은 공항이용료 또는 출국세, 인솔자 및 현지가이드와 기사의 팁, 물 또는 음료수값이다.

포함사항	* 미급호텔(컨티넨탈 조식) * 일정상의 항공료,호텔(2인 1실 기준),차량,식사, 관광입장료 포함 및 인솔자 동행합니다. * 여행자 보험료, 인천 공항세(17,000원) 제세금 포함입니다.
불포함사항	* 공동경비(인솔자, 현지가이드, 기사, 테이블팁,식당물값)가 발생할 수 있습니다. 전일정 1인당 80 유로 정도가 권장 됩니다. * 기타 개인 음료 및 호텔팁 ,쇼핑 경비 * 선택관광(일정표 명기)은 자유롭게 현지에서 선택하시면 됩니다. 단, 현지사정이나 행사인원 미달시 진행되어지지 않을수 있습니다.

[그림 3•29] 여행상품의 포함 및 미포함 사항 기재의 예

여행상품은 다양한 관광상품 공급업자의 상품을 조합하였으므로 공급업자의 계약내용 변경이나 현지의 사정에 변화가 따를 수 있다. 따라서 여행일정표에는 반드시 변경가능성을 표기해야 한다.

상세일정에 대한 추가정보	
예약시 유의사항	▶ 본 상품은 쇼핑센타를 방문하는 패키지 상품이며, 쇼핑센타 방문을 원치 않으시는 단체일 경우 추가비용이 발생하므로 예약전 별도의 문의 부탁드립니다. ▶ 출발일로부터 여권 유효기간이 6개월 이상 남아야 하며, 중국은 비자가 필요한 국가이므로 비자를 받으셔야 합니다. 또한, 단체 비자는 중국 입.출국시 비자의 순서와 동일하게 줄을 서서 수속을 받으셔야 합니다. ▶ 호텔은 부득이한 경우 동급의 다른 호텔로 변경가능 합니다. ▶ 예약시 여권 상에 기재된 정확한 영문이름과 주민번호를 입력해 주시기 바랍니다. 또한, 여권 사본을 상품 담당자와 통화 후 팩스로 넣어 주시기 바랍니다. ▶ 중국은 비자가 필요한 지역이므로 비자 유, 무를 꼭 확인 하셔야 합니다. ▶ 본 상품은 패키지 상품으로 만들어진 상품이므로 개별 행동은 불가 합니다. ▶ 트리플룸 예약시 중국은 3인실 방이 없는 관계로 2인실 룸에 간이침대가 들어갑니다. **상기일정은 현지사정 및 항공일정에 의하여 변경될 수 있습니다.** (국외 여행표준약관 제11조의 규정,여행조건 및 일정의 변경) 1, 여행자의 안전과 여행의 원활한 진행 또는 현지 사정에 의하여 쌍방이 합의한 경우. 2, 천재지변, 불의의 재해, 정부의 명령, 공공단체의 명령, 정변, 전란, 파업, 항공기 납치, 운수, 숙박기관 등의 특별한 사유 또는 여행의 원활한 진행을 위해 부득이하다고 판단되고 사회통념상 이를 인정할 수 있는 경우.

[그림 3•30] 여행상품의 변경가능성 고지의 예

5 여행상품 일정표 연습

1) 태국 / 파타야 상품

(1) 기본일정 연습

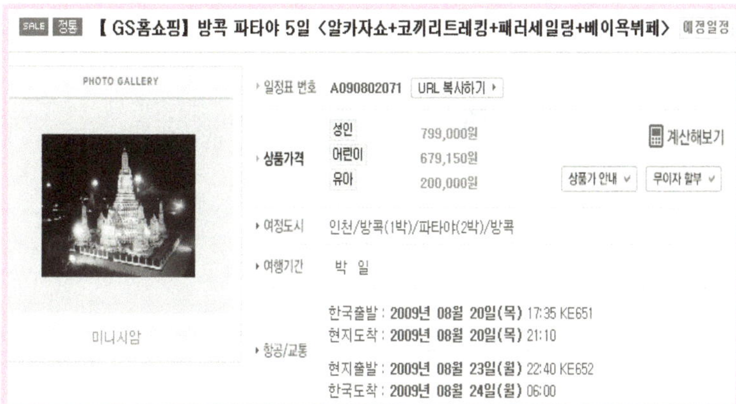

[그림 3•31] 태국 / 파타야 여행상품 간략일정표

① 상품명은 무엇인가?

② 여행기간은 총 몇 박 몇 일인가?

③ 처음 도착지는 어디인가?

④ 이용하는 항공기는 어느 항공사이며 편명은 무엇인가?

⑤ 태국은 한국보다 2시간이 느리다. 비행시간은 몇 시간인가?

(2) 상세일정 연습

상세 일정표

TIP! 여행지/숙소/선택관광을 클릭하시면 자세한 정보를 보실 수 있습니다

1 day · 2009-08-20 목요일 지도로 보기

인천

[미팅시간] 15:00
[미팅장소] 인천공항 3층 출국장 A카운터 창측 27번 데스크 ■■관광 팻말 앞
[공항연락처] 010-9492-4542 미팅장소 약도 ›

대한항공 : KE651 ICN(17:35 인천국제공항 출발)-BKK(21:10 방콕 도착)

◈ 시차정보 ◈
태국 : 한국보다 2시간 느립니다.

C번 출구로 나가서 ■■관광 피켓을 들고있는 태국인 가이드 미팅
방콕 수완나품 국제공항 2층 미팅장소에 한국인 안내원이 들어갈 수 없도록 법으로 금지되어 미팅 시 태국인 안내원이 손님들과 미팅합니다.
한국인가이드는 차량이 대기하고 있는 1층에서 하게 됩니다.
(짐을 찾으신 후 나가는 문을 바라보고 왼쪽 끝으로 가셔서 문으로 나가시면 그곳이 C번출구입니다.)

[HOTEL] ★★★★ 리치몬드 호텔 (831-8888) 동급

[그림 3•32] 태국 / 파타야 여행상품 상세일정표(계속)

2 day · 2009-08-21 금요일

지도로 보기

방콕

태국 전통 문화를 한눈에 볼 수 있는 왕궁, 에메랄드사원, 새벽사원, 수상가옥 관광

왕궁 태국의 심장! 화려한 왕조의 역사를 간직한 곳으로 거대한 성벽 너머 보이는 장대한 궁전의 모습에 압도당하게 됩니다.

== 왕궁 입장시 주의사항 ==
끈 없는 신발, 민소매, 반바지, 짧은치마, 레깅스 등의 복장은 입장 불가능 합니다.

▶ 미국 왕궁 내 행사와 관련하여 왕군입장이 불가할 수 있습니다. 대체될 경우에는 수많은 관광객이 방문하는 왓포사원으로 관광일정이 변경 될 수 있습니다.

** 왓포사원**
왕궁 남쪽에 위치하며, 200년 역사를 지니고 있는 왓포는 금동좌상 부처가 394개나 소장되어 있습니다.
그 곳의 한 불당에는 길이 46m, 높이 15m에 달하는 거대한 와불상이 모셔져 있어 관광객의 눈길을 끌고 있습니다.

에메랄드사원 금박, 자개, 유리로 장식된 태국 전통양식의 황실 수호 사원입니다.

새벽사원 강가에 우뚝 솟아 형형색색의 도자기 조각으로 장식된 위엄있는 강의 상징물 입니다.

수상가옥 차오프라야 강을 중심으로 생활하는 태국인의 수상문화를 볼 수 있습니다.

방콕

파타야로 이동 (약 2시간 정도 소요)

파타야

악어농장 동양 최대의 인공 악어 사육장에서 수백마리의 악어 관람과 기이한 악어쇼를 보실 수 있습니다.

파타야

알카자 쇼 태국 남부지방 최대의 게이쇼로 1시간 30분 동안 6~8개 정도의 프로로그램 안에 전 세계 전통 복장 및 민속춤 등을 선보입니다. (일자는 변동될 수 있습니다.)

· 오늘의 볼거리

에메랄드사원

백만 년 바위공원과 악어농장

알카자 쇼

왕궁

[HOTEL] ☆☆☆☆ 좀티엔 팜비치 비치 호텔 (66-38-231-350) 동급
아침 : 방콕 호텔조식 점심 : 방콕 한식당 저녁 : MK수끼

[그림 3•32] 태국 / 파타야 여행상품 상세일정표(계속)

3 day · 2009-08-22 토요일 지도로 보기

파타야

호텔 조식 후 해양 스포츠의 메카인 산호섬 이동
푸른 바다와 새하얀 모래사장에서 자유시간
신나고 짜릿한 패러세일링 체험

※ 현지 기상악화로 인해 파도가 심할 경우 산호섬에 못 가실 수도 있으며 다른 관광으로 대체됩니다.

파타야

미니시암(소인국) 태국 최초의 소인국 미니시암에서 에머랄드 사원, 새벽사원, 왕국 등의 조각, 건축물 뿐만 아니라 전 세계의 유명 문화 유산과 역사가 1:25로 축소된 소형 모델로 제작되어 전시하고 있습니다.

· 오늘의 볼거리

미니시암(소인국)

산호섬

[HOTEL] ★★★★ 좀티엔 팜비치 비치 호텔 (66-38-231-350) 동급
아침 : 파타야 호텔조식 점심 : 파타야 한식당 저녁 : 호텔씨푸드

4 day · 2009-08-23 일요일 지도로 보기

파타야

농눅빌리지 농눅 할머니의 정원으로 선인장과 난 등 각종 열대식물 관람과 함께 태국 전통춤과 코끼리 곡예 쇼를 볼 수 있습니다.

코끼리트래킹 말그대로 코끼리의 등에 업혀서 이동하시는 체험입니다.
코끼리 한마리당 두분정도등에 업혀서 약 15~20분정도 이동합니다.

파인애플농장 파타야에서 방콕으로 가는 중 넓고 넓은 파인애플 농장에서 당도가 아주 높은 파인애플 시식도 하시고, 일행분들과 여유로운 대화를 나누면서 잠시 쉬어 갈 수 있는 코스입니다.

파타야

방콕으로 이동 (약 2시간 정도 소요)

방콕

쇼핑센터 방문 (각 상점별로 1시간 소요)

· 오늘의 볼거리

농눅빌리지

코끼리트래킹

아침 : 파타야 호텔조식 점심 : 파타야 한식당 저녁 : 베이욕 타워 뷔페

[그림 3•32] 태국 / 파타야 여행상품 상세일정표(계속)

5 day - 2009-08-24 월요일	지도로 보기
방콕	대한항공 : KE652 BKK(22:40: 방콕 출발)-ICN(06:00 인천국제공항 도착)

[그림 3•32] 태국 / 파타야 여행상품 상세일정표

① 한국에서 태국으로 가는 항공편의 STA와 STD는?

② 기본 일정대로 관광지와 숙박 여부를 나열하시오.

③ 숙박호텔이 위치한 곳의 지명을 나열하시오.

④ 전체 일정에서 총 숙박횟수를 쓰시오.

⑤ 여정에 포함된 식사의 종류를 쓰시오.

⑥ 총 식사의 횟수를 쓰시오.

⑦ 관광일수는 몇 일인가?

⑧ 가이드의 팁을 계산할 때 몇 일을 기준으로 하는가?

2) 괌 자유여행상품

(1) 기본일정 연습

여행기간	4박 5일
한국출발	2009년 08월 18일 (화) 20:20 - KE111
한국도착	2009년 08월 22일 (토) 06:55 - KE112
성인가격(만 12세 이상)	999,000원 가격안내 무이자
아동가격(만 12세 미만)	649,000원
유아가격(만 2세 미만)	100,000원
객실 1인 사용료	원
상품코드	PGP412090818KE
상품등급	NEW정통 ?
이용항공	대한항공 KE
여행지역	인천/괌(4박)/인천
인솔자	인솔자가 동행하지 않으며 현지공항 도착시 현지가이드와 미팅이 이루어 집니다.

[그림 3•33] 괌 자유여행상품의 간략일정표

① 상품명은 무엇인가?

② 여행기간은 총 몇 박 몇 일인가?

③ 처음 도착지는 어디인가?

④ 이용하는 항공기는 어느 항공사이며 편명은 무엇인가?

⑤ 괌과 한국은 1시간 시차가 있다. 비행시간은 몇 시간인가?

(2) 상세일정 연습

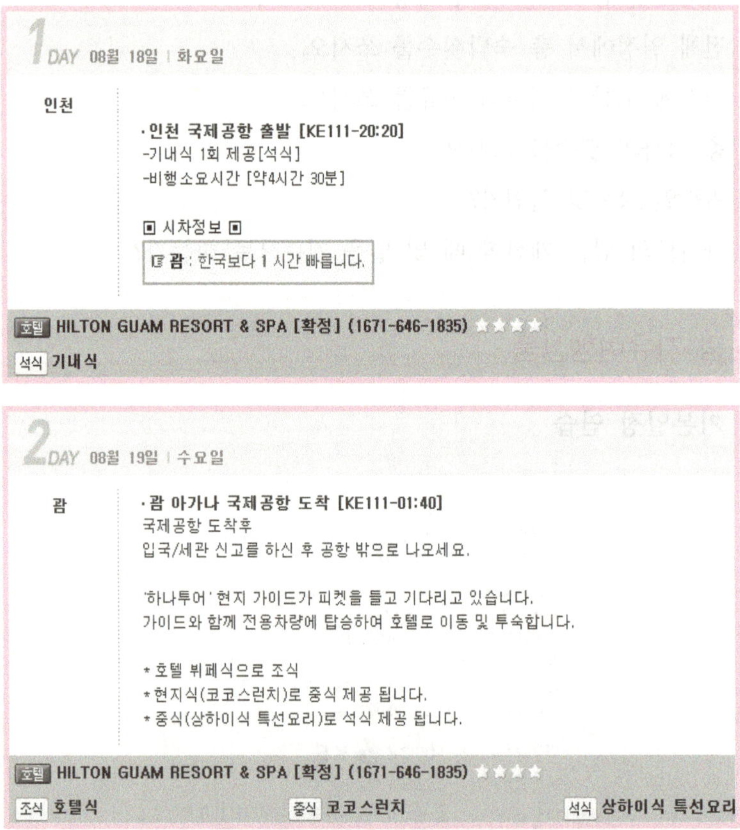

1DAY 08월 18일 | 화요일

인천

·인천 국제공항 출발 [KE111-20:20]
-기내식 1회 제공[석식]
-비행소요시간 [약4시간 30분]

▣ 시차정보 ▣

☞ 괌 : 한국보다 1 시간 빠릅니다.

호텔 HILTON GUAM RESORT & SPA [확정] (1671-646-1835)

석식 기내식

2DAY 08월 19일 | 수요일

괌

·괌 아가나 국제공항 도착 [KE111-01:40]
국제공항 도착후
입국/세관 신고를 하신 후 공항 밖으로 나오세요.

'하나투어' 현지 가이드가 피켓을 들고 기다리고 있습니다.
가이드와 함께 전용차량에 탑승하여 호텔로 이동 및 투숙합니다.

* 호텔 뷔페식으로 조식
* 현지식(코코스런치)로 중식 제공 됩니다.
* 중식(상하이식 특선요리)로 석식 제공 됩니다.

호텔 HILTON GUAM RESORT & SPA [확정] (1671-646-1835)

조식 호텔식 중식 코코스런치 석식 상하이식 특선요리

[그림 3•34] 괌 자유여행상품의 상세일정표(계속)

4DAY 08월 21일 | 금요일

괌	* 호텔 조식 후 전일 자유일정입니다. * 스테이크(고급스러운 유러피안 퓨전식 스테이크)로 중식 제공 됩니다. * 코리도스뷔페(한식과 현지식이 결합된 뷔페식)로 석식 제공 됩니다. **투어 추천옵션** **괌의 또다른 매력을 만끽 할 수 있는 골프요금** - 18홀기준이며 그린피, 전동카트 포함이고 캐디는 없습니다. 골프장 셔틀버스를 타고 골프장으로 이동합니다. - **망길라오C.C ($200)** : 해변에 만들어진 골프장으로 바다를 넘겨야 하는 코스가 있어 박진감이 넘칩니다. - **레오팔래스C.C ($150)** : 괌에서 가장 큰 36홀 규모의 리조트내 골프장으로 다이나믹하고 전략성을 요구하는 코스로 유명합니다.

호텔 **HILTON GUAM RESORT & SPA [확정] (1671-646-1835)** ★★★★

조식 **호텔식** 중식 **스테이크** 석식 **코리도스뷔페**

5DAY 08월 22일 | 토요일

괌	· **괌 아가나 국제공항 출발 [KE112-03:20]** [기내식으로 조식/ 4시간30분정도 소요] · **인천 국제공항 도착 [KE112-06:55]**

[그림 3•34] 괌 자유여행상품의 상세일정표

① 한국에서 출발하여 현지에 도착하는 항공편의 STA와 STD는?

② 기본 일정대로 관광지와 숙박 여부를 나열하시오.

③ 숙박호텔이 위치한 곳의 지명을 나열하시오.

④ 전체 일정에서 총 숙박횟수를 쓰시오.

⑤ 여정에 포함된 식사의 종류를 쓰시오.

⑥ 총 식사의 횟수를 쓰시오.

⑦ 관광일수는 몇 일인가?

⑧ 가이드의 팁을 계산할 때 몇 일을 기준으로 하는가?

3) 상해상품

(1) 기본일정 연습

여행기간	출발일 2009년 08월 17일 (월) 08:45- KE893 [1박3일] 도착일 2009년 08월 19일 (수) 00:15- KE896 KE 대한항공
판매가격	성인 ~~429,000~~→ 329,000원(만12세이상) 아동 296,100원(만12세미만) 유아 100,000원(만2세미만) * 상기 아동 요금은 성인 2인과 방을 같이 사용하는 조건입니다. **신용카드 무이자 할부안내** : 상세내용은 마우스를 올려보세요! 비씨카드 LOTTECARD 롯데카드 SAMSUNG 삼성카드
예약인원	현예약인원 : 0명 / 잔여좌석 : 11명 [최소출발인원 : 8명]
확정사항	일정예정 출발예정 가격예정 항공예정 호텔예정
인솔유무	인솔자가 동행하지 않으며, 현지 공항 도착시 현지 가이드와 미팅이 바로 이루어집니다.
방문도시	인천-상해(1)-인천
적용약관	본 상품의 예약과 취소는 별도규정한 **특별약관**이 적용됩니다.

[그림 3•35] 상해 여행상품의 간략일정표

① 상품명은 무엇인가?

② 여행기간은 총 몇 박 몇 일인가?

③ 처음 도착지는 어디인가?

④ 이용하는 항공기는 어느 항공사이며 편명은 무엇인가?

⑤ 중국과 한국은 1시간 시차가 있다. 비행시간은 몇 시간인가?

(2) 상세일정 연습

일자	장소	상세일정
1 8월 17일 [월요일]	인천 상해	인천 국제공항 출발 **[KE893 08:45]** 상해 푸동공항 도착 **[KE893 09:40]** -상해도착 후 가이드 미팅 ▶상해의 명동거리 [남경로거리] 관광 조식 : **기내식** 중식 : **현지식** 석식 : **샤브샤브** 하이톤호텔(Highton International Hotel) [외부링크] 전화 :021-6113-1888
2 8월 18일	상해	호텔 조식 후 ▶200년 전 상해의 모습을 볼 수 있는 상해의 인사동거리 [상하이 라오지에] 관광 ▶ 상해의 떠오르는 젊음의 거리 [신천지(新天地)] 관광 ▶ 쇼핑센터 방문 ▶ 석식 후 공항 이동 상해 푸동공항 출발 [KE896 21:20] 조식 : **호텔식** 중식 : **해룡해선방** 석식 : **한 식**
3 8월 19일	인천	인천 국제공항 도착 [KE896 00:15] 소중한 추억 담아가는 보람 있는 여행이 되셨길 바랍니다.

[그림 3•36] 상해 여행상품의 상세일정표

① 한국 인천공항에서 출발하는 항공편의 STA와 STD는?

② 기본 일정대로 관광지와 숙박 여부를 나열하시오.

③ 숙박호텔이 위치한 곳의 지명을 나열하시오.

④ 전체 일정에서 총 숙박횟수를 쓰시오.

⑤ 여정에 포함된 식사의 종류를 쓰시오.

⑥ 총 식사의 횟수를 쓰시오.

⑦ 관광일수는 몇 일인가?

⑧ 가이드의 팁을 계산할 때 몇 일을 기준으로 하는가?

4) 북경상품

(1) 기본일정 연습

① 인천항공에서 출발하는 항공편의 상품명을 정해서 써보시오.
② 여행기간은 총 몇 박 몇 일인가?
③ 처음 도착지는 어디인가?
④ 이용하는 항공기는 어느 항공사이며 편명은 무엇인가?
⑤ 중국과 한국은 1시간 시차가 있다. 비행시간은 몇 시간인가?

(2) 상세일정 연습

① 인천공항에서 출발하는 항공편의 STA와 STD는?
② 기본 일정대로 관광지와 숙박 여부를 나열하시오.
③ 숙박호텔이 위치한 곳의 지명을 나열하시오.
④ 전체 일정에서 총 숙박횟수를 쓰시오.
⑤ 여정에 포함된 식사의 종류를 쓰시오.
⑥ 총 식사의 횟수를 쓰시오.
⑦ 관광일수는 몇 일인가?
⑧ 가이드의 팁을 계산할 때 몇 일을 기준으로 하는가?

〈표 3•20〉 여행일정표 예제

인천 국제공항 3층 출국장 B와 C 사이 05:30까지 5번 테이블 ○○투어 안내판 앞		
07월 17일 일요일	인천 천진 북경	[07:30] OZ3273편으로 인천국제공항 출발 · 기내식 1회 제공 · 비행소요시간(약 1시간 45분 소요) [08:10] 천진국제공항 도착 후 전용차량 이용, 북경으로 이동 · 명 · 청대 황제가 하늘에 풍년을 빌었던 "천단공원(天壇公園)" · 북경의 명동거리라 불리는 최대 번화가 "왕부정" 거리 관광 · 다채로운 중국문화의 진수를 느낄 수 있는 "전통종합공연 중국 3대 기예(무예쇼+서커스+변검)" 관람

		· 호텔투숙 및 휴식 * 조 : 기내식 * 중 : 한식불고기 * 석 : 항주요리 * YANSHAN HOTEL(86-10-6256-3388)
07월 18일 월요일	북경	**호텔조식 후** · 명조3대 황제부터 최후까지 13명의 황제가 묻힌 묘역 "명13릉(明13陵)" : '장릉'을 방문 · 진시황제가 북방의 흉노족의 침입에 대비하여 만든 건축물로 중국인의 오랜 역사와 문화적 우수성을 과시한 세계문화유산 "만리장성(萬里長城)" * 케이블카 포함 * 현지의 날씨로 만리장성 케이블카를 탑승 못할 경우, 별도의 환불 없이 인력거 투어로 대체 · 아름다운 경치로 북경의 소계림이라 불리는 "용경협" : 빵차 포함 * 여행의 피로를 풀어주는 중국전통 발마사지 : 20$ 옵션 · 호텔투숙 및 휴식 * 조 : 호텔식 * 중 : 현지식 * 석 : 북경오리구이 * YANSHAN HOTEL(86-10-6256-3388)
07월 19일 화요일	북경	**호텔조식 후** · 세계최대의 광장으로 6.4민주화운동의 중심지 "천안문(天安門)광장" · 명 · 청대 황제들이 살던 곳, 현존하는 세계 최대의 황궁 "자금성(紫禁城)" 관광 · 자금성과 시내를 조망할 수 있는 황제의 공원 "경산공원(景山公園)" 관광 · 서태후의 별장이며 중국 고전원림(園林)의 최고봉 "이화원" · 전용버스로 "천안문광장 야경" 관광(차창 관광) · 화려한 쇼와 더불어 중국의 명요리를 곁들인 중국 최고의 북경 디너쇼와 함께 아름다운 북경의 마지막 밤 느끼기 · 호텔투숙 및 휴식 * 조 : 호텔식 * 중 : 사천요리 * 석 : 디너쇼 * YANSHAN HOTEL(86-10-6256-3388)
07월 20일 수요일	북경 천진 인천	· 호텔조식 후 천진으로 이동 · 고속도로를 이용 버스로 천진 이동 [13:00] OZ328편으로 천진국제공항 출발 · 기내식 1회 제공(중식) · 비행소요시간(약 1시간 30분 소요) [15:30] 인천국제공항 도착 후 각자 해산 * 조 : 호텔식 * 중 : 기내식 *** 감사합니다. 안녕히 가십시오 ***
☞ 호텔은 부득이한 경우 동급의 다른 호텔로 변동가능 ☞ 최종 계약시 예약하신 여행사에서 해외여행계약서를 작성해 주십시오.		

[취소료 규정]
예약(예약금 입금) 후 여행을 취소할 경우 국외여행표준약관 제15조의 소비자피해보상규정에 따라 아래의 비율로 취소료를 부과함을 양지하여 주시기 바랍니다(단, 당사의 귀책사유로 여행출발이 취소되는 경우에도 동일한 규정이 적용됩니다).
○여행개시 20일 전(~20)까지 통보시 : 계약금 환급
○여행개시 10일 전(19~10)까지 통보시 : 여행요금의 5% 배상
○여행개시 8일 전(9~8)까지 통보시 : 여행요금의 10% 배상
○여행개시 1일 전(7~1)까지 통보시 : 여행요금의 20% 배상
○여행당일 통보시 : 여행요금의 50% 배상

☞ 본 상품은 행사일정 중 총 6곳(한약, 진주, 찻집, 잡화, 실크, 화상약 등)의 쇼핑센터를 방문합니다.
☞ 중국에서 카드 결재시 할부결재는 가능하지 않습니다.
☞ 구입하신 물품은 한 달 이내에 환불(영수증 반드시 첨부)하셔야 하며, 환불시 10%의 환불수수료가 부과됩니다. 단, 한약재의 경우 복용분에 대해서는 환불이 안 됩니다.

중국 : 유효기간 6개월 이상, 관광비자 필요

NO TIP 행사 진행입니다.

중국비자 필요(단체비자는 5인 이상 가능, 개인비자) : 일주일 전 체크 요망

☎ 상해이남지역(상해 등) 10800-282-1611, 상해이북지역(북경 등) 10800-820-1611

북경북진국제여유공사 ☎ 010-6491-4429

○○투어 고객만족센터(칭찬 및 불편사항) ☎ 02-2127-1114~7
한국일반여행업협회 관광불편 신고처리위원회 ☎ 02-752-8692

상기 일정은 예정일정입니다. 출발 전 여행도우미에게 일정을 확인하십시오.
* 상기 일정은 국외여행표준약관 제13조, 제14조의 규정인 아래 조건의 경우에 변경될 수 있음을 양지하시기 바랍니다.

1. 여행자의 안전과 보호를 위하여 여행자의 요청 또는 현지사정에 의하여 부득이하다고 쌍방이 합의한 경우
2. 천재지변, 전란, 정부의 명령, 운송, 숙박기관 등의 파업, 휴업 등으로 여행의 목적을 달성할 수 없는 경우
3. 당사의 고의 또는 과실 없이, 항공기, 기차, 선박 등 교통기관의 연·발착 또는 교통 체증 등으로 인하여 계획된 여행일정 진행이 불가능한 경우

5) 사이판 상품

일차	도시	교통편	시간	일 정	식 사
제1일	인 천 사이판	OZ	09:10 11:10	· 인천공항 3층 B, C 카운터 옆 집결 · 인천국제공항 출발(아시아나항공)	
제2일	사이판			· 사이판 도착 후 호텔투숙 · 호텔조식 후 시내관광 · 한국인위령탑-반자이절벽-버드아일랜드 · 최후의 사령부 또는 골프투어(라우라우베이, C.O.P 등) · 오후 : 호텔 부대시설을 이용한 자유시간 또는 외부선택관광 가능(잠수함, 정글투어, 다이빙 체험 등) · 석식 후 자유시간	조 : 호텔식 중 : 호텔식 석 : 호텔식
제3일	사이판			· 호텔조식 후 · 골프투어(라우라우베이, C.O.P 등) · 호텔부대시설을 이용한 자유시간 또는 외부선택관광 가능(잠수함, 정글투어, 다이빙 체험 등) · 석식 후 자유시간	조 : 호텔식 중 : 호텔식 석 : 호텔식
제4일	인 천	OZ		· 기상 후 사이판 출발 · 인천공항 도착 후 해산	

* 출발일자 : 1월 24일(목), 25일(금), 26일(토), 단 3회
* 호 텔 : PIC(Gold) 사용 / 3박 4일, 4박 5일
* 행사특전 : 인기 연예인, 스포츠 스타와 함께하는 디너쇼
* 여행경비 : 3박 4일(799,000) / 4박 5일(899,000)
* 4박 5일 예약시 하루 더 자유시간입니다.
* 골프상품은 시내관광 및 일정 중 중식 제외입니다.
* 상기 일정은 현지사정으로 인하여 변동될 수 있습니다.

(1) 기본일정 연습

① 상품명을 정해 보시오.

② 여행기간은 총 몇 박 몇 일인가?

③ 처음 도착지는 어디인가?
④ 이용하는 항공기는 어느 항공사이며 편명은 무엇인가?
⑤ 중국과 한국은 1시간 시차가 있다. 비행시간은 몇 시간인가?

(2) 상세일정 연습

① 한국에서 출발하는 항공편의 STA와 STD는?
② 기본일정대로 관광지와 숙박 여부를 나열하시오.
③ 숙박호텔이 위치한 곳의 지명을 나열하시오.
④ 전체 일정에서 총 숙박횟수를 쓰시오.
⑤ 여정에 포함된 식사의 종류를 쓰시오.
⑥ 총 식사의 횟수를 쓰시오.
⑦ 관광일수는 몇 일인가?
⑧ 가이드의 팁을 계산할 때 몇 일을 기준으로 하는가?

4

지상수배업무

1 지상수배업무와 도시 코드

1) 지상수배업무의 절차

지상수배란 관광지에서의 행사를 위한 호텔숙박, 식당, 현지교통(Coach) 및 관광지 방문과 안내를 확보하고 관광을 위한 제반 사항을 미리 준비하고 확정하는 업무이다. 국외여행상품의 유통구조를 살펴보면, 도매여행사의 지상수배 담당자가 직접 하거나 여행수배업자인 지상수배업자(Land Operator)에게 의뢰하는 것을 알 수 있다.

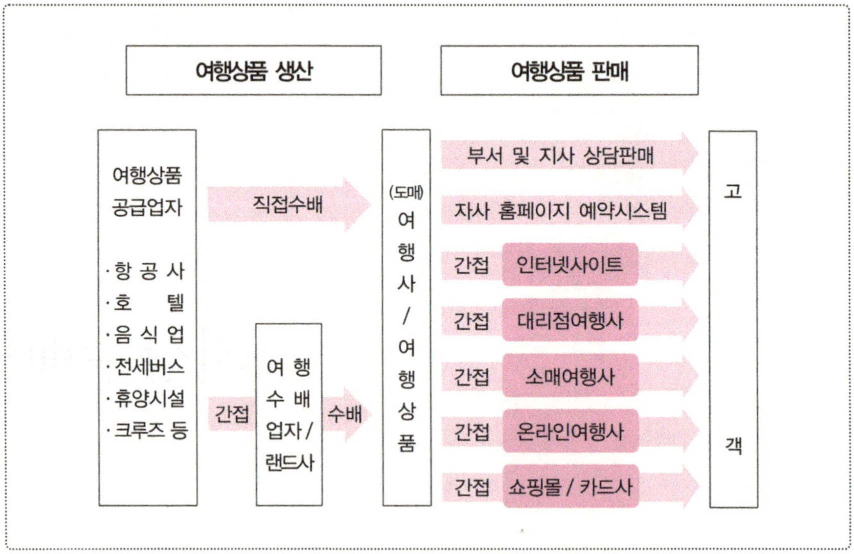

[그림 4•1] 여행상품의 유통구조

국외여행사의 구체적인 지상수배업무의 절차는 다음과 같다.

(1) 판매부서의 수배의뢰서 작성

판매부서에서 고객에게 여행상품을 판매하고 모객인원이 확정되면 수배의뢰서를 작성하여 수배부서에 보낸다.

(2) 수배부서의 수배의뢰서 접수

수배부서는 본격적인 수배업무를 시작한다. 여행상품 행사진행에 필요한 상품을 구입하게 되는데 호텔, 식당, 전용버스(Coach) 등 필요한 요소들에 대한 예약과 조건에 따른 대금을 지급한다. 그리고 수배가 확정되면 수배확정서를 작성하여 판매부서에 보낸다.

[그림 4•2] 수배업무의 절차

(3) 수배확정 후 판매부서와의 협의(수배변경의뢰서 / 확인서)

수배가 확정되면 판매부서에 수배확정 사실을 알리고 수배내용이 고객이 요청한 사항과 일치되는지를 확인한다. 이때 변경이 필요하면 판매부서는 다시 수배부서로 변경의뢰서를 보내게 된다. 변경의뢰서에 따라서 수배내용이 변경되면 변경된 내용을 확인시키는 수배변경확인서를 다시 판매부서에 보낸다.

(4) 행사예산서와 행사지시서 작성

수차례의 변경이 있을 수 있으며, 변경을 모두 거쳐 확정이 되면 경리부와 안내부의 협조를 얻어 행사예산서를 작성한다. 행사예산이 작성되고 검토와 결제가 모두 끝나면 행사의 모든 내용을 확정하고 행사 지시서를 판매부와 안내부에 보낸다. 판매부는 고객에게 확정된 행사의 내용을 알리고, 안내부는 행사 지시서에 의해 행사를 진행하게 된다. 모든 여행상품 행사가 끝난 후에는 실제 경비에 대한 확인과 보고가 이루어진다.

2) 수배업무의 주의점

이상의 업무를 수행해야 하는 수배담당 부서는 가장 기본적으로 정확성과 신속성을 준수해야 한다.

(1) 정확성

수배의 정확성은 여행상품의 생명과도 같다. 예약사항이 불확실하거나 변동이 생기는 경우 여행상품 행사진행이 불가능해지는데, 이때 회사는 금전적 손실뿐만 아니라 고객에 대한 신뢰에 치명적인 손상을 입게 된다. 따라서 수배의 내용은 항상 철저히 확인해야 하고, 모두 완료된 후라도 Confirm Sheet의 각종 조건 등을 재확인(Reconfirm)해야만 한다.

(2) 신속함

수배의 신속성은 여행상품 확정에 필수적이다. 모객이 불확실한 상황에서 미리 수배를 확정할 수는 없으므로 여행사는 팀이 확정되었을 때 수배를 시작하게 된다. 그렇더라도 최소한 팀 출발 20일 전에는 최종 수배가 시작되어야 하므로 수배업무는 매우 신속하게 처리되어야 한다.

3) 도시 및 공항 코드(CITY CODE / AIRPORT CODE)

도시명은 국제민간항공기구 ICAO(International Civil Aviation Organization)의 3Letter를 사용한다. 실무에서는 코드를 사용하는데 한국에서 왕래가 빈번한 지역으로 직항편이 있는 도시의 코드는 꼭 알아두어야 한다. 공항이 두 곳 이상 있는 곳은 주로 공항 코드로 표기한다.

(1) 아시아지역

도시명	코 드	도시명	코 드	도시명	코 드
홍 콩	HKG	방 콕	BKK	싱가포르	SIN
타이페이	TPE	마닐라	MNL	푸 켓	HKT
뉴델리	DEL	호치민	SGN	자카르타	CGK
코타키나바루	BKI	쿠알라룸푸르	KUL	뭄바이	BOM
울란바토르	ULN				

(2) 일본지역

도시명	코 드	도시명	코 드	도시명	코 드
동경(도쿄)	TYO	오사카	OSA	나고야	NGO
후쿠오카	FUK	아오모리	AOJ	히로시마	HIJ
후쿠시마	FKS	가고시마	KOJ	고마쯔	KMQ

도시명	코 드	도시명	코 드	도시명	코 드
마쓰야마	MYJ	니이가타	KIJ	오이타	OIT
오카야마	OKJ	삿포로	SPK	센다이	SDJ
다카마쓰	TAK	도야마	TOY		

(3) 중국지역

도시명	코 드	도시명	코 드	도시명	코 드
북 경	BJS	장 춘	CGQ	대 련	DLC
광쩌우	CAN	하얼빈	HRB	청 도	TAO
상 해	SHA	심 양	SHE	천 진	TSN
연 대	YNT				

(4) 미주지역

도시명	코 드	도시명	코 드	도시명	코 드
로스앤젤레스	LAX	뉴 욕	NYC	뉴어크	EWR
샌프란시스코	SFO	시카고	CHI	시애틀	SEA
호놀룰루	HNL	앵커리지	ANC	애틀랜타	ATL
보스턴	BOS	댈러스	DFW	덴 버	DEN
라스베이거스	LAS	올랜도	ORL	필라델피아	PHL
워싱턴	WAS	상파울로	GRU	토론토	YTO
밴쿠버	YVR				

(5) 대양주지역

도시명	코 드	도시명	코 드	도시명	코 드
오클랜드	AKL	브리스베인	BNE	크라이스처치	CHC
괌	GUM	사이판	SPN	시드니	SYD

(6) 유럽지역

도시명	코 드	도시명	코 드	도시명	코 드
암스테르담	AMS	프랑크푸르트	FRA	런 던	LON
파 리	PAR	로 마	ROM	취리히	ZRH

(7) 두 곳 이상의 공항이 있는 주요 도시와 공항

도착지역의 도시 코드(City Code)를 사용하지만, 한 도시에 두 곳 이상의 공항이 있을 경우에는 도시 코드 대신에 공항 코드를 표기하기도 하므로 다음의 도시는 공항 코드에 주의를 기울여야 한다.

〈표 4•1〉 두 곳 이상의 공항이 있는 도시명과 공항명

국 가	CITY CODE	코 드	AIRPORT
USA	NYC (NEW YORK)	JFK	JOHN F KENNEDY ARPT
		EWR	NEW WARK ARPT
		LG	LA GUARDIA AIRPORT
	WAS (WASHINGTON)	DCA	RONALD REAGAN ARPT(NATIONAL INT'S ARPT)
		IAD	DULLES INT'L AIRPORT
		BWI	BOLTIMORE WASHINGTON INT'L AIRPORT
BRITISH	LON (LONDON)	LHR	HEATHROW AIRPORT
		LGW	GATWICK AIRPORT
FRANCE	PAR (PARIS)	CDG	CHARLES DE GAULLE ARPT
		ORY	ORLY AIRPORT
JAPAN	TYO (TOKYO)	NRT	NARITA AIRPORT
		HAN	HANEDA AIRPORT
	OSA (OSAKA)	ITM	ITAMI AIRPORT
		KIX	KANSAI INTERNATIONAL AIRPORT
ITALY	ROM (ROME)	FOC	FIUMCINO / LEONARDO DA VINCI
		CIA	CIAMPINO

* 도시명과 공항명이 다른 경우
 - 토론토(YTO)의 PEARSON INT'L AIRPORT(YTO)
 - 시카고(CHI)의 O'HARE INT'L AIRPORT(ORD)
 - 북경(BJS)의 BEIJING CAPITAL INT'L AIRPORT(PEK)

(8) 기타 도시와 공항 코드

〈표 4•2〉 각국의 도시와 공항 코드(ABC)

CODE	도　　시	도시(국가)
AKL	AUCKLAND	오클랜드(뉴질랜드)
ALA	ALMATY	알마티(카자흐스탄)
AMS	AMSTERDAM	암스테르담(네덜란드)
ANC	ANCHORAGE	앵커리지(미국)
AOJ	AOMORI	아오모리(일본)
ATH	ATHENS	아테네(그리스)
ATL	ATLANTA	애틀랜타(미국)
AUH	ABU DHABI	아부다비(아랍에미리트)
BAH	BAHRAIN	바레인(바레인)
BCN	BARCELONA	바르셀로나(스페인)
BER	BERLIN	베를린(독일)
BGW	BAGDAD	바그다드(이라크)
BJS	BEIJING	북경(중국)
BKI	KOTA KINABALU	코타키나발류(말레이시아)
BKK	BANGKOK	방콕(태국)
BNE	BRISBANE	브리스베인(오스트레일리아)
BOM	BOMBAY	봄베이(인도)
BOS	BOSTON	보스턴(미국)
BRU	BRUSSELS	브뤼셀(벨지움)
BSL	BASEL	바셀(스위스)
BTK	BRATSK	브라트스크(러시아)
CAI	CAIRO	카이로(이집트)
CAN	GUANGZHOU	광조우(중국)
CCU	CALCUTTA	캘커타(인도)
CDG	CHARLES DE GAULLE	파리(드골공항, 프랑스)
CHC	CHRISTCHURCH	크라이스트처치(뉴질랜드)
CHI	CHICAGO	시카고(미국)
CGK	SOEKARKO HATTA	자카르타수하르토공항(인도네시아)
CGQ	CHANGCHUN	장춘(중국)
CMB	COLOMBO	콜롬보(스리랑카)
CPH	COPENHAGEN	코펜하겐(덴마크)
CTS	CHITOSE	삿뽀로공항(일본)

〈표 4•3〉 각국의 도시 / 공항 코드(CDEFGHIJ)

CODE	도 시	도시(국가)
DCA	WASHINTON D.C.	워싱턴(미국)
DEL	DELHI	델리(인도)
DFW	DALLAS FORT WORTH	달라스공항(미국)
DHA	DHAHRAN	다란(사우디아라비아)
DLC	DALIAN	대련(중국)
DPS	DENPASAR	덴파사(인도네시아)
DTW	DETROIT	디트로이트(미국)
DXB	DUBAI	두바이(아랍에미리트)
EWR	NEWARK	뉴워크공항(미국)
FAI	FAIRBANKS	훼어뱅크(미국)
FCO	LEONARDO DA VINCI	로마레오나르도다빈치공항(이탈리아)
FNJ	PYONG YANG	평양(북한)
FRA	FRANKFRUT	프랑크푸르트(독일)
FRU	FRUNZE	프른즈(키르키스탄)
FUK	FUKUOKA	후쿠오카(일본)
GIG	RIO DE JANEIRO	리우데자네이루공항(브라질)
GRU	SAO PAULO	상파울루공항(브라질)
GUM	GUAM	괌(미국)
GVA	GENEVA	제네바(스위스)
HAN	HANOI	하노이(베트남)
HEL	HELSINKI	헬싱키(핀란드)
HIJ	HIROSHIMA	히로시마(일본)
HKG	HONG KONG	홍콩
HND	HANEDA	도쿄 하네다공항(일본)
HNL	HONOLULU	호놀룰루(미국)
HOU(IAH)	HOUSTON	휴스톤(미국)
HRB	HARBIN	하얼빈(중국)
IAD	WASHINGTON	둘레스공항(미국)
JED	JEDDAH	제다(사우디아라비아)
JFK	NEW YORK John F. Kennedy	뉴욕 케네디공항(미국)

〈표 4•4〉 각국의 도시 / 공항 코드(KLMN)

CODE	도 시	도시(국가)
KCH	KUCHING	쿠칭(말레이시아)
KIJ	NIGATA	니가타(일본)
KIX	OSAKA	간사이공항(일본)
KJA	KRASNOJARSK	크라스노야르스크(러시아)
KHI	KARACHI	카라치(파키스탄)
KHV	HAVAROVSK	하바로프스키(러시아)
KMJ	KUMAMOTO	구마모도(일본)
KMQ	KOMATSU	고마쓰(일본)
KOJ	KAGOSHIMA	가고시마(일본)
KUL	KUALA LUMPUR	쿠알라룸푸르(말레이시아)
KWI	KUWAIT	쿠웨이트
LAX	LOS ANGELES	로스앤젤레스(미국)
LHR	HEATHROW	런던 히드로 공항(영국)
LON	LONDON	런던(영국)
LUX	LUXEMBOURG	룩셈부르크
MAD	MADRID	마드리드(스페인)
MCO	ORLANDO	올랜도공항(미국)
MEB	MELBOURNE	멜버른(호주)
MEX	MEXICO	멕시코시티(멕시코)
MFM	MACAU	마카오(중국)
MIL	MILAN	밀란(이탈리아)
MNL	MANILA	마닐라(필리핀)
MOW	MOSCOW	모스크바(러시아)
MSP	MINNEAPOLIS	미니애폴리스(미국)
MXP	MILAN	말펜사공항(이탈리아)
NGO	NAGOYA	나고야(일본)
NGS	NAGASAKI	나가사키(일본)
NRT	TOKYO	도쿄 나리타공항(일본)
NYC	NEW YORK	뉴욕(미국)

〈표 4•5〉 각국의 도시 / 공항 코드(OPRS)

CODE	도 시	도시(국가)
OAK	SAN FRANCISCO	샌프란시스코 오클랜드공항(미국)
OIT	OITA	오이타(일본)
OKA	OKINAWA	오키나와(일본)
OKJ	OKAYAMA	오카야마(일본)
ORD	CHICAGO	시카고 오헤어공항(미국)
ORY	PARIS	파리 오를리공항(프랑스)
OSA	OSAKA	오사카(일본)
OVB	NOVOSIBIRSK	노보시비르스크(러시아)
PAR	PARIS	파리(프랑스)
PDX	PORTLAND	포틀랜드(미국)
PEK	BEIJING	북경(중국)
RGN	RANGOON	랑군(미얀마)
RIO	RIO DE JANEIRO	리우데자네이루(브라질)
ROM	ROME	로마(이탈리아)
RUH	RIYADH	리야드(사우디아라비아)
SAO	SAO PAULO	상파울루(브라질)
SDA	BAGHDAD	바그다드 싸담공항(이라크)
SDJ	SENDAI	센다이(일본)
SEA	SEATTLE	시애틀(미국)
SFO	SAN FRANCISCO	샌프란시스코(미국)
SFS	SUBIC	수빅(필리핀)
SGN	HO CHI MINH	호치민(베트남)
SHA	SHANGHAI	상하이(중국)
SHE	SHENYANG	심양(중국)
SIN	SINGAPORE	싱가포르
SKD	SAMARKAND	사마르칸드(우즈베키스탄)
SOF	SOFIA	소피아(불가리아)
SPK	SAPPORO	삿포로(일본)
SPN	SAIPAN	사이판(미국)
STO	STOCKHOLM	스톡홀름(스웨덴)
SVO	SHEREMETYEVO	모스크바 셰레메티예보공항(러시아)
SYD	SYDNEY	시드니(호주)
SYO	SYONAI	소나이(일본)
SZX	SHENZHEN	센진(중국)

〈표 4•6〉 각국의 도시 / 공항 코드(TUVWYZ)

CODE	도　　시	도시(국가)	비 고
TAO	QINGDAO	청도(중국)	공항 코드
TAS	TASHKENT	타슈켄트(우즈베크)	
THR	TEHERAN	테헤란(이란)	
TIP	TRIPOLI	트리폴리(리비아)	
TOY	TOYAMA	도야마(일본)	
TPE	TAIPEI	타이페이(중화민국)	
TSN	TIANJIN	천진(중국)	
TTJ	TOTTORI	도토리(일본)	
TYO	TOKYO	도쿄(일본)	
ULN	ULAANBAATAR	울란바토르(몽골)	
UUS	YUZHNO-SAKHALINSK	사할린유주노공항(러시아)	
VIE	VIENNA	비엔나(오스트리아)	
VVO	VLADIVOSTOK	블라디보스토크(러시아)	
WAS	WASHINGTON	워싱턴(미국)	
YEG	EDMONTON	에드먼튼(케나다)	
YGJ	YONAGO	요나고(일본)	
YMX	MONTREAL	몬트리올(케나다)	
YTZ	TORONTO	토론토(케나다)	
YVR	VANCOUVER	밴쿠버(케나다)	
ZRH	ZURICH	취리히(스위스)	

2 수배의뢰서 작성

1) 수배의뢰서 내용

(1) 수배의뢰서의 구성

수배를 요청하는 행위는 수배의뢰서 작성에서부터 시작된다. 수배의뢰서 양식은 여행사마다 다르지만 그 내용은 의뢰자인 판매담당자 이름, 의뢰를 받은 수배담당자 이름, 행사단체명, 항공편과 출・도착일, 단체인원과 작성일 그리고 고객의 이름, 주민등록번호, 성별, 여권번호가 표기된다. 즉 항공과 모객이 확정되었으므로 현지행사를 위한 수배가 시작되어야 함을 요청하는 것이다.

〈표 4•7〉 지상수배의뢰서 예

<table>
<tr><td colspan="7">지 상 수 배 의 뢰 서</td></tr>
<tr><td>ATTN</td><td colspan="2">홍길동</td><td>FROM</td><td colspan="3">****투어(판매담당)</td></tr>
<tr><td rowspan="2">GRP NAME</td><td colspan="2" rowspan="2">방콕파타야 5일</td><td>TEL</td><td colspan="3">02) 777-1234</td></tr>
<tr><td>FAX</td><td colspan="3">02) 777-4321</td></tr>
<tr><td rowspan="5"></td><td>DATE</td><td>AIR</td><td>출발지</td><td>도착지</td><td>REMARKS</td><td>REMARKS / LCL CONT</td></tr>
<tr><td>12AUG06</td><td>KE851</td><td>ICN</td><td>BKK</td><td rowspan="4"></td><td rowspan="2">12+1</td></tr>
<tr><td>16AUG06</td><td>KE864</td><td>BKK</td><td>ICN</td></tr>
<tr><td></td><td></td><td></td><td></td><td>DATE</td></tr>
<tr><td></td><td></td><td></td><td></td><td>2006.07.12</td></tr>
</table>

NO	NAME	주민등록번호	성별	여권번호	비고
1	LEE / WOON HEE	951107-1047137	M	YP0985804	
2	LEE / HWAN HEE	920701-1076415	M	YP0985805	
3	JUNG / SOO JIN	520924-1041621	M	JR1393150	
4	KIM / JUNG OK	481223-2042615	F	YP0980404	
5	KIM / HYE SEON	551122-2173616	F	JR2150436	
6	KIM / GAE JIN	461019-2469312	F	JR2173799	
7	KO / SOO OK	371008-2167719	F	TM0442387	
8	LEE / HYUNG SOON	320904-2656917	F	TM0442114	
9	KIM / CHOON KANG	420211-2235015	F	TM0442376	
10	NAM / OK TO	431225-2235012	F	GK0523469	
11	CHAE / HYE JIN	910330-2019518	F	NW0842969	

(2) 수배의뢰서의 사용 약어

수배의뢰서는 정확하게 작성되어 수배의 절차와 책임을 명확히 해야 하고, 수배의뢰에 수반된 자료는 문서화하여 보관한다. 정확성을 위해서 전화로 예약 및 수배하는 일은 없도록 해야 한다. 수배의뢰서에는 여러 약어가 사용되는데 대개 영어단어를 줄여 쓴다.

〈표 4•8〉 수배의뢰서에 사용되는 약어

약 어	내 용	뜻
ATTN	ATTENTION	--앞
GRP	GROUP	단 체
REMARKS	비 고	비 고
LCL CONT	LOCAL CONTACT	현지연락처
AIR	AIRCRAFT	항공편
BKK	BANGKOK	도시 코드(방콕)
ICN	INCHEON	도시 코드(인천)
PTY	PARTY	단 체
TRP	TRIPLE	3인실
TWN	TWIN	2인실
SGL	SINGLE	1인실
M	MALE	남 성
F	FEMALE	여 성

(3) 수배의뢰서의 영문날짜 표기법

영문날짜 표기는 '12AUG06'과 같이 하고 2006년 8월 12일을 나타낸다. 각 달의 약자를 익히고 영문날짜 표기에 익숙해져야 한다.

〈표 4•9〉 12달의 약자

구 분	약 자	FULL NAME	구 분	약 자	FULL NAME
1월	JAN	JANUARY	7월	JUL	JULY
2월	FEB	FEBRUARY	8월	AUG	AUGUST
3월	MAR	MARCH	9월	SEP	SEPTEMBER
4월	APR	APRIL	10월	OCT	OCTOBER
5월	MAY	MAY	11월	NOV	NOVEMBER
6월	JUN	JUNE	12월	DEC	DECEMBER

2) 수배의뢰서 작성시 주의사항

수배의뢰서는 오해의 소지를 없애고 신속한 처리를 위해 되도록 수배내용을 간단하고 명료하게 작성한다. 또한 고객의 요청대로 수배되지 않을 경우를 대비하여 적절한 대책방안을 강구해야 한다. 즉 제1안, 제2안 등의 대책을 마련해 두어야 한다. 수배의뢰시 각 부문별 확인해야 할 사항은 다음과 같다.

〈표 4•10〉 수배의뢰서 작성시 확인사항

NO	요 소	확 인 내 용
1	숙 박	Hotel Class, Room Type(TRP / TWN / SGL), Location(도심 / 외곽), Meal (조식형태), Facility 등
2	교 통	Domestic Flight, Coach, Train, Ship Etc
3	식 사	현지식, 기내식, 호텔식 등
4	관 광	추가 옵션 여부 확인

3) 수배의뢰서 작성연습

수배의뢰서 작성연습을 위해 아래의 빈 양식을 사용하여 상품명 북경 4일, 11명의 고객과 인솔자의 특급호텔 숙박의 여행을 위한 수배의뢰서를 작성해 보자.

〈표 4•11〉 수배의뢰서 작성을 위한 예제

Air Schedule

(출발) 17JUL09 ICN / PEK OZ331

(도착) 20JUL09 PEK / ICN OZ332

고객명단

LEE / WOON HEE	951107-1047137	M
LEE / HWAN HEE	920701-1076415	M
JUNG / SOO JIN	520924-1041621	M
KIM / JUNG OK	481223-2042615	F
KIM / HYE SEON	551122-2173616	F
KANG / SUK HO	501234-1234566	M

KIM / GAE JIN	461019-2469312	F
KO / SOO OK	371008-2167719	F
LEE / HYUNG SOON	320904-2656917	F
KIM / CHOON KANG	420211-2235015	F
NAM / OK TO	431225-2235012	F
CHAE / HYE JIN	인솔자	F

〈표 4•12〉 수배의뢰서 양식의 예

지 상 수 배 의 뢰 서

수 신 : 의뢰일자 :

1. 상 품 명				2. 행사기간			
3. 행사인원				4. 인 솔 자			
5. 수배구분		A. 수 배	B. 변 경		C. 취 소	D. 기 타	
AIR SCHEDULE							
HOTEL		특급		1급		2급	
		TRP :		TWN :		SGL :	
NO	NAME	SEX	ROOM	NO	NAME	SEX	ROOM
1				11			
2				12			
3				13			
4				14			
5				15			
6				16			
7				17			
8				18			
9				19			
10				20			

비 고

3 견적서와 수배업자 선정

수배의뢰서를 받은 수배부서는 기획이나 영업과 협조하며 여행일정상의 여행목적, 특성, 조건 등을 확인하여 여행상품에 대한 특성을 파악한 후 여행상품에 따라 요구되는 적절한 수배업무를 실시한다. 수배는 직접 수배하는 경우와 지상수배업자에게 의뢰하는 경우가 있다.

직접수배를 하는 경우 수배부서는 각 요소에 대해 직접 또는 현지여행사를 통해 예약을 의뢰한다. 현지 호텔수배를 위해 지사 또는 현지여행사에 다음과 같은 예약신청서를 작성하여 예약을 신청하거나 직접 호텔에 예약을 신청하게 된다.

1) 현지 호텔수배와 호텔확정서

(1) 호텔수배 실무절차

지사나 거래여행사 또는 해당호텔에 직접 예약신청을 해야 하는 경우 호텔명, 숙박일 및 숙박일수, 객실(ROOM) 형태와 객실수, 성별과 인원 그리고 기타 요청사항을 적어 보낸다.

객실의 종류는 SGN, TWN, TRP뿐만 아니라 객실 위치에 따라 바다가 보이는 객실인 Sea(Ocean) View Room이 있고, 일반실이 아닌 Deluxe Room도 있으므로 자세히 확인해야 한다. 호텔예약신청서를 수령받은 거래여행사는 호텔수배를 마친 후 다음과 같은 호텔확정서(Hotel Confirm Sheet)를 보내온다.

〈표 4•13〉 호텔예약신청서의 예

호 텔 예 약 신 청 서

수　신 : 동경(KTY) (03-3440-1111)
발　신 : RR여행시 홍길동(TEL : 02-123-1234)
날　짜 : 2009년 7월 18일

호텔명 : PRINCESS GARDEN HOTEL

숙박일 : 2009년 9월 12일부터 ~ 2009년 9월 13일까지(1박)

숙박룸 : SGL(4), TWIN(　), TRP(　), OTHER(　)

투숙객 : 1. PARK SO RA(F)
2. KIM YOUNG KI(M)
3. JANG BYOUNG JIN(M)
4. MYUNG NO HUN(M)

기　타 :

〈표 4•14〉 호텔예약확정서

NEW JAPAN

ADD : 11F 00BLDG. #202, JONGRO-GU SEOUL KOREA

TEL : 02)720-1111 FAX : 02)720-1666

2009. 07. 20

HOTEL CONFIRM SHEET		
1	HOTEL	PRINCEESS GARDEN HTL TEL) 6456-7788
2	DATE IN / OUT	2009. 09. 12 ~ 2009. 09. 13 KE126 AF129
3	豫約 NO	BJHKBS-639-0802
4	NAME	RR TRAVEL PTY PARK / SO RA 외 3PAX
5	REMARKS	AIRPORT M / S, S / S. HTL

미팅보드 : RR TRAVEL PTY PARK / SO RA외 3PAX

◎ 청구금액 : ($70×4실 =)US$280+$35 = TTL $315

* HOTEL 프런트에서 호텔 바우처를 제시해 주십시오.
VOUCHER가 없는 경우는 예약번호로 CHECK IN 가능
* 현지비상연락 : 도쿄사무소 10-66-63456 OP 김기동 부장
* 호텔요금 : 출발 3일 전에 현찰 매도율로 입금 요망(자동취소)
(주택은행 293904-01-009928)

* 호텔예약 취소시 수수료 적용
· 1일 전 취소시 : 숙박비의 50%
· 당일 취소시 : 숙박비의 100%
· NO SHOW : 숙박비의 100%

* AIRPORT M / S : Meeting Service, S / S : Sending Service

(2) 호텔수배 실무연습

다음 빈 양식을 사용해 4명 고객에 대한 북경 해정구에 위치한 향산금원(香山金源)호텔(Fragrant Hill Golden Resources Commerce Hotel / Tel : 010-62868888, Fax : 010-6259-5959) 3박을 위한 호텔예약신청서를 작성하자.

〈표 4•15〉 호텔예약신청서 작성연습

호 텔 예 약 신 청 서

T O :
FROM :
DATE :

HOTEL NAME : (   ) HOTEL

FROM / TO :   /   /   /   ~   /   /   / 까지(DAYS)

ROOM TYPE : SGL(   ), TWIN(   ), TRP(   ), OTHER(   )

GUEST NAME :

1. PARK SO RA(F)
2. KIM MI RA(F)
3. JANG BYOUNG JIN(M)
4. MYUNG NO HUN(M)

OTHER :

2) 지상수배업자의 견적서 수령

지상수배를 위해 지상수배업자에게 지상비 견적을 요청할 때는 여행일자, 예정항공편, 호텔등급, 인원 등 주문사항을 명확히 기재한다. 복수의 수배업자로부터 견적서를 받아 그 내용을 비교·검토한 후 경제성을 고려해 보다 저렴하면서도 품질(Quality) 높은 여행상품을 유지하고 또한 전문성을 갖춘 수배업자를 선정해야 한다. 아래의 일정표를 참고하여 제시된 조건에 의해 작성된 지상비견적서와 지상비를 구성하는 항목별 산정기준은 다음과 같다.

(1) 숙박비(ACCOMMODATION CHARGE)

2인 1실을 기준으로 숙박일수를 계산하여 일당 숙박비를 곱한 후 2로 나누어 1인당 숙박비를 계산한다.

(2) 식사비(MEAL CHARGE)

기내식과 호텔조식은 제외하고 정확한 횟수와 가격을 산출하여 둘을 곱한다.

(3) 현지교통비

현지에서 이용되는 모든 이동수단이 포함된다. 전용버스, 기차, 선박, 렌터카, 마차 등이 있는데 단체여행객의 경우에는 주로 전용버스를 이용한다.

(4) 관광비용(SIGHTSEEING CHARGE)

관광지 입장료, 관람료와 가이드 안내비 등이다. 단체할인 여부, 해설 여부, 통역가능 여부 등을 정확히 확인한다.

(5) 수당 및 안내료

현지가이드나 운전기사의 수당과 안내료이다. 대상이나 인원수를 고려하여 사전에 정해서 지상비에 포함된다.

(6) 세금(TAX) 및 잡비

공항세(Airport Tax), 공항이용료(Airport Facility Charge), 출국세로 불리는 것으로 항공요금에 포함되기도 하고 별도 징수하기도 한다. 별도인 경우는 다시 이를 지상비에 포함시킨다. 잡비는 공통으로 사용되어야 할 비용을 미리 마련하여 현지행사가 원활하게 이루어지도록 한다. 음료수, 과일, 간단한 다과 등에 소요된다.

〈표 4•16〉 방콕 3박 5일 지상수배 내용

일자	도 시	교 통	내 역	식 사
1	인 천 방 콕	KE651	16:10 인천국제공항 출발 20:10 방콕 돈무앙 국제공항 도착 호텔투숙	기내식
2	방 콕 파타야	전용차량	민속춤, 코끼리쇼, 식물원, 악어농장 관광	호텔조식 중식 : 한식 석식 : 씨푸드
3	파타야	선 편	산호섬 자유시간 코끼리 트래킹과 미니시암, 전통안마	호텔조식 중식 : 한식 석식 : 타이하우스
4	방 콕	전용차량 KE652	수상시장, 왕궁, 새벽사원 00:50 방콕 돈무앙 국제공항 출발	호텔조식 중식 : 한식 석식 : 로얄드래곤
5	인 천		08:00 인천국제공항 도착	

* 태국 현지공항세 500바트는 미포함입니다.
* 가이드, 기사의 팁은 하루 $10 정도입니다.

① 인원수 : 10명+1

② 호텔 : 1실당 $50(Continental Plan : 조식 포함)

③ 식사 : 중식 $10, 석식 $20

④ 전용버스 : 1일 $180

⑤ 관광비용 : 1인당 1일 $20

⑥ 공항이용료 : 미포함

⑦ 기사 및 가이드 수당 : 1일 각 $30

〈표 4•17〉 지상비 견적서 예제

<table>
<tr><td colspan="7" align="center">지 상 비 견 적 서</td></tr>
<tr><td rowspan="2">작 성 일 : 2009년 7월 2일</td><td>담당</td><td>대리</td><td>과장</td><td>차장</td><td>부장</td><td>사장</td></tr>
<tr><td></td><td></td><td></td><td></td><td></td><td></td></tr>
<tr><td colspan="7">단 체 명 : 방콕 3박 4일 단체번호 : PACK4</td></tr>
<tr><td colspan="7">기 간 : 2010년 8월 12일 ~ 2010년 8월 15일(3박 4일) AGENT :</td></tr>
<tr><td colspan="7">인 원 : 10명+1명 = 11명 (Rate : $1 = 1,100)</td></tr>
<tr><td colspan="6">숙 박 : $50 * 6실 * 3박</td><td>$900</td></tr>
<tr><td colspan="6">식 사 : 조식 : hotel 조식
중 식 : $10 × (3) × (10)
석 식 : $20 × (3) × (10)</td><td>
$300
$600</td></tr>
<tr><td colspan="6">현지교통 : 전용버스 $180 × (4)</td><td>$720</td></tr>
<tr><td colspan="6">입 장 료 : $20 × (10) × (3)</td><td>$600</td></tr>
<tr><td colspan="6">공 항 세 : 미포함</td><td>-</td></tr>
<tr><td colspan="6">무료인원 : TC</td><td>-</td></tr>
<tr><td colspan="6">소 계(A)</td><td>$3,120</td></tr>
<tr><td colspan="6">교 통 비 :</td><td>-</td></tr>
<tr><td colspan="6">운전기사 수당 : $30 × (4) 안내료 : $30 × (4)</td><td>$240</td></tr>
<tr><td colspan="6">잡 비 :</td><td>-</td></tr>
<tr><td colspan="6">공동비용 소계(B)</td><td>$240</td></tr>
<tr><td colspan="6">(A)+(B)</td><td>$3,360</td></tr>
<tr><td colspan="6">1인당 지상비</td><td>$336</td></tr>
<tr><td colspan="7">비고 : 최소 인원 10명 이상</td></tr>
</table>

3) 지상비 견적서 작성연습

다음 일정표와 조건에 의해 지상비 견적서를 작성해 보자.

〈표 4•18〉 중국 북경 3박 4일 여행상품 예제

<table>
<tr><td colspan="3">인천국제공항 3층 출국장 B와 C 사이 05:30까지 5번 테이블 ㅇㅇ투어 안내판 앞</td></tr>
<tr><td>07월
17일
일요일</td><td>인천

천진
북경</td><td>[07:30] OZ3273편으로 인천국제공항 출발
· 기내식 1회 제공 : 비행소요시간(약 1시간 45분 소요)
[08:10] 천진국제공항 도착 후 전용차량을 이용하여 북경으로 이동
· 명 · 청대 황제가 하늘에 풍년을 빌었던 "천단공원(天壇公園)"
· 북경의 명동거리라 불리는 최대 번화가 "왕부정" 거리 관광
· 다채로운 중국문화의 진수를 느낄 수 있는 "전통종합공연 중국 3대 기예(무예쇼+서커스+변검)" 관람
· 호텔투숙 및 휴식
* 조 : 기내식 * 중 : 한식불고기 * 석 : 항주요리
* YANSHAN HOTEL(86-10-6256-3388)</td></tr>
<tr><td>07월
18일
월요일</td><td>북경</td><td>호텔조식 후
· 명조 3대 황제부터 최후까지 13명의 황제가 묻힌 묘역 "명13릉(明13陵)" : '장릉'을 방문
· 진시황제가 북방의 흉노족의 침입에 대비하여 만든 건축물로 중국인의 오랜 역사와 문화적 우수성을 과시한 세계문화유산 "만리장성(萬里長城)"
* 케이블카 포함
현지의 날씨로 만리장성 케이블카를 탑승하지 못할 경우, 별도의 환불 없이 인력거투어로 대체
· 아름다운 경치로 북경의 소계림이라 불리는 "용경협" : 빵차 포함
* 여행의 피로를 풀어주는 중국전통 발맛사지(20$ 옵션)
· 호텔투숙 및 휴식
* 조 : 호텔식 * 중 : 현지식 * 석 : 북경오리구이
* YANSHAN HOTEL(86-10-6256-3388)</td></tr>
</table>

07월 19일 화요일	북경	호텔조식 후 · 세계 최대의 광장으로 6 · 4민주화운동의 중심지 "천안문(天安門)광장" · 명 · 청대 황제들이 살던 곳, 현존하는 세계 최대의 황궁 "자금성(紫禁城)" 관광 · 자금성과 시내를 조망할 수 있는 황제의 공원 "경산공원(景山公園)" 관광 · 서태후의 별장이며 중국 고전원림(園林)의 최고봉 "이화원" · 전용버스로 "천안문광장 야경" 관광(차창관광) · 화려한 쇼와 더불어 중국의 명요리를 곁들인 중국 최고의 북경 디너쇼와 함께 아름다운 북경의 마지막 밤 · 호텔투숙 및 휴식 * 조 : 호텔식 * 중 : 사천요리 * 석 : 디너쇼 * YANSHAN HOTEL(86-10-6256-3388)
07월 20일 수요일	북경 천진 인천	· 호텔조식 후 천진으로 이동 · 고속도로를 이용 버스로 천진 이동 [13:00] OZ328편으로 천진국제공항 출발 · 기내식 1회 제공(중식) · 비행소요시간(약 1시간 30분 소요) [15:30] 인천국제공항 도착 후 각자 해산 * 조 : 호텔식 * 중 : 기내식 *** 감사합니다. 안녕히 가십시오 ***

① 인원수 : 10명+1

② 호 텔 : 1실당 $80(Continental Plan : 조식 포함)

③ 식 사 : 중식 $20, 석식 $30

④ 전용버스 : 1일 $200

⑤ 관광비용 : 1인당 1일 $30

⑥ 공항이용료 : 미포함

⑦ 기사 및 가이드 수당 : 1일 각 $30

〈표 4•19〉 지상비 견적서 작성

<table>
<tr><td colspan="8">지 상 비 견 적 서</td></tr>
<tr><td colspan="2" rowspan="2">작 성 일: 년 월 일</td><td>담당</td><td>대리</td><td>과장</td><td>차장</td><td>부장</td><td>사장</td></tr>
<tr><td></td><td></td><td></td><td></td><td></td><td></td></tr>
<tr><td colspan="2">단 체 명:</td><td colspan="6">단체번호:</td></tr>
<tr><td colspan="2">기 간: 년 월 일 ~ 년 월 일 (박 일)</td><td colspan="6">AGENT:</td></tr>
<tr><td colspan="2">인 원: 명 + 명 = 명</td><td colspan="6">(Rate :)</td></tr>
<tr><td colspan="6">숙 박:</td><td></td><td></td></tr>
<tr><td colspan="6">식 사:
조식:
중식:
석식:</td><td></td><td></td></tr>
<tr><td colspan="6">현지교통:</td><td></td><td></td></tr>
<tr><td colspan="6">입 장 표:</td><td></td><td></td></tr>
<tr><td colspan="6">공 항 세:</td><td></td><td></td></tr>
<tr><td colspan="6">무료인원:</td><td></td><td></td></tr>
<tr><td colspan="6">소 계(A)</td><td></td><td></td></tr>
<tr><td colspan="6">교 통 비.</td><td></td><td></td></tr>
<tr><td colspan="6">운전기사 수당: 안 내 료:</td><td></td><td></td></tr>
<tr><td colspan="6">잡 비:</td><td></td><td></td></tr>
<tr><td colspan="6">공동비용 소계</td><td></td><td></td></tr>
<tr><td colspan="6">소 계(B)</td><td></td><td></td></tr>
<tr><td colspan="6">(A)+(B)</td><td></td><td></td></tr>
<tr><td colspan="6">1인당 지상비:</td><td></td><td></td></tr>
<tr><td colspan="8">비 고</td></tr>
</table>

4) 지상수배업자 선정

(1) 적정한 가격

여행수배업자가 제시하는 가격은 합리적이어야 한다. 지나친 저가의 지상비는 수익을 얻지 못한다. 수배업자는 현지에서 수단과 방법을 가리지 않고 고객들을 부추겨 수익을 얻으려 하기 때문에 쇼핑, 옵션투어 강매, 부당한 팁 요구 등이 성행하게 된다. 따라서 이러한 불만은 여행상품과 여행사에 대한 불만으로 나타난다.

(2) 여행수배업자의 인지도

현지에서 여행상품의 운영을 원만히 하고 고객의 특성과 욕구에 맞게 여행상품의 연출을 해줄 만한 능력 있는 업체를 선정하기 위해서는 여행업계에서의 평판에 귀를 기울이는 것이 바람직하다.

(3) 수배능력과 전문성

수배는 정확성, 가격경쟁력, 더 나은 조건의 확보, 현지정보 및 문제해결력 등을 갖추어야 한다. 현지의 환경이나 고객의 요구에 따라 변경이 가능한 대안을 찾기 위해서는 전문성을 갖추고 있어야만 적시에 대응할 수 있다.

4 수배확인서 통보 및 지상비 산출

1) 수배확인서 통보

수배부서는 견적서를 비교·검토하여 적절한 가격을 제시한 수배업자를 선정하고, 그 수배내용을 확정하여 수배확인서를 판매부서에 통보한다. 만일 판매부서로부터 내용변경을 요청하는 수배변경의뢰서가 접수되면, 그 내용을 변경하고 다시 수배변경확인서를 작성하여 판매부서에 변경내용을 통보하는 과정을 거친다. 지상수배 확인은 그 내용의 정확성을 반드시 재차 확인해야 한다. 더 나아가 현지안내원(Local Guide)의 전문성, Hotel의 부대시설 및 서비스의 내용, 전용버스의 크기 및 시설, 기사의 국적 등도 확인하여 현지에서의 모든 가능성에 대비할 수 있어야 한다.

〈표 4•20〉 수배확정서

수 배 확 정 서

GROUP PERIOD	BKK(3N4D)
PERIOD	8 / 12 ~ 8 / 16
HOTEL	BANGKOL HOTEL(10-6256-3388)
CONDITION	HTL, MEAL, KOREAN G / D, AIR TAX, ENTRANCE FEE. etc
REMARKS	

일 정 표

일 자	내 역
12 AUG	20:10 방콕 돈무앙 국제공항 도착 호텔투숙
13 AUG	민속춤, 코끼리쇼, 식물원, 악어농장 관광
14 AUG	산호섬 자유시간 코끼리 트래킹과 미니시암, 전통안마
15 AUG	수상시장, 왕궁, 새벽사원 00:50 방콕 돈무앙 국제공항 출발
16 AUG	08:00 인천국제공항 도착 후 해산

* HOTEL 및 상기 일정은 현지사정에 따라 변경될 수 있습니다.
* PEK OFFICE TEL 10-6222-3397

〈표 4·19〉에서 작성된 견적서의 내용으로 수배확정서를 작성해 보자.

〈표 4•21〉 수배확정서

수 배 확 정 서

GROUP PERIOD	
PERIOD	
HOTEL	
CONDITION	
REMARKS	

일 정 표

일 자	내 역

2) 지상비 산출

수차례의 변경을 거친 후 모든 수배내용이 확정되면 수배업자의 견적서를 토대로 지상비만을 산출한다. 지상비는 여행사의 이익과 가격경쟁력에 중요한 영향을 미치기 때문에 정확하게 계산되어야 한다.

간단한 지상비 산출을 위해 지상비 산출내역서가 작성된다. 지상비가 산출되면 여기에 항공료, 여행자보험료, 여권 및 비자 수수료, 인솔자 경비 그리고 여행사 이익을 포함하여 여행상품 원가계산서, 여행요금 견적서 또는 행사예산서 등이 작성된다.

상기 예제의 지상수배 견적서에 의해 지상비 산출내역서를 작성하면 다음과 같다.

〈표 4•22〉 지상비 산출내역서

항 목	계 산 내 역	금 액
MEAL	$15(중식 $10 / 석식 $20) × 10명 × 6meal	$900
HOTEL	$50 × 6ROOMS × 3N	$900
ADMISSION	$600	$600
안내원	$30 × 2PERSON × 4DAYS	$240
COACH	$180 × 4DAYS	$720
잡 비	-	0
합 계		$3,360

〈표 4·21〉에서 작성된 견적서의 내용으로 지상비 산출내역서를 작성해보자.

〈표 4•23〉 지상비 산출내역서

항 목	계 산 내 역	금 액
MEAL		
HOTEL		
ADMISSION		
안내원		
COACH		
잡 비		
합 계		

3) 지상비(Land Fee)의 지급방식 결정

(1) 행사 전 지급방식

여행행사를 시작하기 전에 미리 전부를 송금받거나 혹은 일부의 선수금을 받고 행사가 끝난 후에 나머지 잔금을 받는 방법이다. 현지여행사의 입장에서는 비교적 안전한 거래이다.

(2) 행사 후 현지 현금지급

국외여행 인솔자가 지상비를 달러로 소지하고 출장을 가서 현지행사의 진행을 살핀 후 정상적으로 행사가 완료되었을 때 귀국하기 전에 지급하는 방식이다. TC가 현금을 소지해야 하는 불편함이 있지만, 현지여행사는 행사운영에 좀 더 많은 주의를 기울이게 된다. 외화를 소지하고 출국하게 되므로 불투명한 거래가 될 위험을 포함한다.

(3) 귀국 후 해외송금

여행사가 여행행사를 모두 마치고 귀국하여 정산을 마친 후에 대금을 지급하는 방식이다. 이때 지급이 완료될 때까지를 미수금이라고 한다. 여행사의 입장에서는 성실한 행사수행을 확인할 수 있고, 또한 자금을 일정기간 유보시킬 수 있어 현금확보에 유리하다. 그러나 지상수배업자들은 자금부족과 부족한 자금조달에 사용된 이자의 지급으로 인해서 경영에 큰 위험을 겪기도 한다.

5

여행상품 판매와 원가계산

1 여행상품의 원가구성

여행상품의 판매는 고객과의 상담을 통해 여행 관련 자료와 정보로 고객의 관심과 기대를 불러일으키고 여행상품가격을 제시하여 교환함으로써 이루어진다. 국외여행상품이 판매되어 고객과 국외여행계약서를 작성하면 여행사는 고객의 항공예약을 확정한다.

여기서 여행상품가격이란 고객에게 제시되는 여행상품의 가격으로 여행경험과 교환되는 화폐단위이다. 여행상품가격은 원가와 일정 기대이익으로 이루어진다. 여행상품의 원가는 항공운임, 지상비, 기타 경비로 구성된다. 기대이익은 일률적으로 책정하지 않고 가격결정 전략에 따라 달라진다. 판매량 증대, 시장점유율 확대, 인지도 향상을 목적으로 할 때 기대이익은 매우 낮아지는데, 대체로 여행상품의 이익률은 10~20% 내외이다.

1) 항공운임과 PNR(Passenger Name Record)

(1) 항공운임의 적용

국외여행상품의 판매 및 원가구성에서 가장 중요한 것은 항공요금과 항공좌석의 확보이다. 국외여행에서 타국으로 가는 주요 수단은 항공기인데 항공기의 좌석은 한정되어 있고, 요금은 매우 고가이며, 그 적용 또한 복잡하기 때문이다.

항공요금에는 정상요금(Normal Fare) 외에 다양한 할인요금 및 판촉요금이 있으며, 여행상품은 주로 할인 및 판촉요금을 이용한다. 대표적인 개인할인으로는 Excursion Fare(왕복할인)와 Apex Fare(Advanced Purchased Excursion Fare : 왕복할인에 항공권에 대한 사전 구입회유를 적용한 운임)가 있다.

패키지상품을 구성할 때 여행사가 주로 이용하는 항공요금은 GIT(Group Inclusive Tour) 요금인 GV10, CONSOLE Ticket(Consolidated Ticket)[5], FOC Ticket(Free of Charge Ticket), PF Ticket(Promotional Free Ticket)[6], Block과 Charter, Seasonality, 여행사 자체 할인항공권(덤핑항공권) 등이다.

적용된 항공요금으로 상품이 구성되면, 상품판매 후 첫 번째 업무는 항공예약에서부터 시작된다. 항공예약이 확성되면 PNR을 작성하는데 고객의 PNR이 작성되면 국외여행을 할 수 있는 좌석이 확보되었음을 의미한다.

(2) PNR

PNR이란 Passenger Name Record의 약자로서 CRS를 통하여 고객의 항공좌석 예약이 완료되면 그 예약사항이 기록으로 작성되는 것을 말한다. 즉 PNR은 예약기록으로서 CRS를 통해 예약한 후에는 여행사에서 바로 출력하여 확인할 수 있다. 주요 내용은 승객성명, 여정, 연락처 등을 포함하고 있으며 그 외 예약날짜(Date), PNR Address, 예약한 곳과 담당자 이름, 출·도착 정보, 항공기 정보 등이 기록된다. 예약결과는 다음과 같은 코드로 표기한다.

〈표 5•1〉 예약상태 코드

NO	CODE	내 용
1	HK	HOLDS CONFIRMED 좌석이 확약된 상태
2	HS	HAVE SOLD 좌석을 판매한 상태[7]
3	HL	HAVE WAIT LISTED 대기자로 좌석예약이 된 경우
4	RR	RECONFIRMED 예약 재확인이 된 상태

5 단체할인요금을 적용받기 위해 개별 티켓들을 모아 단체화하여 발권하는 것을 말한다. 통상 '티켓을 묶는다'라고도 한다.

6 항공사의 촉진(Promotion)활동으로서 여행사를 지원하는 방식 중의 하나, 즉 Free Ticket을 제공하는 것이다. 항공사와 별도의 이면계약에 따라 목표 초과시 항공사측에서 제공한다.

7 여행사가 항공사를 전송하는 코드.

PNR은 항공사마다 다양한 약어로 표기되므로 올바르게 읽고 확인하기 위해서 사용되는 약어를 잘 숙지해야 한다.

〈표 5•2〉 PNR 약어

NO	코드 및 약어	뜻
1	AIP	ASIANA IMPORTANT PASSENGER
2	ASAP	AS SOON AS POSSIBL(POSSIBLE)
3	ATA	ACTUAL TIME OF ARRIVAL
4	ADTK	ADVISE IF TICKED
5	BBML	BABY MEAL 아기식사
6	CBBG	CABIN BAGGAGE
7	CHNG	CHANGE
8	CNXL	CANCEL
9	DAPO	DO ALL POSSIBLE
10	DUPE	DUPLICATE
11	EXST	EXTRA SEAT
12	FONE	TELEPHONE
13	FQTV	FREQUENT TRAVELER
14	GOSH	GO SHOW
15	HNML	HINDU MEAL
16	INFO	INFORMATION
17	IRR	IRREGULAR
18	MSG	MESSAGE

NO	코드 및 약어	뜻
19	NBR	NUMBER
20	NOOP	NO OPERATION 운항하지 않음
21	NOSH	NO SHOW
22	NRC	NO RECORD
23	OSI	OTHER SERVICE INFORMATION
24	OTHS	OTHER SERVICE
25	PETC	ANIMAL IN CABIN
26	PLS	PIEASE
27	PSGR	PASSENGER PAX / P
28	PSPT	PASSPORT
29	RCFM	RECONFIRM
30	RPA	RESTRICTED PASSENGER ADVICE
31	RSVN	RESERVATION
32	SKD	SCHEDULE
33	SOP	STANDARD OPERATION PROCEDURE
34	SSR	SPECIAL SERVICE REQUIREMENT
35	STVR	STOP OVER
36	TAW	TICKET AT WILL-CALL
37	TCP	THE COMPLETE PARTY
38	TKT	TICKET
39	UMNR	UNACCOMPANIED MINOR 비동반 소아
40	WCHR	WHEEL CHAIR 휠체어

상기의 약어를 잘 숙지하고 다음의 PNR 예제를 읽어 보자.

〈표 5•3〉 PNR 예제(1)

```
        HAN TOUR SERVICE INC.
        11F HANMI BLDG 1 KONGPYUNG-DONG
        CHONGRO-GU SEOUL KOREA
        TEL : (02) 725 6000   FAX : (02) 725 6225
                                              PAGE : 01
                                              REF : L8PG60
                                              DATE : 20 JUL 2010
        ITINERARY FOR : KIM / MIKYUNGMS


        YOUR TRAVEL CONSULTANT : LEE MINA
THU 08 NOV 10 UNITED AIRLINES INC.  FLIGHT UA 884  CONFIRMED
        DEPART : SEOUL / INCHEON   INTERANTI 1050
        ARRIVE : TOKYO / NARITA 1300
                 TERMINAL 1
        STOPS : NON-STOP
        AIRCRAFT : BOEING 747-400
        JOURNEY  TIME : 02HRS 10MINS
                 SNACK
```

① 예약을 한 여행사의 이름과 주소는?

② PNR ADDRESS와 예약일은?

③ 예약된 고객이름과 담당직원의 이름은?

④ 예약된 항공사와 출발일은?

⑤ 출 · 도착장소와 시간은 ?

⑥ 탑승항공기 기종은?

⑦ 비행시간과 서비스의 내용은?

〈표 5•4〉 PNR 예제(2)

HAPPY AIRSERVICE CO.LTD

RM 508. SEOUL BLDG
46 JONGRO-1-GA CHUNG-GU
SEOUL 110-121 KOREA
TEL : (02) 733-3313 FAX : (02)733-3477
WEBSITE : HTTP://WWW.C4TOUR.COM
DATE : 13 JUL 2010 RECORD : MNZ2QM
YOUR TRAVEL CONSULTANT : NAM JINHEE
ITINERARY SPECIALLY PREPARED FOR :
YUN / POKJAMS

DATE FROM / TO LOCAL TIME FLIGHT DETAILS

FRI 14 JUL 10 DEP : SEOUL 1200 AIR FRANCE
ARR : PARIS / CHARLES DE GAULLE 1710 FLIGHT AF 267
CLASS : ECONOMY CONFIRMED
JOURNEY TIME : 12HRS 10MINS NON-STOP
DEP TERMINAL : TERMINAL 2
ARR TERMINAL : TERMINAL AEROGARE 2A

THU 20 JUL 10 DEP : FRANKFURT 1040 AIR FRANCE
ARR : PARIS / CHARLES DE GAULLE 1155 FLIGHT AF 1319
CLASS : ECONOMY CONFIRMED
JOURNEY TIME : 01HRS 15MINS NON-STOP
DEP TERMINAL : TERMINAL 2
ARR TERMINAL : TERMINAL AEROGARE 2D

---

20 JUL 10 DEP : PARIS / CHARLES DE GAULLE 1555 AIR FRANCE
21 JUL ARR : SEOUL 1005 FLIGHT AF 264
CLASS : ECONOMY CONFIRMED
JOURNEY TIME : 11HRS 10MINS NON-STOP
DEP TERMINAL : TERMINAL 2A
ARR TERMINAL : TERMINAL 2

---

2) 지상비(LAND FEE)

현지에서의 체재 및 관광에 소요되는 비용이다. 직접수배를 하는 경우에는 항목별로 계산하고, 지상수배업자에게 의뢰하는 경우에는 견적서에 기재된 금액과 지상비 산출내역서에 의해 작성한다.

3) 기타 경비

(1) 인솔자 출장비

인솔자의 항공운임은 10~15명 이상인 경우, FOC(Free of Charge) Ticket으로 처리되므로 원가에 포함되지 않는다. 출장비는 원가에 포함되며 통상 1박에 $30~$50 정도이다.

(2) 해외여행자보험

기획여행(Package)상품의 경우 전체 인원에 대해 일괄적으로 납부하고 원가에 포함시킨다.

(3) 원가 제외 요소

여권수속비용, 비자발급비용은 고객이 개인적으로 부담한다. 따라서 여권과 비자를 대행했을 경우에는 여행상품가격 이외에 추가로 대금을 받아야 한다. 인솔자(Tour Conductor), 현지가이드(Local Guide), 기사(Driver)의 팁은 모두 합하여 1일에 고객 1인당 약 $10 내외로 하는 것이 보통이다.

2 여행상품 원가계산

1) 원가계산서 작성방법

여행상품가격을 산출하기 위해서는 여행상품의 원가에 일정한 이익과 비용을 합산하는 원가계산서를 작성해야 한다. 항공운임이 확정되면, 앞에서 작성된 수배확정서에 의해 산출된 지상비, 추정이익 그리고 수속비와 TC 출장비 등 소요비용을 합산하여 총 가격을 산출한다. 이렇게 산출된 가격을 여행상품 행사 구성인원으로 나누면 고객 1인당 비용이 된다. 이 1인당 비용을 경쟁사의 유사한 여행상품과 비교한 후 여행사의 전략을 고려하여 여행상품의 가격을 결정하게 된다.

〈표 5•5〉 여행상품 일정표

일자	도 시	교 통	내 역	식 사
1	인 천 방 콕	KE651	16:10 인천국제공항 출발 20:10 방콕 돈무앙 국제공항 도착 호텔투숙	기내식
2	방 콕 파타야	전용차량	민속춤, 코끼리쇼, 식물원, 악어농장 관광	호텔조식 중식 : 한식 석식 : 씨푸드
3	파타야	선 편	산호섬 자유시간 코끼리 트래킹과 미니시암, 전통안마	호텔조식 중식 : 한식 석식 : 타이하우스
4	방 콕	전용차량 KE652	수상시장, 왕궁, 새벽사원 00:50 방콕 돈무앙 국제공항 출발	호텔조식 중식 : 한식 석식 : 로얄드래곤
5	인 천		08:00 인천국제공항 도착	

* 태국 현지공항세 500바트는 미포함입니다.
* 가이드, 기사의 팁은 하루 $10 정도입니다.

〈표 5•6〉 수배확정서

수 배 확 정 서

GROUP PERIOD	BKK(3N4D)
PERIOD	8 / 12 ~ 8 / 16
HOTEL	BANGKOL HOTEL(10-6256-3388)
CONDITION	HTL, MEAL, KOREAN G / D, AIR TAX, ENTRANCE FEE. etc
REMARKS	

일 정 표

일 자	내 역
12 AUG	20:10 방콕 돈무앙 국제공항 도착 호텔투숙
13 AUG	민속춤, 코끼리쇼, 식물원, 악어농장 관광
14 AUG	산호섬 자유시간 코끼리 트래킹과 미니시암, 전통안마
15 AUG	수상시장, 왕궁, 새벽사원 00:50 방콕 돈무앙 국제공항 출발
16 AUG	08:00 인천국제공항 도착 후 해산

* HOTEL 및 상기 일정은 현지사정에 따라 변경될 수 있습니다.

* PEK OFFICE TEL 10-6222-3397

상기와 같이 작성된 수배확정서에 대해 아래 조건으로 원가계산서를 작성하면 다음과 같다.

① 여행조건 : 태국(방콕, 파타야, 소인국, 악어농장 5일)
② 인원수 : 10명+1(원가 A), 15+1(원가 B), 20+1(원가 C)
③ 출발일 : KE 651 16:10 인천 영종도 국제공항 출발
20:10 방콕 돈무앙 국제공항 도착
④ 항공운임 : 1인당 정상가 550,000원이지만 단체할인과 특별할인을 적용받아 1인당 300,000원으로 하였다. 10인 이상이므로 인솔자는 FOC로 하였다.
⑤ 호텔 : 1실당 $50(Continental Plan : 조식 포함)
⑥ 식사 : 1식당 $15
⑦ 전용버스 : 1일 $180
⑧ 관광비용 : 1인당 1일 $20
⑨ 공항이용료 : 미포함
⑩ 여행보험료 : 11명 5일간 단체보험 ₩156,000
⑪ 인솔자 출장비 : 1일 $50
현지안내 수수료, 기사 및 가이드 각 1일 $30
⑫ 이익률 : 항공료+지상비의 15%

작성된 랜드사 A를 참고하여 내용 및 금액에 약간의 수정을 하여 랜드사 B를 작성하여 그 내용을 비교해 보자.

〈표 5•7〉 여행상품 원가계산서

국외여행요금 원가계산서

상 품 명: 태국 3박 5일　　　**여행지역**: 방콕 / 파타야

여행기간: 2010. 9. 12 ~ 2010. 9. 16　　　**작 성 일**: 2010. 08. 15　　　**단 위**: ₩

구 분		랜드사 A	랜드사 B	비 고
1. 항공료	정상요금	₩550,000*10		
	D / C	₩250,000*10		
	NET	₩300,000*10		
	FOC	1명		
	소 계	₩3,000,000		
2. 지상비	호 텔 비	$50*6*3		
	식 사 비	$15*6*10		
	관광지입장료	$20*10*3		
	현지안내원	$30*4*2		
	전용버스	$180*4		
	소 계	$3,360		
지상비+항공	USD	$3,360(*₩1,200)		
	₩	₩3,000,000		
이 익		₩1054,800		
합 계		\8,086,800		
수속비	여권인지대	₩45,000*10		
	비 자 대	-		
	여행자보험	156,000		
	통 신 료	₩200,000		
TC출장비	출 장 비	$50*5		
	소요비용	$20*5		
팁	기사 / 가이드	-		
소 계		₩1,226,000		
총 계		₩9,312,800		
1인당 요금		₩931,280		

2) 원가계산서 작성연습

<table>
<tr><td colspan="3">인천국제공항 3층 출국장 B와 C 사이 05:30까지 5번 테이블 ○○투어 안내판 앞</td></tr>
<tr><td>07월
17일
일요일</td><td>인천

천진
북경</td><td>[07:30] OZ3273편으로 인천국제공항 출발
· 기내식 1회 제공 : 비행소요시간(약 1시간 45분 소요)
[08:10] 천진국제공항 도착 후 전용차량을 이용하여 북경으로 이동
· 명 · 청대 황제가 하늘에 풍년을 빌었던 "천단공원(天壇公園)"
· 북경의 명동거리라 불리는 최대 번화가 "왕부정" 거리 관광
· 다채로운 중국문화의 진수를 느낄 수 있는 "전통종합공연 중국 3대 기예(무예쇼+서커스+변검)" 관람
· 호텔투숙 및 휴식
* 조 : 기내식 * 중 : 한식불고기 * 석 : 항주요리
* YANSHAN HOTEL(86-10-6256-3388)</td></tr>
<tr><td>07월
18일
월요일</td><td>북경</td><td>호텔조식 후
· 명조 3대 황제부터 최후까지 13명의 황제가 묻힌 묘역 "명13릉(明13陵)" : '장릉'을 방문
· 진시황제가 북방의 흉노족의 침입에 대비하여 만든 건축물로 중국인의 오랜 역사와 문화적 우수성을 과시한 세계문화유산 "만리장성(萬里長城)"
* 케이블카 포함
현지의 날씨로 만리장성 케이블카를 탑승하지 못할 경우, 별도의 환불 없이 인력거투어로 대체
· 아름다운 경치로 북경의 소계림이라 불리는 "용경협" : 빵차 포함
* 여행의 피로를 풀어주는 중국전통 발맛사지(20$ 옵션)
· 호텔투숙 및 휴식
* 조 : 호텔식 * 중 : 현지식 * 석 : 북경오리구이
* YANSHAN HOTEL(86-10-6256-3388)</td></tr>
<tr><td>07월
19일
화요일</td><td>북경</td><td>호텔조식 후
· 세계 최대의 광장으로 6 · 4민주화운동의 중심지 "천안문(天安門)광장"
· 명 · 청대 황제들이 살던 곳, 현존하는 세계 최대 황궁 "자금성(紫禁城)" 관광
· 자금성과 시내를 조망할 수 있는 황제의 공원 "경산공원(景山公園)" 관광
· 서태후의 별장이며 중국 고전원림(園林)의 최고봉 "이화원"
· 전용버스로 "천안문광장 야경" 관광(차창관광)
· 화려한 쇼와 더불어 중국의 명요리를 곁들인 중국 최고의 북경 디너쇼와 함께 아름다운 북경의 마지막 밤</td></tr>
</table>

		· 호텔 투숙 및 휴식 * 조 : 호텔식 * 중 : 사천요리 * 석 : 디너쇼 * YANSHAN HOTEL(86-10-6256-3388)
07월 20일 수요일	북경 천진 인천	· 호텔조식 후 천진으로 이동 · 고속도로를 이용 버스로 천진이동 [13:00] OZ328편으로 천진국제공항 출발 · 기내식 1회 제공(중식) · 비행소요시간(약 1시간 30분 소요) [15:30] 인천국제공항 도착 후 각자 해산 * 조 : 호텔식 * 중 : 기내식 *** 감사합니다. 안녕히 가십시오 ***

그림에 의해 작성된 수배확정서의 내용에 의해 여행상품원가계산서를 작성해 보자.

① 항공운임 : OZ3273 07:30 인천~08:10 북경
450,000원 / Discount 50,000 / Net 300,000

② 인원수 : 10명+1(원가 A), 15+1(원가 B), 20+1(원가 C)

③ 호텔 : 1실당 $80(Continental Plan : 조식 포함)

④ 식사 : 중식 $20, 석식 $30

⑤ 전용버스 : 1일 $200

⑥ 관광비용 : 1인당 1일 $30

⑦ 공항이용료 : 미포함

⑧ 여행자보험료 : 단체보험 4일간 1인당 8,600원

⑨ 기사 및 가이드 수당 : 1일 각 $30

⑩ 인솔자(TC) 출장비 1일 $50

⑪ 이익률 15%(항공료+지상비의 15%)

⑫ 통신료 ₩200,000

〈표 5•8〉 원가계산서 연습

국외여행요금 원가계산서

상 품 명 : 　　　　　　　　여행지역 :
여행기간 : 　　　　　　　　작 성 일 : 　　　　　　　　단 위 : ₩($ = 1,100원)

구 분		랜드사 A	랜드사 B	비 고
1. 항공료	정상요금			
	D / C			
	NET			
	FOC			
	소 계			
2. 지상비	호 텔 비			
	식 사 비			
	관광지입장료			
	현지안내원			
	전용버스			
	소 계			
지상비+항공	USD			
	₩			
이 익				
합 계				
수속비	여권인지대			
	비 자 대			
	여행자보험			
	통 신 료			
TC 출장비	출 장 비			
	소요비용			
팁	기사 / 가이드			
소 계				
총 계				
1인당 요금				

3 여행상품 견적서 작성실무

1) 여행상품 견적서의 뜻과 목적

여행상품의 원가계산은 원가계산서뿐만 아니라 여행요금 계산서, 여행요금 견적서로도 작성된다. 원가계산서는 여행상품의 가격을 산출하기 위해서 여행사 내부적으로 작성되는 서류인데 반해, 여행요금 견적서는 여행상품의 거래를 위해 여행사가 잠재고객에게 거래내용과 가격을 제시하기 위해 작성하는 제안서의 일종이다.

본래 견적서는 장래에 발생할 거래를 위해 재화나 용역을 공급하고자 작성하는 것으로서 각종 경비를 포함한 가격을 미리 산출하고, 그 내용을 구체적으로 기재하여 잠재고객에게 제시하는 제안서의 일종이다. 따라서 거래 당사자가 견적에 의거하여 쌍방의 합의가 이루어지면 계약이 성립된다.

여행견적서는 고객에게 보일 목적으로 작성하는 것이므로 여행상품가격이 합리적으로 보여야 한다. 따라서 원가계산서와는 그 작성방식에 차이가 있다.

2) 여행상품 견적서의 작성방법

견적서에 나타나는 여행상품가격은 원가계산서에서 작성되어 최종 결정된 여행상품가격으로 변경 없이 징수할 수 있어야 한다. 그러나 그 내용은 원가계산서와 달리 고객이 이해할 수 있는 합리적인 가격으로 보일 수 있도록 작성하고 내부적인 항목이 나타나지 않도록 한다.

따라서 TC의 FOC TKT, TC의 출장비, 통신료, 추가서비스료 등의 항목은 표기하지 않고 항공요금, 지상비, 보험료, 공항세 등 고객이 쉽게 이해할 수 있는 항목만을 표기한다. 또한 각 항목의 표기방법은 다음과 같다.

(1) 항공요금

실제 가격과 할인, NET 요금을 자세하게 기록하지 않는다. 다만, 고객에게 제시할 항공요금만을 기재한다. 또한 FOC에 대해 따로 명시하지 않는다.

(2) 지상비

자세한 내역을 쓰지 않고 1인당 모든 일정에 소요되는 비용을 달러로 명시한다. 고객에게 제시하는 지역별, 여행상품의 종류별로 특성에 따라 이해 가능한 금액을 제시한다. 다만, 구체적인 내용에 있어서의 포함과 미포함 여부를 정확하게 명시한다.

(3) 보험료 및 공항세

1인당 여행자보험료를 산출하여 현지공항의 출국세 및 공항세를 제시한다.

3) 여행상품 견적서 작성연습

〈표 5·8〉과 같이 상단의 항공, 지상비, 보험료, 태국 공항세 등을 명시할 수 있다. 이것은 정보제공이 필요한 경우 작성할 수 있으나, 이때 각 항목의 금액은 고객이 납득할 수 있는 금액으로 작성한다. 즉 실제 원가계산서에서 작성된 해당금액을 그대로 기입하지는 않으며, 원가계산서의 모든 항목을 모두 표기하지 않고 몇 개의 대표항목만으로 묶는다는 의미이다. 결국 고객이 납득할 수 있는 범위 내에서 지상비와 항공료의 항목을 적절히 배분하여 구성하는 것이 좋은데, 그 이유는 견적서에 회사 내부자료인 원가계산서의 금액을 그대로 공개하면 무리가 따르기 때문이다. 또한 항공, 지상비, 보험료, 공항세 등의 합계를 제시하고자 하는 여행상품의 총액보다 적게 구성하는 것이 좋다. 오해의 소지를 없애기 위해 상단부분의 자세한 금액 표기를 없애고 해외여행 조건 및 요금견적서의 내용만으로 견적서를 구성하기도 한다.

〈표 5•9〉 방콕 / 파타야 견적서의 예

항 공 ·화, 수, 목 출발기준 380,000원(4월 1일~7월 20일), 인원수에 따라 조정 가능 ·토, 일 출발 : 500,000원 지상비 : 3박 4일 100$ = 120,000원 / 4박 5일 120$ = 144,000원 보험료 : 3,000원 태국 공항세 : 15,000원		
주중요금 : 항공+지상비+보험+공항세 = 3박 4일 522,000원 / 4박 5일 546,000원		
해외여행 조건 및 요금견적서		
단체명 : 수학, 졸업여행		
여행기간 : 2005년 ○○월 ○○일~2005년 ○○월 ○○일(○○박 ○○일)		
여행지역 : 일정표 참조		
1. 여행요금		
인 원	여행경비(WON)	비 고
15명 이상	522,000	방콕, 파타야 3박 5일
15명 이상	546,000	방콕, 파타야 4박 5일
* 상기 여행요금은 2005년 12월 10일 정부의 적용환율 및 항공요금에 근거하여 산출된 바 환율 및 항공요금 변동시에는 통보 후 이에 준할 것임.		
2. 여행조건		
항공료	☐ 1등 ▣ 2등(ECONOMY CLASS) ☐ 기타	
숙박료	☐ 특급 ▣ 1급 ▣ 2인 1실	
식 사	▣ 조식(회) ▣ 중식(회) ▣ 석식(회) * 기내식 포함 * 일정표에 준함	
관 광	▣ 포 함	☐ 미포함
대회등록비	☐ 포 함	▣ 미포함
안내인솔자 경비	▣ 포 함	☐ 미포함
현지안내원	▣ 포 함	☐ 미포함
교통편	☐ 대형버스	☐ 소 형
공항세	▣ 포 함 ☐ 미포함	
포타세	▣ 포 함 ☐ 미포함 * 1인 규격 화물 1개	
여행자보험료	▣ 포 함	☐ 미포함
국내수속 제비용	☐ 포 함 ▣ 미포함 * 여권인지대(₩50,000)	
기타 잡비	☐ 포 함	▣ 미포함
* 관광진흥법, 건설교통부 해외여행 알선 및 안내업무 운영지침, 국제항공운송협회 규정에 의거 상기와 같이 해외여행 조건 및 견적서를 제출합니다.		

〈표 5•10〉 괌 여행견적서의 예

<table>
<tr><td colspan="3">항 공
・화, 수, 목 출발기준 330,000원(4월 1일~7월 20일)
・금요일 출발 : 350,000원 / 토, 일 출발 : 450,000원
지상비 : 3박 4일 80$ = 96,000원 / 4박 5일 120$ = 144,000원
보험료 : 3,000원
공항세 : 현지 18,000원</td></tr>
<tr><td colspan="3">주중요금 : 항공+지상비+보험+공항세 = 3박 4일 466,000원 / 4박 5일 514,000원</td></tr>
<tr><td colspan="3">해외여행 조건 및 요금견적서</td></tr>
<tr><td colspan="3">단체명 : 친목단체 여행</td></tr>
<tr><td colspan="3">여행기간 : 2005년 ○○월 ○○일~2005년 ○○월 ○○일(○○박 ○○일)</td></tr>
<tr><td colspan="3">여행지역 : 일정표 참조</td></tr>
<tr><td colspan="3">1. 여행요금</td></tr>
<tr><td>인 원</td><td>여행경비(WON)</td><td>비 고</td></tr>
<tr><td>15명 이상</td><td>466,000</td><td>괌 3박 4일</td></tr>
<tr><td>15명 이상</td><td>514,000</td><td>괌 4박 5일</td></tr>
<tr><td colspan="3">* 상기 여행요금은 2005년 12월 10일 정부의 적용환율 및 항공요금에 근거하여 산출된 바 환율 및 항공요금 변동시에는 통보 후 이에 준할 것임.</td></tr>
<tr><td colspan="3">2. 여행조건</td></tr>
<tr><td>항공료</td><td colspan="2">☐ 1등 ▣ 2등(ECONOMY CLASS) ☐ 기타</td></tr>
<tr><td>숙박료</td><td colspan="2">☐ 특급 ▣ 1급 ▣ 2인 1실</td></tr>
<tr><td>식 사</td><td colspan="2">▣ 조식(회) ▣ 중식(회) ▣ 석식(회)
* 기내식 포함 * 일정표에 준함</td></tr>
<tr><td>관 광</td><td>▣ 포 함</td><td>☐ 미포함</td></tr>
<tr><td>대회등록비</td><td>☐ 포 함</td><td>▣ 미포함</td></tr>
<tr><td>안내인솔자경비</td><td>▣ 포 함</td><td>☐ 미포함</td></tr>
<tr><td>현지안내원</td><td>▣ 포 함</td><td>☐ 미포함</td></tr>
<tr><td>교통편</td><td>☐ 대형버스</td><td>☐ 소 형</td></tr>
<tr><td>공항세</td><td colspan="2">▣ 포 함 ☐ 미포함 * 관광지흥기금(₩10,000) 포함</td></tr>
<tr><td>포타세</td><td colspan="2">▣ 포 함 ☐ 미포함 * 1인 규격 화물 1개</td></tr>
<tr><td>여행자보험료</td><td>▣ 포 함</td><td>☐ 미포함</td></tr>
<tr><td>국내수속 제비용</td><td colspan="2">☐ 포 함 ▣ 미포함 * 여권인지대(₩50,000)</td></tr>
<tr><td>기타 잡비</td><td>☐ 포 함</td><td>▣ 미포함</td></tr>
<tr><td colspan="3">* 관광진흥법, 건설교통부 해외여행 알선 및 안내업무 운영지침, 국제항공운송협회 규정에 의거 상기와 같이 해외여행 조건 및 견적서를 제출합니다.</td></tr>
</table>

앞에서 작성된 〈표 5·7〉의 태국 4박 5일 상품의 원가계산서를 기준으로 고객에게 제시할 다음의 여행상품 견적서를 작성해 보자.

〈표 5•11〉 여행상품 견적서 연습

<table>
<tr><td colspan="3">항 공
·주중 출발기준 : ·주말 출발 :
지상비 : 보험료 : 공항세 :</td></tr>
<tr><td colspan="3">주중요금 : 항공+지상비+보험+공항세 =</td></tr>
<tr><td colspan="3">해외여행 조건 및 요금견적서</td></tr>
<tr><td colspan="3">단체명 :</td></tr>
<tr><td colspan="3">여행기간 :</td></tr>
<tr><td colspan="3">여행지역 : 일정표 참조</td></tr>
<tr><td colspan="3">1. 여행요금</td></tr>
<tr><td>인 원</td><td>여행경비(WON)</td><td>비 고</td></tr>
<tr><td></td><td></td><td></td></tr>
<tr><td></td><td></td><td></td></tr>
<tr><td colspan="3">* 상기 여행요금은 2005년 12월 10일 정부의 적용환율 및 항공요금에 근거하여 산출된 바 환율 및 항공요금 변동시에는 통보 후 이에 준할 것임.</td></tr>
<tr><td colspan="3">2. 여행조건</td></tr>
<tr><td>항공료</td><td colspan="2">☐ 1등 ☐ 2등(ECONOMY CLASS) ☐ 기타</td></tr>
<tr><td>숙박료</td><td colspan="2">☐ 특급 ☐ 1급 ☐ 2인 1실</td></tr>
<tr><td>식 사</td><td colspan="2">☐ 조식(회) ☐ 중식(회) ☐ 석식(회)
* 기내식 포함 * 일정표에 준함</td></tr>
<tr><td>관 광</td><td>☐ 포 함</td><td>☐ 미포함</td></tr>
<tr><td>안내인솔자 경비</td><td>☐ 포 함</td><td>☐ 미포함</td></tr>
<tr><td>현지안내원</td><td>☐ 포 함</td><td>☐ 미포함</td></tr>
<tr><td>교통편</td><td>☐ 대형버스</td><td>☐ 소 형</td></tr>
<tr><td>공항세</td><td colspan="2">☐ 포 함 ☐ 미포함</td></tr>
<tr><td>포타세</td><td colspan="2">☐ 포 함 ☐ 미포함 * 1인 규격 화물 1개</td></tr>
<tr><td>여행자보험료</td><td>☐ 포 함</td><td>☐ 미포함</td></tr>
<tr><td>국내수속 제비용</td><td colspan="2">☐ 포 함 ☐ 미포함 * 여권인지대(₩50,000)</td></tr>
<tr><td>기타 잡비</td><td>☐ 포 함</td><td>▣ 미포함</td></tr>
<tr><td colspan="3">* 관광진흥법, 건설교통부 해외여행 알선 및 안내업무 운영지침, 국제항공운송협회 규정에 의거 상기와 같이 해외여행조건 및 견적서를 제출합니다.</td></tr>
</table>

6

국외여행상품의 항공운임

1 항공사의 항공권 영업

1) 항공사의 국적과 취항형태

(1) 국적기와 외항사

국적기는 한국 국적을 갖고 있는 두 항공사, 즉 대한항공(KE : Korean Air)과 아시아나(OZ : Asiana Airlines)를 말한다. 국외여행에서 KE와 OZ은 가장 많은 노선을 가지고 있어 여행사의 가장 중요한 고객이기도 하다.

OAL(Other Airlines)은 외국 항공사를 말하며, 한국에 취항하고 있는지의 여부에 따라 온라인 항공사와 오프라인 항공사로 구분하고, 취항 여부에 따라 정기 취항과 부정기 취항으로 구분한다. 또한 지점이나 영업대리점 설치 여부에 따라서도 구분하는데, 외국 항공사의 직원 역시도 다음의 두 가지로 구분한다. 하나는 본사에서 인사권을 행사하는 정식직원 즉, Own Staff(On Staff, On Line Staff)을 말하고, 다른 하나는 인건비 절감 및 고용의 탄력성을 위해 임시직으로 고용하거나 혹은 GSA 대리점을 정하고 대리점 소속의 GSA 직원을 두는 경우이다.

(2) 온라인 / 오프라인 항공사(ON / OFF-LINE CARRIERS)

온라인 항공사는 한국에 정기적인 항공편을 운항하고 있는 항공사이고, 오프라인 항공사는 한국시장에 취항하고 있지는 않으나 한국 내에 사무실을 두고 영업을 하는 항공사이다.

오프라인 항공사는 대리점 형태의 영업을 하며 항공사가 취항하고 있는 도시까지 온라인 항공사와 연결하여 그 지점으로부터 승객을 수송하는 것이다. 예를 들어, 2005년 현재 인천에 미취항하는 영국항공(BA : British Airways)은 운항하고 있는 가까운 도시, 즉 홍콩, 도쿄, 북경까지는 타 항공사를 이용하도록 하고, 다시 그 도시로부터는 BA를 이용하여 목적지까지 운송한다. 이때 특정 온라인 항공사들과 특별할인요금 협정을 맺어 경쟁력 있는 항공요금을 시장에 제공하는 것이다.

2) 항공사의 영업형태

(1) 지점의 설치

항공사가 직접 지점을 설치하여 운항하는 것이다. 일정규모 이상의 매출과 수요가 확인되었을 때 지점을 설치한다. 지점을 설치하면 시장을 직접 관리할 수 있고 밀착된 서비스를 제공할 수 있는 장점이 있지만, 사무실 유지 및 직원의 배치 등에 따르는 비용이 수반된다. 점차로 인터넷의 발달과 항공예약 및 발권시스템의 진보로 인해 지점의 설치에 따르는 투자보다는 인터넷 기반의 영업이 더 활성화되고 있다. 그래서 항공사는 오히려 기존의 지점을 축소하려는 경향이 있다.

(2) GSA(GENERAL SALES AGENT) 대리점 지정

지점을 설치하지 않고 총판매대리점으로 지정하여 항공사의 모든 영업활동을 총괄하도록 하는 형태이다. 항공사가 해외의 항공시장에서 지점이나 영업소를 개설하여 판매활동을 전개하기 힘들다고 판단될 때, 다른 항공회사나 여행사를 총판매대리점으로 지정하여 해당국가 또는 해당지역 내에서 대리점을 감독하고 홍보 및 선전활동을 전개하도록 하는 방법이다. 해당국가 정부와의 교섭창구로 활용하는 경우도 흔히 있다. 특히 Off Line Carrier의 영업을 대리하는 GSA인 경우, 한 여행사가 여러 오프라인 항공사의 영업을 대리하는 경우도 있다.

(3) PSA(PASSENGER SALES AGENT)

여객판매대리점이다. 즉, 화물(Cargo)을 제외한 나머지 여객부분의 판매만을 담당하는 대리점을 지정하는 것이다. 단독 PSA 계약을 체결하기도 하지만 여러 PSA를 선정해 영업을 진행하기도 한다. 2005년 현재 오리엔트타이항공은 빕투어를 비롯한 7개의 회사와 여객판매대리점(PSA) 계약을 체결하고 있고, 앙코르항공 역시 한국에 GSA를 체결하지 않고 PSA만으로 진행하고 있으며, 해남항공은 모 여행사와 단독 PSA 계약을 체결하여 인천-하이난 노선을 운항한다.

3) 항공사 관련 기관

(1) IATA

국제항공운송협회(International Air Transport Association)는 1945년에 설립된 유엔전문기구인 국제민간항공기구이다. 세계 항공운송의 각종 절차와 규정을 심의, 제정, 결의를 하며 항공운송에서 국가 간의 이해관계 조정 및 항공운송에 예상되는 각종 규정 및 절차의 표준화를 목적으로 한다.

현재 캐나다 몬트리올과 스위스 제네바에 본부를 두고 있으며, 2000년 말 현재 한국을 포함하여 전세계 61개국에 지부를 두고, 여객운임 정산을 위한 BSP에 가입한 항공사는 347개, 여행사는 54,000개이다.

(2) ICAO

국제민간항공기구(International Civil Aviation Organization)는 1944년 시카고에서 52개국 대표가 모여 설립한 국제민간항공조약(시카고조약)에 의거 1947년에 발족한 유엔전문기구이다.

항공기, 승무원, 통신, 공항시설, 항법 기술면에서의 표준화를 위한 활동을 하고 있다. 1999년 3월 말 참여하고 있는 가입국가는 185개에 이른다. 본부는 캐나다 퀘백주 몬트리올에 위치하고 한국은 1952년 12월에 가입하였다.

4) 인천공항 취항 항공사의 운항특징

국제민간항공기구(ICAO)의 협약에 따라 국적기는 자국에서 덤핑을 할 수 없다. 따라서 국적기인 대한항공과 아시아나는 유럽계 직항편보다 상대적으로 항공요금이 비싸다. 비교적 장거리 노선이면서 수요가 많은 유럽노선을 살펴보면, 스위스항공과 영국항공이 IMF 이후 직항편을 철수하여 현재 에어프랑스, 케이엘엠, 루프트한자, 알리딸리아 항공이 유럽 직항편을 운행하고, 알리딸리아 항공은 대한항공과 공동운항(Code Share)을 하고 있다.

(1) 대한항공(KE)

취항하는 도시가 가장 많아 갈아타는 일 없이 최단 시간에 갈 수 있다. 또한 유럽을 왕복하면 제주도 왕복항공권이 나올 정도의 마일리지(Sky Pass)가 쌓인다. 그러나 취항지가 유럽의 주요 도시로만 한정되어 다른 도시로 가려면 추가요금을 내고 현지에서 다른 항공편으로 갈아타야 한다.

(2) 아시아나항공(OZ)

취항도시는 바로 갈 수 있으며 상당한 마일리지(스타얼라이언스)가 쌓이는 것은 KE와 동일하지만 그에 비해 취항지가 다소 적다.

(3) 에어프랑스(AF)

프랑스의 국영 항공사이다. 대한항공과 공동운항(Code Share)하기 때문에 실제로는 매일 운항하는 것과 같고 마일리지 적립도 된다. 인천에서 파리까지의 직항이라 프랑스를 중심으로 유럽을 여행할 때 편리하다.

(4) 루프트한자(LH)

독일의 프랑크푸르트까지 매일 운항하기 때문에 편리하다.

(5) 케이엘엠(KLM)

네덜란드의 암스테르담까지 직항편을 운항한다. 암스테르담이 유럽 여행을 시작하기 편리해서 인기가 있다.

(6) 알리딸리아(AZ)

대한항공과 로마행 직항편을 공동운항하며 현지 도착시간은 저녁이다.

(7) 케세이퍼시픽(CX)

홍콩을 거점으로 유럽 각 도시로 취항한다. 유럽에 아침 일찍 도착하고 홍콩을 경유할 때 한 번은 무료로 스톱오버할 수 있어서 인기가 있다.

(8) 타이항공(TG)

방콕을 거점으로 유럽의 주요 도시를 연결한다. 유럽 현지 도착시간이 아침이고 비행시간이 무척 길지만 방콕에서 스톱오버할 수 있다.

(9) 싱가포르항공(SQ)

세계 최고의 기내 서비스와 싱가포르에서 무료로 스톱오버할 수 있다는 장점이 있고 유럽 내 취항지도 많다.

(10) 일본항공(JL)

도쿄, 오사까를 베이스로 운항하는 일본의 대표적 항공사이다. 일본에서 당일 타 지역 연결이 되지 않는 경우에는 무료로 호텔을 제공한다. 유럽으로 운행하는 편수가 많으므로 좌석이 여유 있지만, 대개 1박을 해야 하는 불편함이 있다. 추가요금으로 일본에서 스톱오버가 가능하며 추가요금 없이 리턴 변경이 1회 가능하다.

(11) 전일본공수(NH)

흔히 아나(ANA)라는 이름으로 통하며 도쿄를 경유해 유럽까지 취항한다. 저렴한 항공료를 자랑하는 대신 반드시 일본에서 1박을 해야 한다. 호텔이 제공되지 않는다. 추가요금 없이 일본에서 스톱오버가 가능하며 추가요금 없이 리턴 변경이 1회 가능하다.

〈표 6•1〉 인천공항 취항 항공사명과 코드 및 국가

번호	항 공 사 명	IATA	ICAO	국 적	체크인
1	네덜란드항공 (KLM Royal Dutch Airlines)	KL	KLM	네덜란드	C
2	중화항공 (China Airlines)	CI	CAL	대 만	G
3	유니항공 (Uni Air)	B7	UIA	대 만	J
4	에바항공(Eva Air)	BR	EVA	대 만	H
5	원동항공 (Far Eastern Air Transport)	EF	FEA	대 만	K
6	루프트한자항공 (Lufthansa Airlines)	LH	DLH	독 일	K
7	달라비아항공(Dalavia-Far East Airways Khabarovsk)	H8	KHB	러시아	J
8	아에로플로트항공 (Aeroflot Russian Airlines)	SU	AFL	러시아	H
9	시베리아항공 (Siveria Airlines)	S7	SBI	러시아	H
10	블라디보스톡항공 (Vladivostok Air JSC)	XF	VLK	러시아	G

번호	항 공 사 명	IATA	ICAO	국 적	체크인
11	사할린항공 (Sakhalinskie Aviatrassy Airlines)	HZ	SHU	러시아	J
12	말레이시아항공 (Malaysia Airline System)	MH	MAS	말레이시아	K
13	몽골항공 (Mongolian Airlines)	OM	MGL	몽 골	J
14	노스웨스트항공 (Northwest Airlines)	NW	NWA	미 국	H
15	유나이티드항공 (United Airlines)	UA	UAL	미 국	K
16	베트남항공 (Vietnam Airlines Corporation)	VN	HVN	베트남	G
17	싱가포르항공 (Singapore International Airline)	SQ	SIA	싱가포르	K
18	에미레이트항공 (Emirates Arilines)	EK	UAE	아랍에미리트	H
19	우즈베키스탄항공 (Uzbekistan Airways)	HY	UZB	우즈베키스탄	J
20	이란항공 (Iran Air)	IR	IRA	이 란	H
21	에어파라다이스 (Air Paradise)	AD	PRZ	인도네시아	J
22	라이언항공 (Lion Air)	JT	LNI	인도네시아	H
23	스카이마크항공 (SKYmark Airlines)	BC	SKY	일 본	J
24	일본항공 (Japan Airlines)	JL	JAL	일 본	J
25	전일본공수 (All Nippon Airways)	NH	ANA	일 본	K
26	상하이항공 (Shanghai Airlines)	FM	CSH	중 국	G
27	중국해남항공 (China Hainan Airlines)	HU	CHH	중 국	H
28	중국국제항공 (Air China)	CA	CCA	중 국	H

번호	항 공 사 명	IATA	ICAO	국 적	체크인
29	캐세이퍼시픽항공 (Cathay Pacific Airways)	CX	CPA	중 국	J
30	중국샤먼항공 (China Xiamen Airlines)	MF	XMN	중 국	H
31	중국남방항공 (China Southern Airlines)	CZ	CSN	중 국	H
32	산동항공 (Shandong Airlines)	SC	CDG	중 국	C
33	중국동방항공 (China Eastern Airlines)	MU	CES	중 국	H
34	에어마카오 (Air Macau)	NX	AMU	중 국	J
35	에어아스타나 (Air Astana)	4L	4L	카자흐스탄	G
36	카타르항공 (Qatar Airways)	QR	QTR	카타르	J
37	에어캐나다 (Air Canada)	AC	ACA	캐나다	K
38	타이항공 (Thai Airways International Public)	TG	THA	태 국	K
39	오리엔트타이항공 (Orient Thai Airlines)	OX	OEA	태 국	J
40	푸켓항공 (Phuket air)	9R	VAP	태 국	H
41	터키항공 (Turkish Airlines)	TK	THY	터 키	C
42	에어프랑스 (Air France)	AF	AFR	프랑스	D
43	필리핀항공 (Philippine Airlines)	PR	PAL	필리핀	G
44	세부퍼시픽항공 (Cebu Pacific Air)	5J	CEB	필리핀	J
45	아시아나항공 (Asiana Airlines)	OZ	AAR	한 국	C, D
46	대한한공 (Korean Air)	KE	KAL	한 국	D, E, F

2 항공사의 항공운임 적용기준

1) 항공사의 항공운임 구분

항공운임은 각 항공사의 요금표와 IATA의 가격기준으로 결정되는데 항공사마다 다양한 조건에 따라 할인요금을 적용하고 있다. 여행조건과 여행인원 및 항공권 사용기간, 여행자의 신분, 연령, 탑승좌석 등급, 계절, 여행경로 등에 따라 다양하고 복잡하며 [그림 6·1]과 같이 나타낼 수 있다.

항 공 운 임

1. 정상운임 (Normal Fare)
2. 특별운임 / 판촉운임 (Special Promotional Fare)
3. 할인운임(Discounted Fare)
   - ① 유아운임(IN : Infant Fare)
   - ② 소아운임(CH : Child Fare)
   - ③ 비동반소아운임(UM : Unaccompanied Minor)
   - ④ 학생운임(AD : Student Discount)
   - ⑤ 선원운임(SC : Ship's Crew Discount Fare)
   - ⑥ 대리점직원운임(AG : Agent Discount)
   - ⑦ 환자운임(Stretcher Fare)
   - ⑧ 이민운임(Emigrant Fare)
   - ⑨ 인솔자운임(Tour Conductor Fare)

[그림 6•1] 항공운임의 종류

2) 정상운임과 특별 / 판촉운임

(1) 정상운임(NORMAL FARE)

예약변경, 여정변경, 항공사변경, 발권일시의 제한, 환급 등의 조건제한이 없고, Stopover의 횟수에 대한 제한도 없다. 유효기간은 발권(Issuing Date) 후 1년 이내에 첫 FLT CPN(Flight Coupon)을 사용해야 하며 나머지 FLT CPN도 여행개시 후 1년 이내에 모두 사용해야 한다. Fare Basis는 좌석등급에 따라 다음과 같이 표기된다.

〈표 6•2〉 정상운임 및 할인운임의 좌석등급 표기

좌석등급	CODE	내 용
1등석	P	FIRST CLASS PREMIUM
	F	FIRST CLASS
상용석	J	BUSINESS CLASS PREMIUM
	C	BUSINESS CLASS
일반석	Y	ECONOMY CLASS / NORMAL
일반석 할인	K	ECONOMY CLASS / EXCURSION
	G	ECONOMY CLASS / GROUP
	M	ECONOMY CLASS / PROMOTIONAL
	X	INCENTIVE GROUP(KE)

* 아시아나(OZ)는 T Class로 표기함.

(2) 특별운임 / 판촉운임(SPECIAL FARE / PROMOTIONAL FARE)

일반적 할인규정이 아니라 특별한 조건으로 할인하는 것으로 대부분 판촉운임이 해당한다. 할인에 따르는 다양한 제한이 있는데 그 유형은 기간(Min / Max Stay) 제한, 조건(Stopover, 예약 / 여정변경과 환급, 선구입조건 제시) 제한, 시즌(Season) 적용이다. 선구입조건(Advanced Purchased Fare)은 미주 구간에서 사전 구매시 할인되는 것으로 탑승 일정시간 전에 구입해야 한다. 각 구간별로 공시되는 판촉운임은 〈표 6·5〉와 같다.

〈표 6•3〉 유럽 / 오세아니아 / 동·서남아 판촉운임의 FARE BASIS

CODE	내 용
YPX3M	· Economy Class PX Fare · 일반석 유효기간 4일 이상 3개월 미만의 사전구입 할인요금(APEX FARE) · 한국⇒Europe / New Zealand행에 적용된다. · AD / CG 할인 불가 · Stopover : 유럽행은 불가, 뉴질랜드행은 3회 가능
YEE6M	· Economy Class Excursion Fare 1개월 · 일반석 유효기간 4일 이상~6개월 이내 · 한국⇒Europe · AD / CG 할인 가능 · Stopover : 유럽 내 2회 가능
YZZ	· Youth Fare · 만 12세 이상~26세 미만의 유럽행 여정에 적용 · 유효기간 3일 이상~6개월 미만 · 예약구간 변경 불가 · Stopover 추가요금(KRW50,000)으로 1회 가능
YEE	· Economy Class Excursion Fare · 한국⇒동남아 주요 도시행 · 유효기간 3일 이상~1개월 미만 · AD / CG 할인 가능 · Stopover 2회 가능
YEE3M	· Economy Class Excursion Fare 3개월 · 한국⇒호주행 · 유효기간 4일 이상~3개월 미만 · AD 할인 가능 · Stopover 방향당 1회 가능
EXCN	· Y Class Excursion Fare · 한국⇒서남아행 · 유효기간 3일 이상~2개월 미만 · Stopover 방향당 1회
YPX	· Y Class PX Fare · 한국⇒서남아행 · 유효기간 7일 이상~45일 미만(APEX FARE) · Stopover 불가

〈표 6•4〉 미주행 판촉운임별 내용과 CODE

CODE	내용
BLEE6M	· Economy Low Season Excursion 6개월 · 한국⇒USA / CAN · 4일 이상~6일 미만 · AD / CG 적용 불가 / Stopover 방향 2회 가능
MHPX3M	· Economy High Season PX Fare 3개월 · 한국⇒USA / CAN · AD / CG 할인 불가 / Stopover 불가
MSTO	· Economy Class Student One Way / Return · 한국⇒USA / CAN · 나이 제한 없음(학업 구비서류 필요) · AD / CG 불가 · Stopover 1회 가능
MEMO	· Economy Class Emigration One Way · 한국⇒USA / CAN 이민(이민서류 필요) · Stopover 불가
YPX3	· Y CLASS PX FARE 3개월 · 한국⇒중남미 · Stopover 전여정 2회 무료

3) 할인운임(DISCOUNTED FARE)

할인운임은 승객의 여행형태, 나이, 신분에 따라 할인이 제공되는 운임이다. 승객의 여행조건에 따라서도 정상운임이나 특별운임이 적용될 수 있다. Fare Basis는 LSTO, YLEE1M / CH33, Y / IN90, YGV10 / CG00, LEMO, YCD 등으로 표기된다.

〈표 6•5〉 PASSENGER TYPE CODE

번호	CODE	내 용	대 상	예
1	IN	Infant Discount	2세 미만	IN90
2	CH	Child Discound	12세 미만	CH33, CH50
3	UM	Unaccompanied Minor	생후 3개월~만 5세 미만 만 5세 이상~만 12세 미만	성인요금 CH33
4	SD	Student Discount	학 생	SD25
5	SC	Ship'S Crew Member	선 원	SC25, GS40
6	AD	Agent Discount	여행사 임직원	AD75, AD50
7	ID	Air Industry Discount	항공사 임직원	ID90
8	EM	Emigrant Fare	이민자용(편도만)	LEMO.EM25
9	CG	Tour Conductor Discount	단체인솔자	CG00
10	GV	Group Inclusive Tour Discount	단체여행 최소 인원	GV10
11	CD	Senior Citizen Discount	65세 이상 노인 할인	YCD

* 코드 뒤의 숫자는 일반적으로 할인율을 나타낸다(GV10 제외).

(1) 유아운임(INFANT FARE : IN90)

최초 여행일을 기준으로 했을 때 생후 14일 이상~만 2세 미만의 유아로 좌석을 점유하지 않을 때(NO SEAT : NS)의 운임이다. 이 경우 생년월일(DOB : Date of Birth)은 항공권의 Endorsement / Restriction란에, 동반 보호자의 항공권번호는 Conjunction Tickets란에 기재된다.

성인운임의 10%를 적용받고 IN90으로 표기한다. 단, 성인 보호자 1인에게 1명의 유아만 인정한다. 따라서 유아가 2명 이상인 경우에 1명의 유아만 적용되고 나머지 유아는 Child 운임이 적용된다. 국내선의 경우에는 국가마다 규정이 다른데 한국, 미국(USA), 캐나다(CAN)의 국내선은 무료이다.

유아의 무료 수하물 허용량은 Weight System의 경우 1개의 접을 수 있는 Stroller / Push Child 또는 유아 운반 Basket이다. Piece System의 경우에는 115cm 미만의 가방 1개와 접을 수 있는 유모차이다.

(2) 소아운임(CHILD FARE : CH33)

최초 여행일 기준 만 2세에서 만 12세 미만으로 성인 보호자가 동반하는 경우이다. 성인운임의 50~67% 수준이 적용된다(CH33). 이 경우 생년월일(DOB : Dare of Birth)은 항공권의 Endorsement / Restrictions란에, 동반 보호자의 항공권번호는 Conjunction Tickets란에 기재된다. 단, 특별운임 중에는 CH, IN 할인이 불가한 경우도 있다. 별도의 좌석이 제공되고 성인과 동일한 무게의 무료수하물이 적용된다.

(3) 비동반 소아운임(UNACCOMPANIED MINOR FARE : UM)

성인 보호자를 동반하지 않은 소아에게 적용하는 운임이다. 생후 3개월부터 만 5세 미만의 소아가 성인을 동반하지 않고 혼자 여행할 경우 성인운임을 적용하고, 만 5세 이상에서 만 12세 미만은 성인을 동반한 CH운임과 동일하게 적용한다.

무료 수하물 허용량은 성인과 같으며, Ticket상에 DOB를 기재해야 한다. 보호자가 없으므로 Conjunction Tickets란에는 보호자번호가 없다. UM은 사전에 예약과를 통해 운송허가를 취득해야 하는데, 이 경우 탑승수속을 할 때나 기내에서 승무원의 도움을 받을 수 있다.

(4) 학생운임(STUDENT FARE : SD25)

입학허가서를 받고 타국의 교육기관으로 떠나거나 다시 모국으로 귀국할 때 적용한다. 최초 여행일 기준 만 12세 이상~만 25세 이하로서 정규교육기관에 6개월 이상 교육과정에 등록된 학생에게 적용되는 요금이다.

적용기간은 학업시작 6개월 전부터 학업종료 후 3개월까지 가능하다. 운임수준은 성인요금의 75%가 적용되지만 Y Class에만 해당된다. 또한 Transit은 허용하지만 도중체류(Stopover)가 불가하다.

입학허가서 사본, 재학증명서(원본), 학생증 사본이 필요하다. 최초 발권시 증빙서 제출이 불가능한 경우, 정상운임으로 구입한 후 여행개시 후 3개월 이내 해당 증빙서류를 제출하면 할인금액에 대해 환급이 가능하다. Fare Basis에는 SD25와 같이 표기하여 25%가 할인되었음을 나타낸다.

USA / CAN로 가는 학생은 25%의 할인 대신에 LSTO(R) 운임이 적용된다. LSTO(Low Season Student One Way) 운임은 J1(교환교수) / J1(교환교수 가족), F1(유학생) / F2(유학생 가족) 등의 비자를 구비했을 때 적용이 가능하다. 이때 나이의 제한은 없다.

〈표 6•6〉 특별운임 코드

구 분	코 드	내 용
학 생	LSTO	LOW SEASON STUDENT ONE WAY
미 군	LMDO	LOW SEASON MILITARY DISCOUNT ONE WAY
이민자	LEMO	LOW SEASON EMIGRANT ONE WAY
왕복여행자	MHAPB	ECONOMY CLASS HIGH SEASON ADVANCED PURCHASE BUDGET FARE
편도여행자	MHAPBO	ECONOMY CLASS HIGH SEASON ADVANCED PURCHASE BUDGET FARE ONE WAY

(5) 선원운임(SHIP'S CREW DISCOUNT FARE : SC25 / GS40)

선박 취업 선원증명서를 소지한 선원에게 적용하는 운임으로 승선지나 하선지에서 근무교대를 위하여 항공기를 이용하는 경우 적용한다. 개인선원(SC)은 성인요금의 75%이고 Y Class만 적용된다. 단체선원(GS)은 조업과 관련해 여행하는 단체선원으로 규정은 개인선원과 동일하며 요금은 성인요금의 60%이다(GS40). 단, 도중체류가 불가능하고 무료 수하물은 40kg까지 허용한다. Seaman Certificate(선원증명서), Seaman Book(선원수첩 : 근무시에만 나누어줌), 선원고용계약서가 필요하다.

(6) 대리점 직원운임(AGENT DISCOUNTED : AD75 / AD50)

항공사와 대리점 계약을 체결한 대리점 직원 및 그 배우자에게 적용되는데 항공사의 승인이 요구된다. 또는 해당여행사에 1년 이상 근무한 IATA 대리점 임직원에게 적용된다.

본인은 성인 정상요금의 25%를 적용(AD75), 동반 배우자도 50%(AD50)가 적용된다. 할인기준은 IATA에서 규정한 정상요금(Shown Fare)이다. 유효기간은 항공권 발행일로부터 3개월 이내에 사용해야 하고 첫 번째 Flight Conpon은 해당연말까지 사용한다.

구비서류는 대리점의 신청서(Application Letter of Agent), 항공사의 승인서(Authorization Form), 타 항공사 개입시 해당항공사의 동의서(Concurrence Letter)가 필요하다.

(7) 항공사 직원운임(AIRLINE INDUSTRY(EMPLOYEE) DISCOUNT : ID00)

항공사 직원에게 발행되는 할인 티켓이다. 보통 90%의 할인을 받거나 무료이며, 이 항공권 역시 좌석확정이 되지 않고 마일리지 적용 등을 받지 못한다. 그리고 사전예약이 인정되지 않고 잔여석이 있을 때만 탑승할 수 있다. SUBLO Ticket(Subject to load)이라고도 한다.

(8) 환자운임(STRETCHER FARE)

치료를 목적으로 들것(Stretcher)에 누워 항공여행을 하는 사람에게 적용되며 환자와 2명의 보호자를 포함하여 해당구간 성인 정상 1등석 운임의 4배를 적용한다.

(9) 이민운임(EMIGRANT FARE : EM25)

이민사증을 소지한 이민자에게 적용되는 운임으로서 정상운임의 75%를 적용하도록 한다.

(10) 단체인솔자할인(TOUR CONDUCTOR : CG00 or TG00)

통상 10명 이상의 단체를 인솔하는 인솔자에게는 FOC(Free of Charge)가 주어진다. 어린이의 경우 2인을 성인 1인으로 하여 단체의 구성원수를 정하는데, 항공사의 자체 규정에 따라 할인 수혜인원 및 할인율이 달라진다. 100% 할인의 경우에는 CG00, 50%의 경우에는 CG50 등으로 표기한다.

〈표 6•7〉 단체규모에 따른 할인율과 FOC

단체인원	할인인원	표 기	FOC 적용 및 할인율(%)
1~9	0	-	항공사에 따라 별도 규정
10~14	1	CG50	50% 할인
15~25	1	CG00 CG50	FOC 1매
26~29	2		FOC 1매, 1인은 50% 할인
30~39	2		FOC 2매
40~44	3		FOC 2매, 1인은 50% 할인
45~54	3		FOC 3매
55 이상	인솔자는 단체에 포함되지 않고 별도 계산한다.		

〈표 6•8〉 할인운임의 FARE BASIS 예

FARE BASIS	내 용
LSTO	LOW SEASON(6TH) STUDENT ONE WAY
YLEE1M / CH33	ECONOMY CLASS LOW SEASON EXCURSION 1개월 유효 / CHILD DISCOUNT 33% 할인
Y / IN90	ECONOMY CLASS / INFANT 90% 할인
YGV10 / CG00	ECONOMY CLASS GROUP 10 / TOUR CONDUCTOR FREE OF CHARGE
LEMO	LOW SEASON EMIGRANT ONE WAY
YCD	ECONOMY CLASS SENIOR CITIZEN DISCOUNT

4) 기타 운임

(1) 공시운임(PUBLISHED FARE)

IATA 산하의 운송회의(TC)에서 결정한 두 도시 사이의 직행운임으로서 단말기나 운임책자에 공시되어 있다.

(2) 직행운임(DIRECT FARE)

공시운임을 포함하여 두 도시 간의 운임이 공시되지 않았더라도 산출이 가능한 두 도시 간의 운임이다. 공시되지 않은 두 도시 간의 운임을 계산할 때는 부가운임(ADD-ON)을 이용하거나 중간 지점의 운임을 결합(Combination Fare)하여 계산한다.

(3) 통과운임(THROUGH FARE)

두 도시 사이에 있는 중간 도시들을 경유하는 여정의 전체 운임을 산출할 때, 허용된 여행거리와 실제 승객이 여행한 거리를 비교하여 해당 두 도시 간의 공시운임을 그대로 적용하거나 또는 두 도시 간의 공시운임에 할증률을 적용한 해당여정의 운임이다. 예를 들어, SEL-HKG-SIN의 운임은 SEL / SIN 간 공시운임을 그대로 적용하는 것이 가능하다.

(4) 부가(ADD-ON)운임

관문도시와 해당도시 사이에 설정된 부가운임으로 해당 국가의 통화가 적용된다. 여객운송량이 적은 도시는 공시운임을 모두 책정하지 않고 주변의 관문도시(GATEWAY CITY)와 해당 도시 간의 운임을 별도로 설정하여 이용한다. 즉 해당도시에서 관문도시까지의 ADD-ON 운임과 관문도시에서 도착도시까지의 공시운임을 결합하여 해당도시에서 도착도시까지의 전체 운임으로 적용한다.

예를 들어, PUS(Pussan)-LAX(Los Angeles) 간은 PUS의 관문도시인 SEL(Seoul)의 운임 및 조건을 ADD-ON Table에서 확인하고 SEL-LAX의 공시운임 및 조건을 확인한다. 그리고 PUS-SEL의 ADD-ON 운임에 SEL-LAX 공시운임을 합하여 산출한다. ADD-ON은 SEL-PUS 왕복요금보다 저렴하게 적용받는다. OZ로 대구에서 유럽을 갈 때도 ADD-ON을 적용하면 국내선 대구-서울 왕복요금(약 10만 원)이 아닌 5만 원 정도의 ADD-ON를 적용할 수 있다.

그러나 ADD-ON 운임은 반드시 공시운임과 결합하여 사용해야 한다. ADD-ON을 결합하여 산출된 운임은 공시운임과 동일한 효력을 가지며, 승객 여정상의 운임을 결합할 때 사용된 관문도시를 반드시 경유할 의무는 없다.

5) 항공사의 판매가 결정의 기본

항공사는 노선구조, 운항횟수, 수요의 동향, 경쟁사 가격 등 여러 가지 요인을 고려하여 공시운임(Published Fare)에서 할인된 시장가격(Selling Price)을 설정하고 그에 따라 실제 판매활동을 한다.

(1) 판매가 결정시 고려사항

① 노선구조 및 스케줄

② 시장수용의 동향 : 수용의 규모, 수요의 성격

③ 경쟁사의 가격

④ 타 항공사와의 SPA(Special Proration Agreement) 체결 여부

(2) 판매가의 기본 적용방법

여객영업 본부 및 각 지역본부의 협의에 의한 판매가 적용의 기본방침을 결정하고 운영하는 데 판매가의 기본적인 적용방법은 다음과 같다.

① 시즌별 차등가격제
② FLT(Flight)별 차등가격제 부분 적용
③ 수요의 성격에 따른 특별가격 운영(Honeymoon 특별가격 등)
④ 특별운임 제한규정이 적용되는 구간에서의 Waive 허용(규정에 벗어나지만 요금, 일정 등의 규정 위배 부분을 묵인 또는 승인한다. 예를 들어, 기 발권된 항공권의 항공요금이 변경되었는데 재발행할 경우는 Waive로 인상전 요금을 적용하고 Endorsement에 그 내용을 기재한다)
⑤ 대리점 개입시 Net 금액기준 Commission 지급원칙

(3) 등급별 판매가 적용방법

자주 발생하는 여정에서는 일괄적으로 이상의 기준을 적용하기 위한 Routing Table을 작성하여 활용하기도 한다. 그 외에 적용되는 원칙으로는 다음과 같다.

① F Class : No Discount
② C Class : 구간별 할인
③ Y Class : MSP(Minimum Selling Price) 적용(각 항공사가 노선구조, 운항횟수, 수요의 동향, 경쟁사의 가격 등 여러 가지 요인을 고려하여 실제 판매활동을 하는 기격으로 공시운임에서 할인된 시상가격을 말한다)
④ Child : 성인 판매가의 67% 징수원칙(CH33)
⑤ Group : 판매담당자(Representative)의 협상에 의해 결정
⑥ UM(Unaccompanied Minor) 비동반 소아운임 / Stretcher(들것) : No Discount 원칙

6) 운임 책자(TARIFF)

항공운임과 관련된 규정을 의미한다. CRS가 발달하기 전에 주로 사용된

항공운임을 기재한 책자이며 최근에는 거의 사라지고 있다.

(1) AIR TARIFF

AC(Air Canada), BA(British Airways), JL(Japan Airlines), QF(Quantatas Airways), SR(Swiss Air Transport) 등의 항공사가 공동제작한 책자로 전세계의 항공운임과 규정을 수록하고 있으며, 대다수의 항공사와 여행사에서 공식 TARIFF 책자로 사용하고 있다.

(2) OAG(OFFICIAL AIRLINE GUIDE)

전세계의 국내 · 국제선의 운항항공사의 시간표를 중심으로 운임, 통화환산표 등 관광에 필요한 자료가 기록된 간행물이다. 북미 출발 및 도착구간의 항공운임과 각 국가의 국내에서 운임열람에 사용된다.

(3) ATPCO PASSENGER TARIFF SET(SQUIRE TARIFF)

SQUIRE Tarriff사에서 발간하는 미국, 캐나다 지역의 국내선 운임이 수록된 책자이다.

3 여행상품의 항공요금 적용

1) 여행상품에 대한 항공요금 적용의 기본

여행사는 항공사의 항공권을 팔지만, 항공권은 여행사가 항공사보다 저렴하게 판매한다. 이것은 항공사로부터 적용받는 항공요금이 다르기 때문인데,

항공요금은 국외여행상품 원가의 가장 높은 비율을 차지하고 있어 판매와 수익에 매우 중요한 요소이다.

모객능력이 커서 대량의 항공권을 판매하는 여행사는 낮은 가격을 적용받는다. 국내의 하나투어, 모두투어, 탑항공 등이 여기에 해당되는데, 동일노선에 대해서 항공요금이 서로 다른 것은 항공사로부터 받을 수 있는 요금이 서로 다르기 때문이다.

또한 여행사는 항공권의 판매를 통해 수수료 수입뿐만 아니라 동시에 판매량에 따른 독점적 지위를 얻고자 한다. 즉 저렴한 요금의 적용과 성수기 물량의 확보, 높은 수수료율을 추구하는 것이다. 따라서 어느 한 노선에 대해 독점적 지위를 확보하기 위해 아주 저렴한 판매를 하기도 하므로 일률적으로 한 여행사가 모든 노선에서 절대 우위를 차지하지는 않는다.

주력 노선이 아닐 때에는 타 여행사의 저렴한 항공권을 ATR 형식으로 구매하기도 한다. 즉 BSP 발권이 가능하더라도 저렴한 항공요금을 위해 ATR을 이용하기도 한다.

2) GROUP요금 적용

(1) GV10

Group은 동일여정으로 출발과 도착이 동일하게 이루어진 단체이다. 할인항공권의 기본은 Group의 조건이 되는가의 여부이다. 항공권은 10인을 기준으로 Group으로 인정한다. Group으로 인정되면 FOC(Free of Charge) Ticket을 신청할 수 있고 Group 요금을 적용받을 수 있다. Excursion 할인에 재할인까지 가능하나 여러 지역을 경유하는 경우 출발과 도착 항공편은 항시 같아야 하고, 좌석배정 우선권이 떨어지는 단점이 있다.

GV(Group Inclusive)로 표시하며 10인 기준은 'GV10', 20인 기준은 'GV20'이다. 이 기준에 의해 FOC Ticket이 제공된다. IATA(International Air Transport

Association)의 규정에서 GIT(Group Inclusive Tour)의 경우 FOC는 15인+1FOC, 30인+2FOC, 45인+3FOC를 받게 되어 있다. 따라서 10인 이상 14인 이하는 AD(Agent Discount)로 처리하기도 한다. 예를 들어, 27명의 단체행사인 경우 IATA 규정에 의해 15인+1FOC가 해당되고 나머지 11명에 대해서는 10인+1(AD)로 처리한다.

Group TKT(Ticket)의 환불은 환불조건이 까다롭다. 환불로 인해 Group Size가 형성되지 않을 때, RTN(Return)만 환불을 요청한다면 환불이 불가능하다. 모든 TKT는 환불할 경우 항공사에 수수료를 부담해야 하는데 여행사도 환불로 인해 Group 형성이 안 되거나 항공사와의 거래에서 손실을 입게 된다. 그래서 환불시에는 고객에게 항공사 수수료뿐만 아니라 여행사에 대한 수수료도 요청하고 있다.

(2) Minimum Group 요금

Minimum Group이란 소형 그룹을 말한다. 항공사에서는 개별여행과 단체여행의 중간에 소그룹 요금을 두고 있는데 소그룹은 보통 4인 이상에 적용된다. 이 경우 GV4로 표기되는데 IATA의 기본규정에 없는 요금이지만 항공사에서 촉진용으로 만든 요금체계이다. 촉진요금으로는 GV1, GV2, GV4 등이 가능한데, GV1의 경우는 1명이라도 그룹요금을 적용받게 되는 것을 의미한다. 이 요금은 여행사의 모객능력과 관계없이 또 개인이라도 적용받을 수 있기 때문에 대규모 모객력을 갖고 영업을 하는 Wholesaler 여행사만의 유리한 점은 없다.

(3) CONSOLE TICKET(CONSOLIDATED TICKET)

단체할인요금을 적용받기 위해 개별 티켓들을 모아서 단체화하여 발권하는 것을 말한다. 일반적으로 여행사가 판매하는 할인항공권은 대부분 여기에 해당한다. 'Console'은 약자로서 'Consolidated'의 의미이므로 통상적으로는 '티켓을 묶는다'라고도 표현한다. 단체처럼 동일한 여정으로 출·도착이 이루어지기 때문에 일정과 조건의 변경, 환급 등에 동일한 규제를 받는다.

3) 개인할인

(1) EXCURSION FARE

개인에게 적용되는 왕복할인요금이다. 단체 여부와 관계없이 제한된 날짜 안에 귀국하는 것을 조건으로 하며 왕복회유운임이라고도 한다. 이 요금은 국내에서 가장 많이 유통되고 있는데, 할인항공권의 경우 YHEE45, YHEE1M 등으로 표시되어 있으면 Economy Class High Season Excursion Fare의 의미로 유효기간 1달에서 6개월 사이의 비교적 장기간의 여행에 대해 왕복요금이 적용된다.

30일, 45일, 2달, 3달짜리 등이 있는데 이에 따라 가격이 달라진다. 이러한 조건은 유효기간이 경과되면 사용할 수 없는 것이 보통이지만, 티켓에 따라 유효기간 내에 귀국날짜 변경이 가능한 티켓과 불가능한 경우가 있으므로 출발 전에 반드시 확인한다. EE 또는 EX요금이 여기에 해당되는데 EE요금은 EX요금보다 더욱 저렴한 왕복여정운임으로 판촉요금에 해당한다.

(2) APEX FARE(ADVANCED PURCHASED EXCURSION FARE)

개인(Individual) 할인티켓의 대명사이다. 왕복할인에 항공권에 대한 사전구입 회유를 적용한 운임이다. 이 운임은 해외에서 체재일수가 보통 25일에서 45일까지(항공사마다 다소 차이)에 이르는 해외여행을 하는 개인 여행자에게 판매되는 할인운임으로서 단순 왕복할인요금보다 조건은 좀 더 까다롭지만 할인폭이 보통운임보다 약 35% 정도 저렴하여 비교적 할인폭이 큰 개인 할인요금이다. EE요금보다 더 저렴한 만큼 출발이나 리턴 변경이 까다롭고 STOPOVER가 안 되는 등 제약이 더 많다.

(3) IT FARE(INCLUSIVE TOUR FARE)

포괄여행에 적용되는 특수운임의 하나이다. 행선지, 계절, 인원수, 단체 또는 개인 등으로 구분되어 각기 운임의 할인율이 상이한 운임이다.

4) 무료제공 TKT

(1) FOC(FREE OF CHARGE) TICKET

IATA 규정(RULE)상에는 15인이 되면 Free Ticket을 신청할 수 있지만 항공사에 따라서 10인이 되어도 신청할 수는 있다. FOC Ticket은 마일리지 적용을 받지 못하는 등의 제약이 따르며 주로 TC의 출장용으로 사용된다.

(2) PF TICKET(PROMOTIONAL FREE TICKET)

항공사에서는 판매촉진을 위해 다양한 촉진(Promotion)활동을 하는데 여행사에 지원하는 방식 중의 하나가 Free Ticket을 제공하는 것이다. 이러한 PF Ticket은 항공사와의 별도 이면계약에 따라 목표 초과시 항공사측에서 제공하는 것으로 일반 FOC와는 달리 마일리지 등에 전혀 제약이 없다. 다만, 항공권의 운임표시(Fare Basis)란에 무료임을 의미하는 '00'이 표기된다.

5) 수량 및 시즌할인

(1) BLOCK과 CHARTER

많은 인원을 송출하는 대형 여행사의 경우 항공사와 호텔에서는 연간 또는 분기별로 일정한 좌석이나 객실을 제공하여 판매를 안정적으로 할 수 있도록 지원하고 있다. 특히 성수기의 경우 이런 Block의 규모를 어느 정도 확보하고 있느냐에 따라서 영업 및 수익과 밀접한 관련을 가지게 된다. 수배나 항공업무에서는 이것이 좀 더 공식적으로 Allotment(분배 · 할당)에 해당한다.

Block의 규모가 커지게 되면 여행사는 전세기(Charter Flight) 계약을 하기도 한다. 정규노선 이외에 전세기를 계약함으로써 한 대의 항공기 전체 좌석을 운용한다. 이 경우 저렴한 가격으로 대량의 좌석을 확보할 수 있지만, 대규모의 자금력과 모객이 확실해야 위험을 줄이고 수익을 극대화할 수 있다.

(2) SEASONALITY

시즌의 기준은 다양하지만 IATA는 일 년을 여름과 겨울로 나누고, 항공사들은 이 시즌이 시작하는 시점에 항공기의 운항 스케줄이나 운항시간을 조정한다. 하계 스케줄은 3월 29일~10월 28일이고 동계 스케줄은 10월 29일~다음해 3월 28일까지이다. 한국에 취항하고 있는 항공사들은 고객의 편의를 위해 일 년에 두 차례의 시장항공요금(MSP : Market Selling Price)을 조정하는데 그 시기를 대체로 IATA 시즌에 준한 유효 항공요금표를 항공사에 배포한다.

한국시장의 성수기는 한국인의 해외여행 수요가 집중되는 7월 중순~8월 20일경까지, 12월 말~다음해 구정 1주일 전까지이고, 짧은 기간의 성수기로는 추석연휴, 구정연휴, 봄방학, 공휴일과 주말이 겹치는 연휴기간 등이 있다.

비수기는 대체로 위 시간을 제외한 기간으로 간주한다. 그러나 특별한 수요의 성수기와 비수기는 이와 일치하지 않을 수 있다. 예를 들면, 허니문의 성수기는 봄, 가을이며 주말의 수요가 주중보다 훨씬 많다. 항공사들은 성수기에 좌석공급을 늘리기 위해 대형 항공기로 운항을 교체하기도 하고, 전세기(Charter Flight)를 운항하기도 한다. 항공사는 시즌에 따라서 항공권의 요금을 다르게 적용하는데 항공사에 따라서 두 가지, 네 가지 또는 그 이상으로 분류될 수 있다. 각 시즌별로 항공사는 요금적용 기간을 설정하여 여행사로 고지하여 이에 따라 요금을 적용한다.

〈표 6•9〉 시즌의 종류

종 류	표 기	뜻
2분류	HIGH / LOW	성수기 / 비수기
3분류	HIGH / SHOULDER / LOW	성수기 / 보통기 / 비수기
4분류	HIGH PEAK / HIGH / SHOULDER / LOW	최성수기 / 성수기 / 보통기 / 비수기
7분류	HIGHEST / 2ND / 3RD / 4TH / 5TH / 6TH / LOWEST	성수기 / 2단계 / 3단계 / 4단계 / 5단계 / 6단계 / 비수기

6) 여행사 자체 할인(덤핑항공권)

여행사가 전략적으로 할인을 실시하는 경우이다. '알뜰항공권', '반짝할인', '최저가' 등으로 일정기간 동안 수량을 한정하여 판매한다. 항공권을 대량으로 판매할 경우 항공사로부터 저렴한 할인 티켓을 제공받기 때문에 항공사는 단기적인 이익보다는 판매량을 확보하거나 회사의 인지도를 높이기 위해 실시하기도 하고, 확보한 좌석의 기한이 얼마 남지 않아 급모객하기 위한 할인 항공권일 수도 있다. 판매량 확보를 위한 덤핑의 경우 유효기간이 6개월에서 1년의 장기 티켓일 때가 많으며 중간경로 변경이나 도중하차의 특권은 없다.

7

국외여행 여객항공권 실무

1 여객항공권(Passenger Ticket And Baggage Check)

1) 여객항공권의 종류

항공권이란 항공여행을 하려는 고객과 항공사 간의 계약을 이행하는 운송의 증표이다. 계약의 내용에 따라 여러 종류가 있으나 여객 및 수하물의 수송에 대한 증표를 여객항공권(Passenger Ticket And Baggage Check)이라고 한다.

PAX TKT라고 하며 공항에서 탑승권(Boarding Pass)과 교환해서 탑승한다. 타인에게 양도가 불가능하고 항공권에 명시된 승객에게만 권한이 있다. 여행사에서도 항공권 발권이 가능하며 발권형태는 MIT(수기발권)와 TAT(자동발권)가 있다.

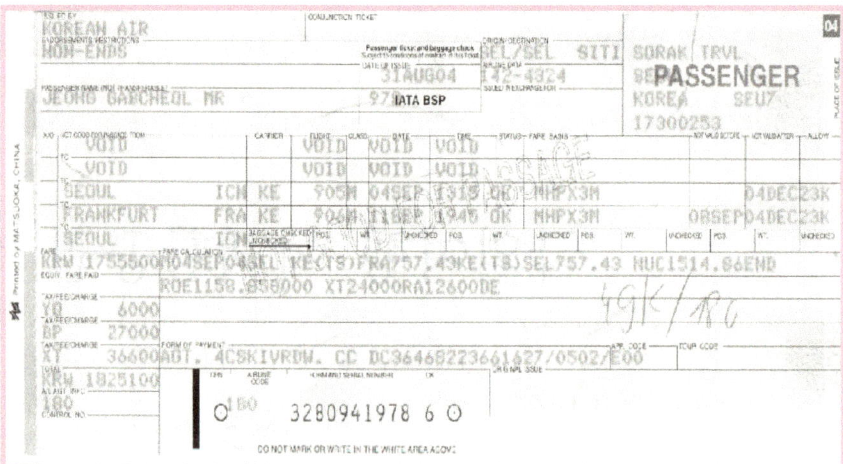

[그림 7•1] 여객항공권(PAX TICKET)

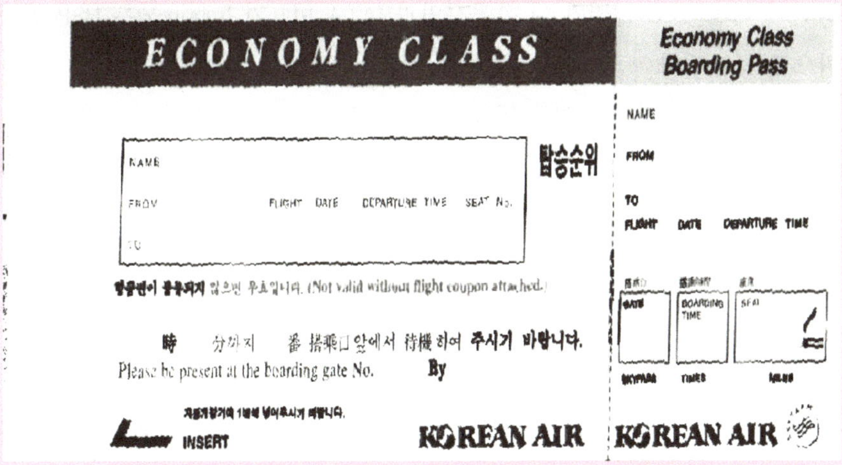

[그림 7•2] 탑승권(BOARDING PASS)

(1) MIT(Manually Issued Ticket)

수기항공권은 요금을 직접 계산한 후 손으로 써서 발권한다. 항공사가 자사상호와 Logo를 넣어서 제작한 항공사 수기항공권과 BSP가 배포한 Issued

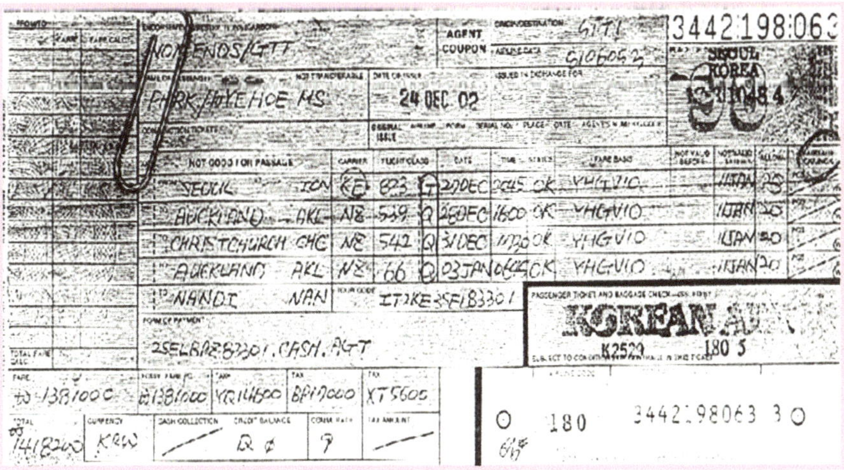

[그림 7•3] 수기항공권(MIT)

By란이 비어 있고 발권할 때 항공사명과 IATA 번호가 Imprint되는 BSP 항공권으로 구분된다.

수기항공권 발권시는 영문 인쇄체 대문자로 진하게 눌러 써서 마지막 Coupon까지 내용이 잘 보여야 한다. 반드시 압인(Imprinter)으로 인가대리점 표시인 AVP(Agent Validation Plate)와 취급자 표시인 CIP(Carrier Identification Plate), 날짜를 표시해야 한다.

(2) 자동발권항공권(TAT / OPTAT)

자동발권항공권은 CRS를 이용해 예약 및 발권 DATA가 전용 자동발권기(STP : Satellite Ticket Printer)로 발권되고 매표 보고서도 자동으로 생산된다. 특정 항공사가 자사로고와 상호를 인쇄해서 제작한 자동발권 항공권은 TAT(Transitional Automated Ticket)라고 한다. 그러나 Issued By란이 비어 있고 발권할 때 항공사명과 번호가 Impprint되는 것을 OPTAT(Off-Premise Transitional Automated Ticket)라고 한다.

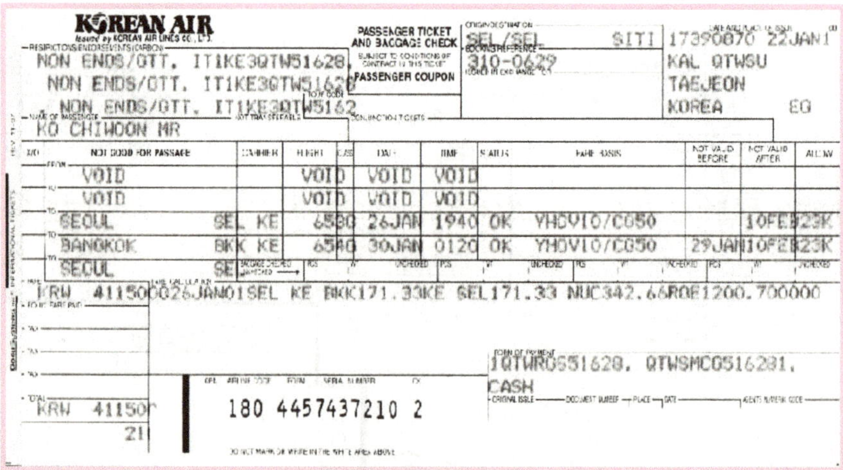

[그림 7•4] 항공사 자동발권항공권(TAT)–KE

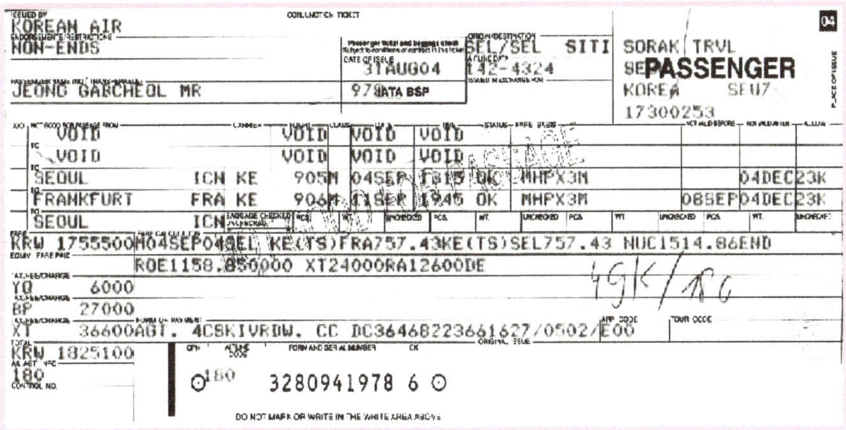

[그림 7•5] BSP 자동발권항공권(OPTAT)

(3) 단체항공권(Collective Ticket For PAX)

단체항공권은 취항 구간에 한해 단체나 전세기 운송을 위해 발행된 증표이다. [그림 7·7] 오른쪽 상단의 항공권번호 180 : 4740 : 046 : 981 : 2의 180은 항공사 코드(KE)이고 4740은 Charter TKT임을 나타낸다.

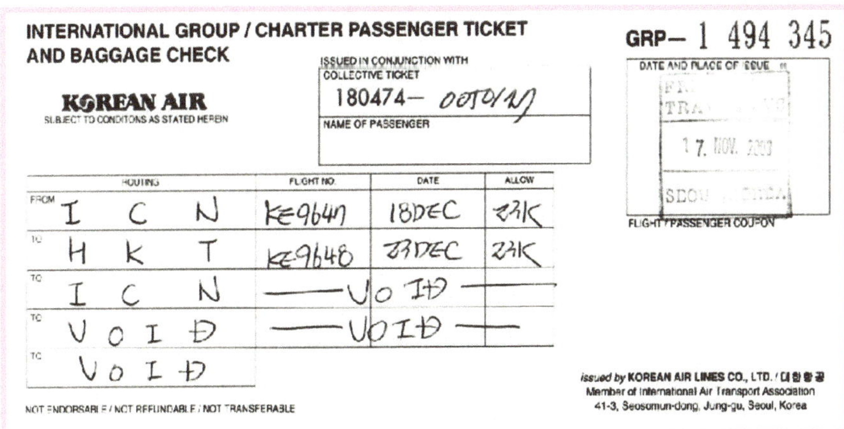

[그림 7•6] GROUP / CHARTER PAX TKT(2)

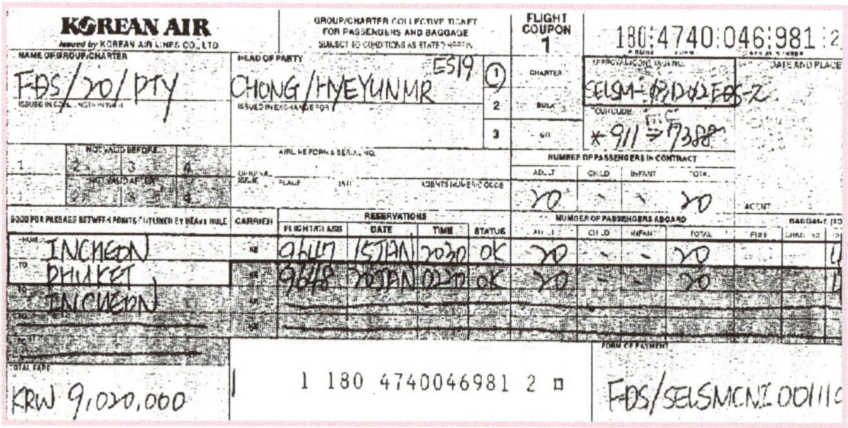

[그림 7•7] GROUP / CHARTER PAX TKT(2)

(4) 탑승권 겸용 항공권(ATB)

Automated Ticket and Boarding Pass로 탑승권(Boarding Pass)의 기능도 한다. 국내선에서 주로 사용되고 사전에 발급받지 않고 당일 공항의 해당항공사 카운터에서 직접 구매할 때도 발권된다. 뒷면 마그네틱 선(Magnetic Stripe)에 발권 및 탑승정보가 기록된다.

[그림 7•8] ATB(JAL)

[그림 7•9] 국내여객항공권

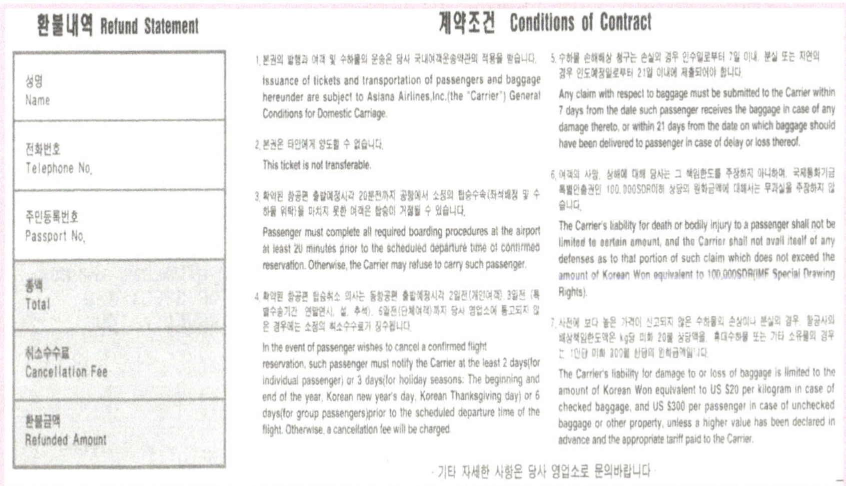
환불내역 Refund Statement

성명 Name
전화번호 Telephone No.
주민등록번호 Passport No.
총액 Total
취소수수료 Cancellation Fee
환불금액 Refunded Amount

계약조건 Conditions of Contract

1. 본권의 발행과 여객 및 수하물의 운송은 당사 국내여객운송약관의 적용을 받습니다.
Issuance of tickets and transportation of passengers and baggage hereunder are subject to Asiana Airlines,Inc.(the "Carrier") General Conditions for Domestic Carriage.

2. 본권은 타인에게 양도할 수 없습니다.
This ticket is not transferable.

3. 확약된 항공편 출발예정시각 20분전까지 공항에서 소정의 탑승수속(좌석배정 및 수하물 위탁)을 마치지 못한 여객은 탑승이 거절될 수 있습니다.
Passenger must complete all required boarding procedures at the airport at least 20 minutes prior to the scheduled departure time of confirmed reservation. Otherwise, the Carrier may refuse to carry such passenger.

4. 확약된 항공편 탑승취소 의사는 동항공편 출발예정시각 2일전(개인여객), 3일전 (특별수송기간 연말연시, 설, 추석), 6일전(단체여객)까지 당사 영업소에 통고되지 않은 경우에는 소정의 취소수수료가 징수됩니다.
In the event of passenger wishes to cancel a confirmed flight reservation, such passenger must notify the Carrier at the least 2 days(for individual passenger) or 3 days(for holiday seasons: The beginning and end of the year, Korean new year's day, Korean Thanksgiving day) or 6 days(for group passengers)prior to the scheduled departure time of the flight. Otherwise, a cancellation fee will be charged.

5. 수하물 손해배상 청구는 손실의 경우 인수일로부터 7일 이내, 분실 또는 지연의 경우 인도예정일로부터 21일 이내에 제출되어야 합니다.
Any claim with respect to baggage must be submitted to the Carrier within 7 days from the date such passenger receives the baggage in case of any damage thereto, or within 21 days from the date on which baggage should have been delivered to passenger in case of delay or loss thereof.

6. 여객의 사망, 상해에 대해 당사는 그 책임한도를 주장하지 아니하며, 국제통화기금 특별인출권인 100,000SDR이하 상당의 원화금액에 대해서는 무과실을 주장하지 않습니다.
The Carrier's liability for death or bodily injury to a passenger shall not be limited to eertain amount, and the Carrier shall not avail iteelf of any defenses as to that portion of such claim which does not exceed the amount of Korean Won equivalent to 100,000SDR(IMF Special Drawing Rights).

7. 사전에 보다 높은 가격이 신고되지 않은 수하물의 손상이나 분실의 경우, 항공사의 배상책임한도액은 kg당 미화 20불 상당액을, 휴대수하물 또는 기타 소유물의 경우는 1인당 미화 300불 상당의 원화금액입니다.
The Carrier's liability for damage to or loss of baggage is limited to the amount of Korean Won equivalent to US $20 per kilogram in case of checked baggage, and US $300 per passenger in case of unchecked baggage or other property, unless a higher value has been declared in advance and the appropriate tariff paid to the Carrier.

· 기타 자세한 사항은 당사 영업소로 문의바랍니다 ·

[그림 7•10] 국내여객항공권(뒤)

2) 기타 운송증표

(1) MPD(MULTIPLE PURPOSE DOCUMENT)

MPD는 MCO(Miscellaneous Change Order)와 같은 의미로 BSP 여행사들은

2001년 1월부터 MCO를 MPD로 변경하여 사용하고 있다. 이들은 다목적 서류로 항공운임 이외에 항공여행에 따른 관련 비용을 선 징수하고 발행되는 유가증권의 일부이다. 다음은 단체 Ticket 발권 후 미징수한 TAX의 추가징수를 위해 발행된 MCO이다.

MPD의 사용범위는 다음과 같다.

① 재발행(Agents Refund Voucher)
② 특별요금 징수(Specified Miscellaneous Charges Order)
③ TAX 및 지상운송수단이나 호텔과 투어비용
④ Up-Grade Charge
⑤ 단체항공좌석에 대한 Deposit, PTA 등

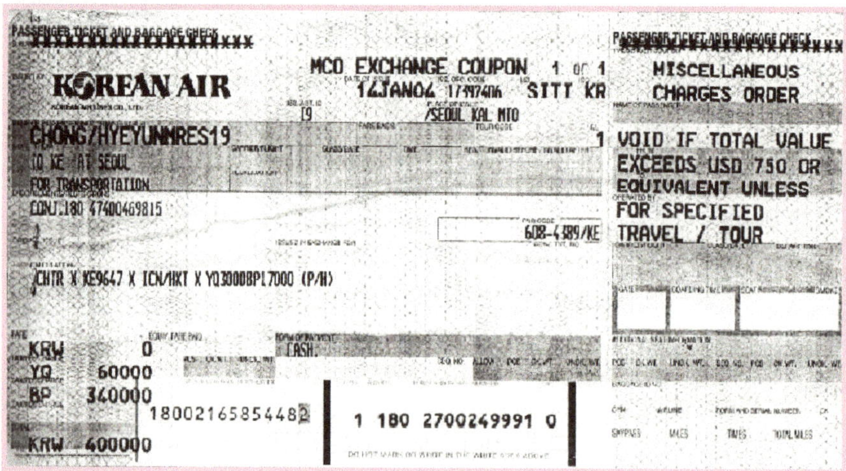

[그림 7•11] 지불증 MCO

(2) PTA(PREPAID TICKET ADVICE)

PTA(Prepaid Ticket Advice)는 선불권 통지이다. 항공운임을 지불하는 사람과 실제로 탑승하는 여객이 멀리 떨어져 있을 때 지불인으로부터 항공요금을 영수한 여행사나 항공사는 MCO/MPD를 발행해 준다. 항공회사는 탑승여객이 있는 지역의 항공회사에 항공권을 승객에게 발행하도록 의뢰하는 통지를 보내게 되는데 이 통지가 PTA이다. 유효기간은 1년이며 환불은 PREPAYER에게만 가능하다.

(3) 초과 수하물표(Excess Baggage Ticket)

E/B TKT라고 하는데 여객의 수하물이 무료허용 중량이나 수량을 초과했을 때 여행자는 그 초과 운임을 부담해야 한다. 이때 항공사 CHK-IN 카운터에서 초과 수하물운임을 수령한 후 영수증으로 발권하는 항공권이다.

3) 전자항공권(E-ticket)

전자항공권은 전자로 발권되는 항공 티켓으로, 항공권을 소지하지 않고 간단한 신분 확인만으로도 항공기 탑승이 가능하다. 전화나 인터넷상으로 예약과 결제를 마친 승객이 항공사로부터 예약번호(Booking Reference)를 받아 출

```
ELECTRONIC TICKET RECORD
INV:              CUST:              PNR/예약번호:LETWMR
TKT:2975680302619    ISSUED:07DEC07   PCC:MC58   IATA:17315465
NAME/성명:GU/JUNGSUNMS
NAME REF:                          TOUR ID:RG031
FOP: CASH
CPN  A/L  FLT  CLS DATE   BRDOFF  TIME  ST F/B         STAT
1    CI   0161  Q  18DEC  ICNTPE  1300   OK YHXEE1M     OPEN
2    CI   0065  Q  18DEC  TPEBKK  2220   OK YHXEE1M     OPEN
3    CI   0068  Q  18JAN  BKKTPE  0705   OK YHXEE1M     OPEN
4    CI   9036  Q  18JAN  TPEICN  1305   OK YHXEE1M     OPEN

NON-ENDS,NON-REF
MINSTAY WAIVED BY SELCI
FARE  KRW1094500 TAX   28000BP  TAX   21400TS  TAX   70600YQ
TOTAL  KRW1214500

SEL CI X/TPE CI BKK M582,94CI X/TPE CI SEL M582,94NUC1165,88END
 ROE938,76
```

[그림 7•12] 전자항공권

발 당일 공항에서 신분증과 예약번호, 결제한 신용카드만 제시하면 공항에서 탑승권을 받을 수 있다. E-ticket을 구입하고 결제하는 수단은 기존 종이항공권과 똑같지만 승객이 예약이 잘 되었는지 확인하기 위해 증빙자료를 요청하면 여행정보, 예약상태, 요금 등이 나타난 E-ticket 확인증을 e-mail이나 팩스로 받을 수 있다.

2 여객실물항공권의 구성

1) 겉표지와 안내사항

(1) 겉표지

항공권은 겉표지, 안내사항, Coupon이 한 권으로 되어 있다. 앞표지는 항공권의 제작 주체를 나타낸다. BSP 항공권에는 IATA Logo가, 항공사 제작 항공권에는 각 해당항공사의 Logo가 나타나 있다.

[그림 7•13] BSP 표준항공권의 표지

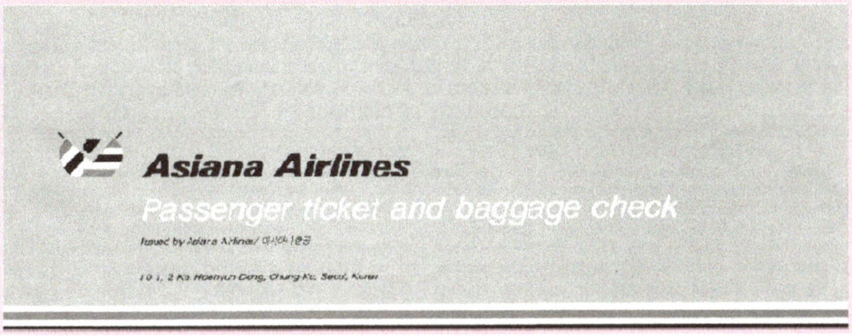

[그림 7•14] ASIANA AIRLINES 앞표지

(2) 안내사항

예약취소, 적용운임, 요금, 환불신청, 항공권 제한사항, 탑승용 쿠폰의 사용순서, 운송금지 품목 등이 명시되어 있다. BSP 항공권은 영어와 발행국가 언어로 작성되므로 한국의 BSP 항공권은 영어와 한국어로 작성된다. 항공사 전산항공권은 영어와 해당항공사의 국가 언어로 작성된다. Vietnam Airlines 항공권 안내사항은 영어와 베트남어로 작성되고 Air France 항공권은 영어와 불어로 작성된다.

알　　　림

여객의 최종목적지 또는 도중착륙지가 출발국이외의 타국내의 일개지점일 경우, 동여객은 여객의 사망 또는 상해 및 수하물의 분실 또는 손상에 대한 운송인의 책임을 통상적으로 제한하는 "와르소협약"을 적용받을 수 있습니다. 본항공권에 수록된 "국제선 여객에 대한 책임제한에 관한 고지" 및 "수하물 배상책임한도 고지"를 참조하시기 바랍니다.

계　약　조　건

1. 본 계약에서 사용되는 용어의 정의는 다음과 같습니다. "항공권"이란 본 "여객항공권 및 수하물표" 또는 "전자 항공권" 경우 적용되는 본 여정/영수증를 말하는 것으로 본 계약 조건 및 상기 알림은 본 항공권의 일부를 구성합니다. "운송"이란 "수송"을 말하며, "운송인"이란 여객 또는 그의 수하물을 본 계약조건에 따라 운송하거나 또는 당해 항공 운송에 수반되는 기타 서비스를 행하는 모든 항공 운송인을 말합니다. "전자 항공권"이란 운송인 또는 운송인을 대리한 자에 의해 발행된 전자 서식 및 탑승 증표를 말합니다. "와르소 협약"이란 1929년 10월 12일 "와르소"에서 체결된 "국제항공 운송에 관한 일부 규칙의 통일을 위한 협약" 또는 1955년 9월 28일 "헤이그"에서 개정된 와르소협약 중 적용되는 협약을 말합니다.
2. 본 계약상의 운송이 와르소협약에 정의된 국제선운송일 경우, 그 운송은 동 협약에서 정하고 있는 책임에 관한 규정 및 제한의 적용을 받습니다.
3. 각 운송인이 행하는 운송 및 기타 서비스는 상기한 바에 저촉되지 않는 범위내에서 (Ⅰ) 본항공권에 기재된 규정, (Ⅱ)유효한 태리프, (Ⅲ) 본 계약조건의 일부로 되어있는 운송인의 운송약관 및 관련규정(여객이 요청할 시 운송인의 사무실에서 열람할 수 있습니다.)의 적용을 받습니다. 단, 미국 또는 캐나다 내의 1개지점과 이외의 타국내의 1개지점간의 운송에 관하여는 미국 및 캐나다에서 유효한 태리프가 적용됩니다.
4. 운송인의 명칭은 항공권상의 약호로 표기할 수 있으며, 정식명칭 및 그 약호는 운송인의 태리프, 운송약관, 규정 또는 운항시각표에 기재되어 있습니다. 운송인의 주소는 항공권상의 운송인의 약호명칭의 맞은편에 기재되어 있는 출발공항을 말합니다. 여객과 운송인간의 합의된 도중착륙지는 본 항공권상에 명시된 도중착륙지 또는 여객의 여정상에 계획된 도중체류지로서 운송인의 운항시각표에 표시된 지점을 말합니다. 본 계약조건하에서 2개 이상의 운송인에 의하여 연속적으로 행하여지는 운송은 단일운송으로 간주합니다.
5. 타항공운송인의 노선상의 운송을 위하여 항공권을 발행하는 항공운송인은 단지 당해타항공운송인의 대리인으로서 항공권을 발행하는 것입니다.
6. 운송인의 면책 또는 책임제한에 관한 제반규정은 운송인의 대리인, 종업원 및 대표자, 그리고 운송을 위해 운송인이 사용하는 항공기의 소유자, 그의 대리인, 종업원 및 대표자 모두에게 적용됩니다.
7. 위탁수하물은 수하물표 소지자에게 인도합니다. 국제선으로 운송되는 수하물에 손상이 발생하였을 경우에는, 당해손상 발견 즉시 또는 늦어도 수하물을 수취한 날로부터 7일이내에 운송인에게 서면으로 이의를 제기해야 하며, 지연의 경우에는, 수하물을 수취한 날로부터 21일 이내에 이의를 제기해야 합니다. 국제선운송이 아닌 경우에는 국내선 태리프 또는 운송약관을 참조하시기 바랍니다.
8. 본 항공권, 운송인의 태리프, 운송약관 또는 관련규정에 별도로 정한 경우를 제외하고는, 본 항공권은 발행일로부터 1년간 유효합니다. 계약조건에 의거, 운임은 운송개시 전에 변경될 수 있습니다. 유효한 운임이 지불되지 않았을 경우, 운송인은 운송을 거절할 수 있습니다.
9. 운송인은 합당한 신속성으로 여객 및 수하물을 운송하기 위한 최선의 노력을 할 의무를 집니다. 운항시각표 또는 기타에 표시된 시각은 보증된 것은 아니며, 또한 본 계약의 일부를 구성하지도 않습니다. 운송인은 통고없이도 운송인 또는 항공기를 타운송인 또는 타항공기로 대체할 수 있으며, 또한 필요한 경우에는 항공권상에 표시된 도중착륙지를 변경하거나 생략할 수 있습니다. 스케쥴도 통고없이 변경될 수 있습니다. 운송인은 접속운송에 대하여 일체의 책임을 지지 않습니다.
10. 여객은 정부가 정한 여행조건을 준수하여야 하며, 현행의 출입국 서류 및 기타 필요 서류를 정확히 작성하여 운송인이 지정한 시각까지 또는 시각이 지정되지 않았을 경우에는 출국수속을 완료할 수 있는 충분한 시간적 여유를 갖고 공항에 도착하여야 합니다.
11. 운송인의 대리인, 종업원 또는 대표자는 본 계약의 어떠한 규정도 변경하거나 수정하거나 또는 포기할 권한을 가지지 않습니다.

운송인은 적용법령, 운송인의 태리프 및 제규정에 위배되는 항공권을 소지한 여객의 운송을 거절할 권리를 가집니다. 본 항공권은 그 「발행항공사」 란에 명칭이 기재된 운송인에 의해 발행 되었습니다. 발행조건은 태리프 규정의 적용을 받습니다.

[그림 7•15] 알림 및 계약조건

NOTICE

If the passenger's journey involves an ultimate destination or stop in a country other than the country of departure the Warsaw Convention may be applicable and the Convention governs and in most cases limits the liability of carriers for death or personal injury and in respect of loss of or damage to baggage. See also notices headed "Advice to International Passengers on Limitation of Liability" and "Notice of Baggage Liability Limitations".

CONDITIONS OF CONTRACT

1. As used in this contract "ticket" means this passenger ticket and baggage check, or this itinerary/receipt if applicable, in the case of an electronic ticket, of which these conditions and the notices form part, "carriage" is equivalent to "transportation", "carrier" means all air carriers that carry or undertake to carry the passenger or his baggage hereunder or perform any other service incidental to such air carriage, "electronic ticket" means the Itinerary/Receipt issued by or on behalf of Carrier, the Electronic Coupons and, if applicable, a boarding document. "Warsaw Convention" means the Convention for the Unification of Certain Rules Relating to International Carriage by Air signed at Warsaw, 12th October 1929, or that Convention as amended at The Hague, 28th September 1955, whichever may be applicable.

2. Carriage hereunder is subject to the rules and limitations relating to liability established by the Warsaw Convention unless such carriage is not "international carriage" as defined by that Convention.

3. To the extent not in conflict with the foregoing carriage and other services performed by each carrier are subject to: (i) provisions contained in the ticket; (ii) applicable tariffs; (iii) carrier's conditions of carriage and related regulations which are made part hereof (and are available on application at the offices of carrier), except in transportation between a place in the United States or Canada and any place outside thereof to which tariffs in force in those countries apply.

4. Carrier's name may be abbreviated in the ticket, the full name and its abbreviation being set forth in carrier's tariffs, conditions of carriage, regulations or timetables; carrier's address shall be the airport of departure shown opposite the first abbreviation of carrier's name in the ticket; the agreed stopping places are those places set forth in this ticket or as shown in carrier's timetables as scheduled stopping places on the passenger's route; carriage to be performed hereunder by several successive carriers is regarded as a single operation.

5. An air carrier issuing a ticket for carriage over the lines of another air carrier does so only as its Agent.

6. Any exclusion or limitation of liability of carrier shall apply to and be for the benefit of agents, servants and representatives of carrier and any person whose aircraft is used by carrier for carriage and its agents, servants and representatives.

7. Checked baggage will be delivered to bearer of the baggage check. In case of damage to baggage moving in international transportation complaint must be made in writing to carrier forthwith after discovery of damage and, at the latest, within seven days from receipt; in case of delay, complaint must be made within 21 days from date the baggage was delivered. See tariffs or conditions of carriage regarding non-international transportation.

8. This ticket is good for carriage for one year from date of issue, except as otherwise provided in this ticket, in carrier's tariffs, conditions of carriage, or related regulations. The fare for carriage hereunder is subject to change prior to commencement of carriage. Carrier may refuse transportation if the applicable fare has not been paid.

9. Carrier undertakes to use its best efforts to carry the passenger and baggage with reasonable dispatch. Times shown in timetables or elsewhere are not guaranteed and form no part of this contract. Carrier may without notice substitute alternate carriers or aircraft, and may alter or omit stopping places shown on the ticket in case of necessity. Schedules are subject to change without notice. Carrier assumes no responsibility for making connections.

10. Passenger shall comply with Government travel requirements, present exit, entry and other required documents and arrive at airport by time fixed by carrier or, if no time is fixed, early enough to complete departure procedures.

11. No agent, servant or representative of carrier has authority to alter, modify or waive any provision of this contract.

CARRIER RESERVES THE RIGHT TO REFUSE CARRIAGE TO ANY PERSON WHO HAS ACQUIRED A TICKET IN VIOLATION OF APPLICABLE LAW OR CARRIER'S TARIFFS, RULES OR REGULATIONS.

Issued by the Carrier whose name is in the "Issued By" section on the face of the Passenger Ticket and Baggage Check. SUBJECT TO TARIFF REGULATIONS

[그림 7•16] NOTICE

2) COUPONS의 구성

자동발권항공권(TAT)은 발권여행사용 쿠폰(Agent Coupon) 그리고 탑승용 쿠폰(Flight Coupon), 승객용 쿠폰(Passenger Coupon)으로 구성되고 수기항공권은 여기에 심사용 쿠폰(Audit Coupon)이 추가된다. 각 쿠폰은 고유한 10자리의 일련번호와 1개의 표식(check digit)이 인쇄되어 있고 Passenger CPN을 제외한 모든 쿠폰은 Carbon으로 처리되어 한 번의 기록으로 동일하게 복사된다. 단, 송금액(Remittance area)은 가격운영의 비밀유지를 위해 Audit Coupon과 Agent Coupon에만 기록된다.

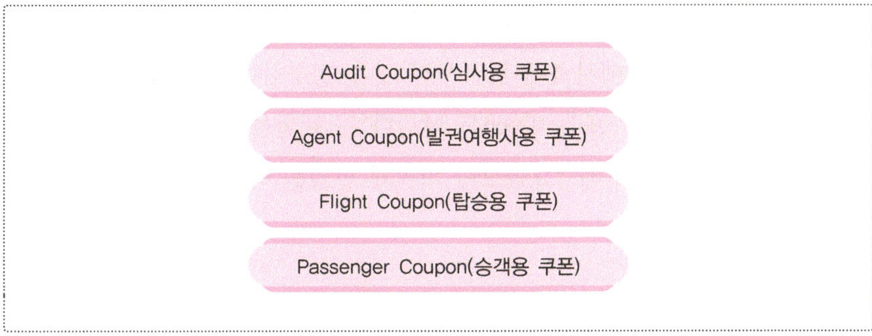

[그림 7•17] 종이항공권 쿠폰의 종류

(1) ADT CPN(Audit Coupon)

수기항공권인 MIT(Manually Issued Ticket)에만 있는 심사용 쿠폰이다. 녹색이며 발권 후 바로 절취하여 해당 일의 매표보고서(STF)와 함께 BSP BANK(외환은행)를 경유하여 항공사 심사관리부로 송부되어 적정운임의 적용 여부를 심사받는다.

심사결과 과소하게 운임이 적용되었으면 ADM(Agency Debit Memo)을, 과

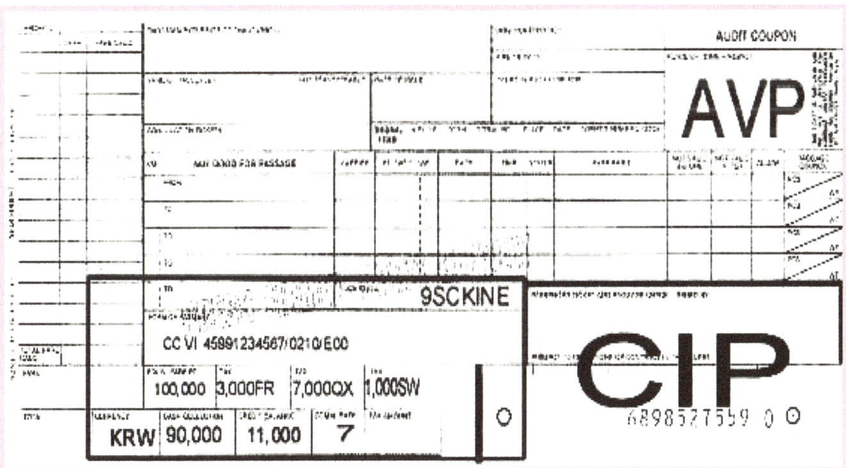

[그림 7•18] DANGEROUS ARTICLES

다하게 적용되었으면 ACM(Agency Credit Memo)을 발권여행사에 송부한다. ADM은 그 차액을 여행사측에 입금시킬 것을 청구하는 신청이다. 업계에서는 흔히 'Decit 맞았다' 또는 'Decit를 날린다'는 표현을 한다. ACM은 여행사에서 발권할 때 실수로 해당요금보다 비싸게 발권을 하였으므로 그 차액반환 청구신청을 하게 된다.

(2) 발권여행 사용 CPN(Agent coupon)

붉은색이며 발행 여행사의 발권기록(History) 관리를 위해 자체 보관한다. 항공권 분실, 재발행시에 중요하게 사용된다. 오른편 상단에 Agent CPN이라고 표기되고 오른쪽 하단에는 바코드가 있으며 중앙에 IATA 로고가 있다. 바코드 위에 항공요금 실제 수령액, 할인액(Discount), AGT COMM(9%)이 있다.

[그림 7•19] AGN CPN(NO DISCOUNT)

(3) 탑승용 쿠폰(Flight / Exchange coupon)

탑승 쿠폰(FLT CPN)도 붉은색이고 2장인 것과 4장인 것이 있다. 편도일 경우에는 2장짜리를 사용하여 발권하지만 1매만 발권되고 나머지는 발권 즉시 떼어낸다. 표시된 여행구간마다 1매씩 있으므로 탑승수속(Check in)을 할 때마다 항공사 카운터에서 1매씩 절취한 후 탑승권(Boarding Pass)과 교환한다.

오른쪽 상단에 첫 장은 FC-1, 두 번째 장은 FC-2라고 기재되고, 바코드는 있지만 상단의 항공요금, Discount, COMM 관련 정보는 기록되지 않는다.

Flight Coupon은 반드시 순서대로 사용해야 한다. 또 본인이 절취해서는 안 되며, 공항에서 항공사 카운터에 쿠폰을 제시할 때는 잔여 구간의 쿠폰과 Passenger Coupon 등이 모두 동시에 제시되어야 한다.

KOREAN AIR
NON-ENDS
SEL/SEL SITI
28JUN02 231-1093
KIM YOUNGHOON MR
615 IATA
RICHWAY CLUB
SEOUL FC-2
KOREA KA1X
17315981
SEOUL ICN KE 923G 30JUN 1600 OK YHGV10 04AUG20K
MOSCOW SVO VOID VOID VOID
COPENHAGEN CPH SK 675G 11JUL 1505 OK YHGV10 05JUL04AUG20K
X FRANKFURT FRA KE 906G 11JUL 1945 OK YHGV10 05JUL04AUG20K
SEOUL ICN
KRW 1552300 M30JUN02SEL KE(RU)MOW558.08/-CPH SK X/FRA KE SEL M619.41
NUC1177.49ROE1318.250000 XT11700RI16300ZO6200YR12100DK11200RA
YQ 3200
BP 15000
XT 57500 2SELGBE66574. CC MC5376200000117011/0906/E09. AIT2KE3SEL66574
1731598
KRW 1628000
180
2180 3635626615 6

[그림 7•20] FLIGHT COUPON

(4) 승객용 쿠폰(Passenger coupon)

승객용 쿠폰(PSGR CPN)은 흰색이며 영수증의 역할을 한다. 바코드나 항공요금 지불액에 대한 정보도 없다. 오른쪽 상단에 PSGR CPN(Passenger Coupon)이라고 기재된다. 영수증이지만 절취해서는 안 되고 탑승수속(Check in)시에 Flight Coupon과 함께 제시해야 하므로 여행 종료시까지 휴대한다.

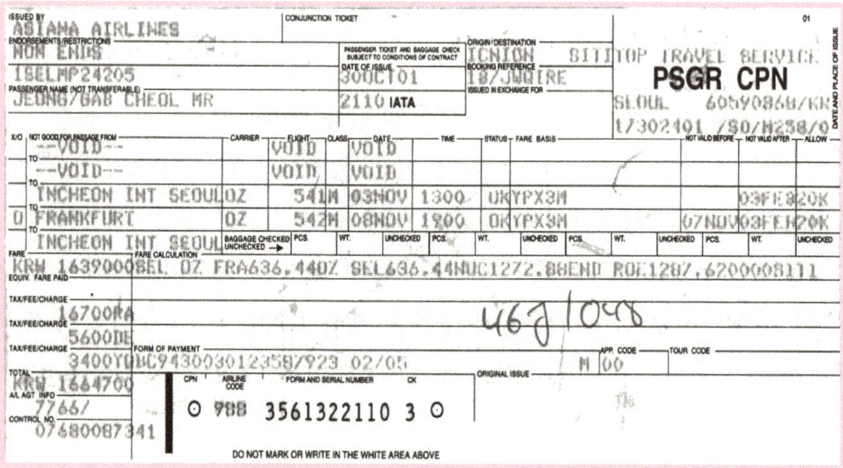
ISSUED BY ASIANA AIRLINES
CONJUNCTION TICKET
01
ENDORSEMENTS/RESTRICTIONS NON ENDS
ISELMP24205
PASSENGER TICKET AND BAGGAGE CHECK SUBJECT TO CONDITIONS OF CONTRACT
DATE OF ISSUE 30OCT01
ORIGIN/DESTINATION ICNICN SITI
BOOKING REFERENCE 1B/JWQIRE
PASSENGER NAME (NOT TRANSFERABLE) JEONG/GAB CHEOL MR
2110 IATA
ISSUED IN EXCHANGE FOR
TOP TRAVEL SERVICE
PSGR CPN
SEOUL 60590868/KR
17302401 /S0/M258/0
DATE AND PLACE OF ISSUE

X/O	NOT GOOD FOR PASSAGE FROM	CARRIER	FLIGHT	CLASS	DATE	TIME	STATUS	FARE BASIS	NOT VALID BEFORE	NOT VALID AFTER	ALLOW
	VOID		VOID		VOID						
	TO VOID		VOID		VOID						
	TO INCHEON INT SEOUL	OZ	541	M	03NOV	1300	OK	YPX3M		03FEB	20K
O	TO FRANKFURT	OZ	542	M	08NOV	1900	OK	YPX3M	07NOV	03FEB	20K
	TO INCHEON INT SEOUL										

FARE KRW 1639000 FARE CALCULATION SEL OZ FRA636.44OZ SEL636.44NUC1272.88END ROE1287.620000S111
EQUIV. FARE PAID
TAX/FEE/CHARGE 16700RA
TAX/FEE/CHARGE 5600DE
TAX/FEE/CHARGE 3400YQ
FORM OF PAYMENT DC94300301235B/923 02/05
APP. CODE M 00
TOUR CODE
TOTAL KRW 1664700
A/L AGT INFO 7766/
CONTROL NO. 07680087341
ORIGINAL ISSUE
CPN 0 AIRLINE CODE 988 FORM AND SERIAL NUMBER 3561322110 CK 3 0
DO NOT MARK OR WRITE IN THE WHITE AREA ABOVE

[그림 7•21] PASSENGER COUPON

3 국외여행 여객항공권의 내용

BSP 자동발권항공권을 중심으로 항공권의 기재사항 항목과 내용을 살펴보면 약 31개의 항목이 표기되어 있다. 항공권의 각 난에는 항목의 명칭이 영문으로 표기되어 있으므로 각 항목을 읽고 내용을 파악할 수 있다. Agent CPN, Flight CPN, Passenger CPN에는 거의 동일한 내용이 기재되어 있으나 하단의 요금지불내역, 운임지불수단, Discount, Commission, 바코드 부분은 CPN에 따라서 생략된다. 따라서 여행사에서 실무를 담당하기 위해서는 Agent CPN의 내용을 파악할 수 있도록 해야 한다. 다음은 Agent CPN으로 운임지불내역과 지불수단, Discount, Commission, 바코드 부분이 모두 나타나 있다.

[그림 7•22] BSP 자동발권항공권(AGENT CPN)

〈표 7•1〉 FLIGHT COUPON의 기재항목과 내용

NO	항　목	내　용
1	PASSENGER NAME	승객이름
2	ORIGIN / DESTINATION	출발 / 도착 도시 코드 및 판매지표
3	CONJUNCTION TICKETS	연결항공권
4	ISSUED IN EXCHANGE FOR	재발행 항공권번호
5	ENDORSEMENTS / RESTRICTIONS	항공권의 일반적인 제한사항
6	DATE OF ISSUE	발권일자(OPTAT)
7	BOOKING REFERENCE	PNR NO / 예약번호(OPTAT)
8	VALIDATION AREA	발권여행사 상호 및 IATA NO
9	X / O	STOPOVER 여부
10	NOT GOOD FOR PASSAGE FROM	여정도시 / 공항 코드 3LETTER
11	CARRIER	항공사 2 OR 3LETTER CODE
12	FLIGHT & CLASS	비행기편명 및 예약등급 코드
13	DATE	출발일자
14	TIME	출발도시 기준 출발시간
15	STATUS	예약상태 코드
16	FARE BASIS	적용운임 종류
17	NOT VALID BEFORE	최소 여행가능일
18	NOT VALID AFTER	최대 여행가능일
19	ALLOW	무료탑재 허용 수하물 중량 / 수량
20	FARE CALCULATION	운임계산내역
21	FARE	항공운임
22	EQUIV FARE PD	지불통화 단위의 항공운임
23	TAX	공항세, 전쟁보험료 등
24	TOTAL	항공운임(15)+공항세(16)
25	FORM OF PAYMENT	운임지불수단
26	TOUR CODE	단체승객 승인번호
27	A / L AGENT INFO	발권시스템(OPTAT)
28	CONTROL NO	시스템 관리 NO(OPTAT)
29	APP CODE	신용카드 승인번호(OPTAT)
30	FORM AND SERIAL NUMBER	항공권번호
31	ORIGINAL ISSUE	최초 발행항공권번호, 장소, 일자, IATA NO

1) 발권 관련사항 및 제한사항

(1) ISSUED BY : 발권항공사

BSP 자동발권항공권은 발행 항공사 이름이 Full Name으로 기재되고 항공사 자동발권항공권은 항공사의 상호와 로고가 미리 인쇄되어 있는 항공권이다.

[그림 7•23] BSP 자동발권 항공권

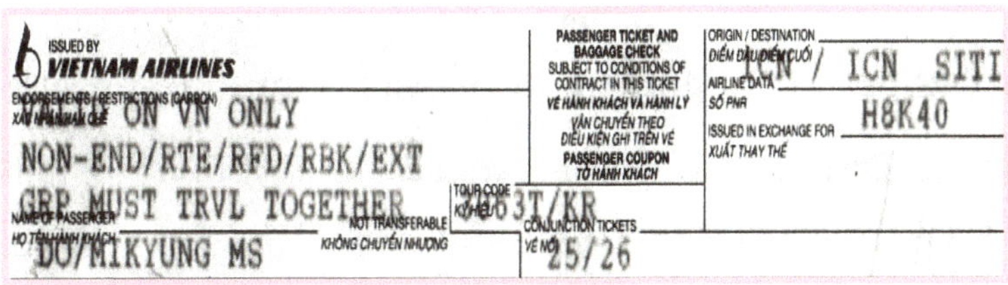

[그림 7•24] 항공사 자동발권 항공권(VIETNAM AIRLINES)

(2) ENDORSEMENT / RESTRICTIONS : 제한사항

항공사 변경에 대한 이서의 제한, 환불 제한, 운임적용 제한, 유효기간 제한, 여정변경 제한, 유효기간이나 단체여행 제한사항의 변경과 관련한 내용이 기재된다. 항공사마다 Free Format로 기재되기 때문에 그 방식이 다를 수 있다. 상기의 예제에서 'KE NON-ENDS'는 KE 이외의 타 항공사를 이용할 수 없다는 의미이다. Endorsable은 '배서'의 의미로 티켓의 사용을 타 항공사로 넘겨줄 수 있다는 의미가 된다. 기타 제한사항의 예는 다음과 같다.

〈표 7•2〉 제한사항의 예

NO	기재사항의 예	내 용
1	NON-ENDS(ENDORSABLE)	타 항공사로 바꿀 수 없다.
2	NON-RER(REROUTABLE)	여정변경 불가
3	NON-REF(REFUNDABLE)	환불 불가
4	NON-RTE(REROUTABLE)	여정변경 불가
5	NON-RFD(REFUNDABLE)	환불 불가
6	NON-RBK(REBOOKING)	예약변경 불가(변경시 요금징수)
7	NON-EXT(EXPANSIBLE)	기간연장 불가
8	D. O. B. 28FEB2004	소아 · 유아운임의 생년월일 표시
9	GTT	GROUP TRAVELING TOGETHER
10	ALL TRVL MUST BE COMPLETED BY 10AUG04	유효기간 제한(2004. 8. 10까지)
11	RSVN CHNG NOT PERMITTED	예약변경 제한(예약변경 불가능)
12	FARE SUBJ TO GOV'T APPROVAL	운임적용 제한(정부승인 필요)

(3) 승객명과 신분사항(NAME OF PASSENGER)

성(Last or Family Name), 이름(First Name) 그리고 호칭(Title)의 순서이다. 여권에 기재된 이름과 Spelling까지 동일해야 한다. 항공여행이 시작되던 초기에 최상류층이 주 고객을 이루었기 때문에 오랫동안 승객의 호칭은 매우 중요하게 다루어져 왔다.

〈표 7•3〉 TITLE의 예

TITLE	대 상	TITLE	대 상
MR	남자 성인(MISTER)	PROF	교수(PROFESSOR)
MRS	기혼 여자(MISTRESS)	CAPT	기장(CAPTAIN)
MS	여자 성인	DR	박사, 의사(DOCTOR)
MSTR	어린이	SIR	남성 지위
MISS	미혼 여자	LOAD	항공수송 담당자
LADY	여자 성인	REV	성직자(REVEREND)

〈표 7•4〉 특별한 사항의 기재방법

NO	구 분	의 미	기재방법
1	CHILD	어린이	KIM / GISUK MSTR CHD
2	INFANT	유아	KIM / MIRA MISS INF
3	UNACCOMPANIED MINOR	비동반 소아	KIM / MIRA MISS UM10
4	YOUTH FARE	청소년	KIM / GISUK MR 20JUN85
5	CABIN BAGGAGE	큰 귀중품을 기내 좌석에 놓을 때	KIM / MIRA MS CBBG
6	EXTRA SEAT	몸집이 커서 두 좌석을 차지할 때	KIM / GISUK MR EXST

항공여행에서 모든 내용은 SPELLING이 완전하게 여권과 일치해야 하므로 정확하게 확인하기 위해 업계에서는 다음과 같은 통신용어를 적용하고 있다.

〈표 7•5〉 업계의 통신용어

약 어	통신용어	약 어	통신용어
A	Alpha	N	November
B	Brovo	O	Oscar
C	Charlie	P	Papa
D	Delta	Q	Queen
E	Echo	R	Romeo
F	FOX / Father	S	Smile
G	Golf	T	Tango
H	Hotel	U	Uniform
I	India	V	Victory
J	Juliet	W	White
K	Kilo	X	X-ray
L	Lima	Y	Yankee
M	Michel	Z	Zulu

(4) CONJUNCTION TICKET : 연결 티켓

항공권이 다른 항공권과 연결되어 발권되는 경우로 예제는 항공권번호 3332646291과 292가 연결되었고, 25 / 26으로 두 번호가 연결되었다.

여정이 길어서 4개의 난을 초과할 경우 1매의 항공권이 연결되어야 할 때 사용하고, CH나 IN를 부모의 항공권과 연결시켰을 때도 상호 번호를 기재한다.

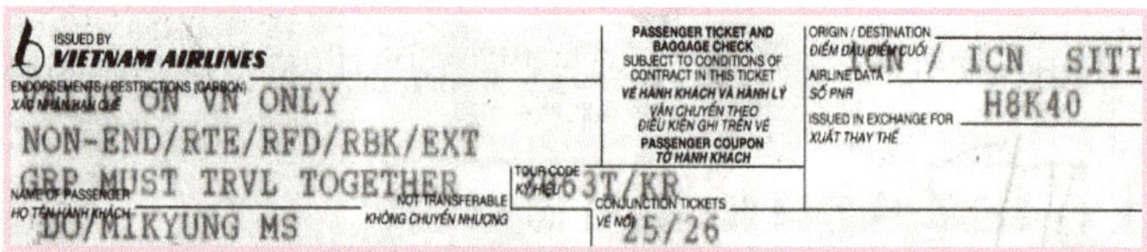

[그림 7•25] 연결 티켓의 예제

(5) TOUR CODE / DATE OF ISSUE : 투어 코드와 발행일

[그림 7·25]에서 보는 바와 같이 Tour Code는 3063T / KR과 같이 항공사에서 발권여행사에 부여하는 고유번호이다. 발행일(Date of Issue)은 가운데 표시하기도 하고 발행점과 함께 표시하기도 한다.

[그림 7•26] TOUR CODE와 DATE OF ISSUE

예제에서 02MAY01은 2001년 5월 2일이다. 하단의 291은 Flight Coupon NO.의 끝 3자리이다. 국외여행업무에서 작성되고 사용되는 일자는 대부분 영문으로 작성된다. 이때 영문날짜 표기법을 익히고 숙달시켜 두어야 한다. 다음 날짜를 연월일로 읽고 또 영문표기로 바꿔보자.

NO	영문표기	날 짜	영문표기	날 짜
1	23JAN06		03SEP05	
2	07FEB05		11NOV06	
3	29APR07		06OCT07	
4	15DEC07		18JUN05	
5	21MAR04		31AUG06	
6	12JUL03		13MAY07	
7		2006년 3월 8일		2006년 8월 8일
8		2007년 5월 15일		2007년 2월 15일
9		2006년 6월 23일		2006년 9월 23일
10		2005년 11월 7일		2005년 12월 7일
11		2007년 4월 29일		2007년 10월 29일
12		2005년 7월 25일		2005년 1월 25일

(6) ORIGIN DESTINATION / ISI : 출발지 / 목적지와 판매지표

최초 출발지 / 최종 목적지의 City Code(3Letter)를 표시한다. 한 도시에 2개 이상의 공항이 있을 경우 Airport Code를 기재한다. SEL / SEL로 서울 출발 / 서울로 돌아오는 여정이다.

판매지표(ISI : International Sales Indicator)는 항공권상의 여행 출발도시 국가를 기준으로 판매와 발권을 국내・외로 구분하는 지표이다. 판매지표 결정 시 미국 / 캐나다, 스칸디나비아3국은 각 동일국가로 간주된다.

〈표 7•6〉 ISI(International Sales Indicator) 판매지표

판매지표(ISI)	판매지(Sales Place)	발권지(Ticketing Place)
SITI	SALES IN(국내 판매)	TICKETING IN(국내 발권)
SOTI	SALES OUT(국외 판매)	TICKETING IN(국내 발권)
SITO	SALES IN(국내 판매)	TICKETING OUT(외국 발권)
SOTO	SALES OUT(국외 판매)	TICKETING OUT(외국 발권)

다음의 표에 판매지표를 기록해 보자.

〈표 7•7〉 판매지표 연습문제

NO	여　정	SALE	TICKETING	판매지표
1	SEL-LAX-SEL	PUS	SEL	
2	SEL-LAX-SEL	LAX	SEL	
3	SEL-LAX-SEL	SEL	LAX	
4	SEL-LAX-SEL	LAX	LAX	
5	SEL-LAX-SEL	HKG	LAX	
6	HKG-SEL	SEL	HKG	
7	LAX-SEL-SFO	LAX	LAX	
8	BKK-SEL-TYO	TYO	TYO	
9	STO-VIE-SEL	CPH	STO	
10	VIE-SEL	VIE	SEL	

(7) AIRLINE DATA : 항공사 자료

승객의 예약기록이 저장되어 있는 PNR Address를 기록한다. 예제에서 127-9997로 표기되어 있다.

BSP-KR AGENT COUPON
02MAY01
300
SEL/SEL SITI
127-9997
1803332646097
HU TOUR
SEOUL
KOREA 5K
17311291

[그림 7•27] AIRLINE DATA

(8) ISSUED IN EXCHANGE FOR : 재발행 기입

PTA(Prepaid Ticket Advice) 발행, 여정변경 등으로 재발행되는 항공권일 경우 항공권번호가 기재되는 난이다.

KOREAN AIR
NON ENDS
KIM KWANGSUB MR
BSP-KR AGENT COUPON 02MAY01 300
SEL7SEL SITI 127-9997 1803332646097
HU TOUR SEOUL KOREA 5K 17311291
VOID VOID VOID VOID
VOID VOID VOID VOID
SEOUL ICN KE 831W 03MAY 1010 OK Y 23K
SHENYANG SHE KE 832W 07MAY 1220 OK Y 23K
SEOUL ICN
KRW 435300M03MAY01SEL KE SHE170.16KE SEL170.16 NUC340.32ROE1278.770000
KRW 0
U14518440033590105/0305/E00/18CKINC
KRW NO ADC
180 ⊙180 3332646300 4
1803332646097SEL30APR0117311291
KRW 9

[그림 7•28] 재발행 항공권 예제

재발행항공권의 경우는 반드시 왼쪽 하단의 바코드 위에 Original Issue란에 최초에 발행된 항공권번호, 장소, 일자, IATA NO.가 기재한다.

(9) PLACE OF ISSUE : 발행처

발권대리점(항공사 또는 여행사)의 이름, 장소, 일련번호, IATA 인가번호 등이 기재되는데 주로 철인 또는 Stamp로 날인한다. IATA의 대리점 인가번호 식별은 8자리 숫자로 이루어져 있고 그 의미는 다음과 같다.

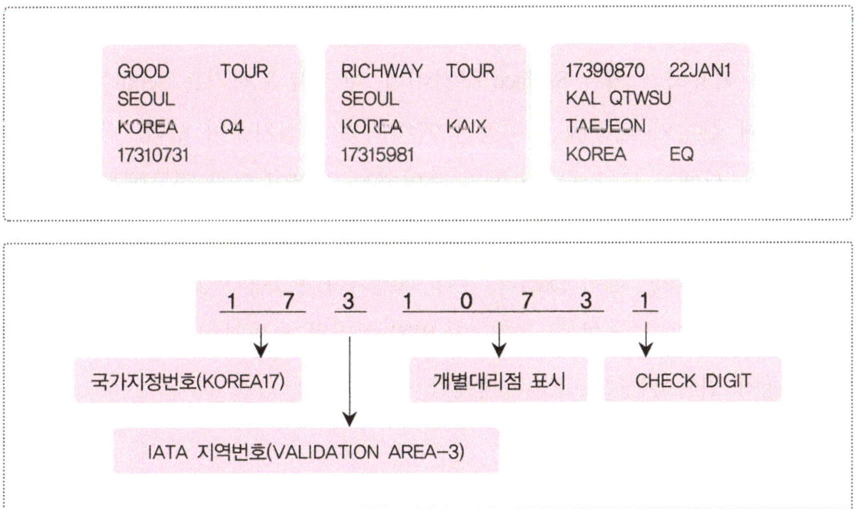

[그림 7•29] IATA 대리점 인가번호 읽기

2) 항공여행 여정 관련사항

(1) 여행도시

도시 앞의 X/O는 해당도시에 대한 Stopover 여부를 나타낸다. ‘X’라고 표시된 경우는 Stopover 할 수 없고 공항에서 대기했다가 경유를 하는 것이다. ‘O’라는 표시가 있거나 비어 있을 경우에는 Stopover가 가능하다.

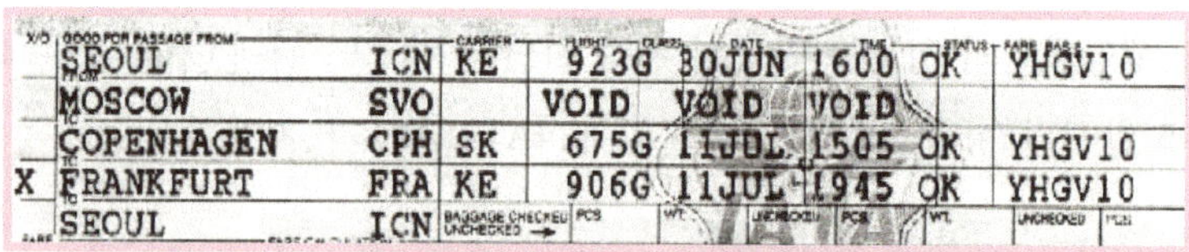

X/O	GOOD FOR PASSAGE FROM		CARRIER	FLIGHT	DATE	TIME	STATUS	FARE BASIS
	SEOUL	ICN	KE	923G	30JUN	1600	OK	YHGV10
	MOSCOW	SVO		VOID	VOID	VOID		
	COPENHAGEN	CPH	SK	675G	11JUL	1505	OK	YHGV10
X	FRANKFURT	FRA	KE	906G	11JUL	1945	OK	YHGV10
	SEOUL	ICN						

[그림 7•30] 항공여정과 STOPOVER 표시

“NOT GOOD FOR PASSAGE FROM”에는 여정이 기록된다. FROM/TO라고도 하는데 도시명을 대문자 Pull Spelling으로 기재하고, Code를 함께 기재한다. 한 도시에 두 개 이상의 공항이 있는 경우에는 도시명 대신에 공항명을 표기하거나 또는 도시명을 쓰고 공항의 3Letter Code를 기재한다. Moscow는 항공기를 이용하지 않는 Surface 구간이다. 마지막 도착지는 Seoul이며 여기서 여정이 끝나기 때문에 도시명만 기재되고 일정기록이 없다.

또 한 도시에서 도착하는 공항과 출발하는 공항이 다른 경우에는 두 개의 공항명이 모두 표기된다. 이때 도착공항의 예약 Data란은 “VOID” 처리된다. 탑승하는 도시에만 예약 Data가 있기 때문이다. [그림 7·28]의 여정과 같이 왕복여정의 경우 상부의 두 줄을 “VOID” 처리하고 왕복여정을 기록하며 마지막 란에 귀환하는 도시가 기재된다.

(2) 항공편(CARRIER / FLIGHT)

Carrier는 예약된 항공사의 2Letter Code를 기재한다. 이 난이 비어 있으면

"OPEN" 발권이며 모든 항공사를 이용할 수 있다는 뜻이다(YY의 의미). 탑승 항공사가 제한되는 구간은 예약이 되어 있지 않더라도 항공사 2Letter Code를 기재한다. FLIGHT는 항공편명으로 아라비아 숫자로 기재된다. 0Z8703편 OZ은 Carrier란에 기재되고 8703이 Flight란에 기재된다.

(3) 좌석등급(CLASS)

좌석등급(Class)은 Code로 나타내는데 항공사마다 다소 차이가 있으나 국적기의 예는 같다.

〈표 7·8〉 CABIN CLASS

구 분	표 시	등 급 내 용
초음속 비행기	R	SUPERSONIC
1등석 (FIRST CLASS)	P	FIRST CLASS PREMIUM
	F	FIRST CLASS
상용석 (BUSINESS)	J	BUSINESS CLASS PREMIUM
	C	BUSINESS CLASS
	D	마일리지를 사용, ECONOMY에서 UP
일반석 (ECONOMY)	Y	ECONOMY CLASS / NORMAL
	M	ECONOMY CLASS / PROMOTIONAL
	K	ECONOMY CLASS / EXCURSION
	H	HONEYMOON
	G	ECONOMY CLASS / GROUP
	E	누적 마일리지를 이용하는 경우
	U	직원, 75% 이상 할인, 무료티켓 좌석

* 마일리지로 발권할 경우 대한항공은 I CLASS이고 아시아나항공은 D CLASS이다.

(4) 탑승일 / 시간과 상태(DATE / TIME과 STATUS)

예약된 탑승일이 현지시간으로 기재한다. [그림 7·30]에서 ICN 23MAY

1930은 한국시간 5월 23일 19시 30분에 출발하고, 귀국일 표시인 YYZ 04JUN 2350은 캐나다시간으로 6월 4일 23시 50분 출발한다. 만일 출발일만 지정하고 RTN(Return)을 지정하지 않을 때를 "OPEN" 발권이라고 한다. 유학생들이 경우 돌아올 날짜가 정확하지 않을 때 1년짜리 "OPEN" 발권을 하고 돌아오는 편은 본인이 직접 예약한다.

[그림 7•31] DATE / TIME / STATUS

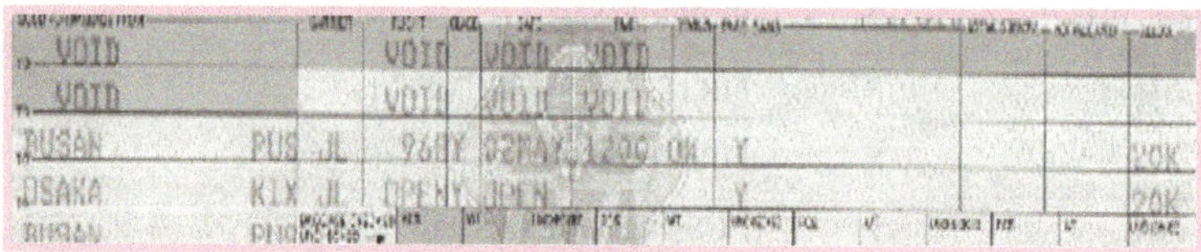

[그림 7•32] OPEN TICKET

예약상태는 OK를 받아야 탑승이 확약된 것이며 그 외 상태 코드는 다음과 같다.

〈표 7•9〉 예약상태 코드

NO	CODE	내 용
1	OK	예약이 확약되어 완료된 상태
2	RQ	REQUEST. 예약 미확정, 대기자 상태이다. 출발 전에 반드시 OK를 받을 수 있어야 한다.
3	SA	SUBLO(SEAT AVAILABLE). 사전예약이 불가능한 상태로 잔여좌석이 있을 때만 탑승 가능하다(ID TKT가 해당).
4	NS	NO SEAT, 유아 등 좌석이 필요 없는 상태

3) 항공운임 적용기준(FARE BASIS)과 운임코드

항공운임의 적용기준에 따라 승객에게 적용된 운임의 종류를 Code로 기재한다. 앞의 [그림 7·31] MLAPB6M은 M(Economy Class), L(Low Season), APB (Advanced Purchase Budget Fare), 6M(6개월)의 뜻이다. 즉, 일반석 비수기 사전구입 할인조건의 유효기간 6개월의 운임이 적용되었다.

(1) PRIME CODE

Class Code와 동일하며 필수사항이므로 반드시 기재한다.

〈표 7•10〉 FARE BASIS PRIME CODE

NO	CLASS	CODE
1	FIRST CLASS CATEGORY	R, P, F, A
2	BUSINESS CLASS CATEGORY	J, C, D, Z
3	ECONOMY / COACH CATEGORY	Y, W, S, B, H, K, L, M, N, Q, T, V, X

(2) SEASONAL CODE

〈표 7•11〉 SEASONAL CODE

CODE	SEASON
H	HIGHEST LEVEL
K	2ND LEVEL
J	3RD LEVEL
F	4TH LEVEL
T	5TH LEVEL
Q	6TH LEVEL
L	LOWEST LEVEL

(3) PART OF WEEK / DAY CODE

〈표 7•12〉 PART OF WEEK CODE

CODE	WEEK OR DAY
W	WEEKEND(주말 적용)
X	WEEKDAY(주중 적용)
N	NIGHT(야간에 적용)

(4) FARE TYPE CODE

항공권의 유효기간이 1년이 아닌 경우 Fare Type Code 뒤에 유효기간을 표시한다.

〈표 7•13〉 FARE TYPE CODE(CONDITIONAL)

NO	코드	내 용	대상 / 내용	예
1	APB	ADVANCE PURCHASE BUDGET FARE (LOWER)	AP+BD	MHAPB
2	AP	ADVANCE PURCHASE FARE	사전구입일 제한	YAP6M
3	AS	SUPER SAVER ADVACE PURCHASE FARE(30일 전에 구입, 7일 이상 여행조건)	초할인운임	-
4	BD	BUDGET DISCOUNTED FARE	여행자 할인	YJWBD
5	EE	EXCURSION FARE(왕복회유운임)	여행자 할인	YHEE1M
6	IT	INCLUSIVE TOUR FARE	단체여행	GV10
7	PX	PEX FARE	발권일자 제한	YPX3M
8	ZZ	YOUTH FARE	26세 미만 청소년 할인	YLZZ
9	RW	ROUND THE WORLD FARE(세계일주)	세계일주운임	YRW

Excursion Fare(왕복회유운임)는 제한된 날짜 안에 귀국하는 조건으로 국내에서 가장 많이 유통되고 있는데 30일, 45일, 2달, 3달 등이 이에 해당되며 이에 따라 가격이 달라진다. 단, 유효기간이 경과되면 절대 사용할 수 없다.

티켓에 따라 유효기간 내에 귀국날짜 변경이 가능한 티켓과 불가능한 경우가 있다. Youth Fare는 26세 이하의 학생에게만 적용되는 왕복할인항공권이다. 정상운임의 20~40%가 할인되며 유효기간은 3개월~1년 정도로 제한된다.

(5) PASSENGER TYPE CODE

승객의 연령 및 신분 등에 따라서 전여정에 적용되는 할인 Code 표시이다. Infant에 대한 할인, 대리점 직원에 대한 할인, 포괄 단체여행에 대한 할인 등 할인운임에 대한 코드가 사용된다. 코드 뒤의 숫자는 할인율을 나타낸다. 단, GV10과 GS10은 최소 구성인원을 나타낸다.

〈표 7•14〉 PASSENGER TYPE CODE

NO	코드	내 용	의 미	표시방법
1	AD	AGENT	대리점 임직원 할인	AD75 / AD50
2	CD	SENIOR CITIZEN DISCOUNT	65세 이상 노인 할인	YCD10
3	CG	TOUR CONDUCTOR	TC 할인	CG00 / CG50
4	CH	CHILD	12세 미만 할인	CH33 / CH50
5	EM	EMIGRANT	이민자 할인	HEMO
6	ID	AIR INDUSTRY DISCOUNT	항공사 직원 할인	ID90
7	IN	INFANT	2세 미만 할인	IN90
8	SC	SHIP'S CREW MEMBER	선원 할인	SC25
9	SD	STUDENT	학생 할인	SD25
10	GV	GROUP INCLUSIVE TOUR DISCOUNT	단체여행자 할인	YGV10 (인원)
11	GS	GROUP SHIP'S CREW	단체선원 할인	GS10(인원)

CH 요금의 경우 일본은 Y · C CLASS에 대해 50%를 적용하고, 그 외의 경우는 33% 할인한다.

(6) FARE LEVEL IDENTIFIER

동종운임의 종류 중에서 운임의 수준을 나타낸다.

〈표 7•15〉 FARE LEVEL IDENTIFIER(CONDITIONAL)

표 기	의 미
1	HIGHEST FARE LEVEL
2	SECOND HIGHEST FARE LEVEL
3	THIRD HIGHEST FARE LEVEL

(7) FARE BASIS의 예제

〈표 7•16〉 FARE BASIS 예제 읽기

NO	CODE	내 용
1	YSD25	ECONOMY CLASS STUDENT DISCOUNTED FARE(유효기간 1년, 할인율 25% 학생)
2	YHEE1M	ECONOMY CLASS HIGH SEASON EXCURSION FARE(유효기간 1개월의 왕복요금)
3	YPX3MCH33	ECONOMY CLASS PAX FARE FOR CHILD PASSENGER(유효기간 3개월, 할인율 33%)
4	YHE35GV10	ECONOMY CLASS HIGH SEASON EXCURSION FARE FOR GROUP INCLUSIVE TOUR(유효기간 35일, 최소 단체 10명 이상)
5	MLAPB6M	ECONOMY CLASS LOW SEASON ADVANCED PURCHASE BUDGET FARE(유효기간 6개월, 사전구입 할인)
6	KHXEE6M	K CLASS HIGH SEASON WEEKDAY EXCURSION FARE(일반석 성수기 주중 왕복운임 6개월 유효)
7	HEMO	HIGHT SEASON EMIGRANT ONE WAY(성수기 이민자 할인)
8	YJWBD	ECONOMY CLASS 2RD SEASON WEEKEND BUDGET DISCOUNTED FARE(여행자 할인)
9	YLGV10-PR	ECONOMY CLASS LOWEST SEASON 최소 GROUP 10명, PROMOTION 요금

4) 최소 체류기간과 최대 체류기간

Not Valid Before는 그 날짜 이전에는 탑승할 수 없도록 함으로써 최소 탑승기간을 제한하는 Minimum Stay를 나타낸다. Not Valid After는 그 날짜 이전까지만 탑승할 수 있도록 함으로써 최대 탑승기간을 제한하는 Maximum Stay를 나타낸다. 즉 여행개시 후 항공권을 사용할 수 있는 마지막 날짜로 그 날짜 이후에는 사용할 수 없다.

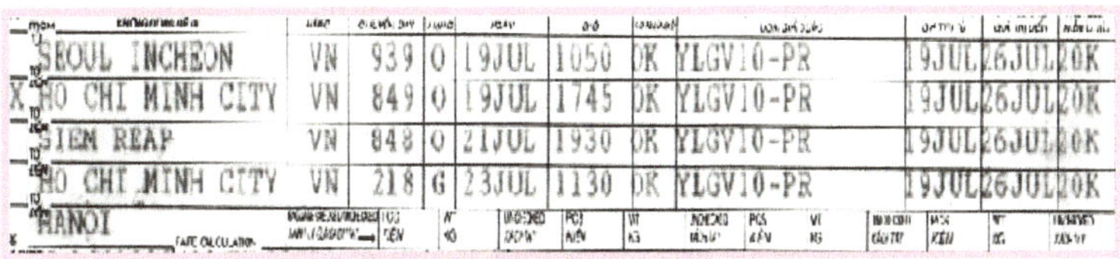

	SEOUL INCHEON	VN	939	O	19JUL	1050	OK	YLGV10-PR	19JUL	26JUL	20K
X	HO CHI MINH CITY	VN	849	O	19JUL	1745	OK	YLGV10-PR	19JUL	26JUL	20K
	SIEM REAP	VN	848	O	21JUL	1930	OK	YLGV10-PR	19JUL	26JUL	20K
	HO CHI MINH CITY	VN	218	G	23JUL	1130	OK	YLGV10-PR	19JUL	26JUL	20K
	HANOI										

[그림 7•33] NOT VALID BEFORE / AFTER

상기 예제는 19JUL 이전에는 탑승할 수 없고 26JUL 이후에도 탑승할 수 없다. 즉 유효기간은 19JUL부터 26JUL까지이다.

5) 무료허용 수하물

Allow는 무료위탁 수하물의 허용량을 나타낸다. USA와 Canada 지역은 Piece System이, 기타 지역은 Weight System이 사용된다. 1PC는 약 32kg 정도에 해당한다. 만일 일본항공(JL)을 이용하여 일본을 경유하여 미주지역을 갈 경우 수하물은 미주지역 기준에 맞추어야 한다. 예제는 Conada의 Toronto행 왕복 항공권이며, 무료 수하물은 2PC가 허용된다.

[그림 7•34] 미주노선의 ALLOW

〈표 7•17〉 무료위탁 수하물 허용량

구 분	WEIGHT SYSTEM	PIECE SYSTEM
대상지역	유럽, 동남아 등	미주(미국, 캐나다)
F(FIRST)	40kg(개당 32kg 이내, 88lbs)	각 무게가 32kg 이하, 최대 세 변의 합이 158cm(62inches) 이하인 짐 2PC
C(BUSINESS)	30kg(66lbs)	
Y(ECONOMY)	20kg(23kg, 50lbs) 가로+세로+높이 합=158cm 이하	상동, 단 2개의 합이 273cm(107inches) 이내
유 아	① 성인의 50% 이상 요금 지불 : 성인과 동일 ② 성인의 10% 요금 지불 : 제한 · 세 변의 합이 115cm 이하, 무게 10kg 이하인 수하물 1 · 완전히 접을 수 있는 유모차, 요람 또는 카시트 등 1	

인천공항의 경우 위탁 수하물의 최대 크기는 가로, 세로, 높이가 90×70×40cm이다. 초과 1kg Y CLS 편도운임의 1.5% 추가요금을 받는다. 만일 운송 도중 수하물에 문제가 발생했을 경우 수하물 배상한도는 1kg당 미화 20불(또는 그 상당액)이다. 또한 휴대수하물의 경우 1인당 미화 400불 또는 그 상당액이 된다. 그렇지만 고객이 사전에 높은 가격을 신고하고 그에 해당하는 종가 요금을 지급한 경우에는 그 신고가격으로 한다.

(1) 항공사별 기내 반입 위탁 수하물(무료)

기내 반입 위탁 수하물은 Hand Carry Baggage를 말한다. 항공사별 허용범위는 다음과 같다.

〈표 7•18〉 기내 반입 허용 수하물

CLASS	First / Prestige	Economy
대한항공(KE)	· 2개 / 18kg(40lbs) 이내 · 개당 55×40×20cm	· 1개+추가 1(노트북 컴퓨터, 서류가방, 핸드백 등) / 12kg(25lbs) · 개당 55×40×20cm
아시아나(OZ)	· 세 변의 합 115cm 이내, 10kg 이하인 1개(단, 핸드백, 여행 중 사용할 일정량의 독서물, 여행 중 유아식 등 추가)	
에어캐나다(AC)	· 23×40×55cm 1개 · 16×33×43cm 1개 · 각 무게는 10kg 미만	· 23×40×55cm 1개 · 16×33×43cm 1개 · 각 무게는 10kg 미만
일본항공(JL)	· 1인당 1개	· 가로+세로+높이 = 115cm(45inch) 이하
타이항공(TG)	· 7kg, 115cm(58×34×23cm) 이내 · BUSINESS CLASS 2개, ECONOMY CLASS 1개 허용	

(2) 초과 수하물의 추가요금 부과

무료위탁 수하물 초과시 요금 부과기준은 지역 및 부과기준(kg 및 Piece 기준)이 매우 다양하여 초과하는 부분에 대하여 항공사 담당자와 직접 상담해야 한다. KE와 OZ의 예는 다음과 같다.

〈표 7•19〉 대한항공과 아시아나의 초과 수하물 운임부과 기준

구 간	대한항공(KE)	아시아나(OZ)
미 주	kg당 운송구간 성인 통상 왕복 운임의 1%	초과 한 개당 94,000원
미주 외		kg당 해당구간 일반석 / 성인 / 직항 / 편도 정상요금의 1.5%(서울-도쿄 간 약 4,100/kg)

에어캐나다(AC)의 경우 Piece당 서울-밴쿠버 USD100.00, 그 외 지역 USD 115.00, Oversized Piece는 서울-밴쿠버 USD100.00, 그 외 지역 USD115.00이다. 또한 Extra Piece and Oversized는 서울-밴쿠버 USD200.00, 그 외 지역 USD 230.00이고 Extra Piece and Overweight는 서울-밴쿠버 USD200.00, 그 외 지역

USD 230.00이다. 일본항공(JL)의 경우는 kg당 4,200원 정도이다. 미주의 서부는 Piece당 9,400원, 동부는 110,000원 정도가 된다.

4 전자항공권(E-ticket)

1) 전자항공권의 등장

(1) 전자항공권 등장

1995년 유나이티드에어라인(UA)이 미국~영국 노선에 처음 도입한 이후, 현재 대한항공과 아시아나 항공 등의 국내선과 상당수 국제선에서 실시하고 있다. 항공사에서 탑승객의 정보를 전산화해서 DB에 가지고 있는 점에 착안되어 만들어졌다. e-티켓(E-ticket : Electronic ticketing)은 항공권 세부내역을 항공사의 최신 e-티켓 시스템에 보관하여 필요할 때 자유롭게 조회, 처리할 수 있다. IATA(International Air Transport Association, 국제항공운송협회)[8]는 각 항공사에 전자항공권을 2004년 6월부터 적극적으로 사용할 것을 권장했다. 당시 전자항공권 사용비율은 16%에 불과했다. 2008년 5월 31일까지 전세계 항공사와 공인 여행대리점이 사용할 종이항공권에 대해 마지막 발주를 냈다. 이제 더 이상 종이항공권은 정산작업에 포함되지 않으며 오직 전자항공권에 대해서만 이전과 같은 항공사 간 정산작업이 가능하다. IATA에 다르면 전자항공권은 종이항공권에 비하면 1장을 사용하는 데 최소 미화 9달러를 절약할 수 있고, 산업 전반에 걸쳐 약 30억 달러에 이를 것이라고 언급했다. 또 종이

8 국제항공사 간 협력과 발전을 위한 민간단체로 전세계 240개 이상의 항공사가 회원으로 가입되어 있으며, 이는 전세계 국제선 항공교통량의 94%를 점유하고 있는 규모이다.

항공권을 없앰으로써 매년 50,000그루의 나무를 살릴 수 있다고 한다.

(2) 종이항공권의 퇴장

IATA는 현재 종이항공권 재고분을 2010년 3월까지 사용기한으로 정하고 있다. 작은 규모겠지만 아직도 종이항공권은 사용되고 있고, 영국항공(British Airways)도 2009년 3월 중 발행한 79만 장 항공권 중에 약 8천 장이 종이항공권이었다. 아직까지 전자항공권이 도입되지 않은 항공사나 지역이 있어 이 경우 종이항공권을 발행할 것이다.

2) 전자항공권(E-ticket)의 사용

(1) 전자항공권의 뜻과 의의

전자항공권은 'Electronic Ticket'이며 e-티켓이라고도 하고 기존의 종이로 된 티켓이 없는 항공권이다. 즉 항공권을 구입하고 결제하는 방법은 기존의 종이항공권과 동일하지만 그 내용을 티켓의 형태로 제공하지 않는다. 다만, 항공사 예약시스템에만 기록되어 있으며 승객은 예약번호와 신분증만으로 간단하게 탑승수속을 할 수 있다. e-티켓은 항공사의 매표소나 여행사는 물론이고 인터넷이나 전화상으로도 예약하고 구입할 수 있다. 시스템만 갖추고 있다면 실물항공권의 전달을 할 필요가 없기 때문에 인터넷 기반의 항공권 거래의 확산에 크게 기여한다. 항공권을 구매한 후에는 그 내용을 e-mail이나 팩스로 "e-티켓 확인증(Itinerary / Receipt)"을 받아서 확인할 수 있다. e-티켓 구매는 현금, 수표, 신용카드, 체크카드 등 항공사가 인정하는 모든 지불수단을 이용할 수 있다. 단, 구매하는 항공사의 국가 관련 규정 및 환경에 따라 조금씩 달라진다.

(2) e-티켓 확인증

항공사는 탑승시 승객의 증빙자료로 확인하려는 편리성을 위해 여행정보, 예약상태, 요금 등이 나타나 있는 e-티켓 확인증을 출력해서 소지하기를 권하고 있다. 'e-티켓'은 용지도 형식도 없고 단지 이메일처럼 텍스트(Text) 형식으로 되어 있기 때문에 이메일이나 팩스로도 보내고 받을 수가 있으며, 필요할 때는 일반용지에 출력을 할 수 있다. 따라서 전자항공권 내용에 대한 출력의 형식은 여행사나 항공사마다 다를 수 있다.

(주)하나투어 e-Ticket Itinerary & Receipt

하나투어 (tel) email

1513/10OCT08 POWERED BY TOPAS

승객성명 Passenger Name HONG/GILDONGMR

e-티켓번호 e-Ticket number 1803107379030

호주에서 한국으로 전화하는 방법
1-800-73-0082 < 0 교환원 / 4 한국 전화 번호
국제전화 만원에 100분! → 상세보기

· 여정 Itinerary

예약번호 Booking Reference 700-4084

출발 도착	Departure Arrival	Class 클래스	Date 날짜	Time 시간	Termina 터미널	Status 예약상태	Seat No 좌석번호	Not Valid 유효기간 Before 시작	After 종료	Baggage Allowance 무료수화물 허용량	Reference 예약번호
SEOUL SYDNEY	ICN SYD	W	31OCT08 01NOV08	19:10 07:10	1	OK				20K	ENFGEU
	KE 121					FareBasis 운임 YRT			KOREAN AIR		
SYDNEY SEOUL	SYD ICN	W	07NOV08 08NOV08	20:50 05:30	1	OK				20K	ENFGEU
	KE 122					FareBasis 운임 YRT			KOREAN AIR		

*모든 정보는 항공사나 공항 사정에 의해서 변경될 수 있습니다.

· 항공사 직원을 위한 e-티켓 정보입니다. For Airline Staff

Restriction	E/NON-ENDS.
Conj.Ticket No.	
Fare Calculation	K*SEL KE SYD Q221.00 1321.87KE SEL Q221.00 1321.87 NUC3085.74 END ROE1104.040000
Fare Amount	KRW 3406800
Equiv. Fare Paid	
TAX	KRW 28000BP 20200WY 45100AU 20200WY 2400YQ
Total Amount	KRW 3522700
Form of Payment	CASH. AGT. 8SDQIANZ
e-Ticket Issue Date/Place	10OCT08 / (주)하나투어 / 17305304 / 하나투어

* 상기 운임정보는 공시운임으로 실제 지불 금액과 다를 수 있습니다.

* 본 e-티켓 확인증과 함께 제공된 법적 고지문을 반드시 참고하여 주시기 바랍니다.
* e-티켓 확인증은 탑승수속시, 입출국/세관 통과시 제시하도록 요구될 수 있으므로 반드시 전 여행 기간 동안 소지하시기 바랍니다. e-티켓 확인증의 이름과 여권상의 이름은 반드시 일치해야 합니다.
대부분의 공항에서 탑승 수속 마감 시간은 해당 항공편 출발 40분 전(미주, 유럽 출발편은 1시간 전)으로 되어 있으니, 해당 항공편 출발 예정시각 최소 2시간 전에는 공항에 도착하시기 바랍니다.
단, 일부 공동 운항편의 경우 탑승수속은 운항항공사의 카운터에서 이루어지며,운항 항공사의 규정에 따라 탑승 수속 마감시간이 다를 수 있습니다.
* 본 ITR 을 임의로 수정 시 법적 제재를 받을 수 있습니다.
* 항공사가 제공하는 운송 및 기타 서비스는 운송 약관에 준하며, 필요시 참조하실 수 있습니다.
* 이 약관은 발행 항공사를 통해 확인하실 수 있습니다.
* 본 e-티켓 확인증은 e-Ticket의 정보 등을 확인하기 위하여 제공되는 서면에 불과하고 소지인에게 당해 운송 관련 어떠한 법적 권리를 부여하지 않습니다.

[그림 7·35] 하나투어 E-ticket

Onlinetour.co.kr e-Ticket Itinerary&Receipt

서울시 중구 남대문로2가 118번지 한진빌딩9층 TEL 02-3705-8282 FAX 02-3705-8390 ▸인쇄하기

온라인투어 예약번호 Onlinetour Booking Reference	562-8461
승객성명 Passenger Name	HONG/GILDONGMR
e-티켓번호 e-Ticket number	1805630283746

• 여정 Itinerary

출발 Departure 도착 Arrival	비행편수 항공사 (항공사 예약번호)	좌석등급	일자 Date / 시간 Time (현지시간 기준)	터미널 Terminal	예약상태
부산 오사카(Kansai Intl)	OZ144 아시아나	일반석	2007-11-19 / 09:30 2007-11-19 / 10:50		OK
오사카(Kansai Intl) 부산	OZ143 아시아나	일반석	2007-11-21 / 11:50 2007-11-21 / 13:20		OK

• 항공사직원用 e-티켓 정보 For Airline Staff

```
1ELECTRONIC TICKET RECORD
INV:          CUST:                PNR:562-8461
TKT:9885631225777   ISSUED:01SEP07  PCC:3FM8  IATA:17317451
NAME:HONG/GILDONG MR
NAME REF:                  TOUR ID:7KJHD0BP
FOP1:VI4689110102732580*0512 /00 M
FOP2:CARD
CPN A/L FLT CLS DATE  BRDOFF TIME ST F/B        STAT
1   OZ  144  H  19NOV PUSKIX 0930  OK MPX07/AP0    OPEN
2   OZ  143  H  21NOV KIXPUS 1150  OK MPX07/AP0    OPEN

NON-ENDS
O/B RSVN CHG N RRT NOT PMTD
FARE  KRW394500 TAX  23000BP TAX  21300SW TAX  24800YO
TOTAL  KRW463600

PUS OZ OSA210.11OZ PUS210.11NUC420.22END ROE938.76
```

· 본 e-티켓 확인증과 함께 제공된 **법적 고지문을 반드시 참고**하여 주시기 바랍니다.
· e-티켓 확인증은 탑승수속시, 입출국/세관 통과시 제시하도록 요구될 수 있으므로 **반드시 전 여행 기간 동안 소지**하시기 바랍니다. e-티켓 확인증의 이름과 여권상의 이름은 반드시 일치해야 합니다.
대부분의 공항에서 탑승 수속 마감 시간은 해당 항공편 출발 평균 40분전으로 되어있으나, 성수기 또는 항공사의 사정에 따라 변동가능하오니, 해당 항공편 출발 예정시각 최소 3시간 전에는 공항에 도착하시기 바랍니다.
단, 일부 공동 운항편의 경우 탑승수속은 운항항공사의 카운터에서 이루어지며, 운항 항공사의 규정에 따라 탑승 수속 마감시간이 다를 수 있습니다.

외교통상부 해외안전여행

해외여행 중 긴급한 도움이 필요할 때 영사콜센터가 도와드립니다.
01.무료자동연결 현지국제전화코드+800-2100-0404
02.무료수동연결 국가별접속번호+0번+교환원+영사콜센터
03.유료연결 현지국제전화코드+822-3210-0404

[그림 7•36] 온라인투어 E-ticket

2인이상 여행자 | 탑승객 정보

이름:	주소:	배송 주소:
Jung,	기록에 주소 없음	기록에 주소 없음
Kang,		

전자티켓(E-ticket) 발행번호

e-Ticket Receipt - 006310677 - DL 7865 - 29 Nov 2008 - ICN

Today's Date: 29 Sep 2008

Agency Information | 여행사 정보

WHY PAY MORE
Rm901 Kwangil Bldg 11 Mookyo-Dong
Seoul 100-170
KOREA
Agency Phone: 02-1577-1245 RTM ONLINE
Agency Phone: 318-8585 RTM SHIN/

Agency IATA Number: 17312842

예약번호

Passenger Name: JUNG, → 탑승객 성명
Reservation Number: RWH
Billing Address: No Address On Record
e-Ticket Number: 006310677 → 전자티켓(E-ticket) 발행번호
Ticket Issue Date: 29 Sep 2008
항공권 발행일

Flight Information | 항공편 정보

29 Nov 2008
Flight Operated By: KOREAN AIR LINES CO LTD
Delta Air Lines (DL) 7865 보통석 (K)
항공사 예약번호 (귀국전 예약 재확인시 필요)
Delta Air Lines Confirmation Number: PH

Depart: Incheon Intl Arpt (ICN) 20:00
출발도시/시간 ← Seoul

수화물의 무게 제한 ← Not Available
미주: Pieces (가방의 수)
기타지역: KG (무게)
Baggage: 2 Pieces
Fare Basis: QLW
항공권 여행종료일 (한국도착기준) ← **Not Valid After:** 29 Dec
Arrival Terminal: M → 도착 터미널

Arrive: Honolulu Intl (HNL) 08:55
도착도시/시간 ← Honolulu

좌석상태 ← **Status: Confirmed**

5 Dec 2008
Flight Operated By: KOREAN AIR LINES CO LTD
Delta Air Lines (DL) 7864 보통석 (K)
Delta Air Lines Confirmation Number: PH

Depart: Honolulu Intl (HNL) 11:00
Honolulu

Departure Terminal: M
Baggage: 2 Pieces
Fare Basis: QLX
Not Valid Before: 3 Dec
Not Valid After: 29 Dec

Arrive: Incheon Intl Arpt (ICN) 16:40
6 Dec 2008
Seoul
Not Available

Status: Confirmed

Fare Information | 요금 정보

Fare Calculation:
Forms of Payment: VI xxxx3297
Cash

SEL DL HNL M509.30QLWAP1M DL SEL M460.56QLXAP1M NUC969.86END ROE1025.9 X
T 35400US5800XA8100XY6400YC507600YQ3500XF HNL3

Fare:	KRW	995000
Taxes/Fees/Charges:	KRW	28000 BP
	KRW	2900 AY
	KRW	566800 XT
Total:	KRW	1592700

Endorsement Information:
NONEND RFNDISSAGCY L-5786

[그림 7•37] 와이페이모어 E-ticket

3) 전자항공권의 특징과 장점

(1) 인터넷 기반의 항공사 예약시스템

전자항공권은 실물이 존재하지 않기 때문에 인터넷 기반의 현대사회에 매우 편리한 방법이다. 기존의 항공권이 유가증권에 준하는 관리에 많은 비용과 노력이 소요되었던 것에 반해, 전자항공권은 매우 저렴하고 신속하게 발행되고 전달될 수 있게 되었다. 전자항공권의 가장 큰 특징은 인터넷 기반의 항공사 예약시스템의 구축이다. 고객이 항공사 콜센터나 인터넷으로 항공사의 예약시스템과 연결하여 예약과 발권이 실시간 가능하다. 또한 인터넷을 통해 좌석배정까지 가능해져 항공기 탑승 전의 모든 내용을 고객이 스스로 결정하고 확인할 수 있다. 인터넷을 통해 수집된 고객의 예약정보, 여권정보, 신용카드 정보, 발권정보 등은 자동 저장되고 항공사 매표소, 항공대리점, 공항 등에서 공유하게 된다.

(2) 항공사의 입장

① 항공권 제작비용 절감

종이항공권의 제작과 폐지에 따르는 비용을 절감할 수 있다.

② 장비관리비용 절감

종이항공권 출력을 위한 장비의 유지, 보수 등 관리비용을 절감할 수 있다.

③ 정보축적 및 업무절차의 간소화

발권업무의 연계성, 호환성을 높이고 통계자료 및 마케팅 정보를 보다 쉽게 수집함으로써 고객에 대한 서비스의 개선과 항공권 부정사용 방지 및 탑승 절차 업무의 간소화를 기할 수 있다. 공항의 항공사 카운터에서 실물항공권을 확인하고 Flight Coupon을 회수하는 등의 절차가 모두 생략되었다.

(3) 여행사의 입장

① 업무절차 간소화와 손실방지

발권절차가 실물 없이 진행되므로 간편하게 개선되었고, 시스템 장애로 인해 잘못 발권된 항공권의 void 처리로 생기는 항공권 손실방지의 효과가 있다. 또한 변경 및 재발행시에도 간단하게 업무처리를 할 수 있다. 기존의 항공권은 유가증권에 준하는 관리가 되었으며 발행되지 않은 항공권도 금고에 보관해야 했다.

② 부대비용 절감과 서비스의 개선

발권업무를 인터넷으로 할 수 있어서 실물항공권을 전달해 줄 필요가 없으므로 업무의 자동화와 간소화가 이루어졌다. 이것으로 고객서비스의 개선과 함께 종이항공권을 받아오는 데 따르는 시간도 절약할 수 있다.

③ 담보비용 부담의 축소

종이항공권을 수령하는 데 따르던 항공권 담보금액에 대해 최대 활용할 수 있게 되었다.

(4) 고객의 입장

① 항공권 분실 및 훼손의 부담제거

전자항공권을 분실하거나 훼손하였다 하더라도 얼마든지 다시 출력하여 사용할 수 있다. 발행된 항공권을 훼손하거나 분실했을 경우 수수료가 부과되고 그 처리절차가 한 달 이상이 소요되기도 했다. 그러나 전자항공권은 실물이 존재하지 않으므로 분실이 불가능해졌다.

② 시간절약

고객이 매표소나 여행사를 방문해서 항공권을 받지 않아도 되므로 시간이

절약된다. 환불이나 재발행시에도 마찬가지로 방문할 필요가 없다.

3 대기시간의 축소

종이항공권보다 전자 티켓의 업무처리 시간이 짧아서 공항에서의 수속카운터 대기시간이 줄어든다. 단지 승객은 신분증을 지참하고 항공기 출발 20분 전까지 공항에서 본인 확인과정만 거치면 좌석배정 후 탑승권을 발급받아 탑승할 수 있다. 이때 e-티켓 확인증을 제출하거나 예약번호를 알려주면 처리가 더욱 신속해진다. 향후 인터넷 탑승수속이나 전자탑승권이 확대되면 이 절차는 더욱 빨라질 것이다.

4) 전자항공권의 사용방법

(1) E-ticket 확인증의 소지

실물이 없이 신분확인만으로 탑승절차가 진행되는 것은 항공사가 항공예약시스템상에 정보를 저장하고 있기 때문에 언제든지 확인이 가능하다. 그렇지만 항공권의 소지 여부는 국외여행 중에 여러 부분에서 확인요청을 받을 수 있다. 따라서 e-티켓 확인증을 프린트하여 공항에서 여권과 함께 제시하면 좀 더 빠르게 탑승수속을 할 수 있고, 외국공항에서 입국심사시 귀국항공권의 소지 여부를 확인할 수도 있다. 물론 e-티켓은 항공사 시스템에 항공권 세부 내역이 보관되어 있으므로 E-ticket 확인증이 없어도 항공편 탑승에는 아무런 문제가 없다. 그러나 출입국 수속 및 세관에서 귀국항공권을 소지하고 있다는 증빙서류로 필요할 수 있으므로 반드시 여행 중에 항상 소지할 것을 권장한다. 따라서 필요한 경우 공항에서 항공사 직원에게 요청하여 출력할 수도 있다.

(2) 전자항공권 사용의 주의사항

전자항공권은 반드시 여권과 영문이름이 동일해야 한다. 실물항공권은 소지하고 있는 사람의 권리를 인정하여 다른 요소들에 대해 관대할 수 있었으나 전자항공권은 실물이 존재하지 않으므로 본인여부가 철저하게 확인되어야 한다. 따라서 영문성명이 정확하게 여권과 일치되어야 한다. 종이항공권은 영문스펠링이 한 자 정도 틀리더라도 발음상 크게 차이나지 않으면 운에 따라 출국이 가능했었지만, 전자항공권은 탑승수속도 전산 상으로 처리되기 때문에 여권상의 영문이름과 꼭 동일해야 하며, 영문명이 불일치할 경우 탑승이 거절된다. 또한 한 사람이 대표로 여러 명을 예약하는 경우라도 e-티켓 확인서는 각각 개별로 소지하고 있어야 한다.

5) E-ticket 법적 고지문(IATA)

본 항공권은 발행항공사 또는 해당 항공사의 승인된 대리점에서 구매되지 않았을 경우 유효하지 않으며 탑승이 거부될 수 있습니다.

알 림
여객의 최종목적지 또는 도중착륙지가 출발국 외의 타국내의 일개 지점일 경우, 동 여객은 여객의 사망 또는 상해 및 수하물의 분실 또는 손상에 대한 운송인의 책임을 통상적으로 제한하는 "와르소협약"을 적용 받을 수 있습니다. "국제선 여객에 대한 책임제한에 관한 고지" 및 "수하물 배상책임한도 고지"를 함께 참조하시기 바랍니다.

계 약 조 건
1 본 계약에서 사용되는 용어의 정의는 다음과 같습니다. "항공권"이란 본 "여객항공권 및 수하물표" 또는 "전자항공권"의 경우 적용되는 본 여정/영수증을 말하는 것으로 본 계약 조건 및 상기 알림은 본 항공권의 일부를 구성합니다. "운송"이란 "수송"을 말하며, "운송인"이란 여객 또는 그의 수하물을 본 계약조건에 따라 운송하거나 또는 당해 항공 운송에 수반되는 기타 서비스를 행하는 모든 항공 운송인을 말합니다. "전자항공권"이란 운송인 또는 운송인을 대리한 자에 의해 발행된 전자 서식 및 탑승 증표를 말합니다. "와르소협약"이란 1929년 10월 12일 "와르소"에서 체결된 "국제항공 운송에 관한 일부 규칙의 통일을 위한 협약" 또는 1955년 9월 28일 "헤이그"에서 개정된 와르소 협약 중 적용되는 협약을 말합니다.

2 본 계약상의 운송이 와르소협약에 정의된 국제선 운송일 경우, 그 운송은 동 협약에서 정하고 있는 책임에 관한 규정 및 제한의 적용을받습니다.
3 각 운송인이 행하는 운송 및 기타 서비스는 상기한 바에 저촉되지 않는 범위내에서 (I) 본 항공권에 기재된 규정, (II) 유효한 태리프, (III) 본 계약조건의 일부로 되어있는 운송인의 운송약관 및 관련규정 (여객이 요청할 시 운송인의 사무실에서 열람할 수 있습니다.) 의 적용을 받습니다. 단, 미국 또는 캐나다 내의 1개 지점과 이외의 타국내의 1개 지점간의 운송에 관하여는 미국 및 캐나다에서 유효한 태리프가 적용됩니다.
4 운송인의 명칭은 항공권 상의 약호로 표기할 수 있으며, 정식명칭 및 그 약호는 운송인의 태리프, 운송약관, 규정 또는 운항시각표에 기재되어 있습니다. 운송인의 주소는 항공권 상의 운송인의 약호명칭의 맞은편에 기재되어 있는 출발공항을 말합니다. 여객과 운송인간의 합의된 도중착륙지는 본 항공권상에 명시된 도중착륙지 또는 여객의 여정상에 계획된 도중체류지로서 운송인의 운항시각표에 표시된 지점을 말합니다. 본 계약조건 하에서 2개 이상의 운송인에 의하여 연속적으로 행하여지는 운송은 단일운송으로 간주합니다.
5 타 항공운송인의 노선상의 운송을 위하여 항공권을 발행하는 항공운송인은 단지 당해 타 항공운송인의 대리인으로서 항공권을 발행하는 것입니다.
6 운송인의 면책 또는 책임제한에 관한 제반규정은 운송인의 대리인, 종업원 및 대표자, 그리고 운송을 위해 운송인이 사용하는 항공기의 소유자, 그의 대리인, 종업원 및 대표자 모두에게 적용됩니다.
7 위탁수하물은 수하물표 소지자에게 인도합니다. 국제선으로 운송되는 수하물에 손상이 발생하였을 경우에는, 당해 손상 발견 즉시 또는 늦어도 수하물을 수취한 날로부터 7일 이내에 운송인에게 서면으로 이의를 제기해야 하며, 지연의 경우에는, 수하물을 수취한 날로부터 21일 이내에 이의를 제기해야 합니다. 국제운송이 아닌 경우에는 국내선 태리프 또는 운송약관을 참조하시기 바랍니다.
8 본 항공권, 운송인의 태리프, 운송약관 또는 관련규정에 별도로 정한 경우를 제외하고는, 본 항공권은 발행일로부터 1년간 유효합니다. 계약조건에 의거, 운임은 운송개시 전에 변경될 수 있습니다. 유효한 운임이 지불되지 않았을 경우, 운송인은 운송을 거절할 수 있습니다.
9 운송인은 합당한 신속성으로 여객 및 수하물을 운송하기 위한 최선의 노력을 할 의무를 집니다. 운항시각표 또는 기타에 표시된 시각은 보증된 것은 아니며, 또한 본 계약의 일부를 구성하지도 않습니다. 운송인은 통고 없이도 운송인 또는 항공기를 타 운송인 또는 타 항공기로 대체할 수 있으며, 또한 필요한 경우에는 항공권상에 표시된 도중착륙지를 변경하거나 생략할 수 있습니다. 스케쥴도 통고 없이 변경될 수 있습니다. 운송인은 접속 운송에 대하여 일체의 책임을 지지 않습니다.
10 여객은 정부가 정한 여행조건을 준수하여야 하며, 현행의 출입국 서류 및 기타 필요 서류를 정확히 작성하여 운송인이 지정한 시각까지 또는 시각이 지정되지 않았을 경우에는 출국수속을 완료 할 수 있는 충분한 시간적 여유를 갖고 공항에 도착하여야 합니다.
11 운송인의 대리인, 종업원 또는 대표자는 본 계약의 어떠한 규정도 변경하거나 수정하거나 또는 포기할 권한을 가지지 않습니다.

운송인은 적용법령, 운송인의 태리프 및 제 규정에 위배되는 항공권을 소지한 여객의 운송을 거절할 권리를 가집니다.

[그림 7•38] E-ticket의 법적 고지문(계속)

국제선 여객에 대한 책임제한에 관한 고지

여객이 출발지국 이외의 국가 내에 최종목적지 또는 도중착륙지를 둔 여행을 할 경우에는, 출발지국 또는 목적지국 내의 구간을 포함한 전체여행에 대하여 소위 와르소협약의 규정이 적용될 수 있습니다. 동 협약 및 유효한 태리프에 명시되어 있는 특별 운송계약에 의거, 여객이 목적지, 출발지 또는 합의된 도중 착륙지를 미국 내에 둔 여행을 하는 경우에 당해 특별운송계약의 당사자인 일부 운송인이 여객의 사망 또는 부상에 대하여 지는 책임한도는 대부분의 경우 여객 1인당 미화 75,000불을 초과하지 않는 범위의 입증된 손해로 제한되며, 동 한도까지의 책임은 운송인측의 과실을 조건으로 하지 않는 것으로 규정되어 있습니다. 당해 특별운송계약의 당사자가 아닌 운송인에 의하여 여행하는 여객의 경우, 또는 목적지, 출발지 또는 합의된 도중착륙지를 미국내에 두지 않는 여행을 하는 여객의 경우, 여객의 사망 또는 부상에 대한 운송인의 책임은 대부분의 경우 여객 1인당 미화 약 10,000불 또는 20,000불로 제한됩니다.
당해 특별운송계약의 당사자인 운송인의 명칭은 당해 운송인의 항공권발매사무소에 비치되어 있으며 여객이 요청할 경우에는 열람할 수 있습니다. 보험회사의 보험에 가입함으로써 상기 배상액에 추가하여 보상을 받을 수 있습니다. 이러한 보험은 와르소 협약 또는 당해 특별운송계약상의 운송인의 책임한도에 영향을 받지 않습니다. 자세한 사항은 탑승항공사 또는 보험회사의 직원과 상의하여 주시기 바랍니다.

㈜ : 상기의 책임한도액 미화 75,000불은 소송비용 및 경비를 포함한 금액입니다. 단, 소송비용 및 경비를 별도로 지정하는 국가에서 제기된 배상청구의 경우, 그 한도액은 소송비용 및 경비를 제외한 미화 58,000불입니다.

수하물 배상책임 한도 고지

사전에 보다 높은 가격이 신고되고 그에 대한 추가요금이 지불되지 않는 한, 수하물의 분실, 지연 또는 손상에 대한 책임한도액은 아래와 같이 제한됩니다. 대부분의 국제선 여행(국제선 여행을 구성하는 국내선 여행구간 포함)시, 위탁 수하물의 경우는 파운드 당 미화 약 9.07불(킬로그램 당 미화20불), 비위탁 수하물의 경우는 여객 1인당 미화 400불입니다. 미국내 지점간 여행 시에는 연방 정부 규정상 항공사의 수하물 배상책임한도액은 여객 1인당 최소 미화 2,500불입니다. 어떤 종류의 물품은 상기한도를 초과하여 가격을 신고할 수도 있습니다. 항공사는 파손 또는 부패되기 쉬운 물품이나 귀중품에 대하여는 책임을 지지 않습니다. 자세한 사항은 해당 항공사로 문의하시기 바랍니다.

정부 부과 세금, 이용료 및 요금 안내
본 항공권의 구입 가격에는 항공 운송에 대하여 각국 정부 당국이 부과하는 세금, 이용료 및 요금이 포함될 수 있습니다. 이 같은 세금, 이용료 및 요금은 때에 따라 항공여행 경비의 상당 부분을 차지하는 경우도 있으며, 그 금액은 항공운임에 포함되거나 따로 세금(TAX / FEE / CHARGE)란에 표기되기도 합니다. 또한, 미지불된 세금, 이용료 및 요금은 추후 여객에게 청구될 수 있습니다.

아래 기재된 사항은 미국 내에서 판매되고 미국 내에서 여행이 시작되는 항공권에 대하여는 적용받지 않습니다.

초과 예약으로 인한 탑승 불가

항공사의 초과 예약으로 인한 좌석 부족으로 예약이 확약된 항공편에 탑승하지 못한 여객에 대한 보상 규정이 일부 국가에서 시행됩니다. 자세한 사항은 항공사에서 확인하실 수 있습니다.

수속시간
본 항공권 또는 여정/영수증에 표기된 시간은 항공기의 출발시간 입니다. 귀하의 운송인으로부터 또는 항공사 운항시각표에 표기된 수속시간은 여객이 여행을 위한 모든 절차를 완료하기 위해 최소한으로 필요한 시간 입니다. 항공편은 늦게 도착한 여객으로 인해 지연될 수 없으며, 지연 도착한 여객께 어떠한 책임도 지지 않습니다.

여행용 수하물 안내: 위탁 수화물: 여객에게는 무료로 위탁수하물이 허용되며, 허용되는 한도는 항공사, 좌석등급 및 노선에 따라 다릅니다. 허용 한도를 초과 하는 경우에는 추가비용을 부담하여야 합니다. **기내 반입 휴대수화물:** 여객에게는 무료로 기내 반입 휴대수하물이 허용 되며, 허용되는 한도는 항공사, 좌석 등급, 노선 및 항공기에 따라 다릅니다. 기내 반입 수하물을 가급적 최소로 해 주시기 바랍니다. 자세한 정보는 여행사나 항공사에 문의하시기 바랍니다.
보다 자세한 정보나 항공사의 웹사이트로의 연결을 원하시면 www.iata.org/bags를 참조하시기 바랍니다.

위험수하물 안내

안전상의 이유로, 위험품은 위탁수하물 또는 기내반입수하물로 지참하실 수 없습니다. 제한되는 품목들은 다음과 같으나, 해당 품목들에만 한정되어 있지는 않습니다. : 압축가스, 부식성물질, 폭발물, 가연성 액체 및 고체, 방사성물질, 산화물질, 유독성물질, 전염성물질 및 경보장치가 부착된 서류가방

[그림 7•38] E-ticket의 법적 고지문

6) E-ticket의 내용 읽기

전자항공권의 내용은 실물항공권과 유사하다. 오히려 형식이 없이 서술되었기 때문에 주의 깊게 읽어야 한다.

eTicket Passenger Itinerary Receipt (전자항공권 발행 확인서)

예약정보

받으시는 분(TO)	정● (kc■■■■@korea.com)	티켓번호(Ticket No)	7843606744813
발행일(ISSUED)	2009년 08월 10일	예약번호(BOOKG REF)	JUVSVV

항공권정보/영수증 TICKET INFORMATION/RECEIPT

ELECTRONIC TICKET RECORD CRS CODE:7766
INV: CUST: PNR/예약번호:JUVSVV
TKT:7843606744813 ISSUED:24JUL09 PCC:3F98 IATA:17317451
NAME/성명:JEONG. ■■■■ MR
NAME REF: TOUR ID:NKR2M
FORM OF PAYMENT FCI:
1 CASH
2 VI4009■■■■08015*0212 /00 M
CPN A/L FLT CLS DATE BRDOFF TIME ST F/B STAT
1 CZ 314 N 17AUG ICNPVG 1135 OK MLEEKR OPEN
NVB:17AUG09 NVA:17AUG09 BAG:20K
2 CZ 313 N 21AUG PVGICN 0800 OK MLEEKR OPEN
NVB:21AUG09 NVA:21AUG09 BAG:20K

ENDORSEMENT
NON-END/RER/REF/VLD FLT-DATESHW/EXCEPT C/S FLT

FARE KRW684000
TOTAL KRW739300

FARE CALCULATION
SEL CZ SHA273.01CZ SEL273.01NUC546.02END ROE1252.67

TAX BREAKDOWN
TAX 28000BP TAX 17100CN TAX 10200YQ

[그림 7•39] E-ticket의 예제

(1) ELECTRONIC TICKET RECORD CRS CODE : 7766

- 항공권을 발권한 CRS(Computer Reservation System)의 코드번호

(2) INV : CUST : PNR / 예약번호 : JUVSVV

- INV(Invoice) 송장, 대금청구 등에 쓰임
- PNR(Passenger Name Record)

(3) TKT : 7843606744813 ISSUED : 24JUL09 PCC : 3F98 IATA : 17317451

- TKT(Ticket) 번호, ISSUED(발행일), PCC : 3F98(psudo city code : 티켓 발행도시 코드), IATA : 17317451(발행처의 IATA 가입번호)

(4) NAME PEF : TOUR ID : NKR2M

- NAME REF(Name Reference) 참조인 이름으로 필요한 경우 CH, IN 등 승객의 표시를 기록한다. TOUR ID : NKR2M(항공권 발행여행사 고유번호)

(5) FORM OF PAYMENT FCI :
1. CASH
2. V14009 [redacted] 08015*0212 / 00M

- 지불수단, 현금 / 카드(VI---- : 비자카드)

(6) CPN A / L FLT CLS DATE BRDOFF TIME ST F / B STAT
1. CZ 314 N 17AUG ICNPVG 1135 OK MLEEKR OPEN
NVB : 17AUG09 NVA : 17AUG09 BAG : 20K
2. CZ 313 N 21AUG PVGICN 0800 OK MLEEKR OPEN
NVB : 21AUG09 NVA : 21AUG09 BAG : 20K

- CPN A / L(coupon airlines), FLT(Flight), CLS(class), DATE(탑승일), BRD (board : 탑승도시), OFF(도착도시), TIME(도착시간), ST(status : 좌석상태), F / B(Fare Basis), STAT(coupon status), NVB(not valid before : 제한기간 시작일), NVA(not valid after : 제한기간 종료일), BAG(baggage 수하물 : 20kg)
- 내용 : 남방항공(CZ 314) N CLASS 8월 17일 인천(ICN), 푸동(PVG) 11시 35분, 좌석 확약, MLEE(economy, low season, excursion fare), 사용가능, '09년 8월 17일부터 '09년 8월 17일까지

STAT(coupon status)의 종류

STAT	내 용
OPEN	Unused, Open for use, 사용가능
EXCH	Exchanged
CKIN	Checked in, 탑승 수속됨
USED	Lifted / Boarded, 탑승완료
VOID	Voided, Void 처리된 Coupon
RFND	Refunded, 환불된 Coupon
SUSP	Suspended by carrier 항공사에 의해 사용이 제한된 Coupon

* USED, VOID, EXCH, RFND는 Final Status로 다른 Status로의 진행은 불가하다.

(7)

ENDORSEMENT
NON-END / PER / REF / VLD FLT-DATESHW / EXCEPT C / S FLT

- 제한사항(endorsement)
- NON-END(endorsable) 타 항공사로 바꿀 수 없음(배서금지)
- NON-RER(reroutable) 여정변경 불가
- NON-REF(refundable) 환불 불가
- VID FLT-DATE SHW(Valid flight-date show) 날짜변경 불가
- EXCEPT C / S FLT(code share flight) 제외됨, 항공사변경 불가

(8)

FARE KRW684000
TOTAL KRW739300

- 항공권 운임 684.000+TAX 55,300 = 739,300

(9)

FAR CALCULATION
SEL CZ SHA273.01CZ SEL273.01NUC546.02END ROE1252.67

- 운임계산
- 서울-남방항공-상하이 = 273.01NUC
- 상하이-남방항공-서울 = 273.01NUC
- 합계 546.02 끝 ROE(가상의 환율) 1252.67 = 684.000

(10)

```
TAX BREAKDOWN
TAX 28000BP TAX 17100CN TAX 10200YQ
```

- 인천 공항세(BP) 28,000원, 중국 공항세(CN) 17,100, 전쟁보험료(YQ) 10,200원

(11) 다음 예제를 읽어 보자.

```
ELECTRONIC TICKET RECORD
INV:                 CUST:                     PNR:IKPDLI
TKT:0742200000522/3  ISSUED:23MAR05  PCC:TO68    IATA:17322583
   ①                   ②               ③            ④
NAME:JEONG/JINSEON MISS           FF:KL00000000
   ⑤                                 ⑥
NAME REF:C11 ⑦                  TOUR ID:ITSELMP000 ⑧
FOP: VI4599000100020006*1207/12345678 M ⑨
CPN  A/L  FLT   CLS  DATE    BRDOFF    TIME  ST  F/B   STAT
⑩                                                      ⑪
1    KL   866   S    15JUN   ICNAMS    1245  OK  SRT   OPEN
2    KL   1237  S    20JUN   AMSCDG    1410  OK  SRT   OPEN
3                             ARUNK
4    KL   1008  B    25JUN   LHRAMS    0955  OK  Y     OPEN
5    KL   1827  B    28JUN   AMSTXL    1410  OK  Y     OPEN
6    KL   1828  B    03JUL   TXLAMS    1615  OK  SRT   OPEN
7    KL   865   S    05JUL   AMSICN    1650  OK  SRT   OPEN
NON-ENDORSEMENT/NON-REFUNDABLE
FARE  KRW3767200 TAX  27000BP  TAX  12100RA  TAX  202800XT
TOTAL  KRW4009100                                      #
⑫
SEL KL AMS KL PAR//LON M1434.29KL AMS KL BER M682.76KL AMS KL S
EL M1460.98NUC3578.03END ROE1052.850000 XT 4800DE 44700CJ 52800
RN 8400VV 19600GB 23300UB 49200YR XT4800DE44700CJ52800RN8400VV1
9600GB23300UB49200YR ⑬
```

[그림 7•40] 문제풀이용 E-ticket 예제

〈표 7•20〉 문제풀이용 E-ticket 예제

표시내용	풀 이
① 0 7 4 2 2 0 0 0 0 0 5 2 2/3	
② ISSUED : 2 3 M A R 0 5	
③ PCC : T O 6 8	
④ IATA : 1 7 3 2 2 5 8 3	
⑤ NAME : JEONG / JINSEON MISS	
⑥ FF : K L 0 0 0 0 0 0 0 0	
⑦ NAME REF : C11	
⑧ TOUR ID : ITSELMP000	
⑨ FOP : VI4599000100020006*1207 / 12345678 M	
⑩ CPN	
⑪ STAT	
⑫ NON-ENDORSEMENT / NON-REFUNDABLE FARE….	
⑬ SEL KL AMS KL PAR//LON 1434.29KL...	

8

운임 및 송금액 계산

1 항공운임과 TAX

1) 운임과 TXT 표기

E-ticket 및 종이항공권의 하단은 운임과 관련한 사항이다. 모든 쿠폰에 공통적으로 하단의 좌측에는 항공운임과 TAX가 기재되고 중앙부에는 항공요금계산 내역과 운임지급 형태(현금/카드)가 기록되어 있다. 그 외에 별도로 AGENT CPN에는 바코드 위에 지불액, Discount, Commission이 기록되고, Flight CPN에는 바코드만 표기되고, Passenger CPN에는 이 정보는 생략된다.

[그림 8•1] AGENT CPN 운임정보

[그림 8•2] FLIGHT CPN 운임정보

[그림 8•3] PASSENGER CPN 운임정보

다음의 각 난은 FARE / TAX / TOTAL / CONTROL NO.로 구성된다.

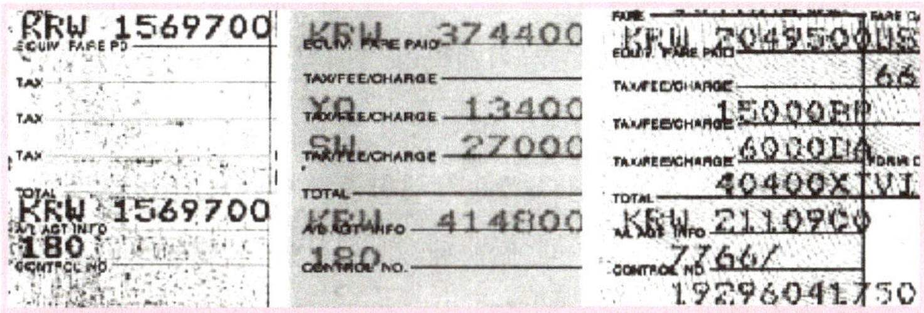

예제(1) 예제(2) 예제(3)

Fare Information 요금 정보

Fare Calculation:

SEL DL HNL M509.30QLWAP1M DL SEL M460.56QLXAP1M NUC969.86END ROE1025.9 X
T 35400US5800XA8100XY6400YC507600YQ3500XF HNL3

Forms of Payment: VI xxxx3297 Cash

Fare:	KRW	995000
Taxes/Fees/Charges:	KRW	28000 BP
	KRW	2900 AY
	KRW	566800 XT
Total:	KRW	1592700

Endorsement Information:
NONEND RFNDISSAGCY L-5786

예제(4)

[그림 8•4] PASSENGER CPN 운임정보

2) 운임(FARE)란 기재내용

(1) 공시운임(FARE)

공시운임(Fare)은 최초 여행 출발국가(SEL)의 통화로 기록된다. 운임 앞의 KRW는 통화 코드로 Korean Won(₩)이다. 각국의 통화가 다르기 때문에 Total NUC×ROE로 환산하는데 한국에서는 KRW와 USD만 가능하다. 상기 예제의 Fare는 각각 (1) 1,569,700 (2) 374,400 (3) 2,049,500 (4) 995,000이다. Fare 다음 난은 Equivalent Fare Paid로 Fare에 기재된 최초 출발지국 통화(KRW) 이외의 다른 통화로 지급하는 경우에 기재된다. 한국에서는 KRW와 USD만 가능하므로 USD로 지급되었을 경우 기재한다.

(2) 세금(TAX)

Tax는 발권시 항공운임과 함께 징수하도록 한 세금이다. 징수금액 및 Tax Code를 기재하고 운임지불통화로 기재한다. Tax로는 출국세, 전쟁보험료, 유류할증료 등이 있는데 2005년 현재 인천공항 출국세는 BP로 표기되고 27,000원을 징수한다. YQ는 전쟁보험료이며 유류할증료가 포함되어 표기되기도 한다. 기타의 세금이 여럿 있을 때에는 세 개 이상을 묶어서 XT로 표기한다. Tax의 종류 및 Code는 나라와 항공사마다 다소 차이가 있다. 각 Tax Code는 CRS를 통해 조회할 수 있다. 예제에서 (1)은 Tax가 없고, (2)는 YQ와 SW 두 가지이다. (3)은 BP, BA와 그 외의 Tax(XT)가 있다. 이 경우 자세한 XT의 종류는 운임정산 내역(Fare Calculation)에 NUC 내역에 이어서 기재된다.

(3) 총액(TOTAL)과 관리번호

Total은 Fare(공시운임)+Tax의 결과이다. 예제(3)에서 총액은 항공요금, 인천공항세(BP), Asiana 전쟁보험료 6,000($1.25×2회), 그 밖의 Tax가 합산되어 2,110,900원이다.

2,049,500(FARE)+15,000(BP)+6,000(BA)+40,400(XT) = 2,110,900(TOTAL)

예제(3) 하단의 7766 / 192960417은 항공권에 대한 시스템 관리번호(CONTROL NO.)이다.

3) 공항세 / 출국세(AIR TAX / APT TAX)

(1) 공항세 및 출국세 적용범위

Airport Tax는 공항이용세로 출국할 때 부과되며 대략 10~20달러 사이이다.

국가에 따라서는 Airport Embarkation Tax, Airport Service Charge, Hong Kong의 안전세(Q-Charge), 한국 공항이용료+관광진흥기금, 일본의 출국세(Depart Tax) 등으로 부른다.

공항세는 24개월 미만 유아(IN : Infant)를 제외하고는 모두 부과되고 중간에 체류(Stopover)하는 경우도 Tax는 부과된다. 가령, 동남아 항공편인 싱가포르항공이나 케세이퍼시픽을 이용해 유럽으로 갔다가 귀국할 경우 홍콩이나 싱가포르에서 Stopover를 하면 싱가포르 그리고 홍콩 공항세(약 15,000원 정도)까지 한국에서 추가로 부과된다.

항공권 구입시 부과될 때에는 항공권의 Tax란에 Code와 금액이 기재된다. 인천공항세는 'BP'로 표기되며 국제선 출발일 기준 2004년 7월 1일부터 인천공항세(17,000원)와 관광진흥기금(10,000원)을 포함하여 27,000원을 징수한다.

〈표 8•1〉 각국의 TAX CODE

CODE	TAX	뜻
BP	인천공항세+관광진흥기금＝27,000	
XY	US / IMMIGRATION / NATURALIZATION FEE	이민세
TR	US / INTERNATIONAL TRANSPORTATION TAX	국제교통세
LO	US / DOMESTIC TRANSPORTATION TAX	
ZP	US / FLIGHT SEGMENT TAX	
AY	US / SECURITY SERVICE FEE	안전세
YC	US / CUSTOMS USER FEE	세관이용세
XA	US / ANIMAL & PLANT HEALTH INSPECTION SERVICE FEE	동・식물 검역세
US	US / INTERNATIONAL AIR TRANSPORTATION TAX	국제항공세
XF	US / PASSENGER FACILITY CHARGE	승객시설료
FR	FRENCH SECURITY TAX	안전세
AX	베트남 국내선 이용료	
YQ	전쟁보험료	
XT	여정에서 요구되는 TAX가 3개를 초과하는 경우 두 종류 이상의 TAX를 합산하여 기재한다.	합 산

한국, 유럽, 미주, 캐나다, 남태평양의 경우는 항공권 구입시 함께 부과되고 아시아 일부 국가(태국, 필리핀, 베트남, 캄보디아, 대만 등)와 뉴질랜드는 현지공항에서 직접 징수하고 사이판은 없다. 항공권과는 별도로 출국시에 공항에서 징수하는 국가들의 경우는 공항에서 미화 또는 현지화폐로 지불하고 다음과 같은 영수증을 발행한다.

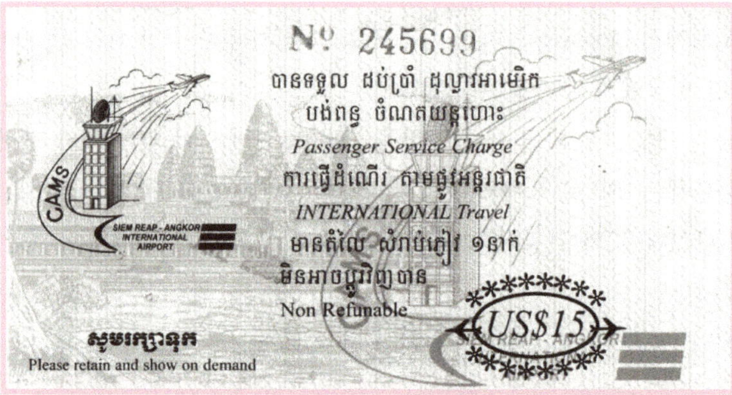

[그림 8•5] 캄보디아 시엠립 공항세

[그림 8•6] 베트남 공항세 영수증

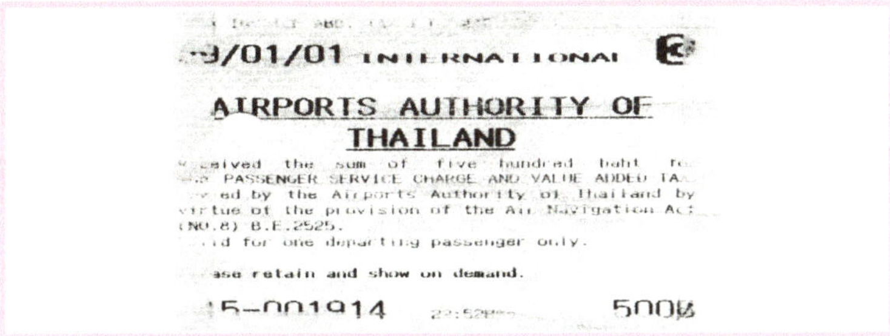

[그림 8•7] 태국 공항세

* 중국의 경우 2005년부터 항공권에 포함되어 부과함.

[그림 8•8] 중국 공항세 영수증

(2) 일본의 공항세

〈표 8•2〉 일본의 공항세(PASSENGER SERVICE FACILITY CHARGE)

구 분	성 인 (12세 이상)	아 동 (2~12세 미만)	유 아 (2세 미만)
NARITA INT'L AIRPORT(TOKYO) HANEDA(TOKYO)	2,040￥	1,020￥	면 제
KANSAI INT'L AIRPORT(OSAKA)	2,650￥	1,330￥	면 제
NAGOYA INT'L AIRPORT(NAGOYA)	750￥	375￥	면 제
FUKUOKA INT'L AIRPORT(FUKUOKA)	945￥	472￥	면 제

(3) 중국의 공항세

〈표 8•3〉 중국의 공항세(CAAC AIRPORT MANAGEMENT AND CONSTRCTION FEE)

구 분	내 용
징 수	중국 민항총국 / 민항공항관리 · 건설비(공항세)
대 상	중국 내 국내선 및 국제선(홍콩, 마카오 노선)을 이용하는 모든 승객 · 전세기, 특별기 및 할인항공권, 무료항공권 이용고객 및 24시간이내 T / S 승객 포함)
면 제	① 중국발 국제선(홍콩, 마카오노선 포함) 이용 외교관여권 소지자 ② 국내선, 국제선 이용 만 12세 이하 아동 및 영아
금 액	① 중국발 국제선(홍콩, 마카오 포함) 이용객 : 1인당 90 CNY ② 중국 국내선 이용객 : 1인당 50CNY ③ 70석 미만 소형 기종의 국내선 이용객 : 1인당 10 CNY (기종 CODE : 208, D38, AT7, CRJ, ERJ, EM4, DH8, YN2)

(4) 기타 각국의 공항세(2004년 3월 현재 환율기준)

〈표 8•4〉 각국의 공항세

지역	도시명	공항세(원)	지역	도시명	공항세(원)
유럽	런던(영국)	63,300	동남아	싱가포르	14,600
	파리(프랑스)	38,300		쿠알라룸푸르(말레이시아)	13,800
	프랑크푸르트(독일)	38,900		타이페이(대만)	10,600
	취리히(스위스)	33,500		홍 콩	15,000
	로마(이태리)	12,000		캄보디아 시엠립	16,000
	아테네(그리스)	50,800		베트남	15,000
	밀라노(이태리)	12,000			
	마드리드(스페인)	29,100	터키	이스탄불(터키)	17,600
	암스테르담(네덜란드)	33,300	미국	미국 내 도시	85,000
호주	시드니	96,300	남미	멕시코시티(멕시코)	44,600
	멜버른	56,200		상파울로-브라질	42,100
	퍼 스	53,100		부에노스아이레스(아르헨티나)	29,900
	케언즈	51,300			
	브리스번	54,700		산티아고(칠레)	30,400

4) 전쟁보험료(INSURANCE SURCHARGE)

전쟁보험료는 9·11테러의 여파로 2001년 11월부터 항공사마다 신설하여 부과하고 통상 YQ로 표기된다. 액수는 항공사마다 다르며 1회 탑승시마다 각 구간당 요금으로 산정한다. 예를 들어 서울-홍콩-런던-유로스타-파리-홍콩-서울의 경우 전쟁보험료는 총 4구간으로 적용된다.

〈표 8•5〉 전쟁보험료(YQ) 리스트

항공사	TAX CODE	전쟁보험료
대한항공	YQ	USD2.50
아시아나항공	YQ	USD2.50
일본항공	YQ	국제선 USD3.20, 국내선 300엔
아나항공	YQ	국제선 USD3.20, 국내선 300엔
캐세이퍼시픽항공	YQ	USD1.2
타이항공	YQ	국제선 USD5, 국내선 USD1.25
말레이시아항공	YQ	USD5
싱가포르항공	YQ	USD5
에어뉴질랜드항공	YQ	국제선 USD3.1, 국내선 NZD USD8
어메리컨에어라인	Q CHG	편도당 USD5
유나이티드항공	Q CHG	편도당 USD5
델타항공	Q CHG	편도당 USD5
가루다항공	YQ	USD5
필리핀항공	YQ	국제선 USD1.25, 국내선 USD6
독일항공	YQ	USD8
에어프랑스항공	YQ	EUR4
네덜란드항공	YR	USD8
스위스항공	YR	USD4
영국항공	YQ	USD4
에어캐나다항공	Q CHG	편도당 USD1.25
터키항공	YQ	USD8
알리타리아항공	YQ	USD1.25
란칠레항공	Q CHG	편도당 USD5
에바항공		USD2.5

5) 유류할증료(FUEL SURCHARGE)

유류비 인상에 따라 고지된 항공요금에 추가로 징수하는 금액이다. 항공사 및 노선마다 다르고 매월 유류 인상폭에 따라 고지된다. 항공권의 Tax란에 전쟁보험료에 합산하여 YQ, YR, Q-CHARGE 등으로 기재된다. 다음의 유류할증료는 편도금액으로 표기되었으며 2005년 7월 기준이다.

(1) 대한항공과 아시아나

한국(KOR)과 미국의 국내선 구간(domestic sector)에서는 징수하지 않고 국제선에만 적용되며 할인 및 면제대상 없이 전승객을 대상으로 YQ(Insurance Surcharge)에 추가하여 징수하고 있다.

〈표 8•6〉 대한항공의 유류할증료

구 간	금 액
① 일본행	USD7.00
② 중국, 동・서남아 및 GUM / SPN행	USD15.00
③ 한국-구주 / 중동 / 아프리카 / 대양주 미주행	USD30.00

〈표 8•7〉 아시아나의 유류할증료

적용 노선		Fuel urcharge	전쟁보험료(YQ)	YQ TOTAL
장거리	한국-유럽 / 대양주 / 미주 / 캐나다	USD30.00	전노선 USD2.50 (HKG : 부과하지 않음)	USD32.50
단거리	한국-일본 / 중국 / 동서남아 / CIS(SPN 포함)	USD15.00 (일본노선 USD7.00)		하기 외 USD17.50 일본 노선 USD9.50 HKG 노선 USD15.00

(2) 동남아지역 항공사의 유류할증료 적용(2005. 07. 12 현재)

〈표 8•8〉 FUEL SURCHARGE OF SINGAPORE AIRLINES

적용 지역			적용 금액 (Sector당)	적용 예
SQ	싱가포르	SEL to SIN	USD15.00	1) ICN / SIN / ICN 15.00+15.00 = USD30.00 적용
SQ	미주	SEL to YVR, SFO	USD30.00	2) ICN / YVR / ICN 30.00+30.00 = USD60.00 적용
SQ	동남아	SIN to DPS, BWN, BKK, HAN, JKT, SGN, KUL, MNL, PEN, SUB	USD12.00	3) ICN / SIN / DPS / SIN / ICN 15.00+12.00+12.00+15.00 = USD54.00 적용
SQ	그 외 지역	SIN to India West Asia, Europe, Middle East, Africa, Australia, New Zealand	USD45.00	4) ICN / SIN / LON / SIN / ICN 15.00+45.00+45.00+15.00 = USD120.00 적용
MI	동남아	SIN to AMI, HKT, KCH, LGK, PNH, REP, RGN, CNX, SOC, BPN, PDG, PLM, MDC	USD12.00	5) ICN / SIN / AMI / SIN / ICN 15.00+12.00+12.00+15.00 = USD54.00 적용
MI	그 외 지역	SIN to TRV, COK, HYD	USD45.00	6) ICN / SIN / TRV / SIN / ICN 15.00+45.00+45.00+15.00 = USD120.00 적용

〈표 8•9〉 말레이시아 항공 유류할증료

no	구 간	금 액
1	말레이시아-홍콩 구간	USD8.00
2	말레이시아-타이페이 구간	USD5.00
3	Code Share Flights(MH9xxx) (말레이시아-홍콩 제외)	USD10.00
4	Code Share Flights(MH9xxx) (말레이시아-홍콩)	USD8.00
국내선	① 말레이시아 반도 / Sabah, Sarawak 구간	USD3.90
국내선	② 말레이시아 반도 내 / Sabah, Sarawak주 내 구간	USD1.84
국내선	③ Sabah, Sarawak	USD1.84
국내선	④ RAS 구간(Rural Air Service, MH3xxx 편)	USD1.84
그 외	① 그 외 각 Sector당 USD10.00 적용 ② YQ Code로 발권 / 전 Class 동일 / Infant 제외	

〈표 8•10〉 기타 동남아지역 항공사의 유류할증료

항공사	적 용 내 용
타이항공	① 한국-타이페이, 홍콩, 방콕 USD15.00 ② 태국 국내선 USD5 ③ 태국-중동 / 아시아 USD20 ④ 태국-유럽 / 호주 USD35 ⑤ 태국-LAX / NYC USD25
캐세이패시픽 항공(YR로 징수)	① 단거리 노선(Short Haul) USD11.00 ② 장거리 노선(Long Haul) USD32.00 : 홍콩-대양주, 홍콩-남/북미, 홍콩-유럽, 홍콩-중동, 홍콩-아프리카, 홍콩-서남아시아 및 방콕-두바이
에바항공(YQ로 징수)	① 인천-타이페이 : USD15.00(+전쟁보험료 $2.50) ② 타이페이-홍콩 : USD11.00(전쟁보험료 없음) ③ 그 외 USD7.50(+전쟁보험료 USD2.50)
필리핀항공(YQ에 합산)	구간당 USD15(CHD, INF, AD, ID도 DISC / WAIVER 없이 징수)
세부퍼시픽항공	한국-필리핀 세부 퍼시픽 항공 운항구간 USD15

(3) 극동 / 유럽 / 미주 항공사의 유류할증료

〈표 8•11〉 극동 / 유럽 / 미주 항공사의 유류할증료

항공사	적 용 내 용
우즈벡항공(YQ)	구간당 USD5.00(우즈베키스탄 국내선, Free TKT, ID00, ID90 항공권, Infant TKT 제외) (CG75는 부과)
오스트리아항공	① Interline Sector USD45 ② 유럽 내 : USD17
에어캐나다	한국-캐나다 : USD30
유나이티드항공(Q-Charge)	INC-U.S.A.(하와이 포함) USD45.00
콘티넨탈	한국-미주 USD45(Endorsement에 Waive Code : 7BNWZ)
알이탈리아	① 일본행 : USD7.00 ② 중국, 동 / 서남아 및 GUM / SPN행 : USD15.00 ③ 구주 / 중동 / 아프리카 / 대양주 / 미주행 : USD30.00
KLM네덜란드항공(YR)	① 대륙간 : US$30.00(SEL-AMS-SEL : USD60.00) ② 유럽내 : 1구간당 USD5.00

(4) 유류할증료 이해와 연습

다음 빈칸을 채워보자.

〈표 8•12〉 유류할증료 연습

NO	항공사	여 정	유류할증료 계산
1	BR	ICN-TPE-ICN	USD17.50+USD17.50 = USD35.00
2	BR	ICN-TPE-HKG-TPE-ICN	$17.50+$11.00+$11.00+$17.50 = $57.00
3	BR	ICN-TPE-BKK-TPE-ICN	$17.50+$10.00+$10.00+$17.50 = $55.00
4	HY	ICN-TAS-LON//FRA-TAS-ICN	☐+☐+☐+☐= $☐
5	HY	ICN-TAS-SKD-TAS-ICN	☐+☐+☐+☐= $☐
6	KLM	SEL-AMS-LON-AMS-SEL	☐+☐+☐+☐= $☐
7	KE	ICN-TYO-ICN	☐+☐= $☐

2 운임정산과 NUC

1) 요금정산(FARE CALCULATION)의 구성

요금정산 내역은 FROM / TO(여정), CARR(항공편), FARE CALC(운임계산)를 IATA에서 규정한 표기법에 따라 그 계산근거를 기재한다. 요금정산 내역을 기재하는 이유는 첫째, 항공사나 여행사 직원이 기 발행된 항공권의 운임계산 내역을 정확하게 판독할 수 있고 둘째, 여정변경으로 운임이 변경될 경우 정확히 운임을 다시 계산할 수 있으며 셋째, 항공사 간에 서로 정확한 정산이 될 수 있기 때문이다.

2) 환율 계산(NUC와 ROE)과 각국의 화폐

(1) NUC(NEUTRAL UNITS OF CONSTRUCTION)

각 나라마다 다른 통화를 사용하고 있지만, 항공운임은 각 구간별 출발지 국가의 통화로 설정된다. 따라서 다 구간 여정에 대한 계산과 구간운임 비교를 위해서는 통일된 통화단위가 필요하다.

따라서 IATA에서는 일정기간 동안의 각국 통화 대 USD의 환율을 산출하여 평균한 '가상의 환율(ROE)'을 만들어서 일정시점부터 3개월 동안 모든 항공운임을 ROE로 나누어 동일한 NUC 단위로 사용한다. 이때 만들어지는 동일한 통화단위(운임계산용 통화단위)를 NUC라고 한다.

NUC = 출발지국가 통화단위의 항공요금 ÷ ROE(가상환율)
출발지국가 통화단위의 항공요금 = NUC × ROE

NUC는 소수점 이하 두 자리까지만 표기한다. 출발지국가 통화단위로 운임을 표기할 때는 각 통화단위별로 별도의 절상단위까지 표기하는데 KRW인 경우 '100원 단위로 절상'하여 항공운임을 표기한다.

(2) ROE(IATA RATE OF EXCHANGE)

항공운임 계산용 환율이다. ROE는 IATA에서 일 년에 4회(1 / 4 / 7 / 10월) 공시하며 3개월간 변경 없이 사용함을 원칙으로 한다. 다만, 동기간 중 통화가치의 급격한 변경이 발생하는 경우에는 변경될 수도 있다. 출발국가의 통화단위로 표시된 항공운임을 발권용 통화단위인 NUC로 환산할 때는 ROE로 나누어준다.

(3) 매도율과 매수율(BSR / BBR)

BSR(Bank Selling Rate)은 외국통화를 은행이 팔 때 적용하는 환율로서 타국 출발운임을 KRW로 환산하는 경우 사용한다. BBR(Bank Buying Rate)은 외국통화를 은행이 살 때 적용하는 환율로서 USD로 운임을 지급하는 경우 KRW를 USD로 환산할 때 사용한다.

BSR과 BBR은 매주 월요일의 은행환율을 화요일부터 다음 주 월요일까지 일주일 동안 동일하게 적용하므로 실제 은행 매도율과는 다소 차이가 있을 수 있다. 국내에서는 USD와 KRW만을 항공운임으로 영수할 수 있으므로 기타 통화로 운임을 받는 경우는 항공권 발권일을 기준으로 은행이 KRW로 환전하는 실제 환율을 적용한다.

〈표 8•13〉 각국의 화폐 (2005년 7월 현재 환율)

나라 이름	코 드	화폐명	환 율
프랑스(France)	FRA	유로화 EURO(12개국)	1Euro = 1238.34원
이탈리아(Italy)	ITA		
오스트리아(Austria)	AUT		
독일(Germany)	DEU		
네덜란드(Netherlands)	NLD		
룩셈부르크(Luxembourg)	LUX		
노르웨이(Norway)	NOR	크로화(KRONE)	1NOK = 156.54원
뉴질랜드(New Zealand)	NZL	뉴질랜드 달러(NZD)	1NZD = 703.22원
대만(Taiwan)	TWN	뉴타이완 달러	1TWD = 26.22원
러시아(Russia)	RUS	루블	1RUR = 46원
말레이시아(Malaysia)	MYS	링깃	1MYR = 273.88원
몽골(Mongolia)	MNG	투그릭	1투그릭 = 1원
미국(USA)	USA	US 달러	1USD = 1026.9원
베트남(Vietnam)	VNM	동	1동 = 0.08원
스위스(Switzerland)	CHE	스위스프랑	1CHF = 793.1원
싱가포르(Singapore)	SGP	싱가포르 달러	1SGD = 617.28원
아랍에미리트 (United Arab Emirates)	ARE	아랍에미리트 다르함 Dirham	1AED = 105원
영국(United Kingdom)	BGR	POUND	1GBP = 1791.94원

나라 이름	코 드	화폐명	환 율
우즈베키스탄(Uzbekistan)	UZB	숨	1숨=2원
이집트(Egypt)	EGY	이집트 파운드	1EGP=177.94원
인도(India)	IND	루피(Rupee)	1INR=23.63원
인도네시아(Indonesia)	IDN	루피아(Rupiah)	100IDR=10.47원
일본(Japan)	JPN	엔	100JPY=917.53원
중국(China)	CHN	위안	1CNY=126.63원
체코(Czech)	CZE	코루나	1CZK=46.296원
카자흐스탄(Kyrgyzstan)	KAZ	텡게(Tenge)	135.3Tenge=1달러
캐나다(Canada)	CAN	캐나다 달러	1CAD=843.31원
태국(Thailand)	THA	바트(Baht)	1THB=24.74원
피지(Fiji)	FJI	피지 달러	1.9FJD=1$
필리핀(Philippines)	PHL	페소	1PHP=18.44원
호주(Australia)	AUS	호주 달러(AUD)	1AUD=782.09원

EURO화는 2002년 1월부터 실시되었으며 유로통화 참가국은 2005년 현재 12개국이다(독일, 프랑스, 이탈리아, 벨기에, 룩셈부르크, 네덜란드, 오스트리아, 스페인, 포르투갈, 핀란드, 아일랜드, 그리스). 덴마크(DKK), 스웨덴(SEK), 스위스(CHF), 영국(GBP)은 제외된다.

3) 운임정산 내역 읽기와 연습

운임정산 표기는 여행구간의 도시 코드, 각 구간의 운항항공사 코드와 구간별 NUC와 전체 NUC를 쓰고 여정이 끝났음을 알리는 END를 표기한다. 그 다음 ROE를 쓰고 판매지표를 표기한 후 XT가 있을 경우 그 내용을 밝힌다. 앞부분에 'G' 또는 'M'을 표기하여 공시운임에 조정이 있었는지(M), 없었는지(G)를 표기하고 출발일 표시가 추가되기도 한다.

(1) 국내선 이용(ADD ON 요금) 국제선 요금

다음 예제는 USN(울산)에서 OZ편으로 SEL로 와서 경유하는데 STOPOVER

는 불가하다. 서울에서 다시 OZ편으로 IST(이스탄불)로 가고, 다시 TK(터키항공)편으로 FRA(프랑크푸르트)까지의 여정에 대한 운임이 834.99NUC이다.

FRA에서 OZ를 타고 SEL을 경유, USN까지가 834.99NUC이므로 TOTAL NUC는 1669.98이다. NUC를 원화(KRW)로 환산하기 위해서 가상의 환율인 ROE1227.25를 곱하면 운임은 2,049,482.955가 된다. 항공운임은 100단위이므로 이것을 절상하면 2,049,500원이다.

XT는 한꺼번에 표기한 세 가지 이상의 TAX의 내역에 대해 자세하게 기록한 것이다. XT의 내역은 RA11100, TR17400, YQ6000, YR5900로 모두 합산하면 XT40,400원이다. 이 예제의 Fare와 Tax, Total Fare는 다음과 같다.

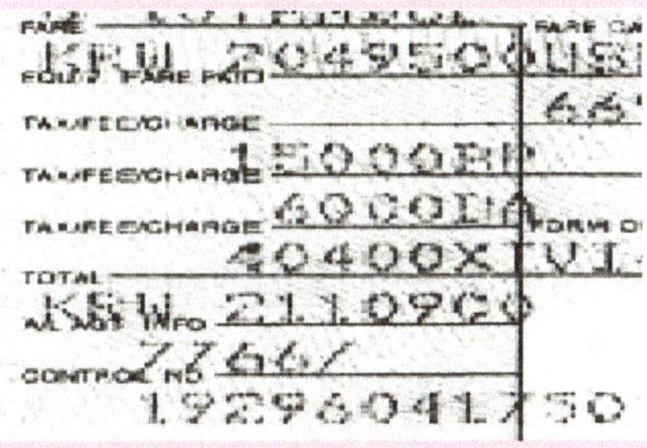

[그림 8•9] XT로 표기된 TAX

USN OZ X / SEL OZ IST TK FRA M834.99OZ X / SEL OZ USN M834.99 NUC1669.09END ROE1227.2500SITI XT11100RA17400TR6000YQ 5900YR 1318.250000

(2) 왕복 직항여정의 운임정산 내역 읽고 운임 계산하기

G02MAY02PUS JL OSA142.00JL PUS142.00 NUC284.00ROE1318.250000

예제에서 G로 시작한 것은 공시운임을 그대로 적용한 경우이다. 공시운임에 조정이 가해지면 'M'으로 표기된다. 출발일과 여정이 표시되었다. 항공운임을 원화(KRW)로 계산해 보자.

풀 기

2002년 5월 2일 PUS(부산) 출발. JL(JAPAN AIRLINEA).....

(3) 목적지 국내선 이용여정의 운임정산 내역 읽고 운임계산하기

19JUL03SEL VN X / SGN VN REP M430.03VN SGN198.00VN HAN 220.00VN SEL352.50NUC1200.53END ROE1200.25000SITI

풀 기

2003년 7월 19일 서울 출발. VN(VIETNAM 항공).....

(4) 여정과 항공운임 계산하기

N23MAY01SEL KE YTO613.75KE SEL613.75 NUC1227. 50ROE1278. 770000

풀 기

2001년 5월 23일

(5) 여정과 항공운임계산 예제풀기

GO4AUGO2SEL OM ULN254.47KE SEL254.47 NUC508.94ROE1227.250000

풀 기

(6) 여정과 항공운임계산 예제풀기(종합 : TAX와 TOTAL FARE)

MO2MAY02SEL. JL X / OSA JL BNE M54367JL X / TYO JL SEL M543.67
NUC1087.34ROE1318 250000 XT20800SW27200AU3700WG6700YQ

KRW	1433400
	YQ
	20100
	BP
	15000
XT	58400
KRW	1526900
180	______

풀 기

3 운임지불 형태 및 기타 사항

1) 운임지불 형태(FORM OF PAYMENT)와 승인 코드

[그림 8•10] AGENT CPN 운임정보

(1) 운임지불 형태

항공운임의 지불형태를 현금(CASH) 또는 신용카드(CC : Credit Card) 등으로 구분하여 기재한다. 현금지불의 경우는 CASH라고 기입된다.

〈표 8•14〉 FORM OF PAYMENT 기재방법

지불수단	기 재 방 법	
현 금	AGT / CASH	
신용카드 (C / C)	AGT / VI 4599 0001 2051 2453 / 0412(유효기간) / E06(할부)	
	종 류	VI(비자카드), MC(마스타), DC(다이너스), AX(아멕스), JC(일본카드), SW(삼성위너스) LG 등
	할 부	일시불 E00, 3개월 할부 E03, 6개월 할부 E06 등
선 불	PTA(payment in advance)	

다음의 예제는 여행사에서 현금으로 수령하였으며 여행사 코드는 1731048이다.

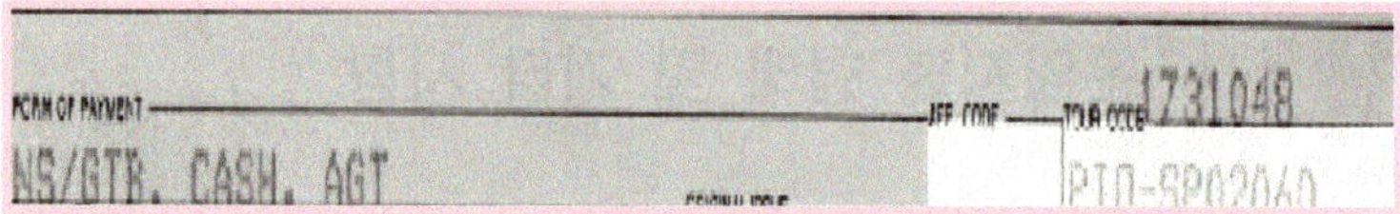
FORM OF PAYMENT　APP CODE　TOUR CODE 1731048
NS/GTB. CASH. AGT　PTO-SP02060

신용카드 결제는 카드번호 16자리 / 유효기간 / 할부 개월수를 기록한다. 아래의 예제는 대리점(Agent)에서 결제했으며, CC(Credit Card)는 Visa Card, 유효기간 03년 12월까지이다. 일시불 결제이다.

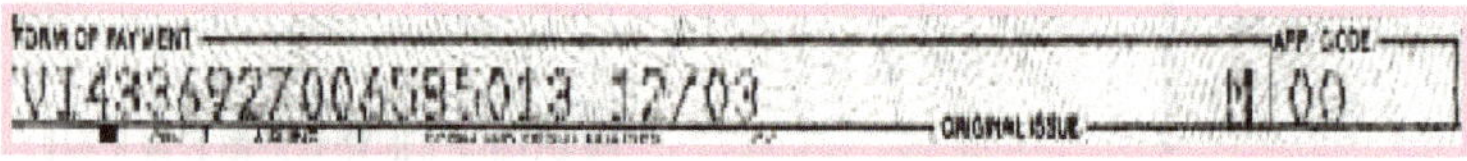
FORM OF PAYMENT　APP CODE
VI4336927006595013 12/03　ORIGINAL ISSUE　M 00

다음의 예제는 할부결제 14개월 할부로 'E14'로 표기되어 있다.

1731129
FORM OF PAYMENT　APP CODE　TOUR CODE
AGT. 1SCKINA. CC MC5421584276859025/0405/E14

카드로 부분 결제되고 일부는 현금으로 지불된 경우는 다음과 같이 각 지불금액이 표시된다. Total Fare는 600,300원인데 VI 카드로 595,250원, 현금으로 5,050원이 지불되었다.

KRW 582100BEL OZ MHL237.15OZ BEL237.15NUC474.30END ROE1227.250000817
15000BP
3200YQ　FORM OF PAYMENT　APP CODE　TOUR CODE
VI4743602278227001 595250 CASH 5050 / M 00　1120Z35EL18
KRW 600300
7766/　3 988 3635795155 4
0949178074 3

(2) 항공사 승인번호 / 신용카드 승인번호 / 투어 코드

항공사에 따라서는 항공사의 판매가 Table에서 지시한 승인번호(Auth Number)나 Discount Code를 함께 기재하기도 한다. 상기 예제의 '1SCKINA'은 기지정한 판매가 적용에 관한 승인번호이다. SEL-LAX 왕복의 MLAPB 운임이 현금으로 지불될 경우 'CASH / SP003'이라고 기재하여 특별할인 3%를 표시한다. 항공사마다 Free Format으로 기재한다.

GBE66574는 항공사의 단체운임 적용 승인번호로 Group의 Tour Code이다. 우측 끝의 AIT2KE3SEL66574는 Tour Code이다.

APP Code는 신용카드 승인번호(OPTAT)인데 생략되는 경우가 많다. Tour Code는 단체운임을 적용할 때 부여되는 승인번호이다. GIT(Group Inclusive Tour : 포괄단체여행) 운임을 적용했을 때 부여되기 때문에 이 코드가 같은 경우 동일한 Group으로 판별한다. 이 난은 여행사와 항공사간의 계약서인 GTO (Group Ticketing Order)에 표기되는 Tour Code를 항공권에 그대로 기재한다. 경우에 따라서는 Discount Code를 기재하기도 한다. Tour Code의 기재방법은 다음과 같다.

IT	2	KE	3	SEL	66574
ⓐ	ⓑ	ⓒ	ⓓ	ⓔ	ⓕ

ⓐ Inclusive Tour

ⓑ Tour Code를 부여한 연도의 마지막 숫자

ⓒ Tour Code를 부여한 항공사 코드

ⓓ Tour Code를 부여한 지역(서울)으로 Area 3에 해당한다.

ⓔ Auth를 부여하는 지역(서울)이다.

ⓕ 항공사에서 부여하는 일련번호이다.

(3) 운임지불 형태와 승인번호 실무

다음의 지불형태와 승인번호를 읽어 보자.

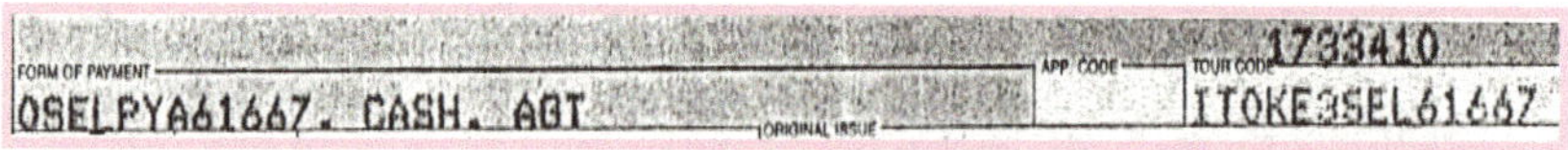

정 답

2) 항공권 고유번호

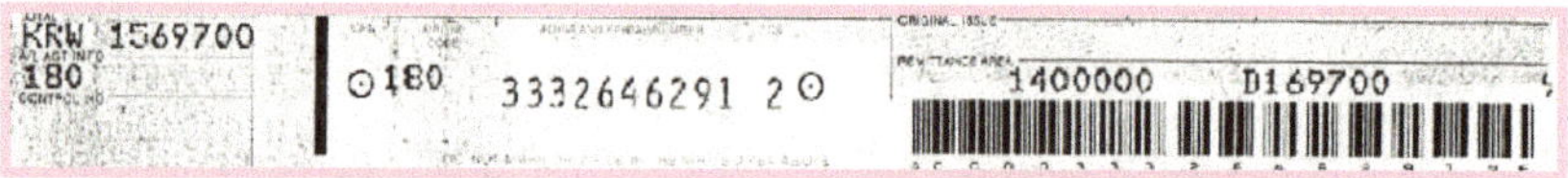

(1) AIRLINE CODE / FORM AND SERIAL NUMBER

항공사와 항공권번호이다. 180 대한항공, 988 아시아나 등 세 자리 숫자로 나타낸다. 항공권 고유번호는 10자리 숫자와 한 자리 Check Digit로 되어 있다.

988	363	5683906	2
ⓐ 항공사코드	ⓑ FORM NUMBER	ⓒ 일련번호	ⓓ CHECK DIGIT

(2) ORIGINAL ISSUE

재발행 항공권의 경우 사용된다. 다음 예제의 항공권번호는 180 3332646330인데 재발행된 항공권이다. 최초의 항공권이 180(KE)3332 646097번호이며 SEOUL에서, 2001년 4월 30일에, Agent(17311291)에서 발행되었다.

KOREAN AIR
NON ENDS
KIM KWANGSOO MR
BSP-KR AGENT COUPON
02MAY01
300
SEL/SEL BITI
127-7997
1803332646097
HU TOUR
SEOUL
KOREA
17311291
VOID VOID VOID VOID
VOID VOID VOID VOID
SEOUL ICN KE 831W 03MAY 1010 OK Y 23K
SHENYANG SHE KE 832W 07MAY 1220 OK Y 23K
SEOUL ICN
KRW 435300 NC3MAY01SEL KE SHE170.16KE SEL170.16 NUC340.32ROE1278.770000
KRW 0
VI4518440033590105/0305/E00/19CKINC
KRW NO ADC
180
1803332646097SEL30APR0117311291
KRW
180 3332646330 1

[그림 8•11] 재발행 항공권 예시

즉, 상단 중앙의 Airline Data인 Pnr Address 아래 Issued in Exchange For란에는 바로 직전의 항공권번호를 써주고, Original Issue란에는 최초에 발권된 항공권의 항공권번호, 장소, 일자, Iata No.를 기재한다. Original Issue란의 기재 내용은 다음과 같다.

ORIGINAL ISSUE
1803332646097SEL30APR0117311291

4 수수료와 송금액 계산

1) 항공권 판매수수료 계산

(1) 판매가와 할인

Agent CPN에는 항공운임 판매가, 할인, 수수료율이 바코드 위에 표기되어 있다. 판매가는 공시운임에 Tax를 더한 Total Fare에서 Discount를 뺀 금액이다. Discount는 KRW의 금액으로 표시된다.

1,569,700(TOTAL FARE)−169,700(DISCOUNT) = 1,400,000

(2) 수수료 계산

Commission은 아래와 같이 표기되는데 Commission에서 숫자는 수수료율(Commission Rate)로 %의 의미이다. 여기서 Gross란 Tax를 제외하고 항공운임만을 대상으로 해서 공시운임에 대한 수수료율을 말하고, Net란 공시운임에서 Discount를 뺀 금액에 대한 수수료율을 말한다.

〈표 8•15〉 COMM RATE CODE

CODE	내 용
G9	FULL(GROSS) COMMISSION
9	NET COMMISSION
N	NO COMMISSION

항공운임이 KRW 1,000,000이고 Discount 100,000일 때 다음 빈칸을 채워보도록 하자.

〈표 8•16〉 수수료 계산하기

NO	판매 조건	판매액	여행사 COMM
1	NO DISCOUNT+G9		
2	DISCOUNT+9		
3	NO DISCOUNT+9		
4	DISCOUNT+G9		

2) 송금액 계산

송금액은 TAX를 제외한 항공운임의 실제 판매가(공시운임 : Discount)에서 대리점 수수료(Commission)와 수수료의 1%에 상당하는 부가세(VAT : Value Added Tax)를 공제한 잔액이다. 자동발권시에는 송금액 난(Remittance Area)이 자동으로 인쇄되므로 송금액을 쉽게 알 수 있다.

(1) 송금액 계산 실무(Net Commission)

공시요금 1,420,000원 / Discount 420,000 / 수수료 9%일 때 수수료와 VAT 그리고 송금액을 계산해 보자.

〈표 8•17〉 VAT와 송금액 계산의 예제

명 칭	계산 내역	금 액
판매가		
수수료		
VAT		
송금액		

(2) 송금액 계산 실무(Full Commission)

상기 예제에서 수수료가 G9일 때 수수료와 VAT, 송금액을 계산해 보자.

〈표 8•18〉 G9에 대한 송금액 계산

명 칭	계산 내역	금 액
판매가		
수수료		
VAT		
송금액		

(3) 송금액 계산 실무(종합)

아래 예제의 항공운임 내역을 보고 수수료와 VAT, 송금액을 계산해 보자.

[그림 8•12] 항공권 송금액 계산

[그림 8•13] 송금액 상세 내역

〈표 8•19〉 송금액 계산 총정리의 예제

NO	항　목		금　액(원)
1	EQUIVALENT FARE(공시운임)		
2	할 인	-DISCOUNT	
3	판매가(1-2)		
6	수수료	판매가의 9(%)	
7	세액공제	1%	
	송금액		

9

국외여행의 BSP 운영실무

1 BSP 운영의 배경

1) CRS(Computerized Reservation System)의 뜻

CRS는 컴퓨터예약시스템이다. 1964년 AA(American Airlines)사가 IBM과 합작하여 SAVRE를 처음 내놓으면서 시작되면서 각 항공사가 경쟁적으로 개발에 착수하였다. CRS를 통해 더 이상 항공 스케줄 및 항공운임을 OAG (Officlal Airline Guide)나 Air Tariff에서 찾거나, 수기 발권하지 않고 전산단말기(CRT : Cathode Ray Tube)를 통해 간편하게 할 수 있게 되었다. 또한 호텔, 렌터카 예약 및 해당국가나 도시의 환율, 날씨, 세관정보, 전화, 공항 등 여행정보와 고객관리, 손익계산, 청구서 발행 등 업무를 지원받을 수 있다.

이 시스템은 CPU(Central Processing Unit) 없이 단말기(Terminal) 역할만 수행하는 Dummy Terminal을 이용하므로 별도의 터미널과 프린터를 갖추어야 한다. 현재 많은 항공사가 고유의 CRS를 가지고 있는데 CRS는 한정된 지역 내의 일정한 항공사 및 대리점이 연결되어 있기 때문에 CRS는 상호간 또는 GDS와 연결하고 있다. 따라서 여행사는 어느 한 GDS를 가지고 있으면 그 시스템에 가입한 모든 항공사의 예약이 가능해진다. 한국 여행사들이 주로 사용하는 CRS는 TOPAS와 ABACUS이다.

TOPAS(Total Passenger Service System)는 대한항공(KE)의 예약시스템으로 가장 광범위하게 사용되고 있다. TOPAS는 전세계에 70여 개 지역에 500여 개의 대리점이 가입하고 있는 GDS인 AMADEUS와 연결되어 있다.

ABACUS도 단독 CRS라기보다는 싱가포르에 본사가 있고 CX, SQ, MH, CI, PR, GA, NH 등 항공사가 연합한 아시아/태평양지역 CRS로 한국, 홍콩, 싱가포르, 필리핀, 말레이시아, 호주 등 15개 국가의 항공사와 지역 여행사가 가입되어 있다.

2) CRS의 중립성

여행사에 보급되는 CRS가 특정 항공사에 유리하게 화면 구성을 할 수 없도록 하는 것을 CRS 중립성 또는 비차별성이라고 한다. 초기의 CRS는 자사 업무편의를 위해 만들었기 때문에 항공사는 여행사에 보급되는 CRS까지 자사의 항공편 위주로 운영해 왔다. 이에 다양한 선택권을 잃게 된 소비자가 피해를 입게 되자 1948년 미국의 교통부에서는 항공사 간 공정경쟁 보장과 소비자 보호를 목적으로 CRS 관련 법률을 제정, 공표하였다.

이 법률에 의해 화면 차별행위가 금지되면서 CRS는 자사 항공권 판매도구로서의 의미를 상실하자 CRS사업은 항공사와 분리되어 독자적인 길을 걷게 되었다. 그 후 항공업무에 국한되지 않고 Rent A Car, Hotel 등의 부대 예약기능 서비스를 제공하고 Back Office 기능(사무지원 등)도 지원하고 있다.

3) GDS(GLOBAL DISTRIBUTION SYSTEM)

CRS에 대해 중소 규모의 항공사 협력을 통한 지역 연합의 컴퓨터예약시스템을 GDS(Global Distribution System)라고 한다. 전 세계의 호텔, 항공, 렌터카, 여행사의 CRS를 Internet / Private Networks로 연결하여 CRS와는 달리 다수의 항공사와 다양한 관광업체가 통합하고 있다. 유럽 항공사들의 연합인 Amadeus, Galileo 등이 해당한다.

〈표 9•1〉 세계의 CRS와 GD

국 가	CRS와 GDS	제 휴
미 국	PARS : NORTH WEST(NW) / TRNAS WORLD(TW)	Worldspan으로 통합
	DATAS : DELTA(DL)	
	SABRE : AMERICAN AIRLINES(AA)	-
	APOLO : UNITED AILINES(UA)	Apollo / Galileo 합병
유 럽	GALILEO : BR, SR, AZ, KL 등 다수	
	AMADEUS : AF, LH, SK, IB 등 다수	Topas와 제휴
ASIA	ABACUS : CX, SQ, MH, CI, PR, GA, NH 등의 연합	SABRE와 제휴
한 국	ARTIS : OZ, 1988년 실시	-
	TOPAS : KE, 1990년 실시(1975년 KALCOS)	-

최근 CRS와 GDS 간의 기술 및 자본제휴를 통한 통합이 진행되어 1992년 Apollo와 Galileo가 유럽에서 통합을 함으로써 Galileo International이 되었고, World Span과 Sabre 그리고 System One과 Amadeus와의 전략적 업무제휴가 이루어지고 있다. 현재 대표적인 GDS에는 Amadeus, Abacus, Sabre, Gallileo, Worldspan이 있는데 지역별로 살펴보면 다음과 같다.

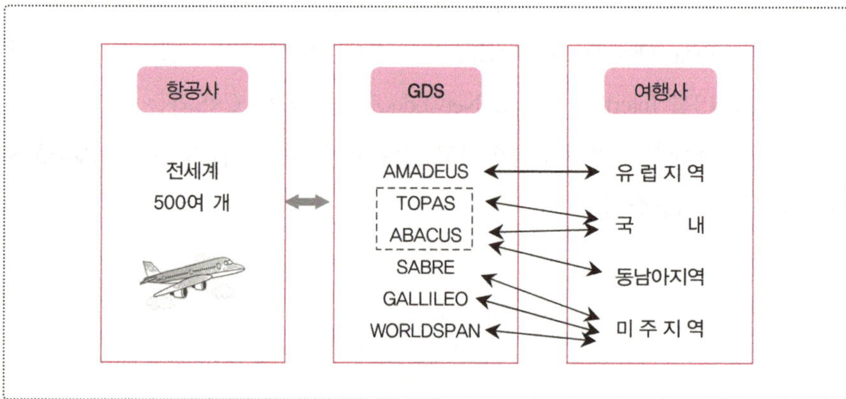

[그림 9•1] 지역별 GDS 현황

4) IATA와 BSP 및 ATR

(1) IATA(International Air Transport Association)

국제항공운송협회(International Air Transport Association) 는 1945년에 설립된 국제연합(UN)의 전문기구인 국제민간항공기구의 협의기관이다. 세계 항공운송의 각종 절차와 규정을 심의, 제정, 결의하며 항공운송에서 국가 간의 이해관계 조정 및 항공운송에 예상되는 각종 규정 및 절차의 표준화를 목적으로 한다.

현재 캐나다 몬트리올과 스위스 제네바에 본부를 두고 있으며, 2000년 말 현재 여객운임 정산을 위한 BSP에 가입한 항공사는 347개, 여행사는 54,000개이다. IATA의 주요 기능은 다음과 같다.

- 국제 항공운임의 결정
- 대리점 및 항공사 간 항공운송(여객 및 화물)요금 정산
- IATA 규정의 제정(서비스 조건, 운송절차, 대리점 규정 등)
- 항공기술 분야의 연구와 개발

(2) BSP(Billing and Settlement Plan)

BSP는 항공사와 대리점(AGENT) 사이에 항공권의 판매로 생기는 여객운송판매, 판매보고, 판매관리를 표준화하고 판매대금을 은행을 통한 결제를 함으로써 업무절차를 간소화시켰다. 그런 의미에서 Bank Settlement Plan이라고도 한다.

표준 항공권 보관과 불출자(STD Storage & Distributor)는 한국 외환은행 본점 및 14개 전국 주요 지점이다. 외환은행은 표준항공권(STD : Standard Traffic Document)을 BSP-KOREA 사무국장의 지시에 의해 안전한 보관 및 대리점에 불출한다. 표준항공권(STD)은 백지수표에 준하여 보관 및 관리가 되며, 외한

은행은 대리점이 등록한 '항공권 수령증 신고용 인감'을 확인한 후 불출한다.

판매내용의 보고는 전산처리센터에 정해진 기일에 보고된다. BSP제도에서 대리점은 BSP 가입 항공사에 대해 표준항공권을 사용할 수 있을 뿐만 아니라 그 판매내용의 보고양식과 절차는 표준화되어 있으므로 편리하게 업무를 수행할 수 있다.

요금정산은 현재 한국외환은행이 정산은행을 담당하고 있으므로 대리점은 판매대금을 정해진 기일에 입금시켜야 한다. 또 외환은행은 입금받은 항공권 대금을 각 항공사로 정산해 준다.

한국은 1990년 4월 2일부터 제도를 도입하였고 IATA 한국 지부의 BSP-KOREA 사무국에 의해 운영되며 2005년 7월 현재 50개 항공사가 가입되어 있다.

〈표 9•2〉 BSP-KOREA 가입항공사 (2005년 7월)

NO	Logo	항 공 사 명	Code
1		Aeroflot Russian International Airlines	SU
2	air astana	Air Astana	4L
3		Air Canada	AC
4		Air China International	CA
5	AIR FRANCE	Air France	AF
6		Air Kazakstan	9Y
7		Air Macau	NX
8		Air Newzealand	NZ
9	Alitalia	Alitalia-Linee Aeree Italiane	AZ
10	ANA	All Nippon Airways	NH

NO	Logo	항 공 사 명	Code
11		America West Airlines	HP
12		American Airlines	AA
13		Asiana Airlines	OZ
14		British Airways	BA
15		Cathay Pacific Airways	CX
16		China Airlines	CI
17		China Eastern Airlines	MU
18		China Southern Airlines	CZ
19		Continental	CO
20		Delta Airlines	DL
21		EVA Airways Corporation	BR
22		Emirates	EK
23		Finnair Oy	AY
24		Garuda Indonesia Airways	GA
25		Gulf Air Company G.S.C	GF
26		HAHN Airlines	HR
27		HAINAN Airlines	HU
28		Japan Airlines	JL
29		KLM Royal Dutch Airlines	KL
30		Korean Airlines	KE

NO	Logo	항 공 사 명	Code
31		Deutsche Lufthansa AG	LH
32		Malaysia Airline System Berhad	MH
33		Miat-mongolian Airlines	OM
34		Northwest Airlines	NW
35		Philippine Airlines	PR
36		PULKOVO Aviation Enterprise	FV
37		Qantas Airways	QF
38		Qatar Airways	QR
39		Scandinavian Airlines System	SK
40		South African Airways	SA
41		Singapore Airlines	SQ
42		Swiss International Air Lines	LX
43		Thai Airways International	TG
44		Turkish Airlines	TK
45		United Airlines	UA
46		U.S Airways	US
47		VARIG	RG
48		VASP Brazilian Airline	VP
49		Vietnam Airlines	VN
50		Vladivostok Air	XF

(3) ATR(AIRLINE TICKETING REQUEST)

BSP(Billing Settlement Plan)에 가입되어 있지 않은 여행사가 해당항공사 발권 Counter나 BSP 가입 여행사에 항공권을 요청해 구입하는 것을 ATR이라고 한다.

BSP에 가입한 여행사가 ATR 발권을 이용하기도 하는데 자사 발권보다 타 여행사의 운임이 낮게 책정되어 있을 경우 ATR을 하는 것이 더 저렴하게 항공권을 확보할 수 있기 때문이다. 소규모 BSP 발권여행사가 도매여행사에 ATR을 요청하는 경우가 그것이다. 특정 항공사에 대한 항공권 확보가 곤란한 경우 항공사에 보증금을 맡기고 항공사 보유분의 항공권을 받아 직접 발권하는 방식을 Ticket Holding이라고 한다.

2 BSP 대리점 운영실무

1) 자동발권기(STP) 설치와 인감증 등록

싱가포르 본사에 자동발권기(STP : Satellite Ticket Printer)설치 승인요청을 하고 승인을 받으면 설치한다. 판매대행에 필요한 각종 인감증을 등록하고 외환은행에 PC 종합서비스(Internet Banking)를 신청한다.

〈표 9•3〉 BSP 발권을 위한 준비사항

NO	명 칭	내 용
1	AVP(Agent Validation Plate)	BSP 대리점 자격 표식/여행사 이름, 주소지, IATA NO.가 표시된다.
2	IMPRINTER	수기 항공권에 꼭 필요한 압인 BSP-KOREA에서 구입(₩195,000)한다.
3	CIP(Carrier Identification Plate)	항공권취급자격 표식이다.
4	BSP 항공권 수령용 인감증	신청서와 인감증 작성 후 한국외환은행에 제출하고 발급받는다.

[그림 9•2] 항공권 수령용 인감증

인감증은 BSP 항공권을 외환은행에 신청한 후 승인된 항공권을 받으러 갈 때 항상 가지고 가야 하는 서류이다. 법인 상호, 대표자 이름, IATA에서 인증받은 대리점 Code, 지역을 쓰고 법인의 명판, 법인의 인감과 항공권 수령에 사용하는 인감을 찍어서 작성한다. 아래의 예제를 작성해 보자.

HAN TOUR / 대표 : 김일구 / IATA : CODE 17315672
서울특별시 종로구 서소문동 256번지

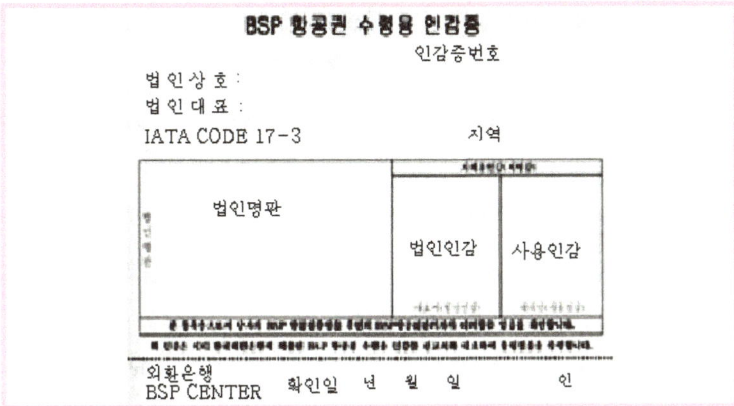
BSP 항공권 수령용 인감증

인감증번호

법인상호 :

법인대표 :

IATA CODE 17-3 지역

법인명판	법인인감	사용인감

외환은행 BSP CENTER 확인일 년 월 일 인

[그림 9•3] 항공권 수령증 예제 풀기

2) 주의사항(BSP 위반규정)

다음과 같은 내용이 발생하면 표준항공권 및 CIP가 회수되고, 자동발권이 중지되며, IATA 인가를 재검토하게 된다.

① 항공권 판매대금을 부도 처리일까지 입금하지 않는 경우
② 판매내용을 고의로 누락시켜 청구서에 포함되지 못한 경우
③ 판매보고 내용이나 입금내역을 조작한 경우
④ 그 밖에 지연, 누락 등 규정위반이 연간 4회 누적될 경우
⑤ 일 년 중 2회 입금 지연한 경우
⑥ 최소 안정규정을 준수하지 않을 경우

3) 여행사의 항공권 수령

(1) 항공권 불출 승인요청 및 승인통보

여행사는 ON-LINE 항공권 신청 프로그램을 사용하여 하루 전에 항공권 불

출 승인을 요청한다. 이때 항공권의 불출은 여행사별 담보금액, 대리점별 항공권 평균단가, 대리점별 크레디트 카드 항공권 발권량, 대리점별 항공권 재고량 등에 의해 항공권 불출 매수가 결정된다. BSP는 여행사별 배포수량을 결정한 후 외환은행 BSP센터에 배포 승인 수량을 통지한다.

여기서 대리점별 담보금액이란 BSP 대리점이 BSP 사무국에 보증보험증권, 은행지급보증서, 은행 정기예금 질권 등으로 제공한 물적 담보금액과 선입금액이 이에 해당한다. 대리점별 항공권 평균단가는 45일간 항공권 발권금액(Net & Credit Card)을 총 항공권 발권매수로 나눈 금액이다.

(2) 항공권 수령

항공권 신청 후 승인받은 여행사는 외환은행 BSP Center를 방문해 항공권을 불출받는다. 항공권 정기배포는 매 입금일 다음날인 16일과 1일에 여행사의 의뢰 없이 일괄적으로 배포한다.

은행에서 항공권을 수령할 때는 상기에 등록한 '항공권 수령용 인감증'과 '항공권 수령증'을 지참한다. 특히 인감증은 정확히 기재하고 대리점 명판과 법인인감, 사용인감을 날인한다.

RICHWAY CLUB TOUR

조 성 우

15981

서울

RICHWAY CLUB

17-3 15981

[그림 9•4] 항공권 수령용 인감증

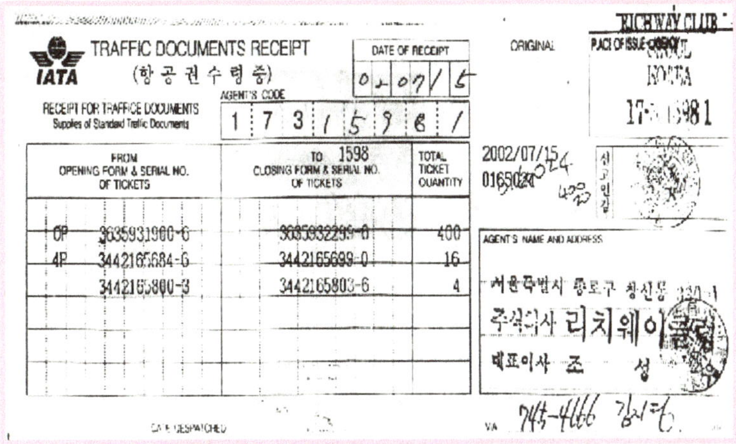

[그림 9•5] 항공권 수령증의 예

① DATE OF RECEIPT(영수일) : 020715(연월일 순으로)

② AGENT'S CODE : IATA 대리점 인가번호를 쓴다.

③ FROM OPENING FORM & SERIAL NO. OF TICKETS : 연결되어 있는 항공권의 시작번호를 쓴다.

④ TO CLOSING FORM & SERIAL NO. OF TICKETS : 연결되어 있는 항공권의 끝번호를 쓴다.

⑤ TOTAL TICKET QUANTITY : 전체 티켓 수량을 쓴다.

⑥ OP : 2매 항공권 / 4P : 4매 항공권

FROM OPENING FORM & SERIAL NO. OF TICKETS		TO 1598 CLOSING FORM & SERIAL NO. OF TICKETS	TOTAL TICKET QUANTITY
OP	3635931900-6	3635932299-0	400
4P	3442165684-6	3442165699-0	16
	3442165800-3	3442165803-6	4

[그림 9•6] 항공권 수령증의 Ticket 번호표기란

[수령내용]

· 2매짜리 3665931900 - 6번부터 299 - 6까지 400매

· 4매짜리 3442165684 - 6번부터 699 - 0까지 16매

· 3442165800 - 3번부터 803 - 6까지 4매

⑦ 우측 상단에 AVP, 신고인감, AGENT'S NAME AND ADDRESS를 쓰고 마지막에는 수령인이 전화번호와 이름을 쓴다.

[예제] 다음을 내용으로 항공권 수령증을 작성해 보자.

HAN TOUR / 대표 : 김일구 / IATA CODE : 17315672
서울특별시 종로구 서소문동 256번지
수령인 : 724-3456 김인순
2매짜리 3665937900 - 6번부터 3665938199 - 6까지
4매짜리 3442146784 - 6번부터 3442146800 - 0까지

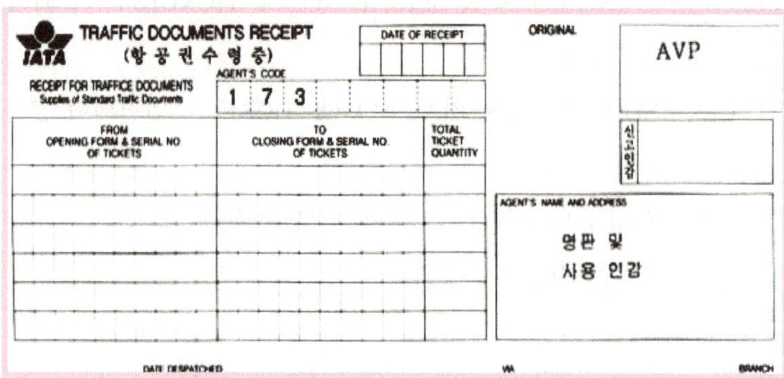
IATA TRAFFIC DOCUMENTS RECEIPT (항 공 권 수 령 증)
RECEIPT FOR TRAFFICE DOCUMENTS
Supplies of Standard Traffic Documents
DATE OF RECEIPT
AGENT'S CODE 1 7 3
ORIGINAL
AVP
신고인감

FROM OPENING FORM & SERIAL NO OF TICKETS	TO CLOSING FORM & SERIAL NO. OF TICKETS	TOTAL TICKET QUANTITY

AGENT'S NAME AND ADDRESS
명판 및 사용 인감
DATE DESPATCHED VIA BRANCH

[그림 9•7] 항공권 수령증 연습하기

4) BSP 판매보고

자동발권기(STP : Satellite Ticket Printer)를 이용해서 발권내역이 자동으로 보고되어도 여행사는 해당 발권자료와 CRS시스템 자료 및 매일 APSR (Agent

Print Sales Report)을 출력하여 그 내용을 확인해야 한다.

또 월 4회 판매보고서를 외환은행에 송부해야 하며, 카드발권을 따로 구분하여 보고하고 할인판매, 취소, 환급 등에 대해서도 보고해야 한다. 보고일 주기는 1~7일, 8~15일, 16~23일, 24~31일이다.

(1) 항공권 판매보고

판매보고서(STF : Sales Transmittal Form)는 판매한 모든 TKT를 보고한다. 현금판매분(Issues for Cash), 카드판매분(Issues in Credit), 부분현금 / 부분카드 판매분(Part-Cash / Part-Credit), 재발권 판매(Reissue or Exchanges), 취소항공권(Void / Canceled Stds), 환불(Refund or Trcr), ACM[9], ADM[10] 등이 포함된다.

판매보고일은 월 4회로 BSP Korea TIMETABLE에 명시된 기간 및 일자이며 해당일 12시까지 보고한다. 이때 판매된 TKT를 모아서 항공권번호를 모두 기재하여 작성하고 STF에 포함되어 보고 / 송부되어야 할 첨부 증빙서류가 누락되지 않아야 한다. 판매보고서 양식은 다음과 같다.

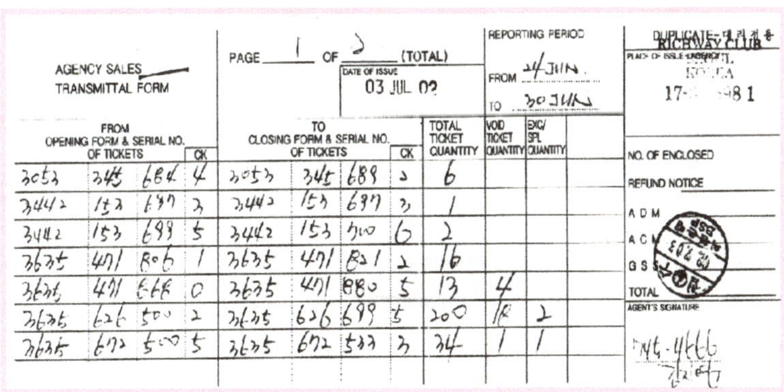

[그림 9•8] 판매보고서(STF : Sales Transmittal Form)

9 Air Credit Memo 항공권 가격보다 높게 판매하였으므로 항공사가 여행사에 환급 통지.
10 Air Credit Memo 항공권 가격보다 낮게 판매하였으므로 항공사가 여행사에 추가 입금 요청.

그림의 경우 2002년 6월 3일 보고되는 항공권의 판매기간은 6월 24일~6월 30일까지이다. 총 수량은 6+1+2+16+13+200+43 = 280매이다. 그 중 VOID 처리된 티켓 수량은 23매이며, EXC / SPL 수량은 3매이다. 보고서에는 AVP를 찍고 담당자의 전화번호와 이름을 기재한다.

아래 예제의 항공권 판매보고서(STF)를 작성해 보자.

HAN TOUR / 대표 : 김일구 / IATA CODE : 17315672
서울특별시 종로구 서소문동 256번지
담당자 : 724-3456 김인순
3665937900 - 6번부터 3665938199 - 6까지(VOID 없음)
3442146784 - 6번부터 3442146800 - 0까지(VOID 2매)
보고일 9월 1일(판매기간 8월 24일부터 8월 31일)

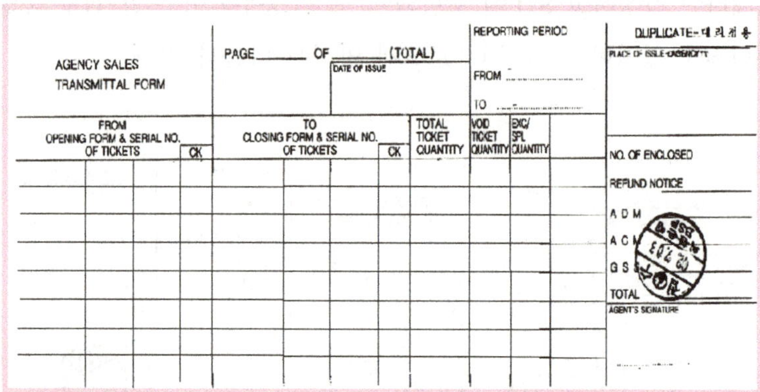

AGENCY SALES TRANSMITTAL FORM
PAGE ______ OF ______ (TOTAL)
DATE OF ISSUE
REPORTING PERIOD
FROM
TO
DUPLICATE-대리점용
PLACE OF ISSUE-AGENCY
FROM OPENING FORM & SERIAL NO. OF TICKETS | CK
TO CLOSING FORM & SERIAL NO. OF TICKETS | CK
TOTAL TICKET QUANTITY
VOID TICKET QUANTITY
EXC/SPL QUANTITY
NO. OF ENCLOSED
REFUND NOTICE
A D M
A C M
G S
TOTAL
AGENT'S SIGNATURE

[그림 9•9] 판매보고서 STF 실무 예제

(2) 카드판매분에 대한 별도 보고

카드로 발권하는 경우 자동발권은 BSP에 자동으로 보고되더라도 C.C.C.F. (Credit Card Charge Form)를 따로 모아서 2, 4주 판매보고 일자에 해당항공사별로 C.C.C.F. 송부표와 함께 외환은행에 송부한다.

Manual 항공권을 카드 발권하였을 경우 C.C.C.F.는 다음날 오전 11시까지 외환은행에 보고한다. Manual 항공권에 대한 C.C.C.F. 보고는 C.C.C.F. 송부표에 항공권번호 순으로 기재하며, 항공사 구분 없이 작성한다. Manual 항공권에 대한 C.C.C.F.는 외환은행에서 Key Punch하는 사항이므로 정확히 기재한다.

따라서 C.C.C.F.는 BSP용과 항공사용이 있으며 그 양식이 다소 다르지만 기재내용은 카드발권에 대한 내용으로 건별로 따로 작성한다.

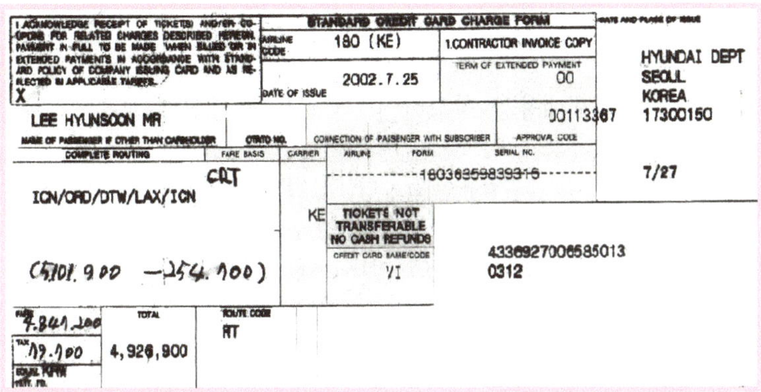

STANDARD CREDIT CARD CHARGE FORM
I ACKNOWLEDGE RECEIPT OF TICKET(S) AND/OR COUPONS FOR RELATED CHARGES DESCRIBED HEREON. PAYMENT IN FULL TO BE MADE WHEN BILLED OR IN EXTENDED PAYMENTS IN ACCORDANCE WITH STANDARD POLICY OF COMPANY ISSUING CARD AND AS REFLECTED IN APPLICABLE TARIFFS.
X
AIRLINE CODE 180 (KE)
1.CONTRACTOR INVOICE COPY
DATE OF ISSUE 2002.7.25
TERM OF EXTENDED PAYMENT 00
DATE AND PLACE OF ISSUE
HYUNDAI DEPT
SEOUL
KOREA
17300150
7/27
LEE HYUNSOON MR
NAME OF PASSENGER IF OTHER THAN CARDHOLDER
CTRTO NO.
CONNECTION OF PASSENGER WITH SUBSCRIBER
APPROVAL CODE 00113367
COMPLETE ROUTING
FARE BASIS
CARRIER
AIRLINE FORM SERIAL NO.
18036359839316
CRT
ICN/ORD/DTW/LAX/ICN
KE
TICKETS NOT TRANSFERABLE NO CASH REFUNDS
CREDIT CARD NAME/CODE VI
4336927006585013
0312
(5101.900 -254.700)
FARE 4,847,200
TAX 79,700
TOTAL 4,926,900
EQUAL FARE PD.
TOUR CODE RT

[그림 9•10] BSP용 C.C.C.F. 예제

〈표 9•4〉 C.C.C.F. 기재내용

NO	기 재 내 용	의 미
1	AIRLINE CODE 180(KE)	대한항공
2	DATE OF ISSUE 2002. 7. 25	발권일
3	TERM OF EXTENDED 00	일시불
4	NAME OF PASSENGER	승객명
5	APPROVAL CODE 00113387	카드 승인번호
6	DATE AND PLACE OF ISSUE	C.C.C.F. 작성일과 여행사명
7	ICN / ORD / DTW / LAX / ICN	여정(인천 / 디트로이트 / LA / 인천)
8	CARRER KE	항공기 대한항공

NO	기재 내용	의 미
9	AIRLINE / FORM / SERIAL NO. 금액 510900-254700	항공권번호 18036359839316 항공요금 : 할인액
10	CREDIT CARD NAME CODE V / I	VISA CARD
11	4336927006585013 / 0312	카드번호와 유효기간
12	FARE 4847200	항공요금
13	TAX 79700	세 금
14	EQUV. KRW	원 화
15	TOTAL 4,926,900	결제액
16	ROUTE CODE	RT(Return) / OW(One Way)

[예제] 다음 기재내용을 참고하여 C.C.C.F.를 작성해 보자.

HAN TOUR / 대표 : 김일구 / IATA CODE : 17315672
서울특별시 종로구 서소문동 256번지
항공권 : 36659379006 / 여정 ICN / HKG / ICN 승객 김미나MS
항공기 : OZ(988) 발권일 : 2006. 9. 25
조건 : 6개월 할부 MASTER CARD / 4336927006585834 / 0908
카드승인번호 : 00113877 C.C.C.F. 작성일 : 9. 27
항공요금 : 380,000원 할인액 : 50,000원 세금 : 23,000원 원화 편도

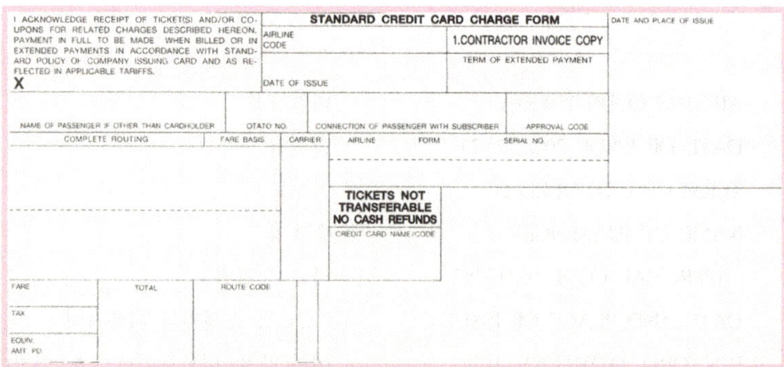
I ACKNOWLEDGE RECEIPT OF TICKET(S) AND/OR COUPONS FOR RELATED CHARGES DESCRIBED HEREON. PAYMENT IN FULL TO BE MADE WHEN BILLED OR IN EXTENDED PAYMENTS IN ACCORDANCE WITH STANDARD POLICY OF COMPANY ISSUING CARD AND AS REFLECTED IN APPLICABLE TARIFFS.
X

STANDARD CREDIT CARD CHARGE FORM
AIRLINE CODE
1.CONTRACTOR INVOICE COPY
TERM OF EXTENDED PAYMENT
DATE OF ISSUE
DATE AND PLACE OF ISSUE
NAME OF PASSENGER IF OTHER THAN CARDHOLDER
OTATO NO.
CONNECTION OF PASSENGER WITH SUBSCRIBER
APPROVAL CODE
COMPLETE ROUTING
FARE BASIS
CARRIER
AIRLINE
FORM
SERIAL NO.
TICKETS NOT TRANSFERABLE NO CASH REFUNDS
CREDIT CARD NAME/CODE
FARE
TOTAL
ROUTE CODE
TAX
EQUV. AMT PD

[그림 9•11] C.C.C.F. 작성용 예제

C.C.C.F. 송부표

은행용

서울특별시 중구 을지로2가 181번지
C.P.O BOX 2924
한국외환은행 본점 영업부(BSP PROCESSING CENTER)

일　자 06. 09. 17
대리점명 HAN TOUR
IATA NUM. CODE 173145672

발행일	항공회사 CODE	항공권번호	AUDIT CPN 매수	CCCF 매수
16FEB04	988 (OZ)	3249 692 619:5	1	1
		3249 692 521:5-22:6	2	1
		3249 692 519:3-20:4	2	1
		3249 514 733:3-34:4	2	1
		3249 514 731:1-32:2	2	1
		3249 692 554:3-55:4	2	1
		3249 692 563:5-64:6	2	1
17FEB04		3249 692 725:6-726:0	2	1
		3249 692 673:[illegible]	7	1
		3249 717 250:3-252:5	3	1
		3249 692 668:5-69:6	2	1
		3249 692 666:3-67:4	2	1
		3249 692 662:6-65:2	4	1
		3249 692 656:0-61:5	6	1
		3249 692 650:1-55:6	6	1
		3249 692 643:1-49:0	7	1
		3249 692 641:6-42:0	2	1
16FEB04		3249 692 515:6-17:1	3	1
		3249 692 513:4-14:5	2	1
		3249 692 512:3	1	1
		3249 692 510:1-11:2	2	1
		3249 692 500:5-08:6	9	1
		3249 692 523:0	1	1
합계			72 매	22 매

[그림 9•12] C.C.C.F. 송부표 예제

다음 예제를 참고하여 C.C.C.F. 송부표를 작성해 보자.

〈표 9•5〉 C.C.C.F. 송부표 작성을 위한 예제

예제 내용	항공권번호	C.C.C.F. 매수
HAN TOUR. / 대표 : 김일구 IATA CODE 17315672 서울 종로구 서소문동 256번지 발행일 12 SEP 06 OZ(988)	3205 463 124 : 5 - 32 : 6	2
	3205 463 365 : 1 - 401 : 3	1
	3205 463 731 : 4 - 42 : 1	3
	3205 514 662 : 5 - 713 : 6	2
	3205 463 515 : 2 - 17 : 3	1
	3205 692 643 : 1 - 58 : 4	4
	3205 463 660 : 4 - 71 : 4	0
	3205 463 675 : 2 - 82 : 3	1
	3205 463 188 : 3 - 201 : 2	3

C.C.C.F. 송부표

은행용

서울특별시 중구 을지로2가 181번지
C.P.O BOX 2924
한국외환은행 본점 영업부(BSP PROCESSING CENTER)

일 자
대리점명
IATA NUM. CODE

발 행 일	항공회사 CODE	항 공 권 번 호	AUDIT CPN 매수	CCCF 매수
합 계			매	매

[그림 9•13] C.C.C.F. 송부표 작성 실무

IATA **증빙서송부표** Discount Slip List

항공사용

서울특별시 중구 을지로2가 181번지
C.P.O BOX 2924
한국외환은행 본점 영업부(BSP PROCESSING CENTER)

Date
Agent's Name
IATA NUM. CODE

Serial No.	Date of Issue	TICKET NR	PAX NAME	DISCOUNT CODE	Remarks

[그림 9•14] 증빙서 송부표의 예

(3) 할인판매 보고

할인요금으로 발권하면 이를 증명하는 '증빙서'를 받아두었다가 보고할 때 증빙서 송부표를 작성하고 증빙서를 첨부해서 송부해야 한다. 예를 들어 학생할인일 경우 학생증, 입학허가서, 재학증명서 등이 해당된다. 증빙서 송부표에는 발행일, 항공권번호, 적용요금 코드, 할인 코드 등을 기재한다. 증빙서 송부표는 STF(판매보고) 2주, 4주 보고일(17일, 2일)에 외한은행에 송부한다.

(4) 발권이 취소된 항공권 보고

발권된 후 취소된 자동발권 항공권의 보고는 OPTAT Special Batch Notice를 작성한다.

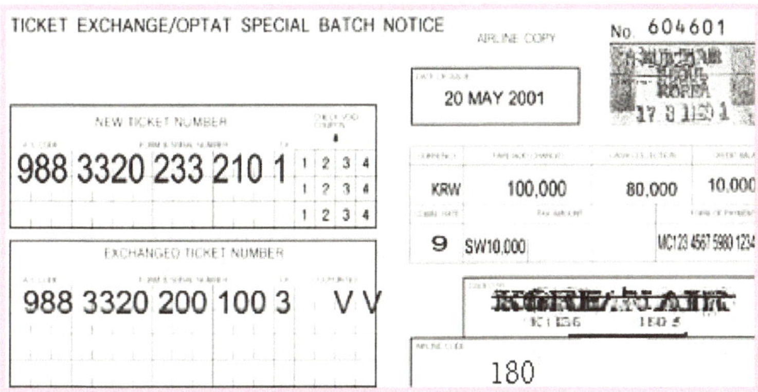
TICKET EXCHANGE/OPTAT SPECIAL BATCH NOTICE
AIRLINE COPY
No. 604601
20 MAY 2001
NEW TICKET NUMBER
988 3320 233 210 1
1 2 3 4
1 2 3 4
1 2 3 4
EXCHANGED TICKET NUMBER
988 3320 200 100 3 V V
KRW 100,000 80,000 10,000
9 SW10,000
180

[그림 9•15] TICKET EXCHANGE

New Ticket Number와 Exchanged Ticket Number를 써주고 항공권에 포함되어 있는 Coupon을 정확하게 기재한다. 발행일과 기 발행된 항공권의 통화, 요금, 카드발권액, 할인액, 수수료 코드, Tax, 카드번호 및 유효기간을 기재한다. 또한 여행사의 AVP와 해당항공사를 표시한다.

다음의 발권 취소사항을 처리해 보자.

HAN TOUR / 대표 : 김일구 / IATA CODE : 17315672
서울특별시 종로구 서소문동 256번지
항공권 : 36659379248　항공사 : OZ(988)　발권일 : 2006. 9. 25
카드 : MASTER CARD / 4336927006585834 / 0908
카드승인번호 : 00113877
C.C.C.F. 작성일 : 9. 27　발권취소일 : 9월 29일
항공요금 : 380,000원　할인액 : 50,000원　세금 : 23,000원　원화 편도
New Ticket Number 36659379293

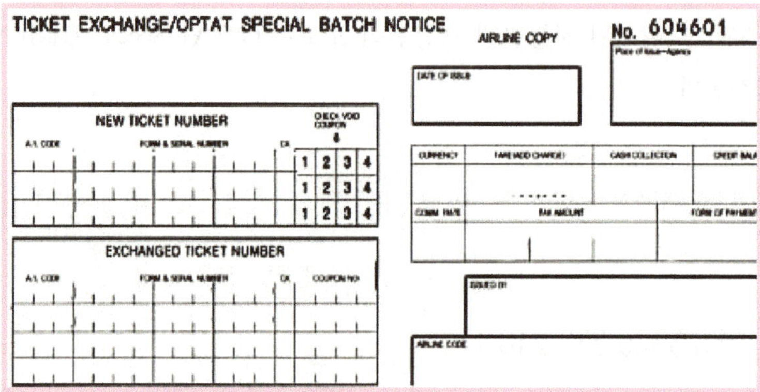

[그림 9•16] 발권취소 실무 예제

(5) 환불된 항공권 보고

BSP에 항공권 대금을 송금한 후에 환불(Refund Or Tr / Cr)된 경우에는 발권된 항공권의 미사용 항공권을 첨부해야 한다. 현금 판매된 경우의 환불은 Refund Notice, 카드발권분의 환불은 TR / CR로 처리하고, 보고를 할 때 모아서 송부표를 작성한다.

현금발권분의 환불은 항공권의 항공요금 내역을 참조하여 작성한다. 발행일, 승객명, 항공권번호, 남은 쿠폰, 요금내역을 기록하고 여행사 AVP(Agent Validation Plate)와 항공사 CIP(Carrier Identification Plate)를 표시한다.

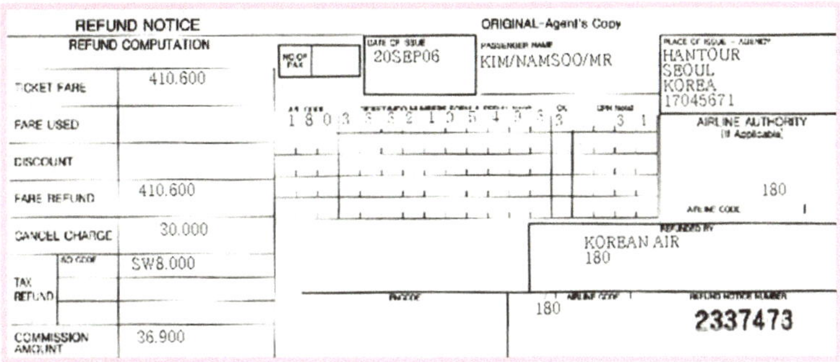
REFUND NOTICE
REFUND COMPUTATION
ORIGINAL-Agent's Copy
NO OF PAX
DATE OF ISSUE 20SEP06
PASSENGER NAME KIM/NAMSOO/MR
PLACE OF ISSUE - AGENCY HANTOUR SEOUL KOREA 17045671
A/L CODE 180 TICKET/MCO NUMBERS FORM & SERIAL No(s) 3882105498 CK 3 CPN No(s) 3 4
AIRLINE AUTHORITY (If Applicable)
AIRLINE CODE 180
REFUNDED BY KOREAN AIR 180
ENCODE
AIRLINE CODE 180
REFUND NOTICE NUMBER 2337473

TICKET FARE	410.600
FARE USED	
DISCOUNT	
FARE REFUND	410.600
CANCEL CHARGE	30.000
TAX REFUND (ISO CODE)	SW8.000
COMMISSION AMOUNT	36.900

[그림 9•17] 현금발권의 환불(REFUND NOTICE)

상기 예제는 2006년 9월 20일 환불 처리되었으며 승객명 KIM NAMSOOMR이다. 항공권번호 18038821054983이며 쿠폰 3, 4번이 환불되었다. 환불된 TKT의 요금내역은 항공료 410,600, 환불항공료 410,600, 환불수수료 30,000, TAX 8,000, 여행사 수수료 36,900이다. 다음의 환불처리를 해보자.

HAN TOUR / 대표 : 김일구 / IATA CODE : 17315672
서울특별시 종로구 서소문동 256번지
승객명 : JUNG / KANGKUK / MR
항공권 : 36612349248 항공사 : OZ(988) 발권일 : 2006. 9. 2
환불처리일 : 9월 29일 환불 : CPN 3, 4 환불수수료 : 20,000원
항공요금 : 380,000원 전액환불 세금 : 23,000원 원화 할인 없음

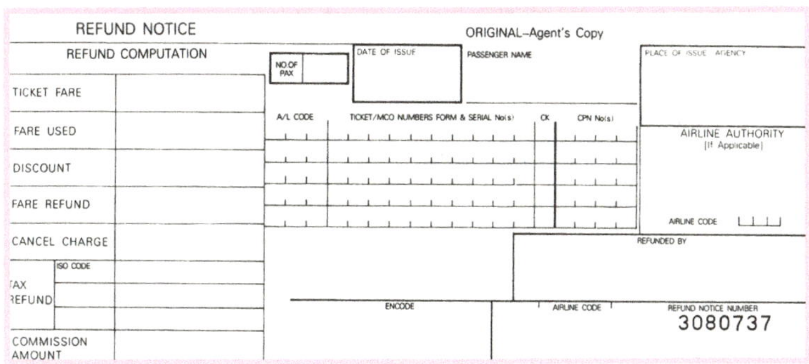
REFUND NOTICE
REFUND COMPUTATION
ORIGINAL-Agent's Copy
NO OF PAX
DATE OF ISSUE
PASSENGER NAME
PLACE OF ISSUE - AGENCY
A/L CODE TICKET/MCO NUMBERS FORM & SERIAL No(s) CK CPN No(s)
AIRLINE AUTHORITY (If Applicable)
AIRLINE CODE
REFUNDED BY
ENCODE
AIRLINE CODE
REFUND NOTICE NUMBER 3080737

TICKET FARE	
FARE USED	
DISCOUNT	
FARE REFUND	
CANCEL CHARGE	
TAX REFUND (ISO CODE)	
COMMISSION AMOUNT	

[그림 9•18] 현금발권 환불(REFUND NOTICE) 작성 예제

카드발권분에 대한 환불은 카드사가 개입되어 있기 때문에 현금발권보다 더 복잡해지지만 자동발권의 경우 자동으로 출력할 수 있으며 그 내용을 다음과 같다.

[그림 9•19] 카드발권의 환불(TR / CR)

〈표 9•6〉 카드발권 환불표(TR / CR)의 내용

NO	기 재 내 용	의 미
1	OH / SOEGHEE -	승객명
2	988 -	항공사 고유번호(OZ)
3	01년 6월 20일	발행일
4	NO.5780363	고유번호
5	TICKET FARE - 536,000원	항공요금
6	DISCOUNT - 28,400	할인액
7	SW22,000	TAX
8	COMMISSION AMOUNT45,700	수수료(9)
9	988 33306164216 3, 4	항공권번호 / 쿠폰번호
10	3 6 9 12	표시가 없으면 일시불
11	JC1234 1939 9206 1089	카 드
12	SEL / TYO / SEL	여정 : 서울 / 도쿄 / 서울
13	DATE OF ORIGIN ISSUE 20APR2001	최초 발행일

다음의 예제로 카드발권된 항공권의 환불처리를 해보자.

HAN TOUR / 대표 : 김일구 / IATA CODE : 17315672
서울특별시 종로구 서소문동 256번지
승객명 : PARK / SEONGIL 항공사 : 180(KE)
발행일 : 06년 9월 15일 항공요금 : 747,000원
할인액 : 46,000원 TAX SW : 35,000원 수수료 : 65,700원
항공권번호 : 180 44206164216 쿠폰번호 : 3, 4
카드 : VI1234 3452 9206 1077 3개월 할부
여정 : SEL / LON / SEL 최초발행일 : 01SEP2006

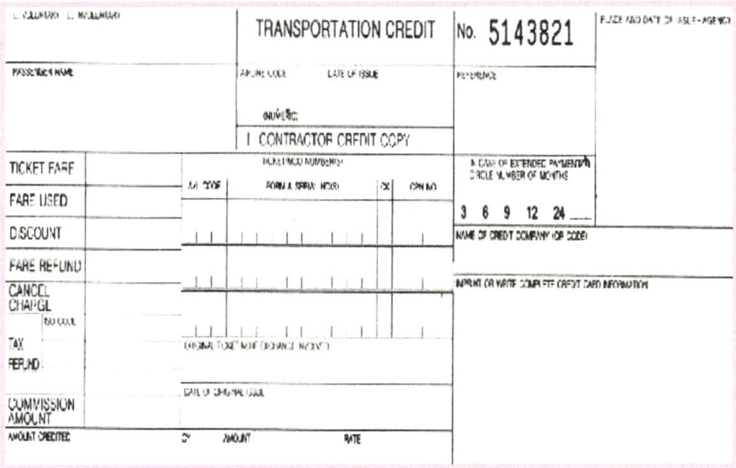
TRANSPORTATION CREDIT
No. 5143821
I CONTRACTOR CREDIT COPY
TICKET FARE
FARE USED
DISCOUNT
FARE REFUND
CANCEL CHARGE
TAX REFUND
COMMISSION AMOUNT
AMOUNT CREDITED
IN CASE OF EXTENDED PAYMENT CIRCLE NUMBER OF MONTHS
3 6 9 12 24
NAME OF CREDIT COMPANY (OR CODE)
IMPRINT OR WRITE COMPLETE CREDIT CARD INFORMATION

[그림 9•20] 카드발권의 환불처리 실무

TR/CR 송부표 　　　　**은행용**

서울특별시 중구 을지로2가 181번지
C.P.O BOX 2924
한국외환은행 본점 영업부(BSP PROCESSING CENTER)

일　자
대리점명
IATA NUM. CODE

발행일	항공회사 CODE	TR / CR 번호	비고
			합계　　　　매

[그림 9•21] TR / CR 송부표

5) 국외여행 항공권 판매대금 정산

항공권의 판매대금은 최종적으로는 항공사로 입금되어야 하는데 BSP에서는 은행에 입급하면 은행이 항공사로 정산처리를 한다. 우선 외환은행은 청구서를 작성해서 청구일에 여행사에 청구한다.

판매대금 입금을 위해 여행사는 BSP 항공권 판매에 대한 청구서 금액의 송금(Remittance)을 매월 15일과 30일에 실시한다. 15일은 전월 16~31일까지 판매분을, 30일에는 당월 1~15일까지의 판매분을 지정계좌에 입금한다. 만일 입금일까지 전액 입금하지 못하면 자동발권이 중지되며, 향후 항공권 불출 매수에도 영향을 준다. 신용카드 발권은 은행이 카드사에 청구하면 카드사로부터 외환은행으로 송금된다.

판매대금 정산을 위해 외환은행(정산은행)은 정산일에 입금된 금액을 항공사의 입금계좌로 송금한다.

3 여행사의 BSP 담당자 실무

1) BSP 항공권 관리 및 책임

(1) 항공관리팀장

항공권의 신청, 수령, 보관, 불출의 권한과 책임은 항공관리팀장이 가지며 항공영업팀이 원활한 업무를 수행할 수 있도록 회계관리팀장과 협조하여 항상 적정량의 항공권을 유지한다. 항공관리팀장이 사직했을 때나 타 부서로 이동 또는 관리팀장의 직책을 면할 때는 영업관리팀장이 반드시 항공권 관리 상태를 인계하고 인계·인수확인서를 작성하여 영업본부장에게 보고하여야 한다. 지방대리점 관리 총괄팀장은 지사의 BSP 운영을 관리, 감독, 보고한다.

(2) 항공영업팀장

항공영업팀장은 근무 중 항공권의 분실, 도난에 대한 책임을 지며 직원들의 발권업무를 감독한다. 항공영업팀장은 항공권의 Void를 최소화하여 재정적인 손실과 회사자금 운영이 원활하도록 하여야 한다. Void 사례를 조사하여 Void 방지에 노력하고 최소 목표를 설정하고 또 달성하여야 한다.

2) 여행사의 항공권 수령담당자

(1) 송금 및 배포의뢰

항공관리팀장은 당일 필요로 하는 항공권 매수를 결정하여 재무팀장에게 해당금액을 BSP에 송금 의뢰한 후 BSP Agency Program을 통하여 온라인 항공권 배포를 의뢰한다.

(2) BSP 사무국의 승인

BSP-KOREA 사무국은 송금을 확인하고 항공권 공급승인 후 항공권 공급은행(서울-외환은행 본점, 지방 외환은행 지점)과 여행사가 온라인으로 승인한다.

(3) 항공권 수령

항공관리팀장은 BSP 사무국의 승인을 득한 후 BSP 항공권 수령용 인감증과 항공권 수령증을 지참하고 외환은행으로부터 수령한다.

(4) 지사의 경우

지사의 경우 항공권 신청/불출 절차는 서울 본사와 동일하나 이 절차의 관리 및 감독은 지사장이 관장한다.

3) 항공권 발권절차

(1) 카운터(OP)의 발권의뢰서 작성

OP는 고객과 상담을 하고, 고객이 여행상품 대금을 지불하면 대금을 받고, 항공권 발권의뢰서 또는 항공권 발권품의서를 작성하여 팀장의 결제를 받는다. 모두 3장이 작성되는데 부서보관용, 발권부서에 발권의뢰용, 경리부서에 발권과 관련한 대금수령 고지용이다.

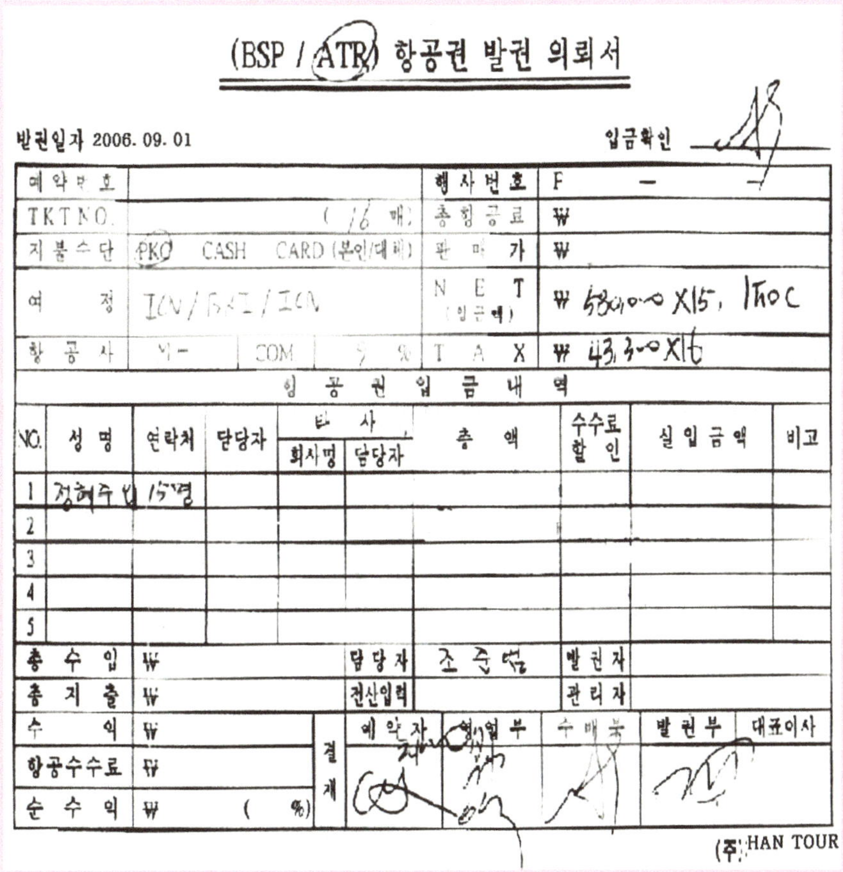

(BSP / ATR) 항공권 발권 의뢰서

발권일자 2006. 09. 01 입금확인

예약번호		행사번호	F —
TKT NO.	(16 매)	총항공료	₩
지불수단	PKG CASH CARD (본인/대리)	판매가	₩
여정	ICN / BKI / ICN	NET (입금액)	₩ 580,000 X15, 1FOC
항공사	M— COM %	TAX	₩ 43,300X16

항공권 입금 내역

NO.	성명	연락처	담당자	타사 회사명	타사 담당자	총액	수수료 할인	실입금액	비고
1	정혜수 외 15명								
2									
3									
4									
5									

총수입	₩	담당자	조 준	발권자	
총지출	₩	전산입력		관리자	
수익	₩	결재	예약자 / 영업부 / 수배부 / 발권부 / 대표이사		
항공수수료	₩				
순수익	₩ (%)				

(주)HAN TOUR

[그림 9•22] 항공권 발권의뢰서

상기의 예제는 ATR 발권을 의뢰하고 있다. MH(Malaysia Airline System)을 이용, ICN-BKI(Kota Kinabalu)-ICN의 여정으로 총 16매에 대한 의뢰이다. 입금액은 ₩580,000×15이고 인솔자용의 FOC가 1매이다.

발권에 따른 Com은 Net가 9%이고 Tax는 43,300×16명이다. FOC TKT라도 Tax는 별도이기 때문이다. 그 내역은 정혜주 외 15명이며 작성담당자의 이름이 표기된다. 첫 번째 결제란에 예약자 결제는 담당자가 한다. 그 다음은 영업부, 수배부, 발권부, 대표이사 순으로 결제한다.

결제를 득한 후에는 영업부와 수배부 그리고 발권부에서 각각 1부씩 보관한다.

(2) 수배정산부 / 경리부

수배정산부는 수배 및 정산을 담당한다. 발권의뢰서를 받으면 해당금액의 영수 여부를 확인하고 항공사로부터 받는 수수료의 액수를 확인하여야 한다.

(3) 발권부

발권부는 항공권 발권요청서가 수배정산부를 거쳐 오게 되면 대금의 입금이 확인되었으므로 이를 사장에게 보고하고 발권을 하게 된다.

또 매일 항공권 판매에 대한 일일보고서인 DSR(Daily Sales Report)을 작성한다. 매일 판매한 항공권의 손익, 판매량 등을 알아내는 일련의 정산작업으로 이 작업이 이루어져야만 Package 상품에서 순익, 차액, 지급 수수료 등을 계산할 수 있다.

(4) 항공권 발권의뢰

BSP 발권, CX(Cathay Pacific) 이용, ICN – HGK(Hong Kong) – ICN의 여정, 인솔자 및 13명의 인원, 항공요금은 470,000이다. 발권에 따른 COM은 NET가 9%이고 TAX는 36,000이다. 담당자는 자신의 이름으로 하고 직접 결제한다.

(BSP / ATR) 항공권 발권 의뢰서

발권일자 입금확인 ____________

예약번호				행사번호	F – –
TKT NO.	(매)			총항공료	₩
지불수단	PKG CASH CARD (본인/대체)			판매가	₩
여정				NET (입금액)	₩
항공사		COM.	%	TAX	₩

항공권 입금 내역

NO.	성명	연락처	담당자	타사 회사명	타사 담당자	총액	수수료 할인	실입금액	비고
1									
2									
3									
4									
5									

총수입	₩	담당자		발권자	
총지출	₩	전산입력		관리자	

		결재	예약자	영업부	수배부	발권부	대표이사
수익	₩						
항공수수료	₩						
순수익	₩ (%)						

(주)HAN TOUR

[그림 9•23] 항공권 발권의뢰서 실무 예제

4) 여행사의 환불과 예약취소업무

여행사는 판매 대행하는 상품의 대금을 전부 또는 일부를 지불한 후 구입한 상품을 전부 사용하지 않거나, 일부 사용 후 사용하지 아니한 부분에 대해 그 대금의 반환을 요구하는 것을 환불이라고 한다. 그 조건은 항공사 상품 판매위탁자의 환불규정과 여행계약서에 명시한 규정에 의거하여 환불한다.

(1) 항공권 환불수수료(REFUND SERVICE CHARGE)

이미 발권된 항공권이 환불되면 여행사는 상당한 부담을 안게 된다. 영업부서의 판매활동, OP, 발권, 정산, 경리 등 많은 부서의 인력이 이미 발권업무에 관련되었고 수수료 수입도 없어지게 될 뿐만 아니라 환불에 따르는 환불업무에도 관련되어야 하기 때문에 그 총 비용이 상당하다. 그래서 여행사는 환불에 따르는 환불수수료를 건당 20,000원 정도 별도로 부과하고 있다.

그러므로 특별히 합당한 사유가 없는 한 환불수수료 면제신청을 금하고 있다. 다만, 항공권 판매의 환불수수료 면제의 권한은 항공영업팀장과 사장에게 있으며 해당 영업팀장이 신청하여 허락을 득하여야 한다. 그렇지만 항공사에서 부과하는 환불수수료의 면제는 여하한 경우에도 불가하다.

(2) 패키지상품 취소료와 영업의 중요성

항공권과 패키지상품을 판매하는 데 소요된 인력과 자금은 상당하다. 그렇지만 여행업에서의 예약 및 발권 후 취소율은 상당히 높은 편이다. 이는 곧 여행사의 경비와 직결되는 것이다. 그러므로 여행사가 제공하는 서비스에 대한 수수료를 징수하는 것은 정당하며 여행사의 수익개선에 아주 중요한 요소이다.

따라서 영업직원 각자는 취소율을 최소화하는 데 노력을 다해야 하고 취소가 발생했을 때는 환불수수료의 징수에 최선을 다하여야 한다.

5) 예약취소 방지를 위한 고려사항(도매여행사)

① 과거 그 대리점의 예약부도율이나 취소율을 참조하여 취소율이 높은 대리점의 예약시는 예약금 지불시한을 앞당기고 지불 이행일을 철저히 지킨다.

② 과거에 거래가 없던 대리점이 갑자기 예약이 증가한 경우 그 이유를 확인한다. 이 경우에는 예약 취소 가능성뿐만 아니라 지불사고의 발생위험이 높다.

③ 타 경쟁업체에 대기자 명단에 올려놓고 자사에 예약한 경우인지 확인한다.

④ 비수기 좌석의 여유가 많을 때 좋은 조건의 대리점 수수료를 보장하는 대신 빠른 입금을 유도한다.

⑤ Early Booking(빠른 예약) 후 대리점으로부터 재확인이 없는 경우 대리점이 예약을 잊고 있거나 이미 취소 및 타 경쟁업체로 예약된 경우가 많으므로 확인한다.

⑥ 예약 후 필요한 구비서류의 제출, 필요한 개인정보 제출을 미루거나 불성실한 경우, 고객의 여행 스케줄이 불확실한 경우가 많다.

10

여권(PASSPORT)

1 여권(PASSPORT)의 이해

1) 여권의 의미와 사용범위

(1) 여권의 의미

여권은 각국이 여권을 소지한 여행자에 대하여 자국민임을 증명하고, 여행의 목적을 표시하여 자국민이 해외여행을 하는 동안 편의와 보호에 대한 협조를 받을 수 있도록 하기 위해 발급된다.

여권은 국외여행을 할 때 반드시 필요한 것이며, 대한민국 정부가 외국으로 출국하는 사람에 대한 신분을 증명하고 외국에 대해 여행자를 보호하고 구조를 요청하는 일종의 공문서이다. 따라서 제1면에는 신분을 나타내는 인적사항과 사진이 포함되고, 제2면에는 위와 같은 외교통상부장관의 요청내용이 있다. 마지막 면에는 소지인 연락처를 기재토록 하여 분실의 경우를 대비

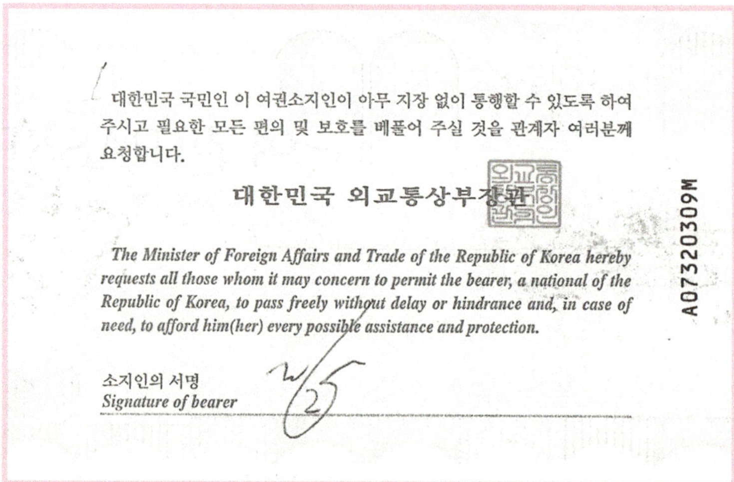

대한민국 국민인 이 여권소지인이 아무 지장 없이 통행할 수 있도록 하여 주시고 필요한 모든 편의 및 보호를 베풀어 주실 것을 관계자 여러분께 요청합니다.

대한민국 외교통상부장관

The Minister of Foreign Affairs and Trade of the Republic of Korea hereby requests all those whom it may concern to permit the bearer, a national of the Republic of Korea, to pass freely without delay or hindrance and, in case of need, to afford him(her) every possible assistance and protection.

소지인의 서명
Signature of bearer

A07320309M

[그림 10•1] 자국민 보호요청 내용(여권)

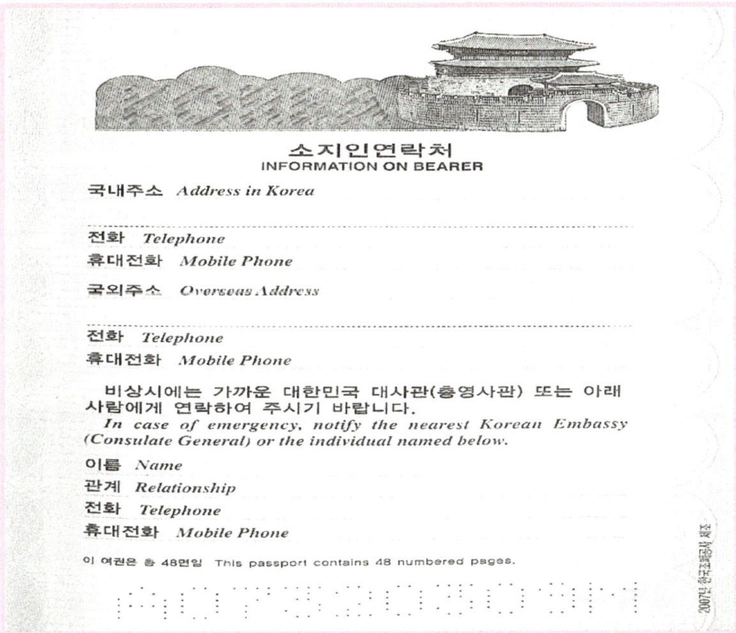
소지인연락처
INFORMATION ON BEARER

국내주소 *Address in Korea*

전화 *Telephone*

휴대전화 *Mobile Phone*

국외주소 *Overseas Address*

전화 *Telephone*

휴대전화 *Mobile Phone*

비상시에는 가까운 대한민국 대사관(총영사관) 또는 아래 사람에게 연락하여 주시기 바랍니다.
In case of emergency, notify the nearest Korean Embassy (Consulate General) or the individual named below.

이름 *Name*

관계 *Relationship*

전화 *Telephone*

휴대전화 *Mobile Phone*

이 여권은 총 48면임 This passport contains 48 numbered pages.

[그림 10•2] 여권의 뒷면 소지인 표시

하고 있다. 이와 같이 여권이 본인의 신분을 증명하는 신분증명서로서의 중요한 기능을 가지므로 철저한 관리가 필요하다. 특히 분실된 여권을 제3자가 습득하여 위·변조 등 나쁜 목적으로 사용할 경우 본인에게 막대한 피해가 돌아갈 수 있으므로 보관에 철저를 기해야 한다.

(2) 여권의 사용범위

여권은 외국에서 신분을 증명해 줄 수 있는 유일한 중요 서류이므로 항상 지녀야 하고 분실하지 않도록 그 보관에 철저해야 한다. 외국에서 신분증명의 요구를 받고 여권을 제시해야 하는 경우는 다음과 같다.

① 환전, 출국수속과 항공기 탑승, 현지입국과 귀국수속

② 비자신청과 발급, 국제운전면허증 및 여행 관련 단체회원 가입(예를 들어, 회원제로 운영되며 젊은이들의 관광에 각종 편의를 제공하는 FIYTO (The Federation of International Youth Travel Organizations)에 가입하기 위해서는 여권이 필요하다)
③ 여행자수표 사용 및 기타 도난이나 분실, 재발급 신청 등
④ 면세점에서 면세상품의 구입
⑤ 국외여행 중 송금된 돈을 찾을 때
⑥ 국외에서의 소비(렌트카 이용, 호텔 투숙 등)
⑦ 출국 때 병역의무자의 병무신고와 귀국신고

(3) 여권의 관리

1 여권의 보관

일반여권, 거주여권, 관용여권, 외교관여권을 소지하고 있는 사람이 기 소지한 여권과 다른 종류의 여권을 발급받아 일시 국외여행을 하고자 하는 경우, 기 소지한 여권을 여권발급기관에 보관해야 한다. 여권보관증을 작성하고 수수료 1,000원 상당의 영수필증을 받는다. 단, 외교관, 관용여권을 보관할 때는 수수료가 면제된다.

2 여권의 반납

유효한 복수여권이나 여행증명서를 소지한 사람이 새로운 여권 또는 여행증명서를 신청하는 경우는 잔여 유효기간에 상관없이 소지한 구여권 또는 여행증명서를 반납하여야 한다.

3 여권의 습득

각 여권발급기관은 해당기관으로부터 송부되어 온 습득여권을 보관 및 관리하고 있으며 외교통상부 홈페이지에서 조회할 수 있다.

2) 여권의 종류

(1) 소지인 특성에 따른 구분

일반여권(녹색)

관용여권(붉은색)

외교관여권(파란색)

일반여권, 관용여권, 외교관여권, 거주여권으로 나눌 수 있고 여권과는 형태가 다르지만 1회 사용할 수 있는 임시여권인 여행증명서가 있다. 일반여권은 국민이면 누구나 발급받을 수 있다. 관광 및 상용, 유학 등 개인적인 사유로 여행을 할 때 적용되는 것이다. 관용여권은 공무상의 출장에 쓰이고, 외교관은 외교관여권을 사용한다.

〈표 10•1〉 여권의 종류

일반여권 : 누구나 발급 가능(광역시청, 도청, 자치구 발급)	
복수여권(PM)	유효기간 중 횟수에 제한 없이 여행이 가능한 여권(10년 유효)
단수여권(PS)	1회에 한하여 여행을 할 수 있는 여권(1년 유효)
특수신분 및 목적 : 외교 및 공무	
관용여권(PO)	공무상 국외여행을 할 경우 사용 외교통상부 여권과 및 전국 여권대행기관에서 발급
외교관여권(PD)	외교통상부 여권과에서 발급
특별상황 : 거주자 누구나 발급 가능(광역시청, 도청, 자치구 발급)	
거주여권(PR)	외교통상부 여권과에서 발급
여행증명서(TS)	여권에 준하는 증명서로 재외공관에서 발급

(2) 기간에 따른 구분

일반여권에는 단수여권과 복수여권이 있다. 단수여권은 1회에 한해, 복수여권은 유효기간 만료일까지 횟수에 제한 없이 외국여행을 할 수 있다. 해외이주자에 대해서는 일반여권과 구분하여 거주여권을 발급한다. 여권의 유효기간은 10년(일반여권), 5년(외교관 및 관용여권) 2종류이다. 8세 미만의 자녀는 5년 유효기간의 여권을 별도로 발급받아야 하며 수수료는 다음과 같다.

〈표 10•2〉 여권의 종류에 따른 발급 수수료

<table>
<tr><th rowspan="2">종류</th><th rowspan="2" colspan="3">구 분</th><th colspan="2">여권발급 수수료</th><th colspan="2">국제교류 기여금</th><th colspan="2">합 계</th></tr>
<tr><th>국내</th><th>재외공관</th><th>국내</th><th>재외공관</th><th>국내</th><th>재외공관</th></tr>
<tr><td rowspan="5">전자여권</td><td rowspan="4">복수여권(거주여권 포함)</td><td colspan="2">5년 초과 10년 이내</td><td>40,000원</td><td>40달러</td><td>15,000원</td><td>15달러</td><td>55,000원</td><td>55달러</td></tr>
<tr><td rowspan="2">5년</td><td>만 8세 이상</td><td rowspan="2">35,000원</td><td rowspan="2">35달러</td><td>12,000원</td><td>12달러</td><td>47,000원</td><td>47달러</td></tr>
<tr><td>만 8세 미만</td><td>-</td><td>-</td><td>35,000원</td><td>35달러</td></tr>
<tr><td colspan="2">5년 미만(여권법 시행령 제6조 제2항 2, 3, 4호에 해당되는 경우)</td><td>15,000원</td><td>15달러</td><td>-</td><td>-</td><td>15,000원</td><td>15달러</td></tr>
<tr><td>단수여권</td><td colspan="2">1년 이내</td><td>15,000원</td><td>15달러</td><td>5,000원</td><td>5달러</td><td>20,000원</td><td>20달러</td></tr>
<tr><td>사진부착식</td><td>단수여권</td><td colspan="2">1년 이내</td><td>10,000원</td><td>10달러</td><td>5,000원</td><td>5달러</td><td>15,000원</td><td>15달러</td></tr>
<tr><td rowspan="5">기타</td><td rowspan="2">여행증명서</td><td colspan="2">사진전사식</td><td>10,000원</td><td>10달러</td><td>2,000원</td><td>2달러</td><td>12,000원</td><td>12달러</td></tr>
<tr><td colspan="2">사진부착식</td><td>5,000원</td><td>5달러</td><td>2,000원</td><td>2달러</td><td>7,000원</td><td>7달러</td></tr>
<tr><td>유효기간 연장</td><td colspan="2">전자여권</td><td>25,000원</td><td>25달러</td><td>-</td><td>-</td><td>25,000원</td><td>25달러</td></tr>
<tr><td>기재사항 변경</td><td colspan="2">-</td><td>5,000원</td><td>5달러</td><td>-</td><td>-</td><td>5,000원</td><td>5달러</td></tr>
<tr><td>여권사실 증명</td><td colspan="2">-</td><td>1,000원</td><td>1달러</td><td>-</td><td>-</td><td>1,000원</td><td>1달러</td></tr>
</table>

(3) 제도변경에 따른 구분

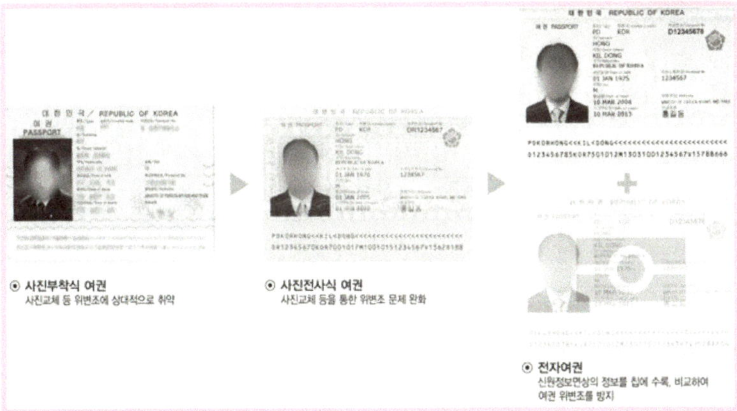

[그림 10•3] 여권제도의 변경과정

1 사진부착식 여권

기존에 사용하던 여권으로 현재는 더 이상 발행하지 않는다. 책자 형태에 사진만을 부착한 것으로 외관으로는 사진전사식여권과 동일하지만, 사진전사기능이 없다.

2 사진전사식 여권

외교통상부는 2006년 사진부착 방식의 기존 여권을 사진전사(轉寫) 방식으로 변경했다. 사진전사 방식은 초박막 필름에 한국을 상징하는 무궁화, 훈민정음, 거북선 이미지와 함께 다양한 문양을 넣고 특수렌즈로만 볼 수 있는 고스트(ghost) 이미지 등의 최첨단 보안요소를 다수 적용한 것이다.

이 방식은 여권신청자의 모든 인적사항을 데이터베이스화를 하여 국제민간항공기구(ICAO) 표준에 부합하는 기계판독을 가능토록 한 것이다. 기존 사진 부착식 여권의 위・변조로 인해 범죄에 악용되는 사례를 방지하기 위한 것이다.

[그림 10•4] 사진전사식 여권(http://www.dongponews.net, 2005. 7. 13)

3 전자여권

2008년 3월부터는 전자여권으로 변경하고 8월 25일부터 발급했다. 전자여권(e-Passport, electronic passport)이란, 비접촉식 IC칩을 내장하여 바이오 인식정보(Biometric data)와 신원정보를 저장한 여권을 말한다. 외형적으로는 기록되는 내용이 동일하고 여권의 색깔과 형태도 동일하다. 다만 IC칩이 내장되어 있어 표지가 다소 딱딱하고 소지할 때도 구부리거나 하면 안 된다.

3) 여권의 분실

(1) 분실신고

여권을 분실하였을 경우는 즉시 가까운 여권 발급대행기관에 여권 분실사실을 신고한다. 외국여행 중 여권을 분실하였을 경우는 가까운 대사관 또는 총영사관에 여권 분실신고를 하고 분실사유를 소명한 후 여권을 재발급받거나, 시간이 없는 경우 여행증명서를 발급받아야 한다.

(2) 효력의 정지

분실 신고된 여권은 즉시 효력정지 처리되어 회수신고를 하지 않는 한 사용할 수 없으며, 해당여권의 위·변조 및 부정사용 방지 등을 위해 분실신고 시 재발급을 신청하는 것이 가장 좋다.

(3) 분실여권상의 사증

분실신고된 여권상에 있는 사증을 재사용코자 할 경우에는 사증발급 국가의 기관에 사전 확인이 필요하다. 특히, 미국의 경우는 이를 인정하지 않으며 분실신고된 후 다시 찾은 여권에 사증이 있을 경우 동 여권을 첨부하여 신규로 사증을 신청하면 상대적으로 더 짧은 시간 내에 사증을 재발급해 준다.

4) 여권사용의 제한

(1) 여권사용 제한의 의의

1 여권사용 제한조치

재외국민 보호 의무는 헌법에 규정되어 있고, 재외국민의 생명·신체를 보호하는 것은 외교부 업무의 하나이다. 따라서 재외국민의 보호를 위해 여권의 사용제한 등 조치를 취할 수 있도록 여권법 및 관련 규정에서 정하게 되었으며 다만, 국민의 거주·이전의 자유를 침해하는 측면을 감안하여 국가적 대책이 필요한 국외 위난상황이 있다고 인정되는 국가에 한정하여 극히 예외적으로 여권의 사용제한 등 조치를 취한다.

2 제한배경

현행 제도상 국민이 위험국가에 입국하는 것을 제한할 수 있는 법적 근거가 없는 상황에서 현실적으로 이라크 등 위험지역에 대해 입국 자제, 금지 또는 철수를 종용하는 것만으로는 국민의 생명·신체를 보호하는 데 본질적인 한계가 있었다. 따라서 국민 개인의 피해 및 그 파급효과가 국가 · 사회 전반에 영향을 미칠 수 있으므로, 위험국가에서 국민의 생명 · 신체를 보호하기 위한 제도적 장치를 마련한 것이다.

(2) 금지국가 및 기간

외교통상부는 국민의 생명 · 안전을 보호하기 위하여 여권법 등 관련 규정에 따라 2007년 8월 7일부터 이라크, 소말리아, 아프가니스탄을 국민들의 방문 및 체류가 금지되는 국가로 지정하였다. 최근에는 금지기간을 이라크 6개월(2009. 8. 7~2010. 2. 6), 아프가니스탄 및 소말리아 1년(2009. 8. 7~2010. 8. 6)으로 연장하였다.

(3) 위험국가 여행에 대한 여권 사용금지 권한

외교통상부장관은 천재지변 · 전쟁 · 내란 · 폭동 · 테러 등의 국외 위난상황으로 인한 국민의 생명 · 신체 · 재산을 보호하기 위하여 특정 국가나 지역을 방문하거나 체류하는 것을 중지시키는 것이 필요하다고 인정하는 때에는 기간을 정하여 해당국가나 지역에서의 여권의 사용과 방문 및 체류를 금지하는 것이 가능하다. 또한 영주, 취재 · 보도, 긴급한 인도적 사유, 공무 등 외교통상부장관이 필요하다고 인정하는 경우에는 여권의 사용, 방문 및 체류를 허가할 수 있다.

(4) 고시에 의한 제한과 위반시 제재

1 여권심의위원회 구성 및 운영

특정 지역의 여권 사용제한 또는 방문 및 체류를 금지코자 하는 때에는 대통령령이 정하는 바에 따라 대상 국가나 지역, 여권의 사용제한 등의 범위 · 조건 · 기간 및 여권의 사용허가 신청절차 등을 정하여 고시한다. 여권 사용제한 및 예외적 여행허가 등을 심의하기 위한 여권정책심의위원회(위원장 : 제2차관)를 구성하여 운영한다.

② 위반시 제재

외교통상부장관의 허가를 받지 아니 하고 해당지역에서 여권사용, 방문 또는 체류한 경우 1년 이하의 징역 또는 300만 원 이하의 벌금에 처한다.

(5) 예외적 여권사용 등 허가신청

① 허가신청 절차

영주, 취재·보도, 긴급한 인도적 사유, 공무 등 외교통상부장관이 필요하다고 인정하는 경우 허가신청을 할 수 있다. 신청은 외교통상부 재외국민보호과 또는 재외공관 민원실에서 접수 가능하며, 처리기간은 최초 허가시 4~7일, 동일목적 방문에 대한 재허가시 1~3일이 소요된다.

② 구비서류

공통서류로 신청서, 여권사본, 활동계획서가 필요하다. 활동계획서는 안전대책 및 그의 일환인 서약서, 보험가입 권고확인서를 포함한다. 또 목적별로 추가서류를 제출해야 한다. 영주권자 등인 경우는 영주 또는 이에 준하는 권리를 보유하고 있음을 증명하는 서류, 취재·보도, 긴급한 인도적 활동, 공무활동 등을 위한 경우는 재직증명서, 국가이익 및 기업활동 등을 위한 경우는 재직증명서, 관계중앙행정기관장의 추천서(예 : 건설업체의 경우 국토해양부)가 필요하다.

2 전자여권 관련 제도

1) 본인직접신청제

(1) 도입시기 및 적용

2008년 8월 25일(월)부터 적용되어, 그동안 여행사가 대행하던 여권발급업무는 중지되었다. 그렇지만 국외여행상품을 취급하는 여행사와 여행자에게 여권은 여전히 중요하다. 본인직접신청제는 모든 여권의 신규신청과 재발급 신청에 해당된다. 여권의 유효기간은 최대 10년이므로 분실 등의 특별한 사유가 없는 한 10년에 1회씩 인근 지방자치단체를 방문하여 여권발급 신청을 해야 한다.

(2) 도입목적

① 위·차명 여권 발급 방지

위 · 차명 여권발급 시도 등 여권제도의 악용 가능성을 원천적으로 최소화시키고 각국 출입국 창구에서 여권 소지자의 본인 여부를 둘러싼 논쟁 발생 소지를 최대한 제거함으로써 궁극적으로 보다 편리한 국외여행을 할 수 있도록 한다.

② 신분증 발급의 기본절차

주민등록증, 면허증 등 여러 신분증 역시 발급과정에서 본인의 창구 방문을 통한 신원확인을 기본으로 하고 있다. 여권은 해외에서 자신의 신원을 증명할 수 있는 거의 유일한 신분증으로 출입국뿐만 아니라 체류자격, 은행거래 등의 기초 증빙서류가 되고 있다.

(3) 본인직접신청의 예외

여권법 시행규칙은 아래 세 가지 경우를 본인직접신청의 예외로 규정하고 있다. ① 의전상 사유(대통령(전 · 현직), 국회의장, 대법원장, 헌법재판소장 및 국무총리), ② 의학적 사유(본인이 직접 신청할 수 없을 정도의 신체적 · 정신적 질병, 장애나 사고 등이 있는 경우), ③ 18세 미만의 사람(2010년 1월 1일부터는 12세 미만의 사람에 대해서만 대리신청을 할 수 있다)에 대해서는 대리신청을 할 수 있는 사람은 첫째, 친권자, 후견인 등 법정대리인 둘째, 배우자 셋째, 본인이나 배우자의 2촌 이내 친족으로서 18세 이상인 사람 등이다.

2) 전자여권 제도

(1) 전자여권의 뜻

외교통상부는 2008년 3월부터 기존의 사진전사식 여권을 전자여권으로 변경했다. 전자여권(e-Passport, electronic passport)이란, 비접촉식 IC칩을 내장하여 바이오 인식정보(Biometric data)와 신원정보를 저장한 여권이다. 바이오 인식정보로는 얼굴이 수록되어 있고, 양손 검지 지문은 2010년 1월 1일부터 포함된다. 신원정보는 기존 여권과 동일하게 성명, 여권번호, 생년월일 등이 기록된다. 신용정보, 범죄기록, 혈액형 등 기존 여권에 수록되지 않았던 정보는 수록되지 않는다. 미국을 여행할 때 비자면제프로그램을 이용하기 위해서는 전자여권이 반드시 있어야 한다.

(2) 전자여권의 형태

전자여권은 기존의 사진전사식 여권과 동일한 외양을 갖추고 종이 재질의 책자 형태로 제작되었다. 다만, 앞표지에는 국제민간항공기구(ICAO)의 표준을 준수하는 전자여권임을 나타내는 로고가 삽입되어 있고, 뒤표지에는 칩과 안테나가 내장되어 있다.

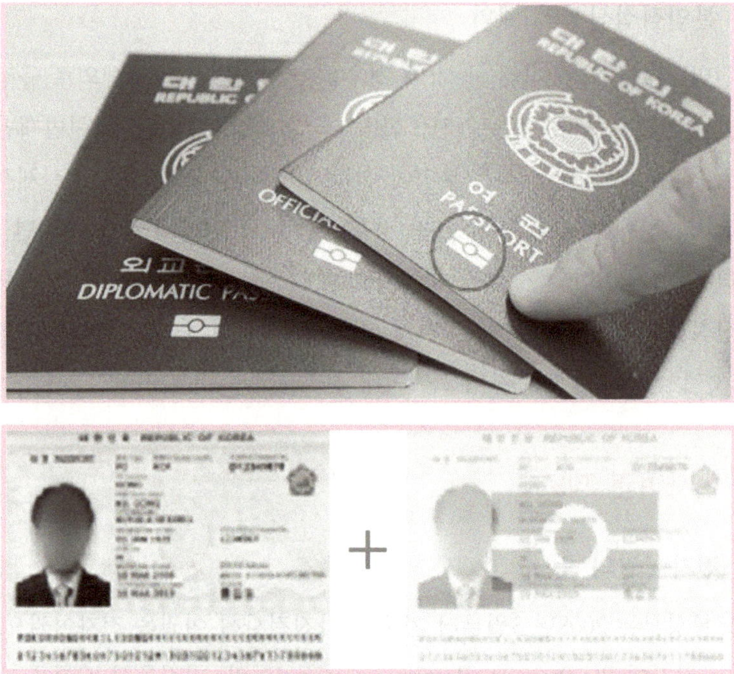

[그림 10•5] 전자여권의 겉표지와 사진부착 및 전자칩 내장

(3) 전자여권의 도입목적

전자여권의 도입은 여권의 위·변조 및 도용억제를 통해서 여권의 보안성을 극대화하여 국외를 여행하는 국민들의 편의를 증진시키는 데 그 목적이 있다.

1 여권의 위·변조 억제

전자여권에 내장되는 칩에는 기존 여권에 수록된 정보가 한 번 더 수록되며, 각종 보안기술이 추가된다. 따라서 신원 정보면과 칩을 동시에 조작하는 것이 사실상 불가능해지고, 조작한 경우에는 출입국 과정에서 자동적으로 적발된다.

2 여권의 도용억제

정보 이중 수록을 통해 가장 빈번한 여권 위·변조 형태인 사진 교체가 방지되며, 2010년부터는 전자여권에 수록되는 지문과 여권 소지인의 지문을 비교할 수 있는 지문 수록 전자여권 발급을 통해 본인확인 및 도용억제 기능이 강화된다.

〈표 10•3〉 전자여권의 기술적 기능

목 적	기 술	기 능
개인 정보 보호	기본접근통제 (Basic Access Control)	원격 정보 유출 차단, 여권이 제출된 상태에서만 칩상의 신원정보를 읽을 수 있도록 함
	확장접근통제 : 단말기 인증 (Extended Access Control : Terminal Authentication)	지문정보 보호. 여권이 제출된 경우에도 한국 정부가 허가하지 않은 판독기에서는 지문 판독을 불가능하게 함
	확장접근통제 : 칩 인증 (Extended Access Control : Chip Authentication)	도청차단 : 칩-판독기 간에 BAC보다 강화된 보안 통신 채널을 형성
위·변조 방지		칩 복제 여부 검증(AA 기능 대체)
	수동적 인증 (Passive Authentication)	PA : 칩 내용변경 여부 확인 → 칩 조작방지, 신원정보면 조작방지
도용 방지	바이오 인식정보(Biometric data) 수록	전자여권 소지자의 바이오 인식정보와 전자여권 칩에 수록된 바이오 인식정보를 비교하여 본인 여부를 확인

3 전자여권 도입의 세계적 추세

세계 각국은 국제민간항공기구(ICAO)의 권고에 따라 전자여권 도입을 개시하고 있으며, 2008년 6월 현재 대한민국을 포함하여 45개국이 전자여권을 발급하고 있다.

〈표 10•4〉 전자여권 발급국가 현황 (2009. 1. 1)

국가명	도입시기	국가명	도입시기	국가명	도입시기	국가명	도입시기
말레이시아	98.03	아이슬란드	06.05	슬로베니아	06.08	에스토니아	07.05
벨기에	04.11	오스트리아	06.06	폴란드	06.08	나이지리아	07.07
태 국	05.08	싱가포르	06.08	헝가리	06.08	라트비아	07.11
스웨덴	05.10	포르투갈	06.08	체 코	06.08	세네갈	07.12
노르웨이	05.10	덴마크	06.08	안도라	06.09	슬로바키아	08.01
호 주	05.10	미 국	06.08	스위스	06.09	대한민국	08.03
모나코	-	스페인	06.08	산마리노	06.10	카타르	08.04
뉴질랜드	05.10	핀란드	06.08	아일랜드	06.10	이 란	08.05
독 일	05.11	네덜란드	06.08	리히텐슈타인	06.10	브루나이	08.05
영 국	06.03	그리스	06.08	이태리	06.10		
일 본	06.03	리투아니아	06.08	홍 콩	07.02		
프랑스	06.04	룩셈부르크	06.08	마케도니아	07.04		

* 말레이시아의 전자여권은 ICAO 표준 전자여권은 아님.

3) 전자여권의 발급

(1) 발급대상 및 절차

1 여권 발급대상

대한민국 국적을 보유하고 있는 국민이면 누구나 발급받을 수 있다. 법령에 의한 여권발급 거부 또는 제한대상이 아닌 자(여권법 제12조)와 이중국적자·불법체류자·무국적자 등도 일정한 경우, 여권 또는 여행증명서를 발급받을 수 있다. 다만, 외국 국적 취득으로 한국 국적이 자동적으로 상실된 후 한국 여권을 계속 사용한 경우에는 출입국관리법 등 관련 규정에 의한 처벌대상이 될 수 있다.

2 여권 발급절차

여권발급 신청시 유효기간이 남아있는 여권 소지자는 여권을 반납하여야 한다. 단, 유효기간연장 재발급 신청시에는 유효기간이 만료하였더라도 제시해야 한다.

신청서 작성 → 접 수 → 신원조사 → 경찰청외사과 → 결과회보 → 여권서류심사 → 여권제작 → 여권교부

(2) 전자여권 발급을 위한 구비서류

1 일반 개인

〈표 10•5〉 일반 신청 구비서류

신청인	구 비 서 류
일반 개인 (기본서류)	① 여권발급신청서 ② 여권용 사진 1매(긴급 사진부착식 여권 신청은 2매 제출) ③ 신분증
재외공관에서 신 청	· 외국에서 여행 중 분실 등의 이유로 할 경우 - 주재국의 체류허가서(입국비자 등)
18세 이상 35세 이하 남자	· 군미필자 및 군복무를 마치지 아니한 자 - 국외여행허가서(25세 이상 35세 이하) - 기타 병역관계 서류
미성년자 (18세 미만)	· 여권발급동의서(동의자가 직접 신청하는 경우 생략) · 동의자(부모, 친권자, 후견인 등 법정대리인) 작성 - 동의자의 인감증명서(동의자 직접 신청시 생략) - 기본증명서 및 가족관계증명서(확인 불가능시 제출) · 기 타 - 부모가 이혼한 경우 : 법적으로 지정된 친권자가 동의 - 친권자인 부모가 국외 체류 중인 경우 : 체류지 관할공관의 영사 확인 또는 공증인의 공증(영사확인 요)을 받은 친권자의 여권발급동의서 제출 ※ 여권발급동의서의 사본 제출 가능, 인감증명서 제출은 생략 - 친권자가 외국 시민권자인 경우, 공증인의 공증확인서 제출

2 공무원

기본서류는 여권발급신청서, 여권용 사진 1매, 신분증이다. 다만, 긴급 사진 부착식 여권 신청시에는 2매를 제출한다. 여기에 추가되는 서류는 공무원증 또는 재직증명서이고 18세 이상 35세 이하 남자는 병역관계 서류가 필요하다.

3 군인, 군무원 및 대체의무 복무 중인 자

기본서류인 여권발급신청서, 여권용사진 1매, 신분증이 필요하다. 또 긴급 사진부착식 여권신청시에는 2매를 제출한다. 추가되는 서류는 다음과 같다.

〈표 10•6〉 군인, 군무원 및 대체의무 복무 중인 자의 여권신청 서류

목 적	국외여행허가	신분확인	신원조사
현역복무 중 군인 또는 군무원	국외여행허가서(소속부대장 발행)	주민등록증, 군인 신분증(복무확인서)	군인신분증(복무확인서) 제출시 면제
2개월 내 전역예정자	전역예정증명서(전역예정일 명기) 또는 복무확인서(전역예정일 명기)	주민등록증	실 시
대체의무복무자	국외여행허가서(병무청 발행)	주민등록증	실 시
2개월 내 대체의무 복무해제예정자	병적증명서(의무해제예정일 명기) 혹은 복무확인서(의무해제예정일 명기)	주민등록증	실 시
사관생도	국외여행허가서(소속학교장 발행)	주민등록증, 학생증(재학증명서)	학생증(또는 재학증명서) 제출시 면제
경찰대학생	국외여행허가서(병무청 발행)		

4 국적 회복 또는 외국인이 한국 국적을 취득하는 과정인 자

외국 국적 포기 증빙서류가 필요하다. 이것은 법무부가 발행하는 외국 국적 포기확인서 대신 6개월 내 외국 국적을 포기하겠다는 각서를 제출한 경우이다. 이때는 여행증명서 또는 1년 유효기간의 여권(단수 또는 복수)을 발급한다. 추후 외국 국적 포기확인서 제출과 함께 규정에 따라서 여권을 신청할 수 있다.

5 국외 체류자

영주권자를 제외하고 국외 체류 중인 자는 소재지 관할 공관을 통하여서만 여권을 신청할 수 있다. 따라서 국외 여행 중에 여권을 분실한 경우에는 재외공관에서 신청해야 한다.

6 여권의 유효기간 연장(여권법 시행령 부칙 제2조)

2008년 6월 28일 이전 발급된 사진전사식 복수 일반여권의 유효기간이 10년 미만인 경우에는 종전이 규정에 따라 최초 발급일부터 10년이 되는 날까지 유효기간을 연장할 수 있다. 이 경우 유효기간 연장신청은 여권의 유효기간 만료 전 1년부터 만료 후 1년까지의 기간 내에 하여야 한다.

(3) 여권사진 규정

여권사진은 국제민간항공기구(ICAO)의 규정(ICAO Doc 9303) 1항(part 1)과 여권법 시행령 제5조에 따라 다음과 같아야 한다.

1 최신 형상

최근 6개월 이내에 촬영한 천연색 정면사진으로 가능한 귀부분이 보이게 하여 얼굴 양쪽 끝부분 윤곽이 뚜렷해야 하며, 어깨까지만 나와야 한다.

2 크기와 배경

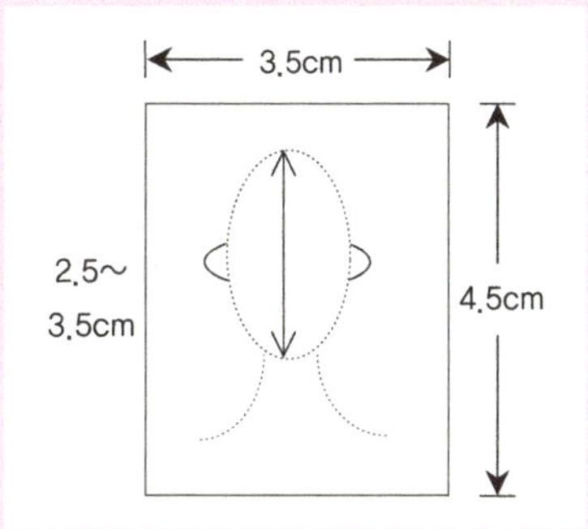

사진크기는 가로 35mm, 세로 45mm, 얼굴 길이 25~35mm로 사진 바탕은 흰색 바탕의 무배경으로서 테두리가 없어야 하며, 피부색은 자연스러워야 한다. 사진의 배경이 회색, 청색 등 진한 색일 경우 발급장비가 인식 불능이므로 처리

가 불가하다.

③ 의 상

모자, 제복, 흰색 계통의 의상을 착용해서는 안 된다.

④ 모 습

눈은 뜬 상태로 정면을 응시하고, 머리카락이 눈을 가려서는 안 되며, 입은 자연스럽게 다문 상태이어야 한다.

⑤ 안 경

색안경을 착용해서는 안 되며, 안경 렌즈에 조명이 반사되지 않고 눈동자가 선명해야 한다. 착용한 안경태가 눈을 가리거나 눈에 걸치지 않아야 하며, 가능한 한 얇은 테의 안경을 착용한다.

⑥ 수 정

초점이 명확하지 않거나 수정된 사진은 타인으로 오인될 우려가 있어서 안 된다.

⑦ 그림자

사진의 얼굴 및 바탕부분에 그림자가 없어야 한다.

⑧ 해상도

여권사진이 변질될 우려가 있는 즉석사진이나 질이 떨어진 디지털 사진은 고품질, 고해상도로 프린트하여야 한다.

⑨ 유아 사진

유아 사진에는 한 사람만 보여야 하며 의자, 장난감, 손, 다른 사람이 보여서는 안 된다.

10 제 복

일반여권 발급시 공적 신분을 나타내는 제복을 착용한 사진은 불가능하며, 외교관, 관용여권에 한해서 허용한다.

(4) 재발급

〈표 10•7〉 재발급의 경우와 구비서류

구 분	구 비 서 류
분실 재발급	· 여권발급신청서 · 여권용 사진 1매 · 여권재발급사유서(여권분실신고서로 대체 가능)
훼손 재발급	· 여권발급신청서 · 여권용 사진 1매 · 여권 및 여권사본 1부 · 여권재발급사유서
주민등록 오류정정 재발급	· 여권발급신청서 · 여권용 사진 1매 · 여권 및 여권사본 1부 · 주민등록 오류정정 표시가 된 주민등록초본 또는 동사무소가 발행한 협조공문 · 여권재발급사유서
영문성명 정정 재발급	· 여권발급신청서 · 여권용 사진 1매 · 여권 및 여권사본 1부 · 증빙서류 · 여권재발급사유서
남편 성 추가·삭제 재발급	· 여권발급신청서 · 호적등본 1부(남편 성 추가시) · 여권용 사진 1매 · 여권 및 여권사본 1부 · 여권재발급사유서

* 상기 재발급 여권에는 구여권의 잔여 유효기간을 부여함.

(5) 여권발급동의서

18세 미만은 부모의 여권발급동의서가 필요하다.

여 권 발 급 동 의 서

여권발급신청자 :
성 명 :
성 별 :
주민등록번호 :
주 소 :

본인은 상기인의 여권발급을 동의하며 국외여행 및 체류 중 발생하는 제반사항에 대하여 보증인으로서 모든 책임을 부담할 것을 보증합니다.

년 월 일

보증인 : (인)
관 계 :
주민등록번호 :
주 소 :

첨 부 : 인감증명서 1부

외 교 통 상 부 장 관 귀하

4) 전자여권의 내용구성과 비자란

여권법시행령 제2조 제1항에 의하면, 여권의 규격은 8.8×12.5cm로 대한민국 국민인 여권소지자의 여행에 따른 편의 및 보호제공을 요청하는 외교통상부장관의 요청문과 여권소지자의 사진을 비롯하여 다음의 내용들로 구성되어 있다.

대 한 민 국 REPUBLIC OF KOREA
여 권 PASSPORT
종류/ Type PM
발행국/ Issuing country KOR
여권번호/ Passport No. M30853436
사진
성/ Surname JEONG
이름/ Given names GOOCHEOL
국적/ Nationality REPUBLIC OF KOREA
생년월일/ Date of birth 01 FEB 1936
주민등록번호/ Personal No. 1231235
성별/ Sex M
발급일/ Date of issue 03 AUG 2007
발행관청/ Authority MINISTRY OF FOREIGN AFFAIRS AND TRADE
기간만료일/ Date of expiry 03 AUG 2017
한글성명 정구철

PMKORJEONG<<GOOCHEOL<<<<<<<<<<<<<<<<<<<<<<<<
M308534367KOR3602017M17080371231235V11238502

[그림 10•6] 여권의 인적사항란

(1) 여권번호(Passport No.) 및 발급기관

각 여권의 고유한 일련번호로 이 번호는 분실시의 재발급 및 조회 등을 위해서도 필요하다.

(2) 인적사항

성명, 성별, 생년월일, 주민등록번호, 발급일과 만료일이 영문으로 표기되고 한글성명이 표기된다.

〈표 10•8〉 여권의 인적사항 표기내용

NO	영문 표기	내 용
1	COUNTRY CODE	KOR
2	PASSPORT NO.	발행기관 CODE+7자리 숫자
3	SURNAME	성
4	GIVEN NAME	이 름
5	NATIONALITY	국적(REPUBLIC OF KOREA)
6	DATE OF BIRTH	생년월일(일, 월, 년 순으로)
7	PERSONAL NO.	주민등록번호
8	DATE OF ISSUE	발행일(일, 월, 년 순으로)
9	DATE OF EXPIRY	만료일(일, 월, 년 순으로)
10	AUTHORITY	MINISTRY OF FOREIGN AFFAIRS AND TRADE(외교통상부)

(3) 영문이름 표기법

여권상의 영문성명은 국제 규정(ICAO DOC 9303)에 따라 한글 성명을 영문 알파벳으로 음역 표기해야 한다.

① 영문성명은 한글성명을 로마자(LATIN CHARACTERS)로 음역 표기한다.
② 한글성명의 로마자 표기는 국어의 로마자 표기법에 따라 적는 것을 원칙으로 한다.
③ 영문이름은 붙이는 것을 원칙으로 하되 음절 사이에 붙임표(-)를 쓰는 것을 허용한다.
④ 종전 여권의 띄어 쓴 영문이름은 계속 쓰는 것을 허용한다.
⑤ 기타 영문성명 변경에 관한 사항은 여권발급기관에 문의한다.

(4) 영문성명의 정정

영문성명의 정정은 국제범죄 및 테러의 방지와 우리 여권의 대외 신인도

제고를 위하여 여권 법규가 허용하는 경우를 제외하고는 엄격하게 제한하고 있다. 따라서 여권 재발급시에도 최종 여권에 표기된 영문성명을 그대로 표기하도록 규정하고 있다.

다만, 여권법 시행규칙 제16조의 2에 의거, 영문성명 정정이 허용되고 있는 경우는 다음과 같다. 영문성명 정정 재발급을 하고자 하는 경우는 정정에 필요한 증빙서류를 여권발급기관에 제출해야 한다. 구비서류는 외국입학허가서, 외국재학증명서, 외국졸업증명서, 외국공인자격증, 영주권, 세례증서, 가족구성원의 여권 등이다.

① 영문성명이 한글성명의 발음과 명백하게 불일치하는 경우
② 국외에서 여권의 영문성명과 상이한 영문성명을 취업 또는 유학생활 등으로 장기간 사용하여 당해 영문성명을 계속 사용하고자 하는 경우
③ 본인이 사용하기를 원하는 영문 글자를 이름에 추가하고자 하는 경우
④ 여권에 영문으로 표기한 성(이하 '영문성')이 다른 가족구성원의 여권상의 영문성과 상이하여 일치시킬 필요가 있는 경우
⑤ 여권의 영문성에 남편의 영문성을 추가, 변경 또는 삭제하고자 하는 경우
⑥ 여권의 영문성명이 부정적인 의미를 갖는 경우

(5) 사증란 / 소지인 / 연락처 유의사항

1 사증(VISAS)

여권에서 가장 많은 면은 사증란이다. 사증란의 사용은 사전에 대사관이나 영사관을 통해 비자를 발급받을 경우 스탬프나 스티커의 형태로 이 난에 발급해 준다. 또 통과 비자를 발급받을 경우도 이 난에 발급해 준다.

[그림 10•7] 사증란 사용의 예

또 모든 국가의 입국과 출국시에 출입국 심사관이 출국 또는 입국목적 및 기간 등에 대한 질문과 내용확인 등을 통해 출국 또는 입국을 허가하는 의미로 국가 또는 도시, 출입국 사실과 날짜가 기재된 스탬프를 찍어 출입국 사실을 표기할 때 이 난을 사용한다.

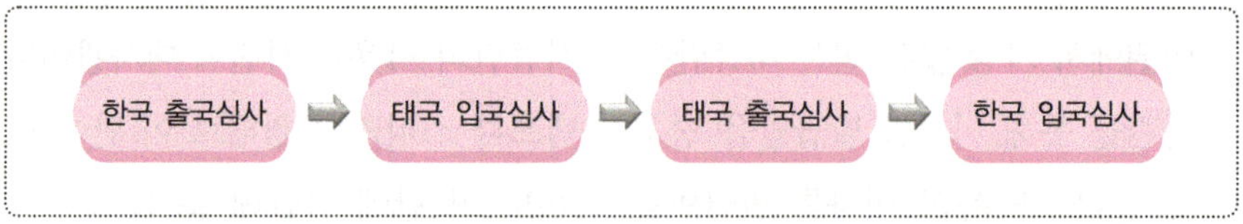

예를 들어, 무비자 입국이 가능한 태국을 다녀오면 모두 4개의 스탬프가 찍히게 된다. 한국에서 출국심사를 받을 때 대한민국 출국허가(Immigration

Departed), 태국을 입국할 때 태국 입국허가(Thailand Arrival), 관광을 마치고 태국을 출국할 때 태국 출국허가(Thailand Departed), 한국으로 도착해서 귀국할 때 대한민국 입국허가(Immigration Admitted)의 사실이 기록된다.

2 소지인 연락처와 유의사항

국내 주소와 전화번호, 국외 체제주소와 전화번호, 연락가능한 사람의 이름, 주소, 전화를 쓰는 난이 있으며 소지인이 기록하고 비상시에 연락이 가능하도록 이용한다.

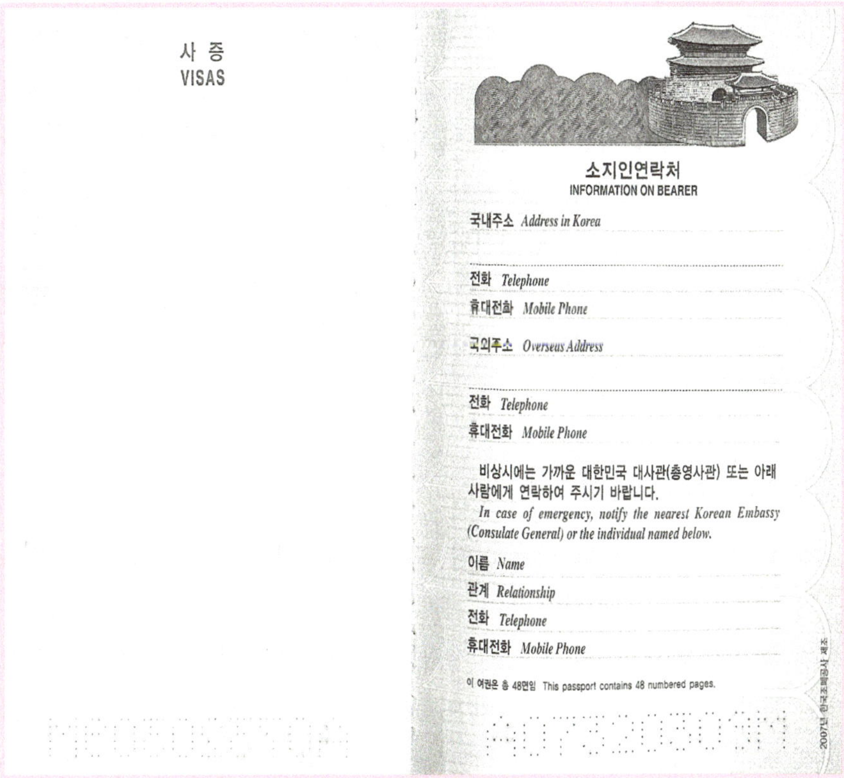

[그림 10•8] 여권의 마지막 장

3 병역의무자의 여권과 여행증명서

1) 병역의무자의 국외여행허가

병역의무자로서 아래의 허가대상자가 국외여행을 하고자 할 때에는 지방병무청장의 국외여행허가를 받아야 한다.

(1) 허가대상자

현역 복무 중인 경우를 제외한 25세 이상자로서 군미필자는 국외여행허가를 받아야 한다. 단, 군복무 또는 대체복무 중인 사람으로서 2개월 내 전역 또는 의무종사 만료예정인 사람은 국외여행허가 없이 여권발급이 가능하지만 출국은 전역 또는 복무만료 후에 해야 한다. 이 경우 전역예정 또는 복무만료예정일이 명시된 병적증명서나 복무확인서를 첨부해야 한다.

국외여행허가를 받은 사람이 허가기간 내에 귀국하기 어려운 때에는 허가기간만료 15일 전까지, 24세 이전에 출국한 사람은 25세가 되는 해의 1월 15일까지 국외여행 기간연장허가를 받아야 한다.

(2) 허가제한 대상자

징병검사를 기피 중에 있는 사람 또는 기피사실이 있는 사람, 입영 또는 소집을 기피 중에 있는 사람 또는 기피사실이 있는 사람, 군복무 및 공익근무요원 등의 복무를 이탈하고 있는 사람, 국외여행허가 의무를 위반한 사실이 있는 사람, 영주권 취득자 등 국외 이주자로서 국내 영리활동 등 사유로 병역면제 또는 병역연기처분이 취소된 사람, 35세까지 의무종사기간을 마칠 수 없는 산업기능요원 또는 전문연구요원, 병역의무를 기피하거나 감면받을 목적으로 신체손상이나 사위행위를 한 사람이다.

2) 국외여행허가와 여권신청

(1) 국외여행허가 신청

방문접수는 모든 지방병무청 민원실, 인천공항 병무신고사무소에서 한다. 단, 전문연구요원, 산업기능요원, 공익근무요원으로 복무 중인 사람은 병적을 관할하는 지방병무청 민원실에서만 접수한다. 방법은 인터넷으로 국외여행 신청을 병무청 홈페이지에서 전자민원창구로 신청할 수 있다. 증빙서류를 이미지파일 전송 또는 FAX, 우편 송부하면 된다.

(2) 국외여행 기간연장허가 신청

국외의 체재지역 관할 재외공관으로 대사관이나 영사관에서 한다. 국내의 경우는 병적지 관할 지방병무청장이 주관하며 인터넷으로 국외여행 기간연장허가 신청을 할 수 있다. 병무청 홈페이지의 전자민원창구로 신청하고 증빙서류를 이미지파일 전송 또는 FAX, 우편 송부하면 된다.

(3) 여권의 신청

국외여행 허가자에게는 “국외여행허가서”를 교부하며 인터넷으로 허가받은 경우에는 병무청 홈페이지에서 직접 출력하여 여권발급 신청시에 제출하도록 한다.

[별지 제132호서식]

(앞 쪽)

병역의무자 국외여행(기간연장)허가 신청서	처리기간 민원사무처리 기준표에 의함

병역 의무자	성 명		주민등록번호		-
	주 소	국 내	〔 특별시, 광역시, 도 〕 〔 구, 시, 군 〕 〔 동, 읍, 면 〕 〔 리 〕 〔 번지 〕(통 반) 〔 아파트, 연립, 빌라 〕 동 호		
		국 외			
	전화번호	집( ), 휴대전화( )		전자우편 (E-mail)	
	※ 이중국적자인 경우 외국이름 :				

병 역 사 항 (허가기관 기재사항)		대조	
		확인	

□ 최초허가 신청	여행기간	. . . ~ . . . (년 월 일간)			
	여행국명		여행목적		당초허가번호 제 호

□ 국외체류 중인 자 기간연장 허가신청	재외공관장 확인 : ㊞			접수 및 확인번호	
	최초허가 사 항	여행목적		여행국명	
		병 무 청 허가번호		출국연월일	
		병 무 청 허가기간	. . . ~ . . . (일간)		
	기간연장 허가신청	체재목적		체재국명	
		기간연장 요청기간	. . . ~ . . . (일간)		

국내 가족 사항	성 명	관계	주 소	전 화 번 호	E-mail

병역법 제70조 및 병역법 시행령 제145조 내지 147조의 규정에 의하여 위와 같이 국외여행(기간연장)허가를 받고자 신청하며, 국외여행 허가기간 내에 반드시 귀국할 것을 서약합니다

년 월 일

신 청 인 (서약자) (서명 또는 인), 병역의무자와의 관계 :

(신청인의 주민번호 : , 휴대전화(H.P) :)

지방병무청(병무지청)장 귀하

※ 구비서류 및 안내 : 뒤쪽 참조

210㎜×297㎜(일반용지 60g/㎡(재활용품))

[그림 10•9] 병역의무자의 국외여행허가 신청서(계속)

구비서류 및 유의사항, 처리절차 안내

(뒤쪽)

신청사무명 및 법령근거	□ 병역의무자 국외여행(기간연장) 허가 신청서 (병역법 제70조 및 병역법 시행령 제145조 내지 제147조)		
구비서류	□ 주무부장관 추천서 또는 여행목적별 구비서류		
유의사항	□ 국외여행허가의무 위반자에 대한 조치 ○ 병역의무자 중 병역법 제94조의 규정에 의거 국외여행허가 의무를 위반한 사람은 다음과 같이 형사처벌 및 제재를 받게 됩니다. ○ 형사처벌 및 제재대상 - 병역법 제70조제1항 또는 제3항의 규정에 의한 허가를 받지 아니하고 출국한 사람·국외에 체류하고 있는 사람 - 정당한 사유없이 허가된 기간내에 귀국하지 아니한 사람 ○ 형사처벌/제재내역 - 3년이하의 징역 - 공무원 및 임·직원의 임용억제, 관허업제한(40세까지) - 국외여행허가의 제한(35세까지)		
처리절차	신 청 인	경 유 기 관 재외공관(기간연장)	처 리 기 관 지방병무청 (병무지청)

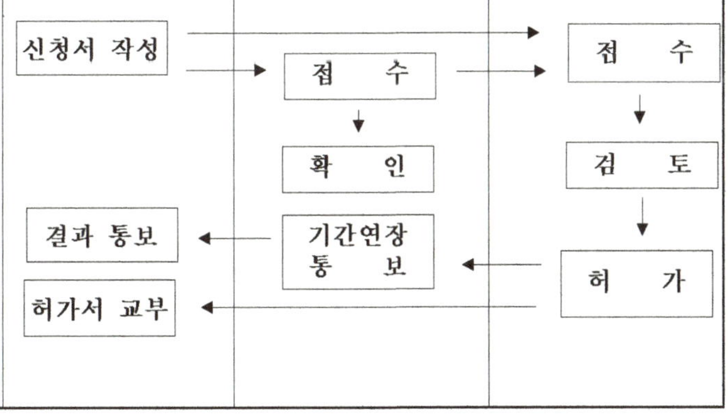

[그림 10•9] 병역의무자의 국외여행허가 신청서

3) 여행증명서(임시여권)의 뜻

여행증명서(Travel Certificate Passport)는 임시여권이다. 외국여행 중에 유효기간이 만료되었거나, 여권을 분실했을 때 단 1회의 사용을 목적으로 발급받는 임시여권이다. 여행증명서는 단 1회로 사용이 제한되며, 여행증명서에 기재된 목적지만을 여행할 수 있다. 재외공관에 다음과 같은 서류를 갖추어 신청한다.

① 임시여권 발급신청서 1매(영사관 비치)
② 사진 2매
③ 신청사유서 1매
④ 수수료 : $8
⑤ 기타 : 영주권 원본 및 사본 1부 / 비행기표 사본 1부(원본 지참)
영주권 인터뷰 통지서 사본 1부(원본 지참) 등

[그림 10•10] 여행증명서 발급신청 구비서류

외국에서 여권을 분실한 경우는 가까운 경찰서에 신고를 한 후 분실증명확인서(POLICE REPORT)를 받은 후 현지 공관(한국 영사관)에 가서 여행증명서를 발급받는다.

여행증명서로는 다음 여행이 불가능하며, 바로 귀국해야 한다. 계속 여행할 경우 경유지란에 다음 목적지를 명기해 계속 여행할 수 있도록 한다. 이 경우 다음 여행국의 VISA 관련 사항도 확인하여 VISA가 필요한 경우에는 현지에서 다음 여행국의 VISA를 받을 수 있도록 한다. 여권 분실로 인한 입국확인(입국 STAMP)을 위해 사전에 또는 공항 출국시 입국 STAMP를 받을 수 있는지를 확인해야 한다.

※ 굵은 선 안에만 흑색으로 기재하십시오.

성명	한 글		남편성	한글 :	천연색사진 3.5cmx4.5cm (얼굴 길이2.5cmx3.5cm) 1. 6개월이내 촬영, 정면 상반신, 탈모(색안경 착용은 안됩니다) 2. 시진을 붙인후 신청서와 사진에 걸쳐 본인이 서명을 하거나 도장을 날인합니다.
	영 문	성 : 이름 :		영문 :	
	한 자	주민등록번호	—		
호주성명	(관계 :)	성별 남□ 여□	신장(키)	Cm	
미국주소		자택전화 ( )			
본 적					
직장명 및 직위		직장전화 ( )			

최종학력	학교명		기 간	—
주요경력	직장명 및 직위		기 간	~
				~

영주권	번 호	A	구여권	번 호		종 류		거주지	입국일자	
	취득일			발급일		유효기간			입국목적	

가족사항	관 계	성 명	생년월일	직 업	현 주 소

한국내 연락처	성 명		생년월일		전화번호		관계	
	주 소							

※이래란은 기입하지 마십시오. (성명과 서명란에만 기입하여 주십시오)

여행증명서 발급번호	T/C 901-	발 급 일		유효기간	
여행목적					

(영수필증 붙이는란) 여행증명서 : $8 ※단수여권(1년이하)은 1회에 한하여 해외여행을 할 수 있습니다. 영수된 금액에는 한국국제교류재단법시행령 제5조 제1항의 규정에 의한 국제교류기여금이 포함되어 있습니다.	특기사항 여권법 제5조의 규정에 의하여 위와 같이 여권발급을 신청하며, 본 신청서 및 관계서류의 기재사항에 허위사실이 없음을 확인합니다. 신청인 **성명** **(서명 또는 인)** **외교통상부장관 귀하**	
결 재	담 당	영 사

[그림 10•11] 여행증명서 발급신청서

4 기타 여권

1) 관용여권

(1) 관용여권의 신청대상

관용여권은 공무상 국외여행의 경우에 발급되며, 발급대상자 가족의 경우에는 공무상 동반시에만 발급받을 수 있기 때문에 가족에 대한 관용여권 발급요청시 관계부처에서는 그 필요성을 상세히 소명하여야 한다. 관용여권은 외교통상부 여권과 및 전 지방자치단체에서 신청할 수 있으며, 관용여권 신청시 소지하고 있는 유효한 일반여권은 반납 또는 보관을 해야 신청이 가능하다. 관용여권은 대리신청이 불가능하다.

① 공무원과 공공기관, 한국은행 및 한국수출입은행의 임원 및 직원으로서 공무로 국외에 여행하는 자와 관계기관이 추천하는 그 배우자, 27세 미만의 미혼인 자녀 및 생활능력이 없는 부모

② 공공기관, 한국은행 및 한국수출입은행의 국외주재원과 그 배우자 및 27세 미만의 미혼인 자녀

③ 정부에서 파견하는 의료요원, 태권도사범 및 재외동포 교육을 위한 교사와 그 배우자 및 27세 미만의 미혼인 자녀

④ 대한민국 재외공관 업무보조원과 그 배우자 및 27세 미만의 미혼인 자녀

⑤ 외교통상부 소속공무원 또는 외무공무원법 제31조의 규정에 의해 재외공관에 근무하는 공무원이나 현역군인이 그 가사보조를 위해 동반하는 자

⑥ 기타 여행목적과 신분에 비추어 외교통상부장관이 특히 관용여권의 발급이 필요하다고 인정하는 자

(2) 관용여권 신청 구비서류

〈표 10•9〉 관용여권 신청 구비서류

구 분	구 비 서 류
본 인	① 여권발급신청서 ② 공무원증 또는 재직을 증명하는 신분증(투자기관) ③ 관계기관 공문(공무국외여행 허가권자 또는 위임자의 공문) ④ 여권용 사진 1매 ⑤ 병역관계서류(병역관계항목 참조 : 해당자에 한함) ⑥ 공무국외여행계획(일정)서 : 관계기관 공문내용 미비시 추가요청
배우자 또는 미혼자녀	① 여권발급신청서 ② 신분증 ③ 공무원증 사본 또는 재직을 증명하는 신분증 사본 ④ 관계기관 공문(공무국외여행 허가권자 또는 위임자의 공문) ⑤ 여권용 사진 1매 ⑥ 가족관계증명서, 기본증명서(만 18세 미만 : 확인 불능시) ⑦ 병역관계서류(병역관계항목 참조 : 해당자에 한함)
생활능력이 없는 부모	① 여권발급신청서 ② 신분증 ③ 공무원증 사본 또는 재직을 증명하는 신분증 사본 ④ 여권용 사진 1매 ⑤ 가족관계증명서(행정전산망으로 확인 불능시) ⑥ 주민등록등본(행정전산망으로 확인 불능시) ⑦ 부모의 미과세증명서(국세, 지방세) ⑧ 심신장애자 입증서류(해당자 한함) ⑨ 형제자매의 출입국사실증명서(") ⑩ 형제자매의 군복무확인서(") ⑪ 형제자매의 재학증명서(")
동반자녀 분 리	① 여권기재사항변경등신청서 ② 동반자녀 병기된 부 또는 모의 여권 및 여권 사본

(3) 관용여권의 유효기간

① 일반공무원 : 5년

② 정부투자기관 소속 임원 및 직원

- 국외주재원 또는 부임예정자 : 5년

- 공무국외 출장 또는 연수 : 3년

③ 1년 이상 국외 장기체류 동반가족은 국외 체류기간에 출입국에 필요한 기간으로 2개월을 더한다.

- 여행기간이 6개월 이상 1년 미만인 동반가족 : 1년 복수(단, 동거비자 취득목적은 필요기간의 유효기간 부여 가능)
- 여행기간이 6개월 이내인 동반가족의 경우 : 1년 단수
- 군 장교 및 부사관 : 5년
- 일반사병 : 1년 단수

※ 관용여권을 발급받은 자가 신분을 상실하게 된 때에는 그가 발급받은 관용여권은 효력을 상실하게 되며, 효력 상실된 여권을 사용하는 경우는 여권법 제13조(벌칙)에 따라 처벌을 받는다.

(4) '공무'에 해당하는 국외여행의 범위

여권법 시행령 제7조 제1호 공무에 해당하는 국외여행의 범위는 다음과 같다.

① 공무국외여행규정 제2조 제2항의 각호에 해당하는 국외여행
② 도시 및 단체 간 자매결연 추진 등 국제교류업무
③ 국외연수
④ 외국정부 및 공공기관이 주관하는 국제회의 및 세미나
⑤ 해외시장개척단 파견, 선진기술 벤치마킹
⑥ 의원 외교활동 및 지원 등

단, 배낭여행, 단순견학, 관광유적지 답사, 자료수집 등 업무와 직접 관련이 적은 국외여행은 제외된다.

(5) 공무국외여행규정에 해당하는 국외여행의 범위

① 정부대표 및 특별사절의 임명에 관한 법률에 의하여 국외에 파견되는

경우

② 국제과학기술협력규정에 의하여 국외에 파견되는 경우

③ 군사원조계획에 의하여 파견되거나 긴급을 요하는 군사작전상의 목적으로 국외에 출장하는 경우

④ 공무원교육훈련법 또는 군 위탁규정에 의한 교육훈련을 위하여 국외에 파견되는 경우

(6) 지방의회의원에 대한 관용여권 발급

지방의원의 공무국외여행 허가권자는 특별시·광역시 및 도의회 의원과 의장은 특별시장, 광역시장, 도지사 또는 의장이다. 시·군 및 자치구의회 의원과 의장은 시장, 군수, 구청장 또는 의장이 된다. 의원의 관용여권 발급요청 기관은 공무국외여행 허가권자와 동일하다.

지방의회 의원의 국외여행시 공무의 범위는 본회의 또는 위원회의 의결이나 의장의 명에 의하여 공무로 국외여행을 할 경우 또는 국외연수·세미나 참석, 국제도시 자매결연 추진, 해외시장개척단 파견 등 공식적 국외여행이 해당한다.

구비서류는 여권발급신청서와 관계기관의 공문(국외여행계획서(일정) 포함), 의원 신분증(대리신청시 사본 추가)이 필요하다. 지방의회 의원에게 발급되는 관용여권의 유효기간은 잔여임기에 따라 다음과 같다.

〈표 10•10〉 지방의회 의원의 관용여권 유효기간

번 호	잔 여 임 기	유 효 기 간
1	잔여임기가 3년 이상일 경우	4년
2	잔여임기가 2년 이상일 경우	3년
3	잔여임기가 1년 이상일 경우	2년
4	잔여임기가 1년 미만일 경우	1년

(7) 생활능력이 없는 부모에 대한 관용여권 발급

관용여권 발급 대상 공무원과 동거하고자 하는 부모에 대하여는 아래와 같은 경우에 한하여 관용여권을 발급한다.

① 부부 모두의 재산 또는 수입으로 자활할 수 없고, 부부 중 1인이 60세 이상인 부모
② 본인의 재산 또는 수입으로 자활할 수 없는 60세 이상의 편부 및 55세 이상의 편모
③ 나이에 관계없이 부부 중 1인이 "국가유공자예우등에관한 법률시행령"의 심신장애자장애 구분표에 해당하는 심신장애가 있는 부모
④ 해당공무원이 독자이거나 18세 이상의 남자 형제가 국내에 거주하지 않는 경우, 또는 다른 남자 형제가 심신장애자이거나 군복무 및 재학(대학이하) 등 사유로 현실적으로 동반 부양해야 할 상당한 이유가 있다고 인정되는 경우에 한하여 동반할 수 있다.

2) 공무국외여행허가제도

(1) 고위공직자

1 허가대상자

• 대통령 허가대상 : 장관급 상당의 고위공직자
• 국무총리 허가대상 : 차관급 상당의 고위공직자

2 처리절차

신청접수 ➡ 서류심사 ➡ 결재(외교통상부장관 → 국무총리 → 대통령) ➡ 여권발급 및 비자노트 발급 ➡ 여권교부

③ 구비서류

- 여권발급신청서
- 여권용 사진(동일 원판) 2매, 관계부처 공문
- 이력서 1부
- 여행계획서 1부
- 수행원 또는 동행인 구성 및 여비내역

※ 공무국외여행허가 신청 공문은 근무일수 기준으로 출국 10일 전까지 외교통상부 여권과에 접수되도록 사전송부 요망(공무국외규정 제3조 제3항)

(2) 지방자치단체 소속공무원

① 대상별 허가권자

- 도 소속공무원 : 도지사
- 시 · 군 · 구 소속공무원 : 시장 · 군수 · 구청장

※ 긴급상황 발생대비, 시 · 도지사와 행정 · 정무부지사, 부시장은 공무국외여행의 출장계획을 출국 5일 전까지 행정자치부에 통보한다(시장 · 군수 · 구청장은 시 · 도지사에게 통보).

3) 외교관여권

(1) 외교관여권의 뜻과 종류

외교관여권은 해외공관에 주재하거나 외교관의 업무를 수행하는 자에게 발급된다. 외교관여권 소지자는 불체포특권 등이 보장된다. 국가를 대표하는 대통령과 국회의장, 대법원장, 국무총리, 외교통상부장관, 특명전권대사, 국제올림픽위원회(IOC) 위원에게도 외교관여권이 주어진다. 전직 대통령, 전직 3부 요인, 특별사절, 정부대표에게도 주어진다. 별도로 여행목적과 신분에 비

추어 필요하다고 인정될 경우 외교통상부장관이 한시적으로 외교관여권을 발급할 수 있다. 외교관여권에는 유효기간 5년과 2년이 있으며, 유효기간은 외교통상부령이 정하는 경우를 제외하고는 횟수에 제한 없이 연장할 수 있다. 다만, 여권의 총 유효기간이 10년을 초과하는 연장은 할 수 없다. 각 발급대상은 다음과 같다.

〈표 10•11〉 외교관여권 발급대상

기 간	발 급 대 상
유효기간 5년	① 대통령 ② 국회의장 ③ 대법원장 ④ 국무총리 ⑤ 전직 대통령 ⑥ 외교통상부장관 ⑦ 특명전권대사 및 국제올림픽위원회 위원 ⑧ 외교통상부 소속공무원(기능직 공무원 제외) ⑨ 전직 국회의장, 전직 대법원장, 전직 국무총리 및 전직 외교통상부장관과 외교통상부장관이 인정하는 그 동반 배우자 ⑩ 외무공무원법 제24조 규정에 의하여 재외공관에 근무하는 기타 공무원이나 현역군인 ⑪ 제1호 내지 제5호의 1에 해당하는 자의 배우자 ⑫ 제6호 내지 제8호 또는 제10호의 1에 해당하는 자의 배우자, 미혼인 직계비속 및 생활능력이 없는 부모 ⑬ 제1호 내지 제5호의 1에 해당하는 자의 미혼인 직계비속 ⑭ 제1호 내지 제7호의 1에 해당하는 자의 수행원으로서 외교통상부장관이 특히 필요하다고 인정하는 자
유효기간 2년	① 특별사절 ② 정부대표 ③ 특별사절 또는 정부대표가 단장이 되는 대표단의 단원 ④ 기타 여행목적과 신분에 비추어 외교관여권의 발급이 특히 필요하다고 외교통상부장관이 인정하는 자

(2) 외교관여권 발급서류

외교관여권 발급은 접수→처리에 4일 정도 소요되며 서류는 다음과 같다.

〈표 10•12〉 외교관여권 발급 구비서류

<table>
<tr><th>구 분</th><th colspan="3">구 비 서 류</th></tr>
<tr><td rowspan="4">신규 발급</td><td>본 인</td><td colspan="2">① 여권발급신청서
② 여권용 사진 5매(신청서용 1, 여권용 1, 신원진술서용 3)
③ 14세 미만 : 여권용 사진 2매(신청서용 1매, 여권용 1매)
④ 병역관계서류(18~30세 남자)
⑤ 신원진술서 3부(14세 이상자)</td></tr>
<tr><td rowspan="2">배우자 또는 미혼자녀</td><td>출국자</td><td>① 공통 구비서류
② 호적등본
③ 영주권
④ 여권 및 여권 사본</td></tr>
<tr><td>미출국자</td><td>① 공통 구비서류
② 호적등본
③ 호적등본
④ 국세납세증명원, 지방세완납 / 미과세증명서
⑤ 국외이주 신고된 주민등록말소자 등본
⑥ 외환각서
⑦ 여권 및 여권 사본</td></tr>
<tr><td>생활능력 없는 부모</td><td colspan="2">① 여권발급신청서
② 여권용 사진 2매
③ 호적등본(제적등본)
④ 주민등록등본(진산으로 확인 불능시)
⑤ 신분증(대리신청시 : 사본 추가)
⑥ 부모의 미과세증명서
⑦ 심신장애자 입증서류(해당자에 한함)
⑧ 남자 형제의 출입국사실증명서(해당자에 한함)
⑨ 남자 형제의 군복무확인서(해당자에 한함)
⑩ 남자 형제의 재학증명서(해당자에 한함)</td></tr>
<tr><td rowspan="2">갱신</td><td colspan="2">국 내
(본인 / 배우자 / 미혼자녀)</td><td>신규와 동일</td></tr>
<tr><td colspan="2">국 외
(본인 / 배우자 / 미혼자녀)</td><td>① 여권발급신청서
② 공관장 요청 공문
③ 여권 사본(신원정보란)
④ 여권용 사진 2매, 병역관계서류</td></tr>
</table>

<table>
<tr><th>구 분</th><th colspan="2">구 비 서 류</th></tr>
<tr><td rowspan="2">재발급</td><td>분실/멸실
(국내·외)</td><td>① 여권발급신청서
② 공관장요청공문
③ 여권용 사진 2매
④ 신분증
⑤ 여권재발급사유서</td></tr>
<tr><td>훼 손
(국내·외)</td><td>① 여권발급신청서
② 공관장요청공문
③ 여권용 사진 2매
④ 훼손여권
⑤ 여권재발급사유서</td></tr>
</table>

(3) 외교관여권 변경 구비서류

〈표 10•13〉 외교관여권 변경 구비서류

<table>
<tr><th colspan="2">구 분</th><th>구 비 서 류</th></tr>
<tr><td rowspan="2">유효
기간
연장</td><td>국내</td><td>① 여권기재사항변경등신청서
② 관계기관 공문(공무국외여행 허가권자/위임자의 공문)
③ 외교통상부 직원은 관계기관 공문면제
④ 여권 및 여권 사본
⑤ 병역관계서류</td></tr>
<tr><td>국외</td><td>① 여권기재사항변경등신청서
② 공관장 요청 공문
③ 여권 및 여권 사본
④ 병역관계서류</td></tr>
<tr><td rowspan="3">동반
자녀</td><td>추가
국내</td><td>① 여권기재사항변경등신청서
② 동반자녀 사진 2매(2×2.5)
③ 동반자녀 추가할 부 또는 모의 여권 및 여권 사본
④ 주민등록등본 또는 호적등본(행정전산망으로 확인 불능시)</td></tr>
<tr><td>추가
국외</td><td>① 여권기재사항변경등신청서
② 공관장 요청 공문
③ 동반자녀 사진 2매(2×2.5)
④ 동반자녀 추가할 부 또는 모의 여권 및 여권 사본</td></tr>
<tr><td>분리</td><td>① 여권기재사항변경등신청서
② 동반자녀 병기/추가된 부 또는 모의 여권 및 여권 사본</td></tr>
</table>

(4) 외교관여권 사용의 제한

외교관여권은 반드시 외교목적을 위한 국외여행에만 사용되어야 한다. 외교관여권 소지자가 외교목적이 아닌 국외여행을 할 경우에는 외교관여권을 가까운 여권과에 보관한 뒤 일반여권을 사용해야 한다.

4) 거주여권

(1) 거주여권의 뜻과 발급대상자

외국 영주권을 소지하고 외국으로 이주하려는 사람이 발급받는 여권이다. 한국 국적을 포기할 때까지는 외국에서 거주하더라도 한국인이기 때문이다. 유효기간 5년의 복수여권이이며 최초 발급업무는 외교통상부 또는 재외공관이 한다. 시·도는 거주여권 소지자의 거주여권 재발급·유효기간 연장업무를 한다. 거주여권 발급대상자는 다음과 같다.

① 외교통상부장관에게 해외이주신고를 한 자
② 보건복지부장관의 국외입양허가를 받은 자
③ 거주지국의 영주권 또는 이민사증을 취득한 자 : 미국의 경우 이민사증 인터뷰 통지서(Packet Ⅲ 또는 G-56 FORM)를 취득한 자 포함
④ 영주권 제도가 없는 국가는 아래의 장기체류허가를 받은 자
  - 5년 이상의 장기체류허가를 받은 자
  - 5년 미만의 체류허가만을 부여하는 국가는 전가족이 5년 이상 현지에 거주한 자로 거주지국의 장기체류허가를 받은 자
  - 5년 이상 장기체류라 하더라도 취업, 유학, 상용 등 해외이주의 목적이 아닌 경우에는 거주여권 발급이 불가
⑤ 국외에서 외국인과 혼인한 자 및 그의 동거 자녀
⑥ 대한민국으로 귀화한 자로서 원 국적국에 거주하고자 하는 자

※ 병역의무자는 병무청장의 국외여행허가 또는 병역면제 처분을 받은 후 거주여권을 발급한다.

(2) 거주여권 발급 구비서류

거주여권 발급에는 접수→경유→처리과정에 총 6일 정도 소요된다.

〈표 10•14〉 거주여권 발급 구비서류

<table>
<tr><th>유 형</th><th colspan="2">거주여권 발급 구비서류</th></tr>
<tr><td>신규발급
(최초발급)</td><td colspan="2">① 여권발급신청서
② 해외이주신고확인서 등 발급대상자 증명서류
③ 국세 납세증명원, 지방세 완납(미과세)증명서
④ 병역관계서류(18~30세 남자만 해당)
⑤ 국외이주신고필증(읍・면・동사무소 발행)
⑥ 여권용 사진 2매(신청서용 1매, 여권용 1매)</td></tr>
<tr><td>재발급
공통구비서류</td><td colspan="2">① 여권발급신청서
② 여권용 사진 5매(신청서용 1매, 여권용 1매, 신원진술서용 3매)
※ 14세 미만 : 여권용 사진 2매(신원진술서용 제외)
③ 병역관계서류(18~30세 남자)
④ 신원진술서 3부(14세 이상자)</td></tr>
<tr><td rowspan="2">만기 재발급</td><td>기출국자</td><td>① 공통 구비서류
② 호적등본
③ 영주권
④ 여권 및 여권 사본</td></tr>
<tr><td>미출국자</td><td>① 공통 구비서류
② 호적등본
③ 국세납세증명원, 지방세 완납/미과세 증명서
④ 국외이주 신고된 주민등록말소자등본
⑤ 외환각서
⑥ 여권 및 여권 사본</td></tr>
<tr><td>훼손 재발급</td><td colspan="2">① 공통 구비서류
② 영주권(기출국자인 경우)
③ 외환각서(미출국자에 한함)
④ 여권재발급사유서
⑤ 훼손여권 및 여권 사본</td></tr>
</table>

유 형	거주여권 발급 구비서류
분실 또는 멸실 재발급	① 공통 구비서류 ② 영주권(기출국자의 경우) ③ 외환각서(미출국자에 한함) ④ 출입국사실증명서 ⑤ 여권재발급사유서 ※ 여권 및 영주권 일체를 분실하였을 경우에는 관할 재외공관에 의견조회 후 또는 외국 공관에서 발급받은 임시영주권을 첨부 처리
기타 재발급	영문성명 정정, 남편성 추가·변경·삭세 등 ① 공통 구비서류 ② 여권 및 여권서류 ③ 여권재발급사유서 ④ 관련 증빙서류

(3) 거주여권의 변경시 구비서류

〈표 10•15〉 거주여권 변경 구비서류

유 형	구 비 서 류
국내체제 기간연장	① 여권기재사항변경등신청서 ② 여권/여권사본(신원정보 및 최종 입국일자 날인 페이지) ③ 병역관계서류(18~30세 남자) ④ 사유서 ⑤ 영주권, 이민사증 또는 재입국허가서 사본 ⑥ 수수료(4,500원) ⑦ 증빙서류 - 군인가족: ID카드 및 동 사본/영주권 및 동 사본 남편의 전출입명령서(일명: ORDER) - 투자자: 투자허가서, 사업자등록증 - 외국상사 국내지사 임·직원: 재직증명서 - 학생: 재학증명서 ※ 주의사항 - 병역 미필자로서 1년 이상 국내 체재할 경우: 병역관계서류 제출 - 재일교포 국내체제기간 연장: 재일 교포의 역사적 배경 등 특수한 입장을 감안, 인도적 사유에 해당하는 것으로 간주하여 허가(단, 병역의무자는 제외)

<table>
<tr><th>유 형</th><th colspan="2">구 비 서 류</th></tr>
<tr><td>유효기간
연 장</td><td colspan="2">① 여권기재사항변경등신청서
② 여권용 사진 4매(신청서용 1매, 신원진술서용 3매)
③ 14세 미만자 : 여권용 사진 1매(신청서용)
④ 신원진술서 3부(14세 이상자)
⑤ 호적등본
⑥ 여권 및 여권 사본
⑦ 영주권
⑧ 병역관계서류(18~30세 남자)</td></tr>
<tr><td rowspan="2">동반자녀
병기 또는
추가 및 분리</td><td>동반자녀
추 가</td><td>① 여권기재사항변경등신청서
② 추가할 부 또는 모의 여권 및 여권 사본
③ 동반자녀의 사진 2매(2×2.5)
④ 호적등본(호적에 미등재시 출생증명서로 갈음)
⑤ 영주권</td></tr>
<tr><td>동반자녀
병기 / 분리</td><td>일반여권 동반자녀 병기 / 분리 관련 사항 참조</td></tr>
<tr><td>사증란 추가</td><td colspan="2">여권기재사항변경등신청서
영주권 및 영주권 사본
여권(대리신청시 사본 추가)</td></tr>
</table>

(4) 입양 및 특이사항

1 입양(ADOPTION)

여권법 시행령 제16조의 규정에 의거 국제 입양자에게는 여행증명서를 발급해야 한다. 그러나 입양국에 따라서는 여행증명서에 사증을 부여하지 않거나 입국이 거부되는 경우가 있으므로 신청인(또는 신청기관)의 요청에 따라 거주여권(복수 또는 단수)의 발급이 가능하다. 거주여권 발급시 구비서류는 다음과 같다.

- 여권발급신청서
- 보건복지부 허가 공문
- 입양인의 재정보증서
- 여권용 사진 2매(신청서용 1매, 여권용 1매)

2 거주여권 소지자의 국내 체재기간

거주여권 소지자가 재입국 후 국내 체재기간이 2년을 초과할 때에는 여권의 효력이 상실된다. 만일 여권 유효기간 이내라도 국내 체재기간이 2년이 되는 날에 여권의 효력이 상실된다. 병역의무자의 경우에는 국내 체재기간이 1년이 되는 날에 여권의 효력이 상실된다. 그러나 다음의 경우에는 2년을 초과할 경우에도 여권의 효력이 상실되지 않는데, 이 경우에는 외교통상부장관의 체재기간 연장확인을 받아야 한다.

- 관계중앙행정기관의 장의 요청에 의하여 국내에 2년 이상 체류하게 되는 자 및 그 와 생계를 같이하는 친족
- 국외에 3년 이상 거주한 자로서 미화 10만 불 상당 이상을 국내에 투자한 자 및 그와 생계를 같이하는 친족
- 외국상사의 국내지사 등의 임·직원으로서 당해 상사로부터 급료를 지급받는 자 및 그와 생계를 같이하는 친족
- 국내에 2년 이상 체류하게 되는 외국인의 배우자 및 국제 입양자(군인가족 포함)
- 3년 이상 국외에 거주한 재외국민으로서 국내에 유학 중인 자(외국인 학교는 제외)
- 60세 이상인 자
- 기타 인도적으로 상당한 사유가 있다고 외교통상부장관이 인정하는 자(입국 만료일 이전에 사유가 해당되는 경우에 한함)

11

비자(VISA)

1 비자(VISA)의 뜻과 비자면제협정

1) 비자(VISA)의 뜻

비자(VISA)는 '사증'이라고 하며 방문하려는 국가의 정부에 미리 입국을 허가받는 입국허가증이다. 비자는 사전 허가이므로 목적지에 입국하기 전에 거주하고 있는 국가에 주재하고 있는 대사관이나 영사관에서 발급받아야 한다. 비자는 관련 서류와 여권을 제출하면 심사한 후 입국의 목적, 체류기간 등에 따라 여권의 사증란에 스티커를 붙여 발급한다.

비자를 소지했다고 입국을 보장받는 것은 아니다. 최종 입국허가는 입국심사를 통하여 결정되며, 공항에서 출입국담당 심사관이 결정하여 이를 여권의 사증란에 스탬프를 찍어 표시해 줌으로써 확정된다.

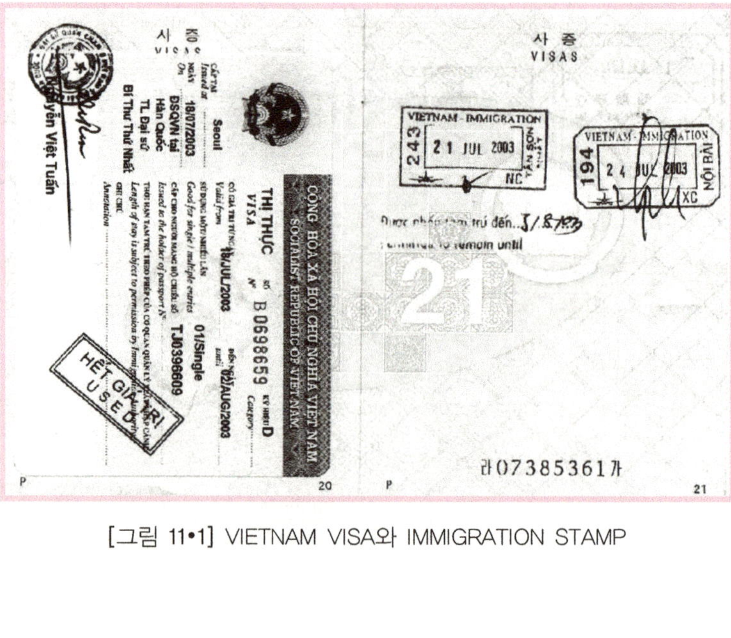

[그림 11•1] VIETNAM VISA와 IMMIGRATION STAMP

2) 비자면제협정(Visa Waiver Agreement)

사증면제협정은 여행의 편의를 도모함으로써 자국의 관광산업을 확대 발전시키기 위해 순수 관광목적의 여행자에 대하여 국가 간 상호 비자의 발급을 면제하는 것이다. 2009년 7월 17일 현재 한국과 관광비자 사증면제협정을 체결하고 있는 국가는 총 90개국이고, 이중에서 일반여권이 포함된 국가는 63개국이다. 비록 비자면제협정은 확산 추세에 있지만, 외교관계의 변화에 따라 다시 비자를 발급받아야 하는 경우도 있고, 비자면제는 체재기간을 제한하기 때문에 방문국의 최신의 동향과 입국절차에 관련한 정보 등을 항상 사전에 반드시 다시 확인해야 한다.

〈표 11•1〉 한국의 사증면제협정 체결현황 (2009년 7월 현재)

<table>
<tr><th>적용대상</th><th colspan="3">국 가 명</th></tr>
<tr><td>외교관 / 관용
(24개국)</td><td colspan="3">필리핀(무제한), 파라과이(90일), 이란(3개월), 몽골(30일), 베냉(90일), 베트남(90일), 에콰도르(외교 : 업무수행기간, 관용 : 3개월), 사이프러스(90일), 벨리즈(90일), 이집트(90일), 파키스탄(3개월), 일본(3개월), 크로아티아(90일), 우루과이(90일), 인도(90일), 아르헨티나(90일), 러시아(90일), 알제리(90일), 벨라루스(90일), 아제르바이잔(30일), 캄보디아(60일), 카자흐스탄(90일), 방글라데시(90일), 라오스(90일)</td></tr>
<tr><td>외교관(3개국)</td><td colspan="3">우크라이나(90일), 우즈베키스탄(60일), 투르크메니스탄(30일)</td></tr>
<tr><td rowspan="4">외교관 / 관용 / 일반(63개국)</td><td>30일</td><td colspan="2">튀니지</td></tr>
<tr><td>60일</td><td colspan="2">포르투갈, 레소토</td></tr>
<tr><td rowspan="2">90일
(60개국)</td><td>아주지역
(4개국)</td><td>태국, 싱가포르, 뉴질랜드, 말레이시아</td></tr>
<tr><td>미주지역
(24개국)</td><td>바베이도스, 바하마, 코스타리카, 콜롬비아, 파나마, 도미니카(공), 도미니카(연), 그레나다, 자메이카, 페루, 아이티, 세인트루시아, 세인트키츠네비스, 브라질, 세인트빈센트그레나딘, 트리니다드토바고, 수리남, 안티구아바부다, 니카라과, 엘살바도르, 멕시코, 칠레, 과테말라, 베네수엘라(외교, 관용 30일, 일반 90일)</td></tr>
</table>

<table>
<tr><th>적용대상</th><th colspan="3">국 가 명</th></tr>
<tr><td rowspan="3">외교관 / 관용 / 일반(63개국)</td><td rowspan="3">90일 (60개국)</td><td rowspan="2">구주지역 (29개국)</td><td>[쉥겐국(25개국 중 슬로베니아 제외)]
그리스, 오스트리아(외교 · 관용 180일), 스위스, 프랑스, 네덜란드, 벨기에, 룩셈부르크, 독일, 스페인, 몰타, 폴란드, 헝가리, 체코, 슬로바키아, 이탈리아, 라트비아 리투아니아(이하 180일 중 90일) 에스토니아, 핀란드, 스웨덴, 덴마크, 노르웨이, 아이슬랜드(포르투갈은 60일에 해당)</td></tr>
<tr><td>[비쉥겐국]
리히텐슈타인, 영국, 아일랜드, 불가리아, 루마니아, 터키</td></tr>
<tr><td>중동 · 아프리카지역(3개국)</td><td>모로코, 라이베리아, 이스라엘</td></tr>
</table>

* 캐나다 : 상호합의에 의거 6개월간 사증 면제(협정 미체결, '98. 4. 10)
* 파키스탄 : 2001. 10. 1부터 일반여권 소지자에 대한 사증 면제 일시중지
* 방글라데시 : 2008. 7. 15일자로 일반여권의 사증면제협정 일시정지
* 이탈리아 : 협정상의 체류기간은 60일, 상호주의로 90일간 체류 부여
* 일본 : 일반은 90일간 사증면제(외교 · 관용은 사증면제협정 체결)
* 우크라이나 : 우리 국민에 대한 일방적 사증 면제(2006. 6. 24부 발효)
* 라오스 : 2009. 8. 1부터 협정 시행
* 쉥겐국 : 쉥겐협정이행협약(Convention Inplementing the Schengen Agreement)에 가입한 25개 회원국에 대해 국경검문소와 출입국 심사를 철폐

3) 무사증 입국

1 한국인이 무사증으로 입국 가능한 국가

비자면제협정을 체결한 것은 아니지만, 한국인에 대해 사증 없이 입국을 허가하는 경우이다. 2009년 7월 17일 현재 여기에 해당하는 국가는 59개 국가 또는 지역이다.

〈표 11•2〉 한국인이 무사증으로 입국 가능한 나라 (2009년 7월 현재)

구 분	가능한 나라
아주(11)	동티모르(외교 · 관용), 마카오(90일), 라오스(15일), 몽골(최근 2년 이내 4회, 통산 10회 이상 입국자에 한함), 베트남(15일), 브루나이, 인도네시아(외교 · 관용 / 14일), 일본(90일), 대만, 필리핀(21일)
미주(9)	미국(90일), 캐나다(6개월), 가이아나, 아르헨티나(90일), 에콰도르(90일), 온두라스(90일), 우루과이, 파라과이, 북마리아나연방(1개월)
구주(15)	사이프러스(90일), 산마리노(9일), 세르비아(90일), 모나코(90일), 몬테네그로(90일), 슬로베니아(90일, 쉥겐국), 크로아티아(90일), 안도라(90일), 보스니아 · 헤르체고비나(90일), 우크라이나(90일), 그루지아(90일), 코소보(90일), 마케도니아(1년 중 누적 90일), 알바니아(90일), 영국(최대 6개월)
대양주(11)	괌(15일 / VWP 90일), 바누아투(1년 내 120일), 사모아(60일), 솔로몬군도(1년 내 90일), 통가, 팔라우, 피지(4개월), 마샬군도, 키리바시, 마이크로네시아, 투발루
아프리카중동(6)	남아프리카공화국, 모리셔스(16일), 세이쉘, 오만, 스와질랜드(60일), 보츠와나(90일)

* 체류일 표시가 없는 것은 30일 체류 가능

2 한국으로 무사증 입국이 가능한 나라

2009년 7월 17일 현재 50개 국가 또는 지역의 사람들이 한국으로 무사증 입국을 할 수 있다.

〈표 11•3〉 한국으로 무사증 입국이 가능한 나라

구 분	가능한 나라
아주(6)	홍콩(90일), 일본(90일), 마카오(90일), 브루나이, 대만, 인도네시아(외교 · 관용)
미주(8)	미국(90일), 캐나다(6개월), 아르헨티나, 온두라스, 우루과이, 파라과이, 가이아나, 에콰도르
구주(11)	모나코, 교황청, 슬로베니아(90일), 크로아티아, 알바니아, 사이프러스, 산마리노, 안도라, 보스니아 · 헤르체고비나, 세르비아, 몬테네그로
대양주(13)	괌, 나우루, 뉴칼레도니아, 미크로네시아, 솔로몬군도, 키리바시, 피지, 마샬군도, 팔라우, 사모아, 호주(90일), 투발루, 통가
아프리카중동(12)	남아프리카공화국, 스와질란드, 이집트, 모리셔스, 세이쉘, 사우디아라비아, 아랍에미리트, 예멘, 오만, 카타르, 쿠웨이트, 레바논(외교 · 관용)

* 체류일 표시가 없는 것은 30일 체류 가능

4) 기타 사증 관련 협정 체결현황

〈표 11•4〉 기타 사증 관련 체결협정

적용대상	대 상 국 가
복수사증(12개국) (협정 및 상호주의에 의거)	인도(상용), 호주(상용), 아르헨티나(상용), 미국(단기 종합), 일본, 캐나다(상용), 브라질(상용, 투자, 취재), 러시아(단기 복수), 중국, 우즈베키스탄(상용 등), 우크라이나(상용 · 주재 등), 독일(주재, 투자 등)
관광취업사증(7개국)	호주, 캐나다, 일본, 뉴질랜드, 프랑스, 독일, 미국
항공기승무원 양해각서	중 국

2 비자의 종류

1) 입국목적에 의한 분류

입국목적에 따라 입국비자와 통과비자로 나뉜다. 입국비자는 여행목적지

[그림 11•2] 캄보디아 도착비자

를 입국하기 위한 비자로 출국 전에 자국에 주재하고 있는 대사관이나 영사관에서 발급받거나 또는 도착하여 입국 전에 공항에서 발급받는다(도착비자).

통과비자는 제3국으로 여행하기 위해 경유하기 위한 것으로, 통과할 목적으로 단기간 또는 72시간 이내의 체류가 가능한 비자이다. 통과비자는 방문지의 공항에서 발급한다.

〈표 11•5〉 방문목적에 따른 비자의 종류

NO	비자 종류	내 용
1	관광비자(tourist visa)	관광, 친지방문 등 관광목적
2	상용비자(commercial visa)	거래, 상담 등 사업상의 이유
3	유학비자(study visa)	수학 / 연구의 목적(해당국 교육기관이 인증한 장기체류 학생에게 발급)
4	취업비자(employment visa)	취업목적으로 입국하는 자
5	이민비자(emigration visa)	영주를 목적으로 입국하는 자
6	문화비자	운동선수, 기능인, 연예인, 종교인 등 일정기간 내 활동하는 자에게 발급
7	동거비자	입국비자가 유효한 자의 배우자 / 자녀
8	선원비자	해당국가 간 원양해운 취업절차에 따라 인승 및 발급하는 비자
9	관용비자	국가 간에 양해된 공무원 또는 외교목적으로 장기간 입국하는 자에게 발급

2) 입국허용 횟수에 따른 종류

① 단수비자(Single Visa) : 단 1회 입국만 유효한 비자이다. 다시 방문한 경우 비자도 다시 발급받아야 한다.

② 복수비자(Multiple Visa) : 유효기간 동안 여러 차례 입국에 모두 유효한 비자이다.

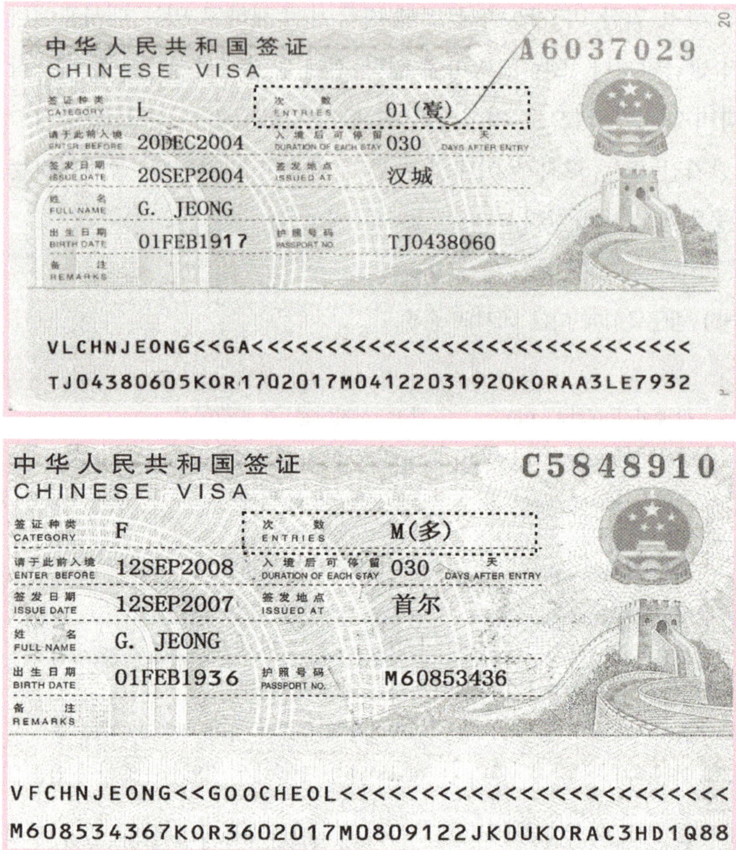

[그림 11•3] 단수비자와 복수비자

3) 소지하고 있는 여권에 따른 종류

소지여권에 따라 비자의 유효기간, 체재기간, 수수료 등이 다르게 적용된다.

① 일반비자 : 개인적 여행의 일반여권 소지자에게 발급

② 공용비자 : 공무로 여행하는 관용여권 소지자에게 발급

③ 외교비자 : 외교업무 목적의 외교관여권 소지자에게 발급

3 중국비자

1) 관광(L)비자(LA, LC, LD, LF, LB)

'여행'을 중국어로 하면 LU XIING(뤼싱)이라 하는데, 이 한어 병음의 앞 글자 'L'을 따서 관광비자를 중국에서는 'L비자'라고 부른다. 중국 관광비자는 인터뷰가 없고 신청서를 작성하고 여권, 사진, 신분증으로 주민등록증만 있으면 되기 때문에 누구라도 쉽게 발급받을 수 있다. 그러나 단수비자로 제한하고 있어 여행을 갈 때마다 다시 발급받아야 하는 불편함이 있다.

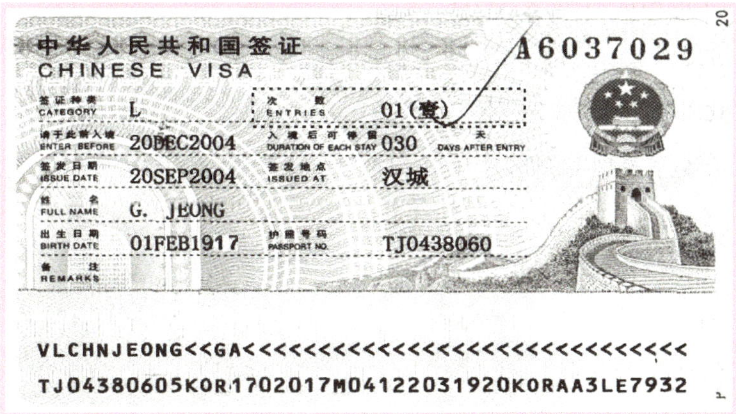

[그림 11•4] 대사관발급 단수비자의 예

중국에 단기간 체재하며 행하는 관광, 보양, 스포츠, 친족방문, 견학, 강습 또는 회합참가, 업무연락 그리고 이와 유사한 활동을 하려는 사람이 적용된다. 중국대사관에 오전 9~11시 사이에 접수해야 하고, 여권의 유효기간은 6개월 이상 남아있어야 한다. L비자의 종류는 다음과 같다.

〈표 11•6〉 L비자의 종류와 적용대상

구　분	체 류 기 간	유효기간
1회에 한하여 사용	30일(LA), 90일(LD), 180일(LF)	3개월
두 번 입국 가능	체류기간이 각각 30일씩(LB)	3개월

* L비자의 적용대상
① 관광 혹은 기타 개인적인 용무로 중국에 입국하는 사람
② 중국에 있는 친척이 중국 공민일 경우
③ 중국주재 한국기업의 상주직원이나 중국측 초청으로 중국에서 일하는 사람과 학생 등의 배우자와 그 가족

2) 중국비자신청 구비서류

(1) 관광목적

① 여권 원본, 신분증 복사본

② 여권용 사진 1매

③ 비자신청서

④ 중국측 호텔의 예약확인서, 왕복항공권 또는 연결항공권

(2) 친척방문

① 여권 원본, 신분증 복사본

② 여권용 사진 1매

③ 비자신청서

④ 중국측 친척과의 친족관계 증명, 왕복항공권이나 연결항공권

(3) 중국비자의 특별요구사항

① 신청인이 한국 국회의원・장관・차관・도(특별시・광역시)의 지사 및 부지사(시장 및 부시장) 등의 고위직 공무원일 경우, 편의제공을 위해 신청시에 영사부 직원에게 신청인의 신분을 밝혀야 하며, 중국 방문일

정표와 중국측 접대기관 설명서(기관의 명칭과 전화번호)를 제출한다.

② 이 경우 비자발급은 최소한 4일(업무일)이 소요된다.

③ 신청인이 종교인사인 경우, 중국에서 종교활동을 하지 않겠다는 각서를 직접 작성하고, 자필서명과 지장을 찍어서 제출해야 한다.

④ 신청인이 기자 또는 언론매체의 관계자인 경우, 신분을 정확하게 밝혀야 하며, 중국에서 어떠한 취재활동도 해서는 안 된다.

3) 영사부 개인비자 접수 변경

(1) 개인비자 접수 중지

2008년 9월 1일부터 중국대사관 영사부는 외국인의 여행, 상무, 유학, 취업, 경유 등 중국비자의 개인접수를 받지 않는다. 따라서 중국영사부가 지정하는 여행사를 통하여 비자를 신청해야 한다. 예외적으로 개인비자 신청을 받는 경우는 다음과 같다.

① 외교여권 및 관용여권 소지자

② 일반여권 소지자로 한국 외교통상부 비자노트를 소지한 자

③ 기타 국가 주한외교대표기구, 국제기구, 국제조직의 인원 및 그 가족

④ 취재비자 신청자

⑤ 홍콩비자 신청자 및 홍콩과 중국 대륙비자 동시신청자

(2) 중국영사부 지정여행사

중국영사부가 개인의 중국비자 신청을 제한하고, 중국비자를 신청할 수 있도록 하고 있는 지정여행사는 다음과 같다.

번 호	여행사명	주 소
1	중국조어대국제여행사	중구 남산동 2가 32-7 캐릭터존빌딩 201
2	무발여행사	서대문구 합동 28-5
3	세중여행	중구 태평로 2가 150
4	경남관광여행사	중구 무교동 1
5	중원한국여행사	중구 남산동 1가 22-2
6	중국신흥항공	중구 무교동 남강빌딩 803호
7	한성항공	강남구 역삼동 824-24
8	CTS중국여행사	중구 남산동 2가 49-26 2층
9	크라운항공여행사	서초구 서초동 1348-20
10	설악항공	중구 남대문로 5가 541
11	파랑비여행사	종로구 한송동 80-6
12	영재여행사	종로구 종로 1가 19 표준빌딩 606호
13	네트웍여행사	종로구 관철동252-1 대신B / D 803호
14	다모아투어	종로구 청진동 184-1
15	굿맨투어여행사	종로구 신문로 1가 163 광화문 오피시아 B / D 1025호
16	한화관광여행사	중구 명동 2가 89 거선당빌딩 301호
17	여행뉴스	종로구 청진동 184-1
18	삼우여행사	중구 명동 2가 105
19	한국화정항공	종로구 청진동 269
20	소망여행사	중구 남산동 1가 21-1 선빌딩1층
21	신신여행사	종로구 서소문동 48-2 대영빌딩 602호
22	서울중국교민협회	강남구 신사동 587-13
23	한중여유	중구 회현동 48-1
24	중국청년여행집단	중구 남산동 2가 31-1
25	테마여행사	종로구 신문로 1가 58-18
26	다이너스티여행사	중구 무교동 11
27	트래블컴	중구 무교동 11 광일빌딩 802호
28	한서여행사	중구 남산동 1가 6-3 창영빌딩1층
29	CTS한중여행사	중구 다동 92
30	중국항공 여행사	중구 무교동32-2
31	함께가는여행	중구 무교동 11 광일빌딩 606호
32	동원여행개발	중구 충무로2가 60-3 성창빌딩 610호

(3) 중국비자신청서

다음의 비자신청서를 작성해 보자.

中华人民共和国签证申请表

Visa Application Form of the People's Republic of China

请逐项在空白处用中文或英文大写字母打印填写，或在□内打×选择。
Please type your answer in capital English letters in the spaces provided or check the appropriate box to select

一、关于你本人的信息 / Section 1. Information about Yourself　　　清空重填/Reset Form

1.1 外文姓名 / Full Name 姓 / Surname:　　　中间名 / Middle Name:	照片 / Photo 请将 1 张近期正面免冠、彩色护照照片贴附于此。 *Please affix one recent passport style color photo, with full face, front view, no hat, and against a plain light background*
名 / Given Name:　　　1.2 性别 / Sex: □ 男/M □ 女/F	
1.3 中文姓名 / Chinese Name if Applicable:　　　1.4 现有国籍 / Current Nationality:	
1.5 别名或曾用名 / Other or Former Name:　　　1.6 曾有国籍 / Former Nationality:	

1.7 出生日期 / Date of Birth(*YY-MM-DD*)	1.8 出生地点(国、省/市) / Place (Province/State, Country) of Birth
1.9 护照种类 Passport Type	□ 外交 / Diplomatic　□ 公务、官员 / Service or Official　□ 普通 / Regular □ 其他证件(请说明) / Other (Please specify):
1.10 护照号码 / Passport Number:	1.11 签发日期 / Date of Issue(*YY-MM-DD*)
1.12 签发地点(省/市及国家) / Place (Province/State, Country) of Issue:	1.13 失效日期 / Expiration Date(*YY-MM-DD*)

1.14 当前职业（可多选）/ Your Current Occupation(s):
- □ 商人 / Businessman
- □ 教师、学生 / Teacher or Student
- □ 政府官员 / Government Official
- □ 乘务人员 / Crew Member of Airlines, Trains or Ships
- □ 新闻从业人员 / Staff of Media
- □ 议员 / Member of Parliament, Congressman or Senator
- □ 宗教人士 / Clergy
- □ 其他(请说明) / Other (Please specify):

二、你的赴华旅行 / Section 2. Your Visit to China

2.1 申请赴中国主要事由（可多选）/ Major Purpose(s) of Your Visit(s) to China
- □ 旅游 / Tourism
- □ 执行乘务 / As Crew Member of Airlines, Trains or Ships
- □ 探亲 / Visiting Relatives
- □ 记者常驻 / As Resident Journalist
- □ 商务 / Business Trip
- □ 记者临时采访 / As Journalist for Temporary News Coverage
- □ 过境 / Transit
- □ 外交官、领事官赴任常驻 / As Resident Diplomat or Consul in China
- □ 留学 / Study
- □ 官方访问 / Official Visit
- □ 商业演出 / Commercial Performance
- □ 任职就业 / Employment
- □ 其他(请说明) / Other (Please specify):

2.2 计划入境次数 / Intended Number of Entries	□ 一次入出境有效(3 个月内有效) / Single entry valid for 3 months; □ 二次入出境有效(6 个月内有效) / Double entry valid for 6 months; □ 半年内多次入出境有效 / Multi-entry valid for 6 months; □ 一年内多次入出境有效 / Multi-entry valid for 12 months
2.3 首次可能抵达中国的日期 / Date of Your First Possible Entry into China (*YY-MM-DD*)	
2.4 预计停一次在华停留的最长天数 / Your Longest Intended Stay in China	Days
2.5 请按时间顺序列明你访问中国的地点（省及市/县）/ Please list Counties/Cities and Provinces to visit in China in a time sequence:	
2.6 办理签证通常需要 4 个工作日，你是否愿意交费要求加急或特急服务 / Normally, visa processing takes 4 working days. Do you request express or rush service by paying extra fee?	□ 加急(2-3 个工作日) / Express for 2-3 working days; □ 特急(1 个工作日) / Rush for 1 working day

三、你的健康状况及以前的国际旅行/ Section 3. Your Health Condition and Previous Overseas Tour

3.1 你是否曾经被拒绝颁发中国签证? Have you ever been refused a visa for China?	□ 否 / No　□ 是/Yes
3.2 你是否曾经被拒绝进入或被遣送出中国? Have you ever been refused entry into or deported from China?	□ 否 / No　□ 是/Yes
3.3 你在中国或其他国家是否有犯罪记录? Do you have any criminal record in China or any other country?	□ 否 / No　□ 是/Yes
3.4 你现在是否患有以下任一种疾病/ Do you suffer from any of the following diseases? ①精神病/ Mental Diseases　②开放性肺结核/ Open Tuberculosis ③性病/ Venereal Diseases　④感染 HIV 或艾滋病/ HIV Positive or AIDS ⑤麻风病/ Leprosy　⑥其他传染性疾病/ Other infectious diseases	□ 否 / No　□ 是/Yes
3.5 是否曾经访问中国/Have you ever visited China before?	□ 否 / No　□ 是/Yes
3.6 对问题 3.1-3.4 选择"是"并不表示你就无资格申请签证，请说明详细情况/ If you select Yes to any question from 3.1 to 3.4, you do not lose eligibility for visa application. Please give detailed reasons for your answer.	

四、你的联系方式/ Section 4. Your Contact Information

4.1 你的工作单位或学校名称 / Name of Your Employer or School:	4.2 日间电话 / Daytime Phone Number:
4.3 你的工作单位或学校地址 / Address of Your Employer or School:	4.4 夜间电话 / Nighttime Phone Number:
4.5 你的家庭住址 / Your Home Address:	4.6 你的电子信箱 / Your Email:
4.7 在华邀请、联系的单位名称或探亲对象的姓名 / Name of Inviter, Contact or Your Relative in China:	4.8 联系电话 / Phone Number of Your Contact:
4.9 在华邀请、联系的单位名称或探亲对象的地址 / Address of Inviter, Contact or Your Relative in China:	4.10 电子信箱 / Email of Your Contact:

五、其他声明事项 / Section 5.Other Declaration

如有其他需要声明事项，请在下面说明 / If there is more information to declare, please give the information below.

六、他人代填申请表 / Section 6. Application Form Completed by Another Person

如是他人为你填写签证申请表，请其填写以下栏目 / If this application was completed by another person on behalf of you, please have that person complete this section.

6.1 代填人姓名 /Name of Person Completing the Form:	6.2 与申请人关系 / Relationship to the Applicant:
6.3 代填人地址及电话 /Address and Phone Number of that Person:	6.4 代填人签名 /Signature of that Person:

七、重要事项 / Section 7. Important

我已阅读并理解此表所有问题，并对照片及填报内容的真实性和准确性负责。我理解，签证种类、有效期及停留期将由领事决定，任何不实、误导或填写不完整均可能导致签证申请被拒绝或被拒绝进入中国。

I have read and understood all the questions in this application. I shall be fully responsible for the answers and the photo, which are true and correct. I understand that type of visa, number of entries and duration of each stay will be decided by consuls, and any false, misleading or incomplete statement may result in the refusal of a visa for or denial of entry into China.

申请人签名/ Applicant' s Signature: ______________________ **日期/Date(YY-MM-DD):**

4) 비자발급 비용과 유의사항

(1) 발급수수료

2008년 1월 20일 현재의 비자발급 수수료는 다음의 표와 같다. 급행비는 24,000원이 추가되고, 단 국회의원 등 주요인사의 중국비자발급에는 4일이 소요된다.

〈표 11•7〉 중국 비자발급 수수료

국 적	비자 종류	보통(3박 4일) (원)	급행(1박 2일) (원)
한 국	단수비자	35,000	59,000
	2차 비자	53,000	77,000
	6개월 복수비자	70,000	94,000
	1년 복수비자	100,000	124,000
	단체비자	15,000	27,000
미 국	개인(단수 / 복수)	120,000	144,000
	단체비자	100,000	112,000
다른 나라들	단 수	35,000	59,000
	복 수	53,000	77,000
	6개월 복수	70,000	94,000
	1년 복수	105,000	129,000

(2) 발급 소요시간 및 유의사항

〈표 11•8〉 비자발급 소요시간

NO	구 분	발급 소요시간
1	보통비자	3박 4일 후(주말 / 공휴일 제외), 9~12시까지
2	급행비자	다음날 또는 2박 3일(주말 / 공휴일 제외), 9시~12시까지

1 비자수령

① 비자를 수령할 시에는 반드시 영사부에서 발급한 접수증을 가지고 가야 한다. 접수증을 분실한 경우에는, 경찰서에서 발급된 분실증명서와 신분증 원본 및 복사본을 가지고 본인이 직접 영사부를 방문해 관련 수속을 밟은 후에 비자를 발급받는다.

② 영사부에서 전화로 추가서류 제출을 요구했을 경우에는, 해당서류를 제출한 후에 비자를 발급받을 수 있다.

③ 비자가 발급된 후에는 바로 비자의 각 항목을 확인해야 하며, 만약 틀린 곳이나 문의사항이 있는 경우에는 안내창구 직원에게 문의한다.

2 비용지불

① 비자를 수령할 때 지불한다.

② 개인이 신청한 비자는 현금으로 지불한다(수표 · 신용카드 사용 불가).

③ 특수한 경우를 제외하고는 신청한 비자는 비용지불을 원칙으로 한다.

3 단체비자

① 단체비자는 여행사를 통해서만 대리 신청할 수 있다.

② 제3국인은 단체비자를 신청할 수 없다.

5) 선상비자와 단체비자

(1) 선상비자

선상비자는 선박을 이용해 중국에 입국하는 경우, 한국 국적의 여객에 한하여 선박회사에서 도착비자 발급용 초청장을 신청하여 비자를 받을 수 있도록 한 것이다.

〈표 11•9〉 한일 훼리 여객노선

터미널	선박회사	선 명	출발→도착	소요시간	운항 스케줄(출발기준)
인천 제 1 국제 여객 터미널 (연안 부두)	단동해운	동방명주호	인천→단동 단동→인천	15:00	(주 3회) 월, 수, 금 17:00 (주 3회) 화, 목, 일 15:00
	대인훼리	대인호	인천→대련 대련→인천	16:00	(주 3회) 화, 목, 토 17:00 (주 3회) 월, 수, 금 18:00
	범영훼리	자정향	인천→영구 영구→인천	24:00	(주 2회) 화 19:00, 토 12:00 (주 2회) 월, 목 11:00
	진인해운	욱금향	인천→진황도 진황도→인천	21:00	(주 2회) 월 19:00, 금 13:00 (주 2회) 수, 일 13:00
	한중훼리	향설란호	인천→연태 연태→인천	16:00	(주 3회) 화, 목, 토 18:00 (주 3회) 월, 수, 금 17:00
	화동해운	화동명주호	인천→석도 석도→인천	12:00	(주 3회) 월, 수, 금 18:00 (주 3회) 화, 목, 일 18:00
인천 제 2 국제 여객 터미널	연운항훼리	자옥란	인천→연운항 연운항→인천	24:00	(주 2회) 화 19:00, 토 15:00 (주 2회) 월 11:00, 목 13:00
	위동해운	N.G.B II	인천→위해 위해→인천	14:00	(주 3회) 월, 수, 토 19:00 (주 3회) 화, 목, 일 18:00
		N.G.B V	인천→청도 청도→인천	17:00	(주 3회) 화, 목, 토 17:00 (주 3회) 월, 수, 금 16:00
	진천항운	천인호	인천→천진 천진→인천	25:00	(주 2회) 화 13:00, 금 19:00 (주 2회) 목, 일 11:00
평택항	교동훼리	교통호	평택→위해 위해→평택	12:00	(주 3회) 화, 목, 토 10:30 (주 3회) 화, 일 20:00, 목 17:00
	대룡해운(주)	대룡호	평택→영성 영성→평택	12:00	(주 3회) 월, 목, 토 09:00 (주 3회) 화, 목, 토 19:00
	연운항훼리	-	평택→연운항 연운항→평택	20:00	(주 2회) 월 14:00, 목 16:30 (주 2회) 월 21:00, 금 19:00
군산항	석도국제훼리	SHIDAO	군산→석도 석도→군산	15:00	(주 3회) 화, 목, 일 18:00 (주 3회) 월, 수, 토 18:00

선상비자 신청은 승선 수속창구에서 신청한 후 탑승 후 초청장을 수령하고 선 내 비치된 비자발급 신청서를 작성한 후 사진 1장을 부착한다.

선상비자 구비서류
유효기간 6개월 이상의 여권, 3개월 이내의 사진 1장, 수수료 $20

하선 후 중국터미널 내의 전용창구에 제시한 후 비자를 취득한다. 체류기간은 1개월에서 10일 정도의 단수비자이며, 항구가 위치한 도시의 인민정부 외사처, 대외경제무역위원회 등에서 협조해 준 초청장에 의해 발급받는다.

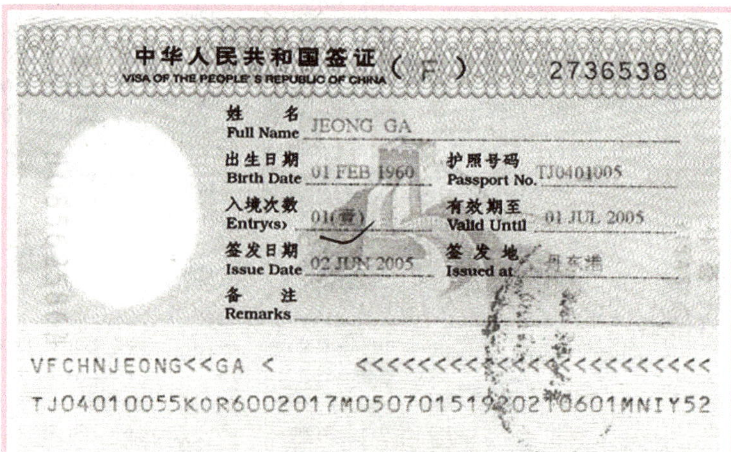

[그림 11•5] 선상비자

(2) 단체비자

단체비자에는 여행단체비자와 방문단체비자가 있다. 여행단체비자는 5인 이상의 단체가 중국여행을 갈 때 사용한다. 방문단체비자는 9인 이상 민간단체가 중국을 방문할 때로 공연, 시합, 전시, 우호방문 등에 발급받는다.

단체비자는 여권에 비자를 부착하는 것이 아니고, A4지에 단체구성원의 인적사항 명단을 작성하도록 하고 그 명단에 비자 1매를 붙이거나 GROUP VISA 내용을 기재하여 일괄적으로 발급한다. 하나의 비자에 단체의 명단이 모두 기재되어 있으므로 입・출국시에는 반드시 비자 구성원 전원이 한 줄로 서서 함께 입・출국 수속을 해야 한다.

장점으로는 별도의 중국 출입국 카드를 작성할 필요가 없이, 단체비자 뒷면에 현지 체류지(호텔명만 기재)와 탑승 항공기의 FLIGHT NO를 기재하면 된다. 단체비자의 구비서류와 발급비용은 다음과 같다. 직접 단체명단을 작성해 보자.

〈표 11•10〉 단체비자 발급비용 (단위: 원/비자 한 건당 비용)

구 분	발급소요기간	발급비용
보통비자	4일	15,000원
급행비자	2일	27,000원

〈표 11•11〉 단체비자 구비서류

<table>
<tr><th colspan="2">구 분</th><th>구 비 서 류</th></tr>
<tr><td rowspan="2">여행단체</td><td>중 국
대사관</td><td>① 여권
② 중국정부 비자위임 권한을 받은 기관의 초청장 원본/사본
③ 단체여행 일정표(단체번호 명시할 것)
④ 단체명단 3부(규정양식에 타이핑한 것)</td></tr>
<tr><td>여행사</td><td>비자발급 권한이 있는 세관: 北京, 上海, 天津, 重慶, 大連, 福州, 厦門, 西安, 桂林, 杭州, 昆明, 廣州(白云), 深圳(羅湖, 蛇口), 珠海(拱北), 海口, 三亞,濟南, 青島, 烟台, 威海, 成都, 南京</td></tr>
<tr><td colspan="2">방문단체</td><td>① 여권
② 중국정부의 비자위임 권한을 받은 기관의 초청장 원본/사본
(반드시 기관의 일련번호 명시)
③ 단체여행 일정표 1부
④ 여행객 명단 3부(규정양식에 타이핑한 것)</td></tr>
</table>

ATTN :
FROM :
DATE :
출발일 :
접수처 : 홍콩(　) 서울대사관(　) 무한 (　)

NO	NAME IN FULL	SEX	DATE OF BIRTH	NATIONALITY	PASSPORT NO	유효기간
01						
02						
03						
04						
05						
06						
07						
08						
09						
10						
11						
12						
13						
14						
15						
16						
17						
18						
19						
20						

[그림 11•6] 중국 단체비자 신청시 단체명단 양식

团体签证

GROUP VISA

第040983号团体签证，准予PHT团（16）人自2004年12月11日至2005年01月21日在中华人民共和国旅行，壹次有效。

NO. 040983 GROUP VISA PERMIT PHT GROUP 16 PERSONS FROM 11 DEC 2004 TO 21 JAN 2005 TRAVELING IN CHINA, ONE TIME VALID.

发证日期
DATA OF ISSUE 13 DEC 2004

签署、印章
SIGNATURE、SEAL

旅游团人员名单

LIST OF TOURIST GROUP

序号 NO.	姓名 Name in full	性别 Sex	出生日期 Date of birth	职业 Profession or Occupation	国籍 Nationality	护照号码 Passport No.
1	KANG MIN YOUNG	FEMALE	19860114	STUDENT	KOREA	[illegible]
2	GYE YUN MI	FEMALE	19850910	STUDENT	KOREA	GW0450005
3	GU DONG JIN	MALE	19821125	STUDENT	KOREA	TJ0563845
4	KIM MI YOUN	FEMALE	19820412	STUDENT	KOREA	CS0456468
5	KIM BO RAM	MALE	19821204	STUDENT	KOREA	TJ0563874
6	KIM A RAM	FEMALE	19860226	STUDENT	KOREA	TJ0560285
7	KIM HEE JEONG	FEMALE	19860208	STUDENT	KOREA	CS0443057
8	MUN HEE	FEMALE	19850714	STUDENT	KOREA	TJ0531954
9	PARK BIT NA	FEMALE	19841210	STUDENT	KOREA	TJ0551407
10	PACK SUNG YUN	FEMALE	19851115	STUDENT	KOREA	TJ0549126
11	OH HAE JOO	FEMALE	19820805	STUDENT	KOREA	SC1647199
12	LEE YUN JOO	FEMALE	19820929	STUDENT	KOREA	NW0416140
13	LEE EUN JOO	FEMALE	19790210	HOUSEWIFE	KOREA	NW0655883
14	LEE JI AE	FEMALE	19850904	STUDENT	KOREA	CS0441389
15	JEON MI SEON	FEMALE	19850729	STUDENT	KOREA	GG0070003

序号 NO.	姓名 Name in full	性别 Sex	出生日期 Date of birth	职业 Profession or Occupation	国籍 Nationality	护照号码 Passport No.
16	LA DAE YONG	MALE	19801231	BUSINESS	KOREA	[illegible]

名单结束 END OF THE LIST

[그림 11•7] 발급된 중국 단체비자

6) 방문 / 상무비자(FA, FC, FD, FH, FI)

방문, 사업, 시찰, 강의, 문화, 교육, 과학기술, 체육교류, 단기연수, 실습 목적 및 중국에서 진행되는 각종 무역 교류회에 참가하는 사람, 2년에서 5년 유효한 복수비자는 한국에서 대학교, 연구소에서 부교수, 부연구원 이상의 지위를 가지고 있거나 대기업에서 고위직 관리 또는 기술자에 한해 신청할 수 있다.

〈표 11•12〉 방문 / 상무비자(FA, FC, FD, FH, FI)의 구분

구 분	유효기간 및 사용	체류기간
일차입국비자	3개월 내 한 번 입국	30일(FA), 60일(FC), 90일(FD)
이차입국비자	3개월 내 두 번 입국	30일(FB)
복수입국비자	6개월(FH) / 1년(FI) 내 복수	매회 30일
	2~5년(FJ) 내 복수	매회 체류기간 180일

또 학술(기술)교류, 연구 및 개발, 회사설립 투자 등으로 인해 이미 중국 국내 관련 기관과 업무협력 관계를 맺고 중국을 자주 방문하는 자, 중국에 지사를 둔 회사 본사의 고위직 관리 또는 기술자로 업무 지도차 중국에 자주 방문하는 자, 중국과 한국의 중앙, 지방정부 간의 교류와 업무 협의차 중국에 자주 방문하는 자, 정부 간의 업무지원 관계로 중국에 자주 방문하는 자에 한해 신청할 수 있다. 2~5년 유효한 복수입국비자(FJ) 신청요령은 아래와 같다.

① 중국지역 외에서 신청자격을 구비한 자는 신청서와 관련 서류를 가지고 본인이 직접 대사관 영사부에 와서 신청한다.
② 중국지역 내에서 신청자격을 구비한 자는 신청서와 관련 서류를 가지고 본인이 직접 직할시, 자치구 인민정부 외사판공실 또는 국무원 관련 부서에서 신청한다.

〈표 11•13〉 방문 / 상무비자(FA, FC, FD, FH, FI) 신청 구비서류

구 분	구 비 서 류
일차 입국 / 이차 입국 비자	① 여권 ② 비자신청서 1장 ③ 여권사진 1장 ④ 명함 혹은 재직증명서 ⑤ 중국 측 초청장 [초청장의 예] * 중국정부의 비자위임 권한을 받은 기관의 초청장 원본 혹은 팩스본 * 국유, 집체, 합자, 독자 및 사유기업, 교육, 문화, 과학연구기관, 회의 개최기관 등의 초청장 원본 혹은 팩스본 * 각종 무역 전시, 교류회의 초대장 원본 혹은 팩스본 * 방문, 상무비자(F)로 중국에 방문한 적이 있을 때 그 비자 원본 / 복사본(여권 앞면과 출입국 도장란 제출, 구여권에 비자가 있으면 구여권도 제출)
복수 비자	① 여권 ② 비자신청서 1장 ③ 여권사진 1장 ④ 명함 혹은 재직증명서 ⑤ 중국측 초청장 [초정장의 예] * 중국정부에서 비자위임 권한을 받은 기관의 초청장 원본 * 대중 투자기업의 경우 투자자 본인은 회사의 〈영업허가증〉 사본 : 〈영업허가증〉 상에 신청인의 이름이 등재되지 않았다면 회사의 출장증명서 첨부 * 중국과 연 무역 총액이 3만 달러를 초과하는 사기업의 사장 및 2년 이상 재직한 정식 직원 및 한국의 30대 기업의 임직원은 회사의 출장증명서와 의료보험증 사본 제출 * 한 해에 두 번 이상 방문, 상무비자(F)로 방문한 적이 있는 사람은 초청장 없이 그 비자 원본 / 사본으로 비자 발급(출입국 도장과 함께 제출) * 복수비자(FH, FI)로 방문한 적이 있으면 그 비자 원본 / 사본으로 가능(여권 앞년과 출입국 도장란에 제출, 구여권에 비자가 있으면 구여권도 제출)

7) 유학비자(F, X)와 주재원 비자(Z) 등

(1) 유학비자(F, X)

학습, 연수, 실습의 목적으로 중국에 체류하고자 하는 사람에게 발급하며 단기(FF)와 장기(X)로 나눈다.

〈표 11•14〉 유학비자 구분

구 분	유효기간 / 조건	체류기간
단기유학비자(FF)	3개월 내 한 번 입국	FD(90일), FE(120일), FA(150일), FF(180일)이 있다.
장기유학비자(X)		체류기간 명시되어 있지 않다.

① 유학비자는 동반 자녀와 신청을 할 수 없다.

② 유학생의 배우자가 비자를 신청할 때에는 유학생의 체류기간을 넘지 않는 한도 내에서 최장 180일까지 체류가 가능한 L비자(LF)를 신청할 수 있다. 유학생 배우자의 L비자는 동반자녀 신청을 할 수 있다.

③ 유학생의 자녀가 비자를 신청할 때에는 최장 90일까지 가능한 L비자(LD)를 신청할 수 있다.

④ L비자를 소지한 자는 입국 후 한 달 안에 현지 공안국에서 거류 수속을 해야 한다.

⑤ 학습기간 중 친척방문을 위해 한국으로 돌아가고자 할 때, 반드시 한국으로 돌아오기 전에 먼저 해당공안국에서 재입국 비자를 받아야 한다.

〈표 11•15〉 유학비자 신청시 구비서류

구 분	구 비 서 류
단기 유학 비자	① 여권, 비자신청서 1장, 여권사진 1장(중국 내 연기신청 가능) ② 아래 서류 중 하나 - 중국 비자발급권한소지기관의 초청장 원본 - JW-202표(학습기간 6개월 이하로 명시)와 입학통지서의 원본 및 사본 각 1부
장기 유학 비자	① 여권, 비자신청서 1장, 여권사진 1장. ② JW-202표(학습기간 6개월 이상으로 명시) 원본 및 사본 각 1부 ③ 입학통지서 원본 및 사본 각 1부 ④ 건강진단서 원본 및 사본 각 1부 : 국/공립 종합병원에서 검사 * 에이즈, 매독, 혈청반응(간염) 검사를 해야 한다. * 진단서상에는 사진과 검진병원의 간인이 찍혀져 있어야 한다. * 18세 미만의 미성년자는 건강진단서를 제출할 필요가 없다.

(2) 주재원 비자(Z)

중국 주재원 혹은 취업자 및 그 수행가족이 해당된다. 유효기간은 3개월이지만, 체류기간이 명시되어 있지 않기 때문에 장기체류가 가능하다.

주재원 비자 구비서류
① 여권, 비자신청서 1장, 여권사진 1장
② 초청장 원본 혹은 파견기관 본사의 증명서
③ 중국노동부 발행 "취업허가서" 혹은 "대표증"의 원본 및 사본 1부
④ 〈건강진단서〉 원본 및 사본 각 1장
- 국·공립 종합병원에서 검사해야 하고 에이즈, 매독, 혈청검사 포함. 또 진단서상에는 사진과 함께 검진병원의 간인이 찍혀져 있어야 한다.
⑤ 수행가족이 있을 경우 호적등본 1부
⑥ 18세 미만의 미성년자는 건강진단서를 제출할 필요가 없다.

단, 입국 후 한 달 안에 현지 공안국에서 거류수속을 해야 하며, 출국 시에는 먼저 현지 공안국에서 재입국 비자를 신청해야 재입국이 가능하다. 그렇지 않을 경우에는 신규신청 절차를 거쳐야 한다.

(3) 건강진단서

2003년 6월 15일부터 주재원비자(Z), 장기유학비자(X), 상주기자비자(J-1)(만 6세 이상은 건강진단서 필히 제출) 신청시에 요구되는 건강진단서는 대사관 영사부에서 지정한 병원에서 작성된 진단서만 인정된다. 건강진단서 발급 지정병원은 다음과 같다.

〈표 11•16〉 중국비자를 위한 건강진단서 발급 지정병원

NO	기관명	주 소	전 화
1	아름샘병원	서울 서초구 방배동 773-4번지	591-9119
2	혜민병원	서울 광진구 자양동 627-3번지	453-3131
3	서울위생병원	서울 동대문구 휘경2동 29-1번지	2210-3654

NO	기관명	주 소	전 화
4	세브란스병원	서울 서대문구 신촌동 134번지	2228-5808
5	한신메디피아	서울 서초구 잠원동 65-32	591-7621
6	하나로의료재단	서울 종로구 인사동 194-4	732-3030
7	강원대학교 부속병원	강원도 춘천시 효자3동 17-1번지	258-2313
8	을지의대 부속병원	대전시 중구 목동 24-14번지	259-1188
9	조선대학교 부속병원	광주광역시 동구 서석동 588번지	220-3030
10	제주대학교 부속병원	제주도 제주시 삼도 2동 154번지	750-1155

(4) 기타 비자

기타 비자로는 장기체류비자, 경유비자, 기자비자, 승무원비자, 외교 및 공무비자가 있으며, 구비서류는 다음과 같다.

〈표 11•17〉 중국의 기타 비자 신청시 구비서류

NO	구 분	구 비 서 류
1	장기체류비자(D)	① 여권 ② 비자신청서 ③ 여권사진 1장 ④ 호적등본 1장 ⑤ 거주 예정지 성급 공안국에 제출한 〈장기 거주 신분확인서〉 원본 및 복사본 각 1부
2	경유비자(G)	① 여권 ② 비자신청서 ③ 여권사진 1장 ④ 제3국의 비자 사본이나 연결항공권 원본 및 사본 각 1부 * 미국과 영국 국민이 중국을 경유할 때는 공항 밖을 나가지 않더라도 경유비자 수속을 해야 한다.
3	기자비자(J)	① 여권 ② 비자신청서 ③ 여권사진 1장 ④ 중국 비자발급권한소지기관의 초청장 원본 ⑤ 한국 외교통상부의 비자노트
4	승무원비자(C)	① 여권 ② 비자신청서 ③ 여권사진 1장 ④ 중국 국내의 통지 / 양측 당사자의 협의서(정기운항항공사 직원, 선원 및 그 가족) / 외국 특별기, 전세기 소속사의 신청서 / 지정 항공사의 소개서 중 하나

NO	구 분	구 비 서 류
5	외교/공무비자	(1) 외교공무 비자(외교 혹은 공무 여권 소지자의 단기방문) ① 여권 ② 비자신청서 ③ 여권사진 1장 ④ 중국비자 발급권한소지기관의 초청장 원본과 비자노트 (2) 외교공무 상주 비자(주재원과 배우자 및 미성년 자녀) ① 여권 ② 비자신청서 ③ 여권사진 1장 ④ 한국 외교통상부의 비자노트 * 주재원의 미수행 배우자/자녀는 1년 복수, 90일 체류비자

4 호주비자 및 각국의 비자

(1) 호주비자(AUSTRALIAN VISAS)

1 ETA 비자

ETA(Electronic Travel Authority)제도는 전산비자제도로 여권에 도장이나 사증이 붙지 않는다. 호주는 관광이나 단기 상용목적일 때 3개월 유효기간의 비자를 ETA(The Electronic Travel Authority System)를 통해 간단히 발급하며 현지에서 3개월간 연장이 가능하다. 미국, 한국, 일본, 싱가포르 등 ETA가 승인된 26개국의 국민들을 대상으로 하고 있다.

우리나라에서는 지난 4월 24일부터 실시되었으며, ETA시스템 회원사인 항공사(호주 운항항공사)의 항공권을 구입하면 수수료 없이 여권 사본만으로 입국비자를 받을 수 있다. 예약시 CRS를 이용하여 개인 신상기록 정도의 사항을 작성하고, 여권번호와 국적을 기재하면 바로 호주 이민국에서 입국허가를 알리는 메시지가 나타난다.

〈표 11•18〉 ETA 비자의 종류

NO	종 류	목 적	유효기간
1	V	관광 / 친지방문	1년 유효한 3개월 복수비자(무료)
2	BL	상용방문	여권 만료일까지 유효한 3개월 복수
3	BS	USA / CANADIAN 여권 상용방문	도착일 기준 3개월 이상 체류 허용 1년 단수비자(무료)

* 3개월 이상 체류기간 연장가능(유효기간 만료 전 호주 이민국에 신청)

[대 상]

① 여행, 친지방문 또는 회의나 컨퍼런스 참석 목적

② 호주에서 일을 하지 않을 것

③ 3개월 이상의 체류를 하지 않을 것

④ 건강상 문제가 없고, 범죄사실이 없을 것

⑤ ETA시스템 회원사인 항공사로 여행할 것(호주로 운항하는 대부분의 항공사가 포함)

시스템에서 발급이 안 될 때 호주대사관으로 연락해서 처리해야 하므로 최소한 예정출국일 5일 전에는 ETA 전산비자를 신청해야 한다. 여행사는 ETA 시스템 처리 중 '대사관 문의' 메시지가 나올 경우 승객 출국일의 최소 3일 전에 처리요청을 해야 한다. 또 장기 사업사증과 같이 수수료 지불이 필요한 경우는 별도로 신용카드 번호를 작성하는 난을 이용해 자동으로 수수료가 처리된다. ETA 제도 실시 이후 호주방문을 위한 비자발급 업무의 97%가 ETA를 통해 처리되고 있다.

② 단기 / 장기 방문비자

ETA에 해당되지 않을 경우 방문비자를 대사관에 신청해야 하며 단기방문비자와 장기방문비자의 두 가지 종류가 있다. 단기방문비자는 3개월 이내의 관광, 친지방문, 회의 또는 컨퍼런스 참석, 학생비자 소지자인 미성년 자녀 돌보기, 단기학업 등의 이유로 방문할 때이다. 이 경우도 6개월까지 체류가 가능한 비자를 신청할 수도 있는데, 호주 체류 중 재정조달과 계획된 활동에 관한 자세한 정보가 요구된다. 발급에는 2주 정도 소요되는데 비자 발급완료

전까지 항공권을 구입하지 않아야 한다.

장기 방문비자는 취학 아동을 돌보러가는 부모로 최장 11개월까지 발급된다. 그러나 1월에 비자를 받을 경우 그 외는 학년 말까지만 유효하다. 발급에는 약 4주 정도 소요되며 대사관으로 직접 방문하거나 우편접수가 가능하다.

〈표 11•19〉 단·장기 비자 신청 구비서류

구 분	구 비 서 류
단 기	① 서명된 신청서(48R, 업무차 방문일 경우에는 456 양식) ② 사증 칸이 1장 이상 남고 서명된 여권과 여권용 사진 한 장 ③ 신청비 ④ 재정서류(잔액증명, 통장), 친척 혹은 친구로부터의 초청장 ⑤ 호주 기 방문자는 그때의 비자상황 사유서 ⑥ 휴직증명서 / 휴학증명서, 사업자등록증 / 사업활동 증빙서(자영업자) ⑦ 혼자 혹은 부모 중 한 사람과 여행하는 18세 미만의 미성년자 : 출생증명서 원본 / 공증된 복사본, 나머지 한 부모의 동의서(공증) ⑧ 70세 이상자 : '여행 적합' 서약서 / 지정의사 서명을 받아 신청서, 여행자보험 증빙과 함께 제출
징 기	① 서명된 신청서(48R, 업무차 방문일 경우에는 456 양식) ② 사증 칸이 1장 이상 남고 서명이 된 여권과 여권용 사진 한 장 ③ 신청비 ④ 취학 자녀의 재학증명서 / 공증된 여권 / 학생비자 복사본 ⑤ 사유서와 재정서류 ⑥ 호주에서의 거주 증빙서류(예 : 집계약서) ⑦ 배우자의 여권 복사본 ⑧ 지정병원에서 찍은 X-Ray(신청서 양식 160) ⑨ 70세 이상 신청자는 지정의사가 사인한 여행적합 서약서를 신청서 및 여행보험 증빙서류와 함께 대사관으로 제출

(2) 기타 각국의 관광비자 발급

각국의 비자는 앞서의 비자들과 마찬가지로 기본적인 신청서와 구비서류를 갖추어 대사관이나 영사관에 제출하도록 한다. 각 신청서는 나라마다 다소 다르지만 고객의 직업을 영문으로 정리하면 다음과 같다.

〈표 11•20〉 비자신청서 작성을 위한 영문 직업명

NO	구 분	영 문 명
1	초등학교	AN ELEMENTARY SCHOOL
2	건설사업	THE CONSTRUCTION INDUSTRY
3	산업개발	INDUSTRIAL DEVELOPMENT
4	상무이사	AN EXECUTIVE DIRECTOR
5	주식회사	CORPORATION
6	남자교장	SCHOOL PREMASTER
7	중학교교장	A PRINCIPAL SCHOOLMASTER
8	연구원	A RESEARCHER
9	사업가	BUSINESSMAN

국 가	전화번호	구 비 서 류	소요기간
미 국	397-4114	사진1매, 신청서, 주민등록등본/호적등본1부, 소득금액증명원(세무서) 재직증명서(월급명세서,월급이체통장,의료보험카드), 사업자등록증	*수시변동
일 본	736-6581	* 05년3월1일~9월30일까지 - 관광비자 면제 (90일)	1-2일
중 국	738-1038	사진1매, 신청서, 주민등록증 앞, 뒤 사본	4일
호 주	2003-0111	신청서(전산처리로 자동발급)	1-2일
러시아	318-2116	사진1매, 신청서, 초청장, 여권사본	3일,1-3주
카자흐스탄대표부	391-8906	사진1매, 초청장, 여권사본	1주
우즈베키스탄	577-3660	사진1매, 신청서, 초청장, 여권사본/원본	
이집트	749-0787	사진1매, 신청서, 여권사본, 여권 (도착비자 - 1개월)	3일
베네주엘라	732-1546	관광비자 면제 - (90일)	3일
케 냐	2271-2127	사진1매, 신청서,	1-2일
인 도	796-4257	사진2매, 신청서,	1일
베트남	738-2318	사진2매, 신청서, (15일 면제)	2-5일
아르헨티나	793-4062	사진1매, 신청서, 초청장, 항공권사본, 호적등본/번역공증, 예금잔고증명영문 1통, 재직증명서 및 휴가증명서(영문), 통장원본	4일
칠 레	2122-2600	사진1매, 항공권, 신청서, 재직증명서/사업자등록증 왕복항공권사본, 은행잔고증명서 (상용) (1개월-면제)	1일
사우디아라비아	739-0631	사진2매(바탕흰색),신청서,출장증명서,초청장,상공회의소 가입증명서	2일(접수시간:0930-1130)
몽 고	794-1350	사진1매, 여권	
에콰도르	739-2401	사진2매, 왕복항공권,주민등록등본1통,은행잔고증명서	3일(월,목 당일 결정)
우간다	513-6010	사진1매, 여권, 비자신청서,주민등록등본 or 재직증명서	1일(당일도 가능)
이 란	793-7751~3	사진3매, 여권, 항공권, 초청장(이란외무부 통한), 비자수수료입금표원본	
파키스탄	796-8252	사진2매, 여권, 신청서, 재직증명서(초청장), 항공권사본 or 예약slip	2박3일
캄보디아	3785-1041	사진2매, 여권	
방글라데시	796-4056	사진2매, 여권, 신청서 (면제협정 체결은 그대로 유지)	2박3일

[그림 11•8] 각국의 관광비자 구비서류와 발급소요기간

12

미국비자

1 비자면제프로그램(VWP)

1) 비자면제프로그램(VWP)의 뜻과 특징

(1) 비자면제프로그램의 뜻

비자면제프로그램(VWP : Visa Waiver Program)은 상용이나 관광을 목적으로 90일 이내의 체류를 위해 전자여권을 소지하고 미국을 입국하는 35개의 비자면제협정국가 국민들에 대해 비자를 면제해 주는 제도이다.

안도라	오스트레일리아	오스트리아
벨기에	브루나이	체코공화국
덴마크	에스토니아	핀란드
프랑스	독 일	헝가리
아이슬란드	아일랜드	이탈리아
일 본	한 국	라트비아
리히텐슈타인	리투아니아	룩셈부르크
몰 타	모나코	네덜란드
뉴질랜드	노르웨이	포르투갈
산마리노	싱가포르	슬로바키아
슬로베니아	스페인	스웨덴
스위스	영 국	

한국은 2008년 11월 17일부터 미국비자면제프로그램에 가입이 되었기 때문에 이 제도를 이용할 수 있다. 그러나 미국 입국목적에 맞는 유효한 기존의 비자를 이미 소지하고 있다면 비자면제프로그램을 이용하지 않아도 된다.

비자면제프로그램은 미국여행에 걸림돌이 되는 불필요한 요소의 해소 및 여행산업 활성화 그리고 미국무부 영사과 자원을 다른 분야에 투자할 목적으로 1986년에 시행되었다. 비자 면제국가의 이용자격이 있는 여행자들이라도 비자신청을 원하는 경우 미국비자를 신청할 수 있다.

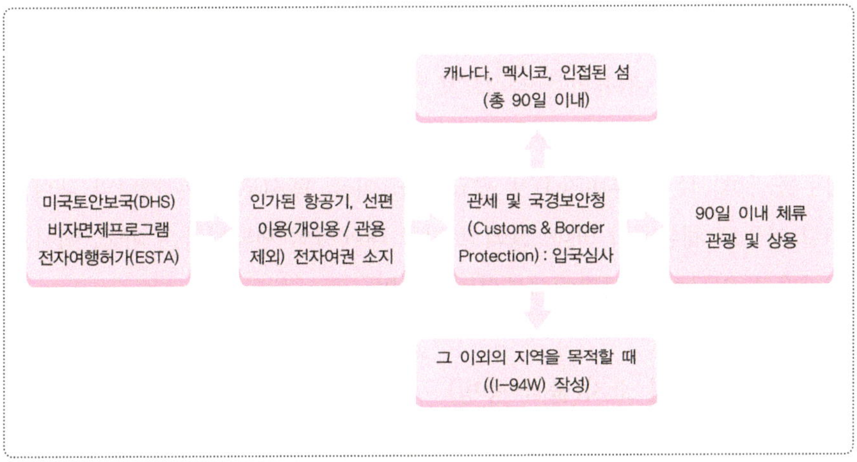

(2) 비자면제프로그램의 특징

비자면제프로그램을 이용하면 관광, 상용의 목적으로 미국에 갈 때 전자여행허가세도에 의한 승인을 받으면 되기 때문에 비자를 발급받기 위해 소요되는 시간을 줄일 수 있다. 그러나 기간연장 및 체류자격의 변경이 불가능하다. 또 입국이 거절된 경우에는 행정 또는 법적 검토에 관한 권리가 주어지지 않는다. 입국 조건을 위반한 것이 발견될 경우에도, 강제추방 결정에 관한 이의를 제기할 권리가 없으므로 이 프로그램 이용에 주의를 해야 한다.

2) 비자면제프로그램(VWP)의 조건

(1) 전자여권 소지

미국 비자면제프로그램 협정국가의 국민으로 전자칩이 내장된 전자여권으로 여행하는 경우이다. 단, 한국 여권이 아닌 다른 나라 여권 소지자는 여행 전에 본인 국가에 주재하고 있는 미국대사관을 통해 자격 여부에 대해 자세한 내용을 확인해야 한다.

(2) 여행목적과 기간제한

상용, 관광 또는 경유만을 목적으로 해야 하고, 미국 입국일로부터 90일 이내에 출국해야 한다. 해외 신문, 라디오, 영화 및 그 외 다른 정보 미디어 관련 업무를 위해서는 언론비자(I)가 필요하다. 미국, 멕시코 또는 캐나다 내에서 90일 이하로 체류해야 한다. 그리고 미국 내에서의 체류기간은 미국, 멕시코, 캐나다로 입국하는 시점에서부터 시작된다.

(3) 왕복항공권 소지(출국 증빙)

왕복항공권 또는 다음 목적지가 명기된 항공권을 소지해야 한다. 전자항공권(E-ticket)의 경우 여행일정표 사본을 지참하여 입국심사관에게 보여주어야 한다. 그리고 항공권의 명기된 다음 목적지가 멕시코, 캐나다, 버뮤다 또는 카리브섬인 경우는 이 지역의 합법적인 영주권자이어야 한다.

(4) 지정교통편 이용

미국 입국시 비자면제프로그램(VWP)에 참여하고 있는 인가된 비행기편과 배편이어야 한다. 미국토안보부(Department of Homeland Security)가 비자면제프로그램에 따라 승객 탑승을 허가한 협정된 항공기를 말하며, 그 이외의 개인용 또는 관용 비행기나 배는 해당되지 않으므로 비자를 신청해야 한다. 귀국할 때나 다른 나라로 갈 때는 본인이 선택한 여러 가지 교통수단을 이용할 수 있다.

(5) 전자여행허가(ESTA) 승인

미국으로 입국하기 전에 전자여행허가(ESTA : Electronic System for Travel Authorization) (http://www.cbp.gov/esta)를 자국에서 신청하여 승인을 받아야 한다.

3) 비자를 받아야 하는 경우

미국법에 준하여 일부 여행자들은 비자면제프로그램을 이용할 수 없는데, 이에 해당되는 경우는 아래와 같다. 만일 이런 조건에 해당되면서 이를 어기고 무비자로 여행을 시도할 경우 입국이 거절될 수도 있다.

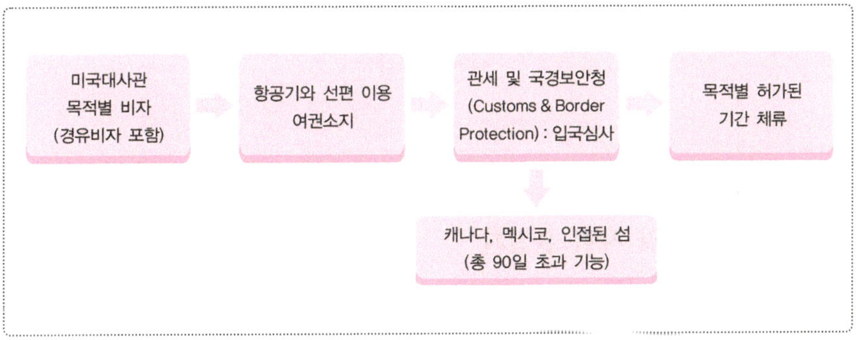

비자면제프로그램을 이용하지 않고 비자를 신청해야 하는 경우는 다음과 같다.

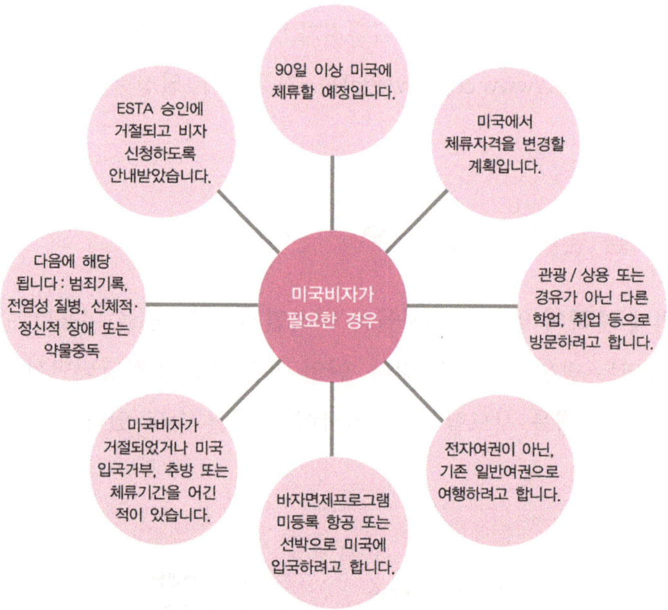

(1) 체류기간 및 자격 불일치

비자면제프로프램(VWP)을 이용하여 입국한 경우 비자의 변경이 되지 않는다. 미국 내에서 90일 체류허가를 연장하거나, 미국 입국 후 체류자격을 변경할 수 없다. 만일 이러한 조항을 어길 것이라고 판단되면 입국이 거절될 것이며, 재심요청도 불가능하다. 체류허가 90일 이내에 반드시 미국, 캐나다, 멕시코와 인접 섬들을 떠나야 하고, 새로운 상황에 맞는 비자를 신청하도록 한다.

(2) 허가 거절

전자여행허가(ESTA)를 신청하였지만 승인을 받지 못하고 미국비자를 신청하라는 안내를 받은 경우에는 목적에 맞는 비자를 신청해야 한다.

(3) 전자여권이 아닌 경우

칩이 내장된 유효한 개인 전자여권을 소지하고 있지 않은 경우에는 비자를 신청해야 한다.

(4) 건강 및 입국목적 위반

심각한 전염병을 앓고 있거나 약물남용자 및 중독자인 경우는 비자를 신청해야 한다. 또한 관광이나 상용비자로 허락되지 않는 미국 내에서 학업수행이나 취업을 희망하는 경우에는 비자를 별도로 신청해야 한다. 다른 목적으로 입국하는 경우, 미국으로 이민할 의사가 있는 경우 등에는 목적에 맞는 비자를 신청해야 한다.

(5) 기 타

범죄기록이 있는 경우(예를 들어, 미국 혹은 다른 나라에서 범죄로 체포되거나 유죄판결을 받은 적이 있는 경우), 독일 나치정부 주도 아래 인권박해에 해당하는 행위에 참여한 적이 있는 경우, 테러집단의 일원이나 간부로 일한 적이 있는 경우, 비자가 거절된 적이 있는 경우, 미국에서 입국이 거부되거나 강제 추방된 적이 있는 경우, 비자면제프로그램을 이용하면서 체류자격을 위반한 적이 있는 경우, 어떤 이유로든지 미국 내에서 허가된 체류기간 만기일을 초과한 적이 있는 경우, 미국 이민국 심사관에 의해서 미국 입국이 거절되거나 과거에 미국 내 불법체류를 한 적이 있는 경우 등은 비자를 신청해야 한다.

4) 미국 경유와 VWP

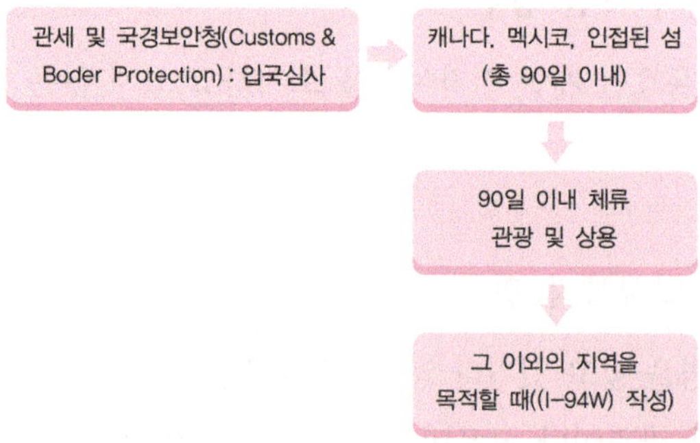

(1) 미국을 경유해서 캐나다, 멕시코, 인접된 섬으로 갈 때

비자면제프로그램(VWP)으로 미국을 경유할 수 있다. 캐나다, 멕시코 또는 인접한 섬 목적지로 가기 위해서 미국을 경유해야 되는 경우 귀국할 때 교통수단의 제한 없이 미국으로 재입국할 수 있다. 다만, 이 경우에는 캐나다, 멕시코, 인접한 섬들을 경유할 때 머문 시간들을 모두 포함한 총 방문기간이 90일을 이내인 경우에만 귀국길에 미국으로 재입국이 가능하다. 예를 들어, 캐나다에서의 6개월 체류를 위해 미국을 경유하려면 미국, 캐나다, 멕시코 그리고 인접 섬들에서 머문 총 기간이 90일을 초과하기 때문에 비자면제프로그램을 이용할 수 없다. 이 경우에는 관광비자나 경유비자를 발급받아야 한다.

(2) 미국을 경유해서 그 이외의 곳을 갈 때

캐나다, 멕시코 혹은 인접 섬들을 제외한 목적지로 경유하는 경우, 귀국여정은 인가된 항공편을 이용해야 하지만, 90일 이내여야 하는 것은 아니다. 다만, 입국을 위해 새로운 입국신청을 해야 하고, 새로운 출입국신고서(I-94W)를 작성해야 한다. 또 멕시코, 캐나다, 버뮤다 혹은 카리브해섬들에 거주하기 위해 미국을 경유하는 경우에는 해당지역의 합법적인 영주권을 소유하고 있어야 한다.

2 전자여행허가(ESTA)제도

1) 전자여행허가(ESTA)제도의 뜻과 특징

(1) 전자여행허가제도의 뜻

전자여행허가(ESTA : Electronic System for Travel Authorization)제도는 미국토안보부(DHS)[11]가 2008년 8월 1일 전자여행허가제를 발표하고, 2009년 1월 12일부터 비자면제프로그램에 가입된 35개 국가의 국민들이 비자면제프로그램을 이용해서 등록된 항공이나 선박으로 미국 입국시 의무적으로 승인을 받도록 한 제도이다. 미국 비자면제프로그램(VWP)으로 여행하기 위해서 전자여행허가(ESTA) 사이트에서 승인을 받도록 하여 미국여행의 안전을 강화하기 위해 사전 심사를 하는 새로운 전자동시스템 방식이다. 국토안보부(DHS)와 미국 세관 및 국경보호국(CBP)[12]은 웹사이트에서 필수 인적 정보 및 여행정보를 입력하면, 비자면제프로그램을 통해 무비자로 미국여행을 할 수 있는지 여부를 결정하고 미국토안보부의 US-VISIT 프로그램에 등록된다. 그리고 탑승 전에 항공사는 이러한 사실을 컴퓨터를 통해 확인하게 된다. 캐나다 또는 멕시코를 통해 육로로 미국에 입국하는 경우에는 미국 입국항의 이민국에서 발행된 출입국신고서(I-94W) 양식과 $6(US $로만 지불 가능)을 지참한다.

11 Department of Honeland Security.
12 Customs & Border Protection.

(2) 전자여행허가의 특징

전자여행허가(ESTA)를 통해 미국여행 승인을 받은 것이 미국 입국이 가능함을 의미하는 것은 아니다. 전자여행허가 승인은 단지 여행자가 비자면제프로그램(VWP)을 이용하여 미국행 여객기에 탑승할 수 있다는 것을 의미할 뿐이다. 모든 입국문제는 관세 및 국경보안청(CBP) 심사관이 미국 입국심사에서 입국 가능 여부를 결정하기 때문이다. 또 승인된 전자여행허가(ESTA)는 비자가 아닌 여행의 편의를 제공하기 위한 것으로 비자를 대신하는 것은 아니다. 따라서 유효한 비자를 소지하고 있다면 목적에 맞게 비자를 사용할 수 있고 전자여행허가를 신청할 필요가 없다. 괌, 사이판, 북마리아나제도에서 15일 미만 체류하는 경우와 미국 영주권자는 전자여행허가를 받을 필요가 없다. 전자여행허가 승인은 간단하고 쉽기 때문에 이용되는 것이다. 비자를 신청하기 위해서는 인터뷰 예약과 비자신청 수수료를 지불한 뒤 대사관을 방문하여 영사와 면접을 하는 일련의 과정을 거쳐야 하기 때문이다.

2) 전자여행허가(ESTA) 신청과 재신청

(1) 신청절차 및 내용

1단계	*2단계*	*3단계*	*4단계*
신청서 작성 →	신청서 제출 →	내 신청번호를 기록해 주십시오 →	내 신청진행 상황 보기

비자면제프로그램(VWP)을 이용하기 위한 전자여행허가(ESTA) 승인을 신청하기 위해서는 전자여행허가제 홈페이지(https://esta.cbp.dhs.gov)에 접속하여 전자신청서를 작성해야 한다. 그 내용은 현행 미국 출입국신고서(I-94W)

양식에 요구되는 신상정보와 적격 여부를 판단할 수 있는 정보를 제공하는 것이다. 영어로 이름, 생년월일, 여권정보와 같은 개인정보와 미국 체류지 주소를 기입한다. 또한 비자면제프로그램 이용 가능 여부를 판단하는 데 필요한 전염병 여부, 체포 여부, 특정 범죄에 대한 유죄판결 여부, 과거에 비자가 취소되었거나 추방당한 경우는 없는지 등의 질문에 대해 답하도록 되어 있다. 출입국신고서(I-94W)를 반드시 영어로 작성해야 하는 것처럼 전자여행허가 신청서 작성도 반드시 영어로 기입해야 한다.

(2) 전자여행허가(ESTA) 신청하기

1 신청서 작성

필요한 모든 사항을 입력한다. 여권 및 여행계획에 대한 정보를 입력한 후, 보안에 관련된 질문 7개에 답해야 한다. 함께 여행하는 일행은 각자 나이에 관계없이 모두 승인된 여행허가나 비자를 가지고 있어야 한다.

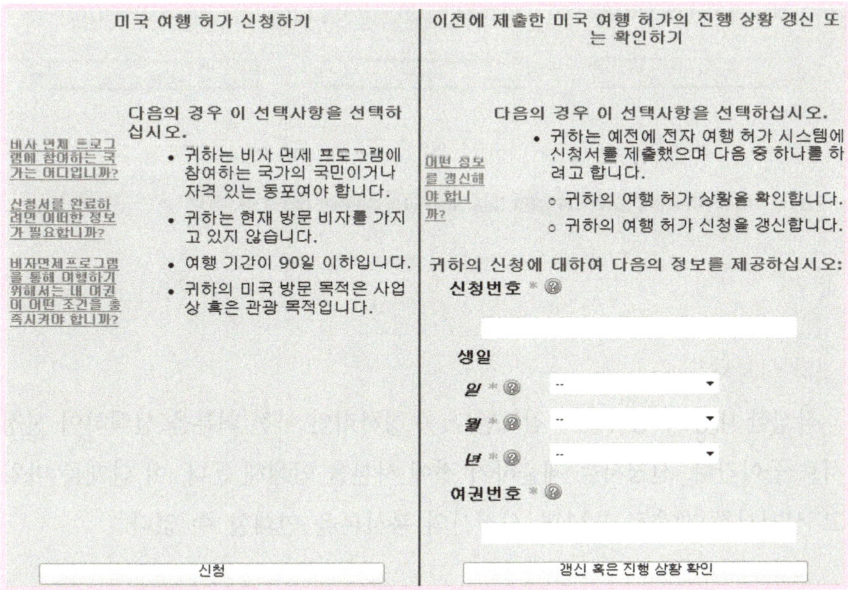
미국 여행 허가 신청하기

비사 면제 프로그램에 참여하는 국가는 어디입니까?
신청서를 완료하려면 어떠한 정보가 필요합니까?
비자면제프로그램을 통해 여행하기 위해서는 내 여권이 어떤 조건을 충족시켜야 합니까?

다음의 경우 이 선택사항을 선택하십시오.
- 귀하는 비사 면세 프로그램에 참여하는 국가의 국민이거나 자격 있는 동포여야 합니다.
- 귀하는 현재 방문 비자를 가지고 있지 않습니다.
- 여행 기간이 90일 이하입니다.
- 귀하의 미국 방문 목적은 사업상 혹은 관광 목적입니다.

신청

이전에 제출한 미국 여행 허가의 진행 상황 갱신 또는 확인하기

어떤 정보를 갱신해야 합니까?

다음의 경우 이 선택사항을 선택하십시오.
- 귀하는 예전에 전자 여행 허가 시스템에 신청서를 제출했으며 다음 중 하나를 하려고 합니다.
  - 귀하의 여행 허가 상황을 확인합니다.
  - 귀하의 여행 허가 신청을 갱신합니다.

귀하의 신청에 대하여 다음의 정보를 제공하십시오:
신청번호 *
생일
일 *
월 *
년 *
여권번호 *

갱신 혹은 진행 상황 확인

Waiver of Rights: I have read and understand that I hereby waive for the duration of my travel authorization obtained via ESTA any rights to review or appeal of a U.S. Customs and Border Protection Officer's determination as to my admissibility, or to contest, other than on the basis of an application for asylum, any removal action arising from an application for admission under the Visa Waiver Program.

In addition to the above waiver, as a condition of each admission into the United States under the Visa Waiver Program, I agree that the submission of biometric identifiers (including fingerprints and photographs) during processing upon arrival in the United States shall reaffirm my waiver of any rights to review or appeal of a U.S. Customs and Border Protection Officer's determination as to my admissibility, or to contest, other than on the basis of an application for asylum, any removal action arising from an application for admission under the Visa Waiver Program.

☐ * **Certification:** I, the applicant, hereby certify that I have read, or have had read to me, all the questions and statements on this application and understand all the questions and statements on this application. The answers and information furnished in this application are true and correct to the best of my knowledge and belief.

For third-parties submitting the application on behalf of the applicant, I hereby certify that I have read to the individual whose name appears on this application (applicant) all the questions and statements on this application. I further certify that the applicant certifies that he or she has read, or has had read to him or her, all the questions and statements on this application, understands all the questions and statements on this application, and waives any rights to review or appeal of a U.S. Customs and Border Protection Officer's determination as to his or her admissibility, or to contest, other than on the basis of an application for asylum, any removal action arising from an application for admission under the Visa Waiver Program. The answers and information furnished in this application are true and correct to the best of the applicant's knowledge and belief.

[Cancel] [Reset] [Next]

To report technical problems with this web site, please email us ESTAsupport@dhs.gov.

Privacy Statement | www.cbp.gov/travel

② 신청서 제출

작성한 내용이 정확한지 검토한다. 수정하려면 이전 버튼을 선택하여 신청서로 돌아간다. 신청서를 제출하기 전에 사본을 인쇄해 둔다. 이 단계를 마치고 신청서를 제출하고 나면 신청서의 복사본을 인쇄할 수 없다.

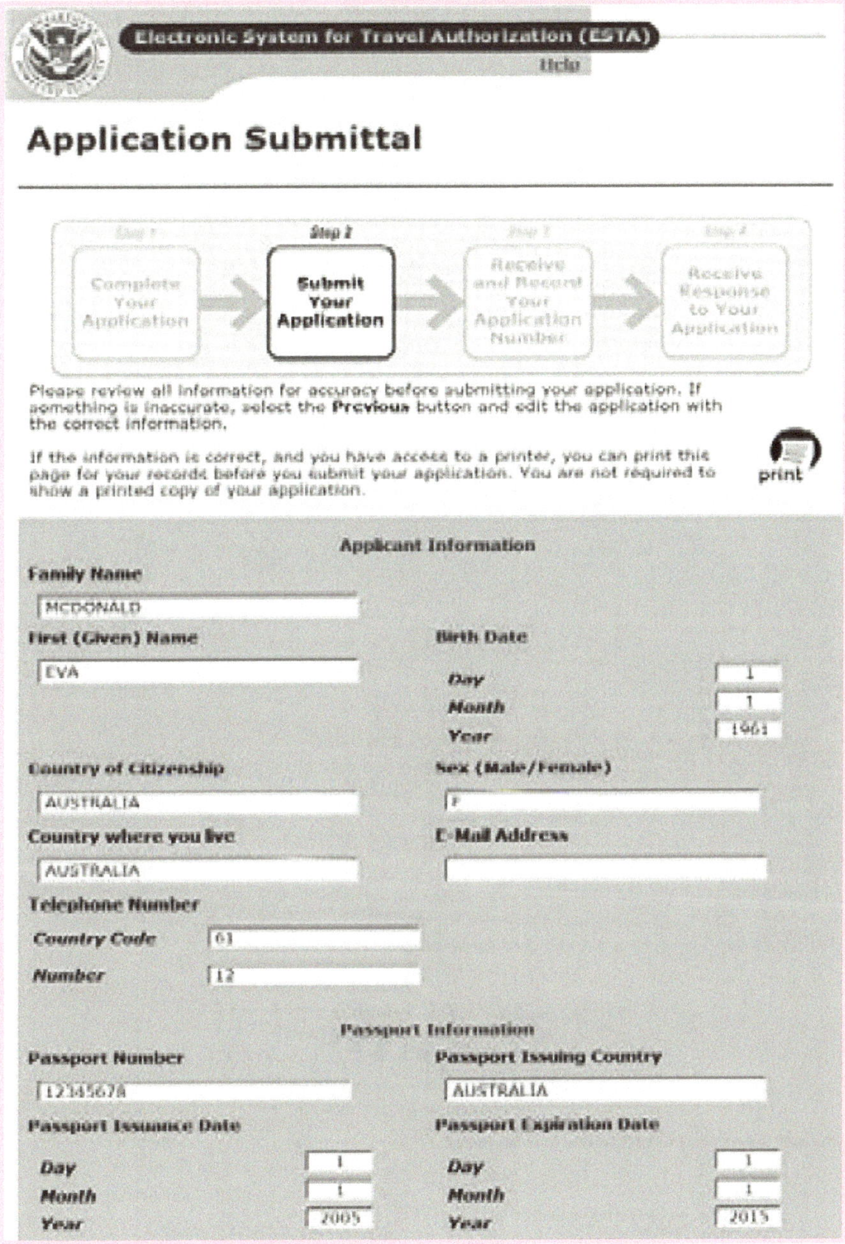

Electronic System for Travel Authorization (ESTA)

Help

Application Submittal

Step 1 Complete Your Application → Step 2 **Submit Your Application** → Step 3 Receive and Record Your Application Number → Step 4 Receive Response to Your Application

Please review all information for accuracy before submitting your application. If something is inaccurate, select the **Previous** button and edit the application with the correct information.

If the information is correct, and you have access to a printer, you can print this page for your records before you submit your application. You are not required to show a printed copy of your application.

print

Applicant Information

Family Name: MCDONALD

First (Given) Name: EVA

Birth Date: *Day* 1 / *Month* 1 / *Year* 1961

Country of Citizenship: AUSTRALIA

Sex (Male/Female): F

Country where you live: AUSTRALIA

E-Mail Address:

Telephone Number: *Country Code* 61 / *Number* 12

Passport Information

Passport Number: 12345678

Passport Issuing Country: AUSTRALIA

Passport Issuance Date: *Day* 1 / *Month* 1 / *Year* 2005

Passport Expiration Date: *Day* 1 / *Month* 1 / *Year* 2015

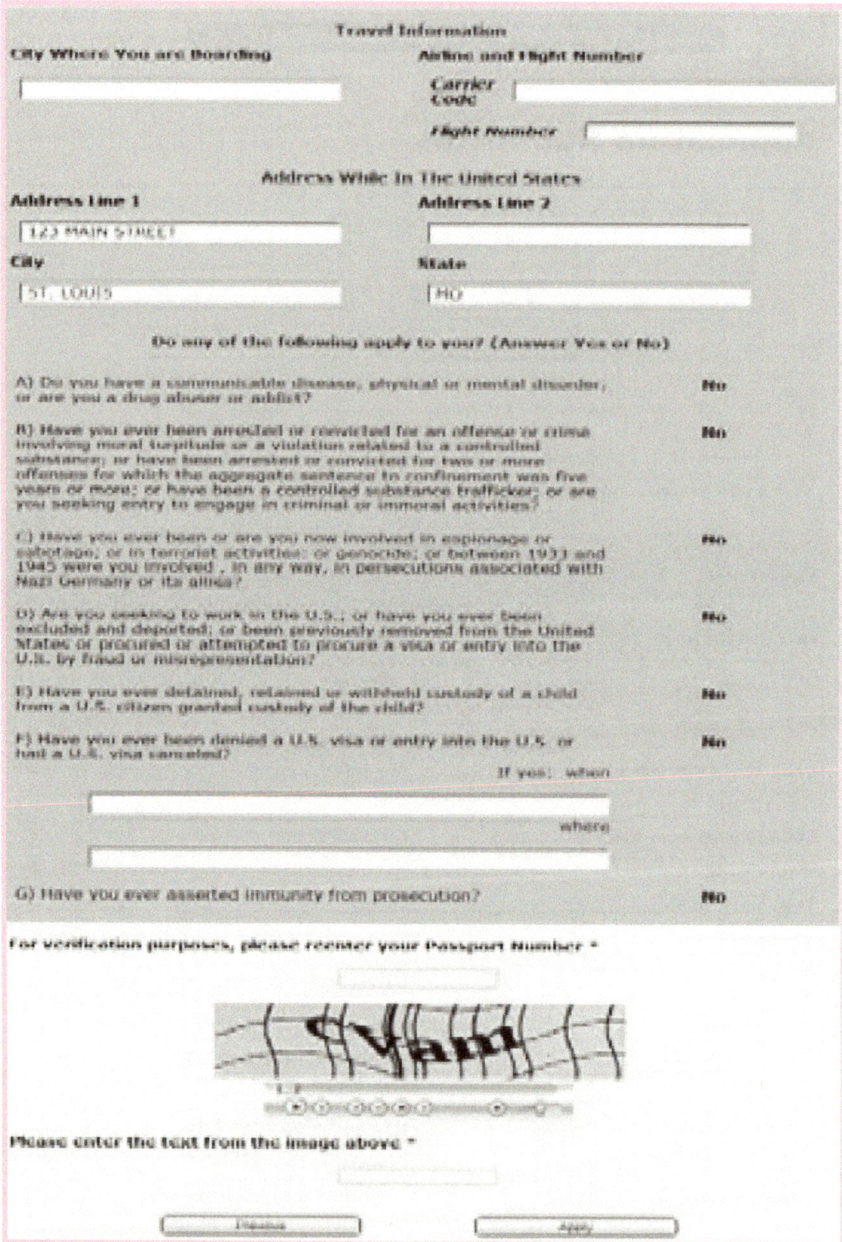

Travel Information

City Where You are Boarding

Airline and Flight Number

Carrier Code

Flight Number

Address While In The United States

Address Line 1: 123 MAIN STREET

Address Line 2

City: ST. LOUIS

State: MO

Do any of the following apply to you? (Answer Yes or No)

A) Do you have a communicable disease, physical or mental disorder; or are you a drug abuser or addict? — No

B) Have you ever been arrested or convicted for an offense or crime involving moral turpitude or a violation related to a controlled substance; or have been arrested or convicted for two or more offenses for which the aggregate sentence to confinement was five years or more; or have been a controlled substance trafficker; or are you seeking entry to engage in criminal or immoral activities? — No

C) Have you ever been or are you now involved in espionage or sabotage; or in terrorist activities; or genocide; or between 1933 and 1945 were you involved , in any way, in persecutions associated with Nazi Germany or its allies? — No

D) Are you seeking to work in the U.S.; or have you ever been excluded and deported; or been previously removed from the United States or procured or attempted to procure a visa or entry into the U.S. by fraud or misrepresentation? — No

E) Have you ever detained, retained or withheld custody of a child from a U.S. citizen granted custody of the child? — No

F) Have you ever been denied a U.S. visa or entry into the U.S. or had a U.S. visa canceled? — No

If yes: when

where

G) Have you ever asserted immunity from prosecution? — No

For verification purposes, please reenter your Passport Number *

Please enter the text from the image above *

3 신청번호 저장

신청서를 제출한 후, 시스템이 부여하는 신청번호를 기록해 둔다. 진행상황을 확인하거나 갱신하려면 신청번호, 여권번호 및 생일을 입력하는 페이지가 표시되기 때문이다.

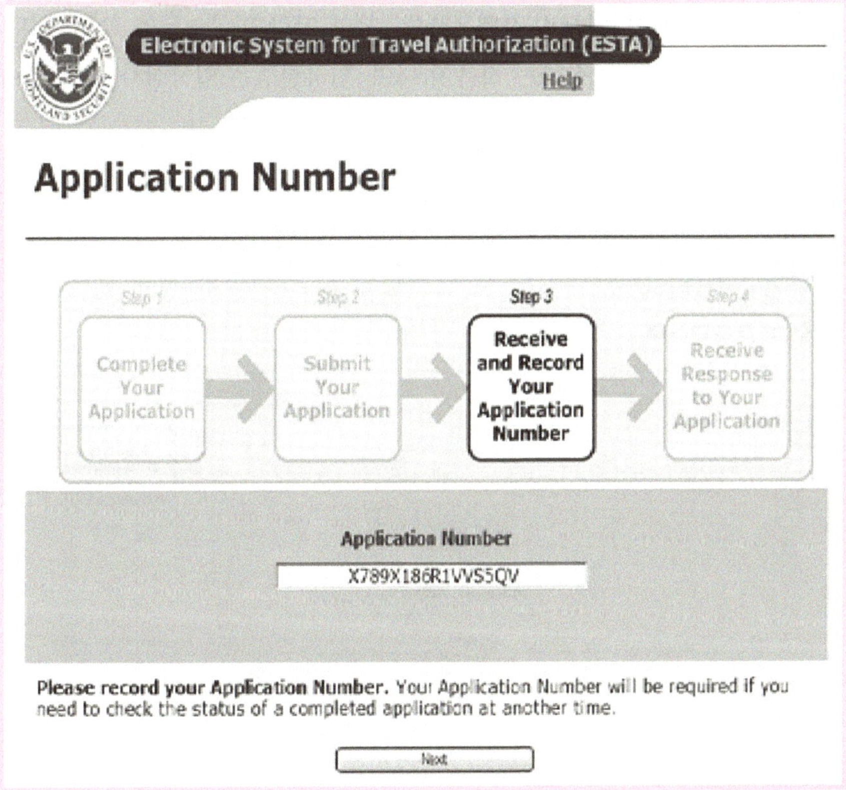

4 신청 진행상황 보기

대부분 여행허가 전자시스템이 신청 진행상황을 즉시 알려주지만 늦어도 72시간 내에 상황을 알려준다. 보류 중이라는 응답을 받은 경우 신청서의 진행상황을 확인하기 위한 정보가 제공된다.

(3) 신청결과 보기

전자여행허가(ESTA)는 비자면제프로그램 사용 가능 여부를 즉시 알려준다. 전자여행허가 신청결과는 승인허가, 승인보류, 승인거부의 세 가지가 있다.

1 허가 승인

여행허가가 승인되었고 비자면제프로그램에 따라 미국여행을 할 수 있다. 이것이 미국 입국을 보장하는 것은 아니며, 입국결정은 입국심사시 미국 세관 및 국경보호국 직원이 최종 결정을 내린다.

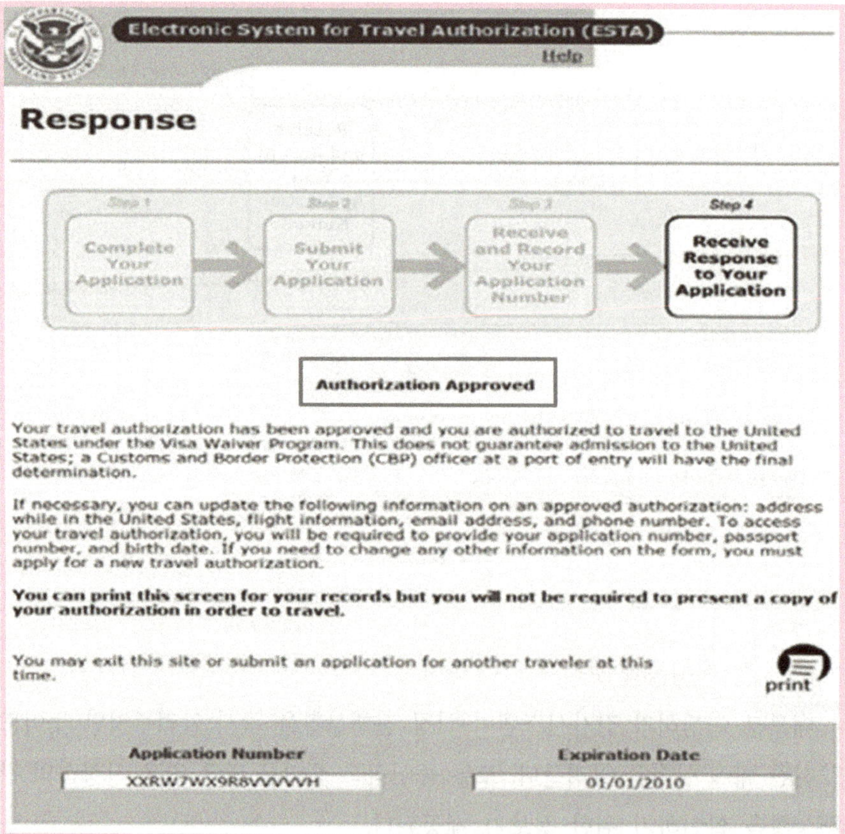

2 여행 승인거부

비자면제프로그램에 따른 여행을 허가받지 못한 것이다. 미국 국무부에서 여행에 대한 비자를 신청해서 받아야 한다. 그렇지만 이것이 미국 입국을 거부하는 것은 아니고, 비자면제프로그램으로 여행하는 것만 금지하는 것이다.

비자면제프로그램(VWP)을 적용받아 미국을 여행할 수 없거나, 여행시 법집행을 야기하거나, 안보상 위협요인이 되는 여행자들만 거절된다. 거절된 경우 구제신청을 전자여행허가제 홈페이지에서 미국토안보부 여행구제문의 프로그램(TRIP : Travel Redress Inquiry Program)의 링크를 통해 할 수 있지만, 거절의 결격사유를 해결해주는 것은 아니다. 거절의 세부사항도 알려주지 않

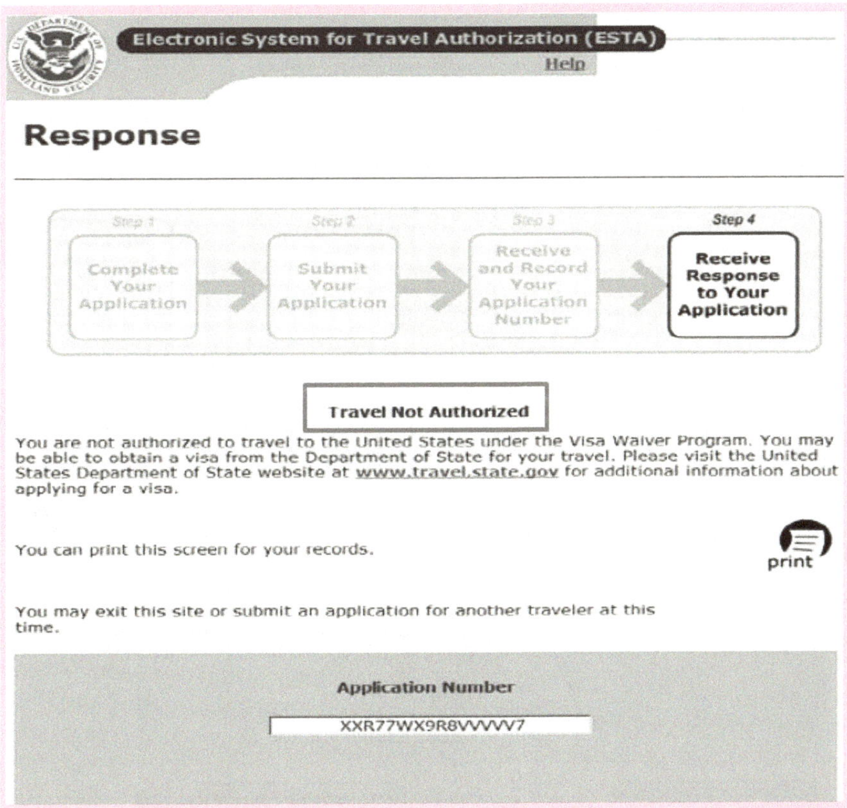

는다. 따라서 거절되면 대사관 및 영사관에서는 비이민비자 신청만이 미국여행의 유일한 방법이다. 다만, 거절정보는 영사들과 공유되어 비자발급 여부를 결정하는 데 활용될 수 있다.

3 허가 보류

신청에 대한 즉각적인 결정을 할 수 없기 때문에 여행에 대한 승인이 검토중에 있는 경우이다. 결과는 72시간 내에 결정이 내려지기 때문에 신청 사이트에서 "이전에 제출한 미국여행 허가의 진행상황 갱신 또는 확인하기"를 선택하고 신청번호, 여권번호 및 생년월일을 기입한다.

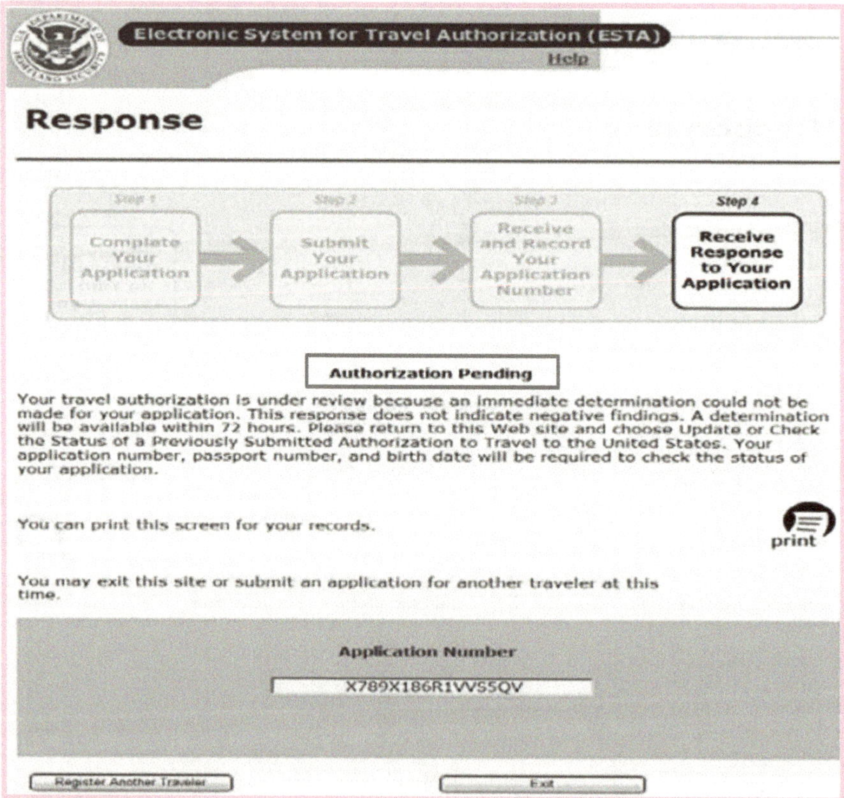

(4) 재신청 및 대리신청

전자여행허가(ESTA) 신청서 작성 중 실수로 여권번호, 유효기간 같은 정보를 잘못 입력한 후라도 승인이 거절된 경우가 아니라면 바로 다시 새로운 전자여행허가를 신청할 수 있다. 인터넷 창을 완전히 닫고 다시 새로운 창을 열어서 신청서를 작성하면 된다. 그러나 잘못된 정보로 인해 전자여행허가 승인이 거절된 경우는 24시간 후에 다시 새로운 내용으로 재신청을 해야 한다. 다만, 허위로 작성된 경우에는 입국이 거절이 될 수 있다. 친구, 친척 또는 여행사 직원 또는 제3자가 신청자 본인을 대신해 인터넷에 접속하여 전자여행허가 신청서를 작성할 수 있다. 하지만, 대리 작성된 내용도 법적으로는 신청자 본인에게 책임이 있다. 2009년 3월 23일부터 성동구청에서 인터넷 사용이 어려운 고령자, 장애인 등을 위해 민원여권과 여권발급창구에서 무료 ESTA 지원서비스를 제공한다.

(5) 전자여행허가 신청기간

비자면제프로그램(VWP)을 이용한 여행자들은 전자여행허가(ESTA) 승인을 신청하기 위해 구체적인 여행계획을 미리 세울 필요가 없다. 신청할 당시 미국 내 체류지 주소가 정해지지 않았다면, 호텔명이나 방문하고자 하는 지역명을 기입하는 것이 좋다. 여행자들은 여행계획이 최종적으로 결정되었을 때 그 정보를 전자여행허가상에서 갱신해도 되지만, 전자여행허가 승인 후에 여행목적지 주소나 여행일정 변경이 있더라도 갱신할 필요가 없다. 미국토안보부는 전자여행허가 승인신청을 여행 전 적어도 72시간 전에 하도록 권장하지만, 이보다 늦은 경우나 긴급한 상황에도 신청할 수 있다.

(6) 기타 정보의 활용

전자여행허가제(ESTA)를 통해 수집되거나 유지된 정보는 미국토안보부의 타 부서들의 임무수행에 준하여 알아야 할 필요성이 있을 경우에 한하여 사용한다. 또한 항공 및 선박업체들은 승객의 전자여행허가 신청결과에 대한 확인을 사전승객정보시스템(APIS : Advanced Passenger Information System)의 빠른 조회시스템을 통해 전자여행허가 승인확인 및 필요 여부를 통보받게 된다.

승인된 전자여행허가가 유효한 기간인 2년 동안 활성화되어 있고, 2년 후 혹은 여권만료일자 중 더 이른 시점에 만료된다. 그 후 미국토안보부는 해당 정보를 1년 더 유지한 후 추후 12년간 보관, 저장되어 법집행의 야기와 국가안보 및 조사의 목적으로 조회가 가능토록 보관, 저장한다. 이때는 해당정보를 조회할 수 있는 관계자들이 더욱 더 한정되어 국경수비 임무에 상응하는 관리를 한다.

3) 전자여행허가 신청서 작성내용

(1) 인적사항

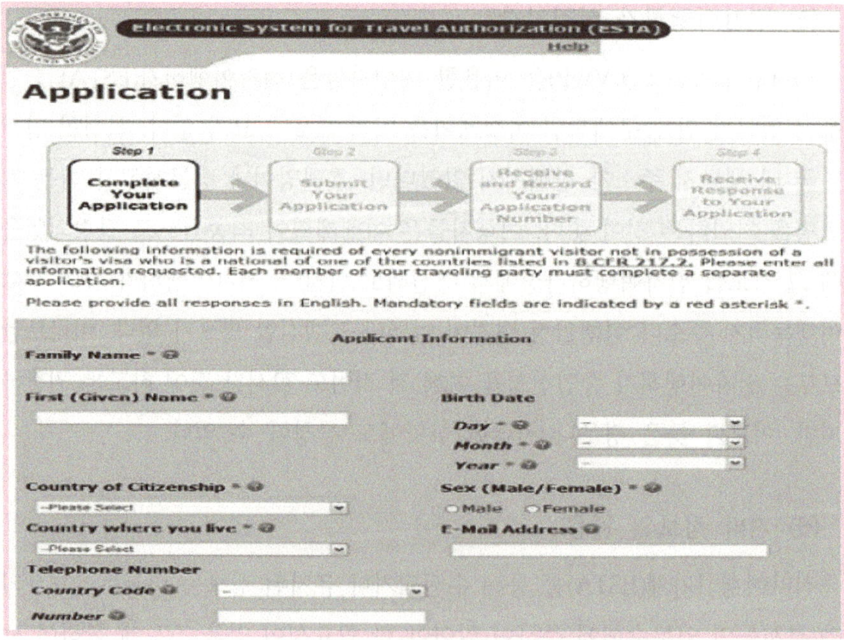

인 적 사 항	
생년월일	여권 기재사항과 일치시킴
국 적	여권상의 국적을 씀
거주국가	현재 거주하고 있는 국가
e-mail	연락이 가능한 e-mail
성	여권상의 Family name 혹은 Surname
이 름	여권상의 이름(First 또는 Given Name). 이름이 없는 경우, FNU(First Name Unknown)를 입력한다.
성 별	남성 또는 여성
국가코드	연락 가능한 전화번호의 국가 코드(한국 82)
전화번호	연락 가능한 전화번호

(2) 여권정보 및 여행정보

미국을 경유하여 다른 나라로 여행하는 경우, 전자여행허가 승인신청시 '경유'라는 단어를 입력하고 '미국체류지 주소'라는 글자 밑 주소란에 최종 목적지의 주소를 기입한다.

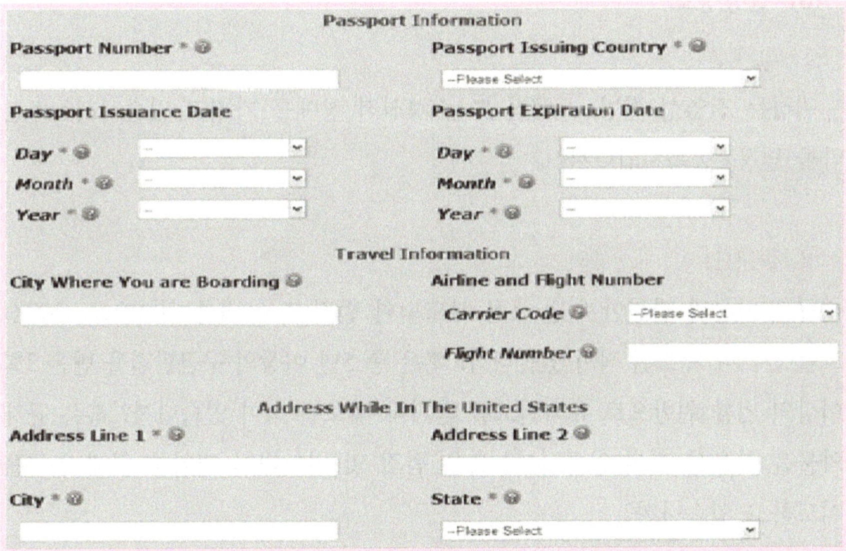
Passport Information
Passport Number *
Passport Issuing Country *
--Please Select
Passport Issuance Date
Day *
Month *
Year *
Passport Expiration Date
Day *
Month *
Year *
Travel Information
City Where You are Boarding
Airline and Flight Number
Carrier Code
--Please Select
Flight Number
Address While In The United States
Address Line 1 *
Address Line 2
City *
State *
--Please Select

여권 및 항공	
여권만료일	Passport Expiration Date
여권발행일	Passport Issuance Date
여권발행국	Passport Issuing Country
여권번호	Passport Number
항공사코드	Carrier Code
항공편명	Flight No.
탑승도시	Boarding City

주 소	
주소 1	미국에 있는 동안 체류할 곳의, 그리고 거주할 장소의 주소와 거리를 입력한다. 최초 체류지의 주소를 쓰지만, 모르는 경우 방문할 지역이름 또는 호텔명을 쓴다. 환승의 경우 "In Transit" 및 최종 도착지를 입력한다.
주소 2	가능한 경우 아파트, 객실, 동, 층, 건물 등을 입력한다.
도 시	미국 내에서 체류할 주소의 도시 이름을 입력한다.
주	미국 내에서 체류할 주소의 주 이름을 입력한다.

(3) 질병정보

1 질문 A

귀하는 전염성 질병, 신체적 또는 정신적 장애를 가지고 있습니까? 또는 약물 남용/중독자입니까?

2 질문 B

규제 약물과 관련한 위반 혹은 부도덕한 범죄 또는 법률 위반으로 유죄선고를 받거나 체포된 적이 있습니까? 혹은 총 5년 이상의 구금판결을 받은 2회 이상의 법률 위반으로 유죄선고를 받거나 체포된 적이 있습니까? 혹은 규제 약물을 복용한 적이 있습니까? 혹은 범죄 및 비도덕적 행위를 위해 입국을 시도하고 있습니까?

3 질문 D

미국에서 취업할 예정이십니까? 혹은 예전에 미국에서 추방되어 강제이송 당한 적이 있습니까? 혹은 허위 또는 사기로 미국에 입국을 시도하거나 비자를 발급 혹은 발급받으려고 한 적이 있습니까?

4 질문 E

미국 시민권이 있는 자녀의 양육권 문제로 인해 구류, 유치되거나 혹은 양육권을 받지 못한 적이 있습니까?

Do any of the following apply to you? (Answer Yes or No)

Please select if you need additional help on any of these questions.

A) Do you have a communicable disease; physical or mental disorder; or are you a drug abuser or addict? *	○ Yes	○ No
B) Have you ever been arrested or convicted for an offense or crime involving moral turpitude or a violation related to a controlled substance; or have been arrested or convicted for two or more offenses for which the aggregate sentence to confinement was five years or more; or have been a controlled substance trafficker; or are you seeking entry to engage in criminal or immoral activities? *	○ Yes	○ No
C) Have you ever been or are you now involved in espionage or sabotage; or in terrorist activities; or genocide; or between 1933 and 1945 were you involved , in any way, in persecutions associated with Nazi Germany or its allies? *	○ Yes	○ No
D) Are you seeking to work in the U.S.; or have you ever been excluded and deported; or been previously removed from the United States or procured or attempted to procure a visa or entry into the U.S. by fraud or misrepresentation? *	○ Yes	○ No
E) Have you ever detained, retained or withheld custody of a child from a U.S. citizen granted custody of the child? *	○ Yes	○ No
F) Have you ever been denied a U.S. visa or entry into the U.S. or had a U.S. visa canceled? *	○ Yes	○ No
If yes: when		
where		
G)Have you ever asserted immunity from prosecution? *	○ Yes	○ No

5 질문 G

기소 면제를 받은 적이 있습니까?

(4) 기재사항 확인 동의 및 신청서 제출

작성된 정보 중 일부는 나중에 변경이 되었을 때 수정할 수 있다. 전자메일 주소, 전화번호, 항공사 및 항공편 번호, 탑승도시, 미국 체류 중 주소정보 등이다. 만일 그 외에 전자여행허가(ESTA) 신청서 작성시 실수를 한 경우에는 신청서를 새로 제출해야 한다.

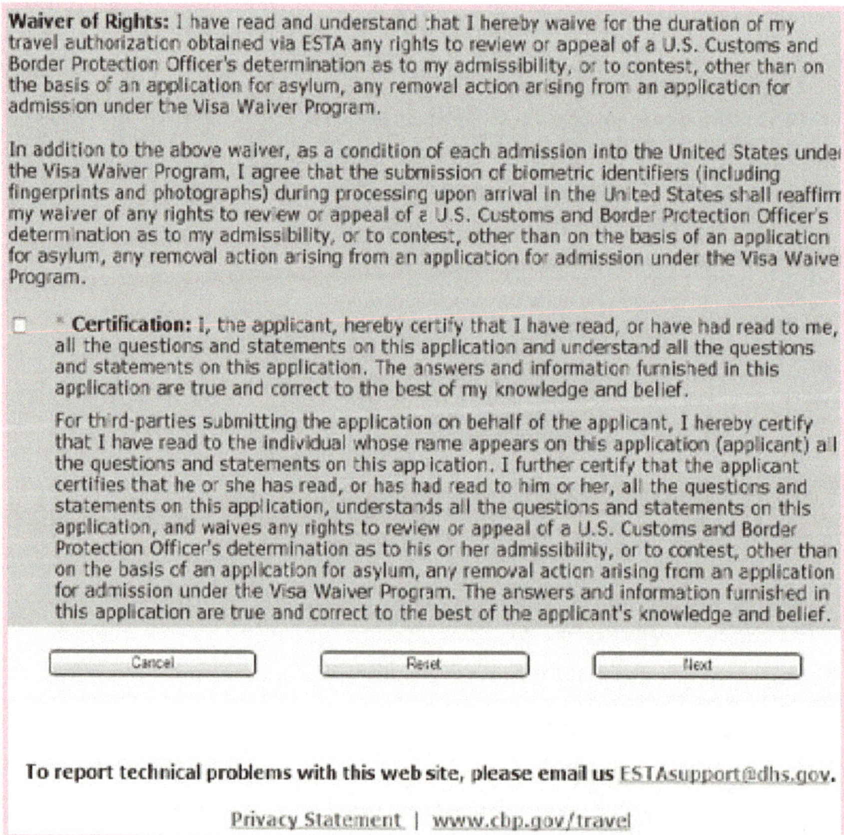

Waiver of Rights: I have read and understand that I hereby waive for the duration of my travel authorization obtained via ESTA any rights to review or appeal of a U.S. Customs and Border Protection Officer's determination as to my admissibility, or to contest, other than on the basis of an application for asylum, any removal action arising from an application for admission under the Visa Waiver Program.

In addition to the above waiver, as a condition of each admission into the United States unde the Visa Waiver Program, I agree that the submission of biometric identifiers (including fingerprints and photographs) during processing upon arrival in the United States shall reaffir my waiver of any rights to review or appeal of a U.S. Customs and Border Protection Officer's determination as to my admissibility, or to contest, other than on the basis of an application for asylum, any removal action arising from an application for admission under the Visa Waive Program.

☐ * **Certification:** I, the applicant, hereby certify that I have read, or have had read to me, all the questions and statements on this application and understand all the questions and statements on this application. The answers and information furnished in this application are true and correct to the best of my knowledge and belief.

For third-parties submitting the application on behalf of the applicant, I hereby certify that I have read to the individual whose name appears on this application (applicant) all the questions and statements on this application. I further certify that the applicant certifies that he or she has read, or has had read to him or her, all the questions and statements on this application, understands all the questions and statements on this application, and waives any rights to review or appeal of a U.S. Customs and Border Protection Officer's determination as to his or her admissibility, or to contest, other than on the basis of an application for asylum, any removal action arising from an application for admission under the Visa Waiver Program. The answers and information furnished in this application are true and correct to the best of the applicant's knowledge and belief.

Cancel | Reset | Next

To report technical problems with this web site, please email us ESTAsupport@dhs.gov.

Privacy Statement | www.cbp.gov/travel

4) 전자여행허가의 기타 사항

(1) 전자여행허가의 대상과 신청기간

비자면제프로그램을 통해 미국을 여행하는 모든 승객에 해당한다. 신청서는 미국여행 전 언제든지 제출할 수 있고, 제3자가 제출할 수도 있다. 국토안보부에서는 여행을 시작하기 최소 72시간 전에 여행허가 신청서를 제출할 것을 권고하고 있으며, 도중에 취소하지 않는 한 여행허가는 허가 날짜로부터 2년의 기간 혹은 여권 만료일 중 먼저 다가오는 날까지 유효하다.

(2) 전자여행허가제(ESTA)의 여행 승인 유효기간

각각의 전자여행허가 승인은 대부분 2년간 유효하며, 또 다른 전자여행허가 신청 없이 유효기간 동안 미국 복수 입국신청이 가능하다. 다만, 전자여행허가신청이 승인된 후 여권이 2년 이내에 만료되면 여권이 만료되는 날까지 유효하다. 전자여행허가 승인기간이 미국을 떠나기 전 만료될 경우라도 또 다른 승인신청을 할 필요가 없다. 그러나 미국을 떠난 후 다시 미국여행을 할 때는 새로운 전자여행허가 승인이 필요하다.

(3) 신규 신청이 필요한 경우

여권을 새로 발급받은 경우, 미국여행에 사용할 여권으로 전자여행허가(ESTA) 승인을 받아야 한다. 만일 구여권에 전자여행허가를 받았다 하더라도 반드시 새 여권으로 다시 승인신청을 해야 한다. 비자의 경우 다시 신청하지 않고 구여권과 신여권을 동시에 소지하는 것과는 다르다. 그 밖에 신규 신청이 필요한 경우는 다음과 같다. ① 새 여권을 발급받은 경우, ② 이름을 변경한 경우, ③ 성별을 변경한 경우, ④ 국적이 변경된 경우, ⑤ 전자여행허가 승인 신청서상의 예/아니오의 질문에 대한 답변 중 변경된 내용이 있는 경우에 신규 신청이 필요하다.

(4) 출입국신고서 작성 면제

전자여행허가(ESTA)의 실행으로 미국토안보부(DHS)에서는 현재 비자면제프로그램을 이용하는 여행자가 미국입국시 출입국신고서(I-94W) 양식을 작성하지 않아도 되도록 추진하고 있다. 다만, 미국토안보부와 항공회사에서 출입국신고서(I-94W) 양식 자동화 실행을 추진하고 있는 기간 동안은 비자면제프로그램을 이용하는 여행자들은 출입국신고서(I-94W) 양식을 작성한다.

(5) 제한사항의 종류

[1] 전염성 질병

연성하감(성병), 임질, 서혜부 육아종(성병), 인체면역결핍바이러스(HIV), 한센병(전염성), 림프 육아종, 매독(전염성 단계), 결핵(양성) 등이다.

[2] 정신적 장애

① 현재 본인과 타인의 재산, 안전 또는 복지에 위협을 줄 수 있는 신체적 또는 정신적 장애, ② 과거에 신체적 또는 정신적 장애가 있었고, 이로 인해 본인 또는 타인의 재산, 안전 또는 복지에 위협을 준 적이 있고, 이러한 장애가 재발 가능성이 있거나 다른 위협적인 행동을 유발할 경우이다.

[3] 부도덕한 범죄

본질적으로 불량하거나, 저속하거나, 사악하고 사회적 규범과 인간된 도리를 위반한 것을 말한다. 예로는 살인, 강간, 성범죄, 미성년자 상대 범죄, 매춘, 강도, 절도, 사기 및 폭력범죄가 이에 해당된다.

[4] 기소면제

① 미국에 체류하는 동안 중범죄, 폭력, 난폭운전, 약물중독 또는 음주상태에서 운전하여 타인에게 상해를 입힌 경우, ② 기소면제된 경우, ③ 범죄 및

사면의 결과로 미국을 출국한 경우 ④, ③의 범죄로 인하여 지속적으로 기소되지 않은 경우이다.

(6) 미국 출입국신고서(I-94W) 양식과 내용

Sample CBP Declaration Form U.S. Customs and Border Protection Declaration Form 6059B - Instructions Welcome to the United States!

Each individual arriving into the United States must complete the CBP Declaration Form 6059B. If you are traveling with other immediate family members, complete one form per family unit. Please contact your nearest port of entry to order the form.

Explanations for information fields are explained below sample image.

U.S. Customs and Border Protection Declaration Form - Front

1. Print your last (family) name. Print your first (given) name. Print the first letter of your middle name.
2. Print your date of birth in the appropriate day / month / year boxes.
3. Print the number of family members traveling with you (do not include yourself).
4. Print your current street address in the United States. If you are staying at a hotel, include the hotel's name and street address. Print the city and the state in the appropriate boxes.
5. Print the name of the country that issued your passport.
6. Print your passport number.
7. Print the name of the country where you currently live.
8. Print the name of the country(ies) that you visited on your trip prior to arriving to the United States.

U.S. Customs and Border Protection

Customs Declaration

19 CFR 122.27, 148.12, 148.13, 148.110,148.111, 1498; 31 CFR 5316

FORM APPROVED
OMB NO. 1651-0009

Each arriving traveler or responsible family member must provide the following information (only ONE written declaration per family is required):

1. Family **Name**
   First *(Given)* Middle
2. **Birth date** Day Month Year
3. Number of **Family members** traveling with you
4. (a) U.S. Street **Address** (hotel name/destination)
   (b) City (c) State
5. **Passport issued by** (country)
6. **Passport number**
7. Country of **Residence**
8. **Countries visited** on this trip prior to U.S. arrival
9. **Airline/Flight No. or Vessel Name**
10. The primary purpose of this trip is **business**: Yes No
11. I am (We are) bringing
    (a) fruits, vegetables, plants, seeds, food, insects: Yes No
    (b) meats, animals, animal/wildlife products: Yes No
    (c) disease agents, cell cultures, snails: Yes No
    (d) soil or have been on a farm/ranch/pasture: Yes No
12. I have (We have) been in close proximity of (such as touching or handling) **livestock**: Yes No
13. I am (We are) carrying **currency or monetary instruments** over $10,000 U.S. or foreign equivalent: Yes No
    (see definition of monetary instruments on reverse)
14. I have (We have) **commercial merchandise**: Yes No
    (articles for sale, samples used for soliciting orders, or goods that are not considered personal effects)
15. **Residents** — the **total value of all goods**, including commercial merchandise I/we have purchased or acquired abroad, (including gifts for someone else, but not items mailed to the U.S.) and am/are bringing to the U.S. is: $
    Visitors — the **total value of all articles** that will remain in the U.S., including commercial merchandise is: $

Read the instructions on the back of this form. Space is provided to list all the items you must declare.

I HAVE READ THE IMPORTANT INFORMATION ON THE REVERSE SIDE OF THIS FORM AND HAVE MADE A TRUTHFUL DECLARATION.

X
(Signature) Date (day/month/year)

For Official Use Only

CBP Form 6059B (01/04)

U.S. Customs and Border Protection Welcomes You to the United States

U.S. Customs and Border Protection is responsible for protecting the United States against the illegal importation of prohibited items. CBP officers have the authority to question you and to examine you and your personal property. If you are one of the travelers selected for an examination, you will be treated in a courteous, professional, and dignified manner. CBP Supervisors and Passenger Service Representatives are available to answer your questions. Comment cards are available to compliment or provide feedback.

Important Information

U.S. Residents — declare all articles that you have acquired abroad and are bringing into the United States.

Visitors (Non-Residents) — declare the value of all articles that will remain in the United States.

Declare all articles on this declaration form and show the value in U.S. dollars. For gifts, please indicate the retail value.

Duty — CBP officers will determine duty. U.S. residents are normally entitled to a duty-free exemption of $800 on items accompanying them. Visitors (non-residents) are normally entitled to an exemption of $100. Duty will be assessed at the current rate on the first $1,000 above the exemption.

Controlled substances, obscene articles, and toxic substances are generally prohibited entry. Agriculture products are restricted entry.

Thank You, and Welcome to the United States.

The transportation of currency or **monetary instruments**, regardless of the amount, is legal. However, if you bring in to or take out of the United States more than $10,000 (U.S. or foreign equivalent, or a combination of both), you are required by law to file a report on FinCEN 105 (formerly Customs Form 4790) with U.S. Customs and Border Protection. Monetary instruments include coin, currency, travelers checks and bearer instruments such as personal or cashiers checks and stocks and bonds. If you have someone else carry the currency or monetary instrument for you, you must also file a report on FinCEN 105. Failure to file the required report or failure to report the *total* amount that you are carrying may lead to the seizure of *all* the currency or monetary instruments, and may subject you to civil penalties and/or criminal prosecution. SIGN ON THE OPPOSITE SIDE OF THIS FORM AFTER YOU HAVE READ THE IMPORTANT INFORMATION ABOVE AND MADE A TRUTHFUL DECLARATION.

Description of Articles (List may continue on another CBP Form 6059B)	**Value**	**CBP Use Only**
Total		

PAPERWORK REDUCTION ACT NOTICE: The Paperwork Reduction Act says we must tell you why we are collecting this information, how we will use it, and whether you have to give it to us. The information collected on this form is needed to carry out the Customs, Agriculture, and currency laws of the United States. CBP requires the information on this form to insure that travelers are complying with these laws and to allow us to figure and collect the right amount of duty and tax. Your response is mandatory. An agency may not conduct or sponsor, and a person is not required to respond to a collection of information, unless it displays a valid OMB control number. The estimated average burden associated with this collection of information is 4 minutes per respondent or record keeper depending on individual circumstances. Comments concerning the accuracy of this burden estimate and suggestions for reducing this burden should be directed to U.S. Customs and Border Protection, Reports Clearance Officer, Information Services Branch, Washington, DC 20229, and to the Office of Management and Budget, Paperwork Reduction Project (1651-0009), Washington, DC 20503. **THIS FORM MAY NOT BE REPRODUCED WITHOUT APPROVAL FROM THE CBP FORMS MANAGER.**

CBP Form 6059B (01/04)

9. If traveling by airline, print the airline's name and flight number. If traveling by vessel (ship), print the vessel's name.
10. Mark an X in the Yes or No box. Are you traveling on a business (work-related) trip?
11. Mark an X in the Yes or No box. Are you bringing with you :

a	fruits, plants, food, or insects?
b	meats, animals, or animal / wildlife products?
c	disease agents, cell cultures, or snails?
d	soil or have you visited a farm / ranch / pasture outside the United States?

12. Mark an X in the Yes or No box. Have you or any family members traveling with you been in close proximity of (such as touching or handling) livestock outside the United States?
13. Mark an X in the Yes or No box. Are you or any family members traveling with you bringing $10,000 or more in U.S. dollars or foreign equivalent in any form into the United States?
    Read definition of monetary instruments on the reverse side of the form.
    Examples : coins, cash, personal or cashier's check, traveler's checks, money orders, stocks, bonds. If yes, your must complete the CBP Form 4790.
14. Mark an X in the Yes or No box. Are you or any family members traveling with you bringing commercial merchandise into the United States?
    Examples : all articles intended to be sold or left in the United States, samples used for soliciting orders, or goods that are not considered personal effects.

15. If you are a U.S. resident, print the total value of all goods (including commercial merchandise) you or any family members traveling with you have purchased or acquired abroad (including gifts for someone else, but not items mailed to the United States) and are bringing into the United States. Note : U.S. residents are normally entitled to a duty-free exemption of $800 on items accompanying them.

If you are a visitor (non-U.S. Resident), print the total value of all goods (including commercial merchandise) you or any family members traveling with you are bringing into the United States and will remain in the United States. Note : Visitors (non-U.S. Residents) are normally entitled to an exemption of $100.

Declare all articles on this form. For gifts, please indicate the retail value. Use the reverse side of this form if additional space is needed to list the items you will declare.

The U.S. CBP officer will determine duty. Duty will be assessed at the current rate on the first $1,000 above the exemption.

- Read the notice on the reverse side of the form.
- Sign the form and print the date.
- Keep the complete form with you and hand it to the CBP officer when you approach the Customs and Border Protection area.

Controlled substances, obscene articles, and toxic substances are generally prohibited entry.

U.S. Customs and Border Protection Declaration Form - Back

Thank you, and Welcome to the United States.

3 미국비자 신청

1) 미국비자의 종류와 내용

(1) 미국비자의 종류

미국비자는 이민비자(IVs : IMMIGRATION VISA)와 비이민비자(NIV : NON IMMIGRATION VISA)로 나눈다. 영주권(GREEN CARD)이라고 하는 이민비자(IVs)는 영구 거주나 취업을 목적으로 하고 가족관계(부부, 부모-자녀, 형제)에 의해 그 자격이 부여된다.

비이민비자(NIVs)는 관광객, 유학생 또는 일시적으로 미국에서 일을 하는 경우 등 단기체류를 위해 발급되는 비자이다.

UNITED STATES OF AMERICA
VISA
Issuing Post Name SEOUL
Control Number 20030065420013
Surname JE
Given Name KIM HUN
Visa Type /Class R B1/B2
Passport Number TJ0322191
Sex M
Birth Date 02AUG1958
Nationality KOR
Entries M
Issue Date 07JAN2003
Expiration Date 05JAN2013
1000
Annotation
48860756
VNKORJE<<KIM<HUN<<<<<<<<<<<<<<<<<<<<<<<<<<<<<<
TJ03221914KOR5808027M0301073B310E43B82592286

[그림 12•1] 미국비자의 예

〈표 12•1〉 비이민비자의 종류(1)

종류		여행목적
외교 / 관용(A)	A1	중앙정부 고위직 또는 미국 주재공관 파견 외교관과 그 배우자 또는 자녀
	A2	공무로 가는 정부 공무원과 그의 배우자 또는 자녀(미군과의 훈련, 한국 공관 내에서의 단기 업무, 미 정부와의 접촉, 정부 사절로 회의참석 등)
	A3	A1, A2 비자 소지자를 위한 고용인과 그의 배우자 또는 자녀
방문(B)	B1	단기 상용방문
	B2	단기관광
	B1 / B2	단기 상용방문 또는 관광, 지방정부나 준 정부기관 직원의 공무여행
경유(C)	C1	미국 경유
	C2	미국 내 위치한 UN 지역으로 가기 위해 미국 경유
	C3	미국을 경유하는 중앙정부 공무원, 그 배우자, 자녀, 고용인
	C1 / D	선원, 승무원과 선원명단(Crew List)
E1		상사주재원과 그의 배우자 또는 자녀
E2		투자자와 그의 배우자 또는 자녀
유학(F)	F1	정규교육 혹은 언어연수를 위한 유학(SEVIS I-20 필요)
	F2	F1 소지자의 배우자 또는 자녀(동반자 SEVIS I-20 필요)
국제기구(G)	G1	미국 내 위치한 국제기구에서 장기 파견 근무할 정부대표와 그의 배우자 또는 자녀
	G2	미국 내 위치한 국제기구로 단기 파견 출장가는 정부대표와 그의 배우자 또는 자녀
	G3	미국 내 위치한 국제기구에 파견 근무할 미국과 비수교국가의 정부대표와 그의 배우자 또는 자녀
	G4	국제기구 직원과 그의 배우자 또는 자녀
	G5	G1, G2, G3, G4 소지자를 위한 고용인과 그의 배우자 또는 자녀

* Student and Exchange Visitor Information System(SEVIS)

〈표 12•2〉 비이민비자의 종류(2)

종 류		여 행 목 적
취업(H) (청원서 필요)	H1B	전문직 직원(간호사 제외)
	H1C	간호사
	H2A	미국 내에서 구인하기 불가능한 임시직 농업 근로자
	H2B	미국 내에서 구인하기 불가능한 임시적 비농업 근로자
	H3	산업 연수생
	H4	H1, H2, H3 소지자의 배우자 또는 자녀
I		언론/보도 활동의 언론인, 언론기관 특파원과 그의 배우자 또는 자녀
문화교류(J)	J1	문화 교류방문자(SEVIS DS-2019 필요)
	J2	J1 소지자의 배우자/자녀(동반자 SEVIS DS-2019 필요)
L1(청원서 필요)		동일 회사 내 미국지사 전근(국제적 기업에서 경영직, 임원직, 전문분야의 지위에 있는 직원)
L2(청원서 필요)		L1 소지자의 배우자 또는 자녀
M1		직업교육 유학(SEVIS I-20M 필요)
M2		M1 소지자의 직계가족(동반자 SEVIS I-20M 필요)
O1(청원서 필요)		과학, 예술, 운동, 사업, 교육 분야에 특수한 재능소유자
O2(청원서 필요)		O1 소지자를 직업적인 분야에서 동반 혹은 보조하는 자
O3(청원서 필요)		O1, O2 소지자의 배우자 또는 자녀
P1(청원서 필요)		경기에 참여하는 운동선수와 공연을 하려는 연예인
P2(청원서 필요)		상호교환 프로그램에 참가하는 운동선수나 연예인
P3(청원서 필요)		독특한 문화행사에서 공연을 할 예술인 혹은 연예인
P4(청원서 필요)		P1, P2, P3 소지자의 배우자 또는 자녀
Q1(청원서 필요)		국제 문화교류행사 참가자
R1		미국 내 종교활동 종사자
R2		R1 소지자의 직계가족
TN		NAFTA(North American Free Trade Agreement : 북아메리카 자유무역협정)에 따른 캐나다인/멕시코인 무역업 종사자
TD		TN 소지자의 배우자 또는 자녀

(2) 미국비자 읽기와 출국신고

1 미국비자 읽기

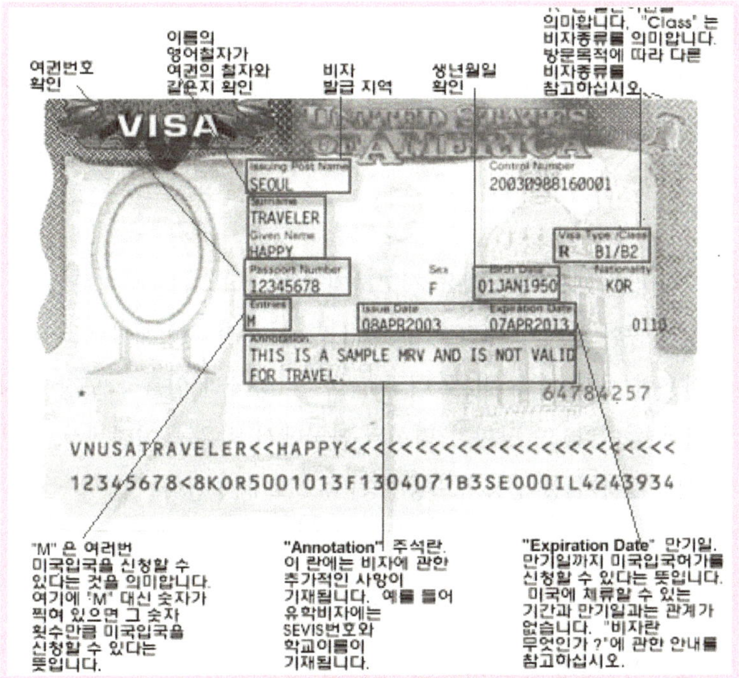

http://usembassy.statc.gov/seoul/wwwh156k.html 참조

2 비자발급기간과 택배

인터뷰를 할 때 비자발급이 결정되면, 약 3~5일 정도 소요된다. 인터뷰가 없는 14세 미만 80세 이상은 접수 후 2~3주 소요된다. 발급된 비자는 택배회사를 통해 배달되는데, 같은 날짜에 가족이 인터뷰를 하더라도 발급된 비자의 여권 배달날짜는 다를 수 있다.

3 비자와 체류기간

비자는 입국을 보장하지 않는다. 다만, 비자의 종류에 따라 입국을 신청할 수 있다는 의미이다. 비자발급 결정은 미국무부(Department of State) 관할이고, 입국 여부와 체류기간에 관한 사항은 미국토안보부(Department of Homeland Security)의 소속 이민관이 입국항에서 결정한다. 따라서 입국조건에 관한 사항은 입국시 미국토안보부 소속 이민관이 입출국 기록카드(흰색 혹은 초록색의 I-94)와 여권에 기재한다. 이 카드는 출국시에 미 국토안보부에 반드시 신고해야 한다.

④ 미 출국신고

미국을 출국할 때 출국사실을 신고하지 않으면 비자는 무효화될 수 있고, 입국제지 및 송환 조치가 내려질 수 있다. 출국 사실 확인서류로는 I-94 원본, 출국시 사용한 보딩 패스 원본, 미국 출국 후 타국의 입출국 도장이 나타난 여권 복사본 등이다. 또 날짜가 명시된 타국에서 받은 급여명세서, 은행거래 증명서, 학교재학기록, 신용카드영수증 등으로 증명한다.

2) 미국 비자신청 서류와 방법

(1) 미국 비자신청 구비서류의 종류와 영문번역

신청서는 인터뷰 전에 영문으로 작성하고 관련 서류와 함께 비자 인터뷰 날짜에 지참하고 간다. 관련 서류는 외교관/관용비자(A/C/G), 관광/상용 방문비자(B), 유학비자(F/M), 문화교류비자(J), 경유비자(C1), 선원비자(C1/D)는 신청서 외에는 한글서류의 영문 번역이 필요 없다. 단기취업비자와 공연비자(H/L/O/P/Q), 주재원/투자자 비자(E), 언론비자(I), 종교비자(R)는 한글 서류의 영문 번역이 요구된다.

〈표 12•3〉 비자종류에 따른 구비서류

NO	구비서류(*비자 신청 및 수속에 도움이 되는 서류)	B	F, M	J	H, L, O, P
1	최소한 6개월 이상 유효하고 본인 서명이 된 여권	○	○	○	○
2	사진(50×50mm) 하얀색 뒷배경	○	○	○	○
3	비이민비자신청서(DS-156 / 157)	○	○	○	○
4	신한은행 비이민비자 수수료 영수증	○	○	○	○
5	택배신청서(DHL 일양 또는 한진)	○	○	○	○
6	재정증명(세금증명, 은행통장원본, 기타소득 증명)	○*	○	○	×
7	호적등본(동반가족 신청시)	○	○	○	○
8	주 신청자의 여권과 비자 복사본(가족의 별도 신청)	○	○	○	○
9	학교 성적표(현재 재학생)	○*	○	○	○*
10	연락처와 근무경력을 기재하는 신청서(DS-158)	×	○	○	×
11	SEVIS I-20	×	○	×	×
12	SEVIS DS-2019	×	×	○	×
13	미교육기관 요구공인성적(TOFEL, SAT, GRE, GMAT 등)	×	○	×	×
14	과학, 공대, 첨단 기술분야 신청시 연구 / 학업계획서	×	○	○	○*
15	청원서(I-797)	×	×	×	○
16	미국에 있는 고용주나 단체로부터의 최근 고용확인서	×	×	×	○
17	신청자의 업무능력과 자격을 증명하는 서류	×	×	×	○*
18	영어번역	×	×	×	○

(2) 미국비자신청서의 사진규정

① 배경은 반드시 하얀색이며 테두리가 없을 것

② 최근 6개월 이내에 찍은 것

③ 정면을 향하고 얼굴은 사진 정중앙에 위치해야 하며, 양 귀가 보여야 한다.

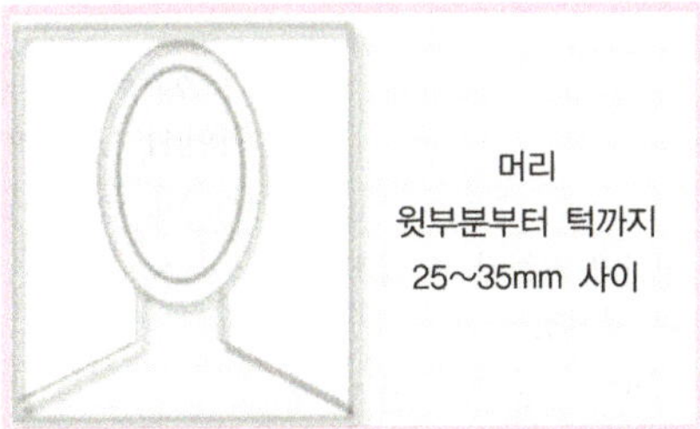

http://usembassy.state.gov/seoul/wwwhivk.html

④ 가로와 세로 각 50mm, 머리 제일 윗부분에서 턱까지 25~35mm 사이이다. 눈은 사진 밑단으로부터 28~35mm 사이의 높이에 위치하고 있어야 한다.

(3) 인터뷰 예약과 비자신청서 작성

1 인터뷰신청 대상과 예약방법

모든 관광/상용방문비자(B) 신청자는 인터뷰를 받아야 하지만 14세 미만과 80세 이상은 제외된다. 또 55세 이상 79세 이하의 신청자와 외교관 및 관용여권 소지자가 전화비자정보센터를 통해 예약하면 한 달간 유효한 면접일을 부여한다.

〈표 12•4〉 인터뷰 신청방법

신청자 구분	NIV 비자 종류	인터뷰	택배접수	직접접수
14세 미만~80세 이상	모든 비이민비자	불필요	○	×
14세 이상~80세 미만	모든 비이민비자	필 요	×	×
회사 추천제도(BRP)(AMCHAM)	관광/상용방문(B), 항공 승무원(C1/D)	필 요 (회사를 통해 날짜 통보)	×	×
외교통상부 비자협조 공문, 외교관/관용여권 소지자	외교/관용(A1/2), 국제기구(G1/2/3/4) 정부대표/외교관의 경유비자(C3)	불필요	○	○
-	주재원/투자자비자(E)	필 요 (서류접수 후 날짜 통보)	○	×
-	그 외(연장, 갱신, 청원서 취업(H, L, O, P, Q), 유학(F, M), 문화교류(J) 포함)	필 요	×	×
비자가 거절된 후 일 년 이내 재신청	-	거절 용지에 안내된 대로 재신청		
비자가 거절된 후 일 년 후 재신청	-	위에 안내된 신청 방법대로 재신청		

인터뷰는 비자정보 인터넷서비스(www.us-visaservices.com)와 전화(003-08-131-420)로 예약할 수 있다. 월~금요일 10:00~20:00까지이며 '비자' 혹은 '마스터' 카드로 지불해야 한다. 개인 고유번호(PIN 번호)가 제공되는데, 하나의 PIN 번호로 직계가족 5인의 비자인터뷰를 동시 예약할 수 있다.

〈표 12•5〉 예약방법과 특징

예약방법	특 징
인터넷	· 이용료 12,000원 · 신청자가 면접 가능 날짜를 선택할 수 있다. · 해외이용 가능
전화예약	· 기본서비스 이용료 19,000원 · 상담원과 통화로 면접날짜 선택, 한국에서만 이용 · 상담원이 비자신청서(DS-156)를 대신 작성(9,000원 추가) · DS-157 양식과 함께 이메일이나 우편으로 배달한다(DS156 서명과 DS-157 작성은 직접하고, 유학 및 교환 방문비자(F / M / J비자) 신청은 DS-158도 작성한다).

2 비자신청서 작성

비자신청서는 전자비자신청서와 일반신청서가 있다. 신청시(DS-156 / 157)는 영어로 작성한 후 서명하여 인터뷰를 할 때 가지고 가야 한다. BRP(회사등록프로그램), AmCham(미상공회의소), 인터뷰면제 대상자의 서류접수 및 외교여권 / 관용여권으로 비자 신청할 경우는 전자비이민비자신청서(DS-156)와 추가비이민비자신청서(DS-157)를 작성 제출해야 한다.

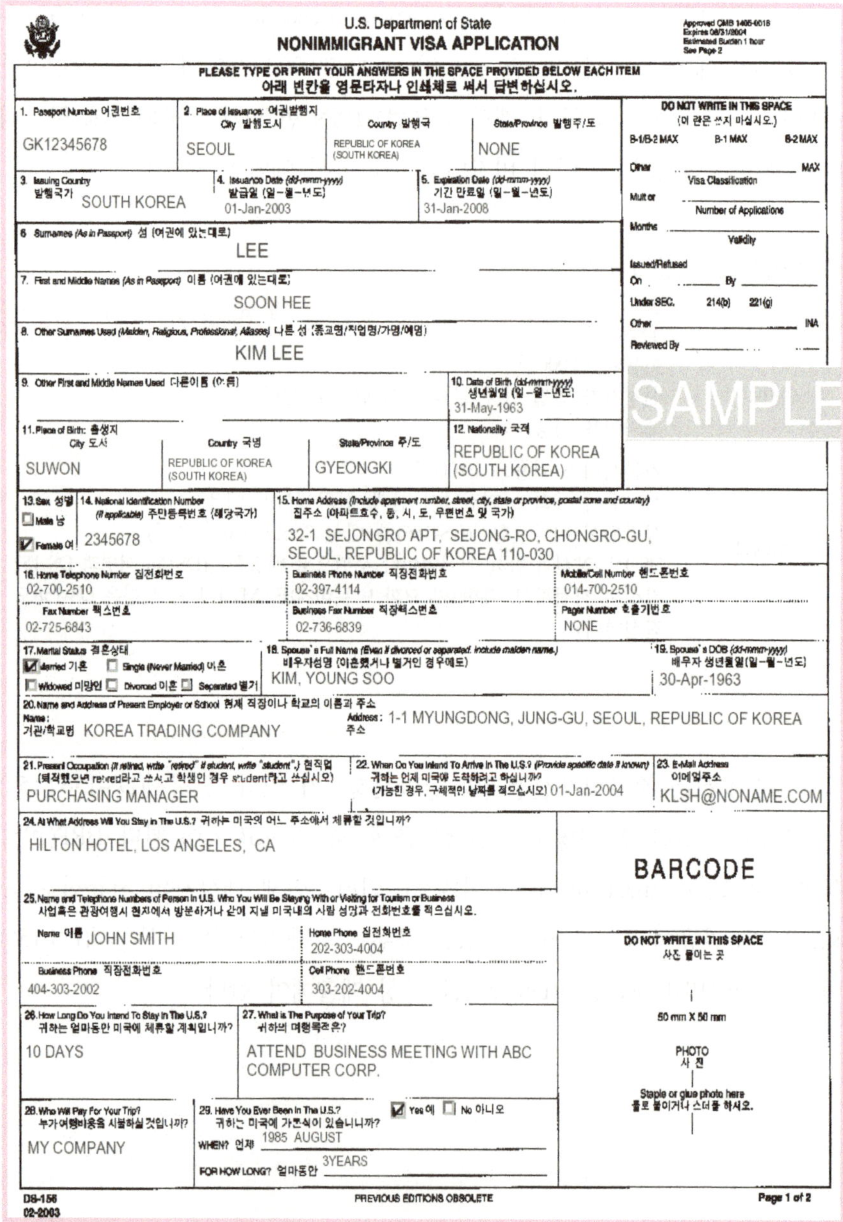

U.S. Department of State
NONIMMIGRANT VISA APPLICATION

Approved OMB 1405-0018
Expires 08/31/2004
Estimated Burden 1 hour
See Page 2

PLEASE TYPE OR PRINT YOUR ANSWERS IN THE SPACE PROVIDED BELOW EACH ITEM
아래 빈칸을 영문타자나 인쇄체로 써서 답변하십시오.

1. Passport Number 여권번호: GK12345678
2. Place of Issuance: 여권발행지 — City 발행도시: SEOUL / Country 발행국: REPUBLIC OF KOREA (SOUTH KOREA) / State/Province 발행주/도: NONE
3. Issuing Country 발행국가: SOUTH KOREA
4. Issuance Date (dd-mmm-yyyy) 발급일 (일-월-년도): 01-Jan-2003
5. Expiration Date (dd-mmm-yyyy) 기간 만료일 (일-월-년도): 31-Jan-2008
6. Surnames (As in Passport) 성 (여권에 있는대로): LEE
7. First and Middle Names (As in Passport) 이름 (여권에 있는대로): SOON HEE
8. Other Surnames Used (Maiden, Religious, Professional, Aliases) 나른 성 (종교명/직업명/가명/예명): KIM LEE
9. Other First and Middle Names Used 다른이름 (이름)
10. Date of Birth (dd-mmm-yyyy) 생년월일 (일-월-년도): 31-May-1963
11. Place of Birth: 출생지 — City 도시: SUWON / Country 국명: REPUBLIC OF KOREA (SOUTH KOREA) / State/Province 주/도: GYEONGKI
12. Nationality 국적: REPUBLIC OF KOREA (SOUTH KOREA)

DO NOT WRITE IN THIS SPACE (이 란은 쓰지 마십시오.)
B-1/B-2 MAX B-1 MAX B-2 MAX
Other ______ MAX
Visa Classification
Mult or ______
Number of Applications
Months ______
Validity
Issued/Refused
On ______ By ______
Under SEC. 214(b) 221(g)
Other ______ INA
Reviewed By ______

SAMPLE

13. Sex 성별: ☐ Male 남 ☑ Female 여
14. National Identification Number (If applicable) 주민등록번호 (해당국가): 2345678
15. Home Address (Include apartment number, street, city, state or province, postal zone and country) 집주소 (아파트호수, 동, 시, 도, 우편번호 및 국가): 32-1 SEJONGRO APT, SEJONG-RO, CHONGRO-GU, SEOUL, REPUBLIC OF KOREA 110-030
16. Home Telephone Number 집전화번호: 02-700-2510 / Business Phone Number 직장전화번호: 02-397-4114 / Mobile/Cell Number 핸드폰번호: 014-700-2510
Fax Number 팩스번호: 02-725-6843 / Business Fax Number 직장팩스번호: 02-736-6839 / Pager Number 호출기번호: NONE
17. Marital Status 결혼상태: ☑ Married 기혼 ☐ Single (Never Married) 미혼 ☐ Widowed 미망인 ☐ Divorced 이혼 ☐ Separated 별거
18. Spouse's Full Name (Even if divorced or separated. Include maiden name.) 배우자성명 (이혼했거나 별거인 경우에도): KIM, YOUNG SOO
19. Spouse's DOB (dd-mmm-yyyy) 배우자 생년월일(일-월-년도): 30-Apr-1963
20. Name and Address of Present Employer or School 현재 직장이나 학교의 이름과 주소 — Name: 기관/학교명 KOREA TRADING COMPANY / Address: 주소 1-1 MYUNGDONG, JUNG-GU, SEOUL, REPUBLIC OF KOREA
21. Present Occupation (If retired, write "retired" If student, write "student".) 현직업 (퇴직했으면 retired라고 쓰시고 학생인 경우 student라고 쓰십시오): PURCHASING MANAGER
22. When Do You Intend To Arrive In The U.S.? (Provide specific date if known) 귀하는 언제 미국에 도착하려고 하십니까? (가능한 경우, 구체적인 날짜를 적으십시오) 01-Jan-2004
23. E-Mail Address 이메일주소: KLSH@NONAME.COM
24. At What Address Will You Stay in The U.S.? 귀하는 미국의 어느 주소에서 체류할 것입니까?: HILTON HOTEL, LOS ANGELES, CA

BARCODE

25. Name and Telephone Numbers of Person in U.S. Who You Will Be Staying With or Visiting for Tourism or Business 사업혹은 관광여행시 현지에서 방문하거나 같이 지낼 미국내의 사람 성명과 전화번호를 적으십시오.
Name 이름: JOHN SMITH / Home Phone 집전화번호: 202-303-4004
Business Phone 직장전화번호: 404-303-2002 / Cell Phone 핸드폰번호: 303-202-4004
26. How Long Do You Intend To Stay In The U.S.? 귀하는 얼마동안 미국에 체류할 계획입니까?: 10 DAYS
27. What is The Purpose of Your Trip? 귀하의 여행목적은?: ATTEND BUSINESS MEETING WITH ABC COMPUTER CORP.
28. Who Will Pay For Your Trip? 누가 여행비용을 지불하실 것입니까?: MY COMPANY
29. Have You Ever Been In The U.S.? 귀하는 미국에 가본적이 있습니까? ☑ Yes 예 ☐ No 아니오
WHEN? 언제: 1985 AUGUST
FOR HOW LONG? 얼마동안: 3YEARS

DO NOT WRITE IN THIS SPACE
사진 붙이는 곳
50 mm X 50 mm
PHOTO 사진
Staple or glue photo here 풀로 붙이거나 스더플 하세요.

DS-156
02-2003
PREVIOUS EDITIONS OBSOLETE
Page 1 of 2

[그림 12•2] 미국 비이민비자 신청서

30. Have You Ever Been Issued a U.S. Visa? ☑ Yes 예 ☐ No 아니오
귀하는 미국비자를 발급받은 적이 있습니까?
WHEN? 언제 1985 JULY
WHERE? 어디서 SEOUL
WHAT TYPE OF VISA? 비자종류 F1

31. Have You Ever Been Refused a U.S. Visa? ☐ Yes 예 ☑ No 아니오
귀하는 미국 비자가 거절된 적이 있습니까?
WHEN? 언제
WHERE? 어디서
WHAT TYPE OF VISA? 비자종류

32. Do You Intend To Work in The U.S.? ☐ Yes 예 ☑ No 아니오
귀하는 미국에서 취업할 의사가 있습니까?
(If YES, give the name and complete address of U.S. employer.)
(만약 있다면 미국 고용주의 이름과 정확한 주소를 적으십시오)

33. Do You Intend To Study in The U.S.? ☐ Yes 예 ☑ No 아니오
귀하는 미국에서 학업을 수행할 용의가 있습니까?
(If YES, give the name and complete address of the school.)
(만약 있다면 미국 학교이름과 주소를 적으십시오)

SAMPLE

34. Names and Relationships of Persons Traveling With You
귀하와 함께 여행가는 사람의 성명 및 관계
MR. PARK , CHUL SOO: COMPANY COLLEAGUE
MS. CHOI, YOUNG JA: COMPANY COLLEAGUE

35. Has Your U.S. Visa Ever Been Cancelled or Revoked? ☐ Yes 예 ☑ No 아니오
귀하의 비자가 취소된 적이 있습니까?

36. Has Anyone Ever Filed an Immigrant Visa Petition on Your Behalf? ☑ Yes 예 ☐ No 아니오
귀하를 위하여 누가 이민비자 청원서를 제출한 적이 있습니까?
If Yes, Who? 있다면 이름과관계를 쓰시오. LEE, SOON JA, SISTER

37. ARE ANY OF THE FOLLOWING PERSONS IN THE U.S., OR DO THEY HAVE U.S. LEGAL PERMANENT RESIDENCE OR U.S. CITIZENSHIP? Mark YES or NO and indicate that person's status in the U.S. (i.e., U.S. legal permanent resident, U.S. citizen, visiting, studying, working, etc.) 아래 항목중 미국 영주권자나 미국 시민, 혹은 미국에 체류중인 사람이 있으면 YES에, 없으면 NO에 각각 표하여 주십시오. (YES에 해당하는 사람은 미국 체류자격을 쓰십시오 가령 영주권자, 미국 시민, 방문, 학업, 취업 등등)

☐ YES 예 ☑ NO 아니오 Husband/ 남편 Wife 부인
☐ YES 예 ☑ NO 아니오 Fiance/ 약혼자 Fiancee 약혼녀
☑ YES 예 ☐ NO 아니오 Brother/ 형제 Sister 자매 SISTER, US CITIZEN
☑ YES 예 ☐ NO 아니오 Father/ 부 Mother 모 MOTHER, LPR
☑ YES 예 ☐ NO 아니오 Son/ 아들 Daughter 딸

38. IMPORTANT: ALL APPLICANTS MUST READ AND CHECK THE APPROPRIATE BOX FOR EACH ITEM. 주의사항: 모든 신청자는 반드시 읽고 해당란에 표시하시오.

A visa may not be issued to persons who are within specific categories defined by law as inadmissible to the United States (except when a waiver is obtained in advance). Is any of the following applicable to you?
미국에 입국 할 수 없다고 법률에 규정된 특정한 범주내의 사람에게는 비자가 발행되지 않을 것입니다. (단 사전 면제 허가를 받았을 때는 제외)아래의 어떤 사항이 귀하에게 해당됩니까?

- Have you ever been arrested or convicted for any offense or crime, even though subject of a pardon, amnesty or other similar legal action? Have you ever unlawfully distributed or sold a controlled substance (drug), or been a prostitute or procurer for prostitutes? ☐ YES 예 ☑ NO 아니오
후에 사면, 특사 또는 유사한 법적 조치를 받았다 할지라도 위법이나 범죄로 인해 체포되거나 유죄 판결을 받은 적이 있습니까? 통제된 물질(마약)을 불법유통 혹은 판매, 매춘, 매춘 알선을 한 적이 있습니까?
- Have you ever been refused admission to the U.S., or been the subject of a deportation hearing or sought to obtain or assist others to obtain a visa, entry into the U.S., or any other U.S. immigration benefit by fraud or willful misrepresentation or other unlawful means? Have you attended a U.S. public elementary school on student (F) status, or a public secondary school after November 30, 1996 without reimbursing the school? ☐ YES 예 ☑ NO 아니오
미국입국거절이나 추방심문을 받은적이 있습니까? 사기나 의도적인 허위진술, 기타 불법적인 수단으로 미국비자 취득, 미국입국 또는 다른 이민 혜택을 받으려고 시도한적이 있거나 다른 사람의 이러한 행위를 도와주려고 한적이 있습니까? 유학비자(F)로 미국 공립초등학교나 1996년11월30일 이후에 학비를 상환하지않고 공립 중, 고등학교를 다닌 적이 있습니까?
- Do you seek to enter the United States to engage in export control violations, subversive or terrorist activities, or any other unlawful purpose? Are you a member or representative of a terrorist organization as currently designated by the U.S. Secretary of State? Have you ever participated in persecutions directed by the Nazi government of Germany; or have you ever participated in genocide? ☐ YES 예 ☑ NO 아니오
수출 규제위반, 파괴나 테러행위, 또는 다른 불법적인 목적에 가담하려고 미국에 입국 하려고 합니까? 현재 미국무부가 규정한 테러단체에 가담하거나 주도한 적이 있습니까? 독일 나찌정부의 조정으로 박해나 계획적인 대량학살에 참여한 적이 있습니까?
- Have you ever violated the terms of a U.S. visa, or been unlawfully present in, or deported from, the United States? ☐ YES 예 ☑ NO 아니오
미국비자 규정을 위반하거나, 불법체류, 혹은 미국에서 추방된 적이 있습니까?
- Have you ever withheld custody of a U.S. citizen child outside the United States from a person granted legal custody by a U.S. court, voted in the United States in violation of any law or regulation, or renounced U.S. citizenship for the purpose of avoiding taxation? ☐ YES 예 ☑ NO 아니오
미국 법정이 정한 합법적 보호자(친권자)로부터 미국시민 어린이의 보호권을 외국에서 보류했거나, 미국내에서 불법 투표한 적이 있거나, 납세의 의무를 피하려고 미국시민권을 포기한 적이 있습니까?
- Have you ever been afflicted with a communicable disease of public health significance or a dangerous physical or mental disorder, or ever been a drug abuser or addict? ☐ YES 예 ☑ NO 아니오
공공보건에 위협이 되는 심각한 전염성 질환, 위험한 신체적 또는 정신적 질병에 감염된 적이 있습니까? 약물남용이나 중독이 된 적이 있습니까?

While a YES answer does not automatically signify ineligibility for a visa, if you answered YES you may be required to personally appear before a consular officer.
위 문항의 "예" 답변을 한경우, 자동적으로 비자 부적격을 의미하지는 않지만 영사과 영사에게 직접 출두해야 할 수 있습니다.

Attach application fee here.

39. WAS THIS APPLICATION PREPARED BY ANOTHER PERSON ON YOUR BEHALF? 귀하의 신청서가 대리인에 의하여 작성이 되었습니까? ☑ Yes 예 ☐ No 아니오
(If answer is YES, then have that person complete item 40.) (만약 본 문항에 대한 답이 "예"일 경우 밑에 40번 문항에도 답변 하십시오.)

40. Application Prepared By: 신청서를 작성한 사람은 :
NAME: 이름: KANG, CHANG SOO
Relationship to Applicant: 비자 신청인과의 관계: KANADA TRAVEL AGENCY
ADDRESS: 주소: 1-1, SEJONGRO, CHONGRO-GU, SEOUL
Signature of Person Preparing Form: 신청서를 작성한 사람의 서명: *Please sign here.*
DATE (dd-mmm-yyyy) 신청일자 (일-월-년도) 22DEC2003

41. I certify that I have read and understood all the questions set forth in this application and the answers I have furnished on this form are true and correct to the best of my knowledge and belief. I understand that any false or misleading statement may result in the permanent refusal of a visa or denial of entry into the United States. I understand that possession of a visa does not automatically entitle the bearer to enter the United States of America upon arrival at a port of entry if he or she is found inadmissible.
본인은 이 신청서에 세시된 모든 질문을 읽었고 이해했으며 이 양식에 기술한 답변들은 본인의 지식과 신념에 비추어 사실이며 정확함을 증명합니다. 어떤 허위나 오도하는 진술은 영구적인 비자 거부나 미국입국 거부의 결과를 초래한다는 사실을 알고 있습니다. 입국지에 도착하여 심의결과 입국할 수 없다고 인정되면 비록 사증을 가지고 있다 하더라도 그 사실 자체가 곧 미국 입국자격을 부여하지 않는다는 것을 알고 있습니다.
APPLICANT'S SIGNATURE 신청인의 서명 *Please sign here.*
DATE (dd-mmm-yyyy) 신청일자 (일-월-년도) 23-DEC2003

Privacy Act and Paperwork Reduction Act Statements

INA Section 222(f) provides that visa issuance and refusal records shall be considered confidential and shall be used only for the formulation, amendment, administration, or enforcement of the immigration, nationality, and other laws of the United States. Certified copies of visa records may be made available to a court which certifies that the information contained in such records is needed in a case pending before the court.
Public reporting burden for this collection of information is estimated to average 1 hour per response, including time required for searching existing data sources, gathering the necessary data, providing the information required, and reviewing the final collection. You do not have to provide the information unless this collection displays a currently valid OMB number. Send comments on the accuracy of this estimate of the burden and recommendations for reducing it to: U.S. Department of State, A/RPS/DIR, Washington, D.C. 20520.

사생활 보호법과 서류 절약법에 관한 규정

[illegible]

DS-156 Page 2 of 2

U.S. Department of State
SUPPLEMENTAL NONIMMIGRANT VISA APPLICATION

Approved OMB 1405-0134
Expires 08/30/2002
Estimated Burden 1 Hour*

PLEASE TYPE OR PRINT YOUR ANSWERS IN THE SPACE PROVIDED BELOW EACH ITEM PLEASE ATTACH AN ADDITIONAL SHEET IF YOU NEED MORE SPACE TO CONTINUE YOUR ANSWERS
아래 빈칸을 영문타자나 인쇄체로 써서 답변하십시오. 아래 질문에 대한 추가 답변이 필요하신 경우 별지에 작성하셔도 됩니다.

1. Last Name(s) (List all spellings) 성 (여권에 있는 영문대로)	2. First Name(s) (List all Spellings) 이름 (여권에 있는 영문대로)	3. Full Name (In Native Alphabet) 이름 (모국어로 쓰오시오)
KIM	YOUNG SOO	

4. Clan or Tribe Name (If Applicable) 부족의 이름 (해당국가만 기재하십시오)	5. Spouse's Full Name (If Married) 배우자 이름 (기혼일 경우)
NONE	LEE, SOON HEE
6. Father's Full Name 아버지 이름	**7. Mother's Full Name 어머니 이름**
KIM, CHUL SOO	PARK, JUNG JA

8. Full Name and Address of Contact Person or Organization in the United States (Include Telephone Number)
미국 내에 있는 연락처 (사람이나 관계기관의 주소 및 전화번호)

JOHN SMITH, XYZ FINANCE CORP, 123 MAIN ST, LOS ANGELES, CA, 555-1111

9. List all Countries You have Entered in the Last Ten Years (Give the Year of Each Visit) 지난 10년간 입국했던 국가들을 모두 적으십시오 (방문 년도를 각각 적으십시오)	10. List All Countries That Have Ever Issued You a Passport. 다른나라 국적을 취득한 적이 있습니까? 있으면 그 나라 이름을 기사하십시오.	11. Have You Ever Lost a Passport or Had One Stolen? 여권을 잃어 버리거나 도난 당한 적이 있습니까?
JAPAN (1997) CHINA (2002)	NONE	☐ YES 예 ☑ NO 아니오

12. Not Including Current Employer, List Your Last Two Employers 현재 고용주를 제외한 예전 고용기관 2곳에 대해서 적으십시오.

Name/회사(기관)	Address/주소	Tel No/전화번호	Job Title/직위	Supervisor's Name/상사의 이름	Dates of Employment/근무기간
HANKOOK CONST. CO.,	SEOUL	02-725-6843	EXPORT CLERK	PARK, CHUL SOO	JAN1999-JUN2000
SEOUL TRADING CO.,	PUSAN	060-700-2510	PURCHASE CHIEF	CHOI, SUNG JA	JULY2000-DEC2002

13. List all Professional, Social and Charitable Organizations to Which You Belong (Belonged) or Contribute (Contributed) or with Which You Work (Have Worked).
본인이 관련되어 일하고 있거나 (과거 일했거나) 참여하고 있는 (과거 참여했거나) 전문단체, 사회단체, 자선단체들을 적으십시오

RED CROSS, KOREA CPA ASSO.

14. Do You Have Specialized Skills or Training, Including Firearms, Explosives, Nuclear, Biological, or Chemical Experience?
총기, 화약, 화생방을 포함한 전문적인 기술이나 교육을 받은 적이 있습니까?
☐ YES 예 ☑ NO 아니오

15. Have You Ever Performed Military Service? 병역의 의무를 수행한 적이 있습니까?
☑ YES 예 ☐ NO 아니오
If Yes, Give Name of Country, Branch of Service, Rank/Position, Military Specialty, and Dates of Service.
만약 있다면 병역의 의무를 수행했던 나라, 군 종류, 지위, 군 주특기, 병역기간을 적으십시오.

KOREA, ARMY, SERGEANT, INFANTRY, JAN1982-JUN1983

SAMPLE

16. Have You Ever Been in an Armed Conflict, Either as a Participant or Victim? 무력충돌에 참여했거나 희생당한 적이 있습니까?
☐ YES 예 ☑ NO 아니오
If Yes, please explain 만약 있다면 설명해 주십시오.

17. List All Educational Institutions You Attend or Have Attended. Include Vocational Institutions But Not Elementary Schools.
본인이 다녔거나 다니고 있는 교육원들을 다 적으십시오. (단 초등학교를 제외한 직업학원 포함)

Name of Institution/교육원	Address주소/Tel전화번호	Course of Study/전공	Dates of Attendance/수강기간
HANKOOK MIDDLE SCHOOL,	DAEGU, 060-700-2510,		MAR1972-FEB1975
KOREA HIGH SCHOOL,	PUSAN, 02-725-6843,		MAR1975-FEB1978
DAEHAN UNIV.,	SEOUL, 02-736-6839,	ECONOMICS	MAR1978-FEB1982

18. Have you Made Specific Travel Arrangement? 구체적인 여행계획을 세웠습니까?
☑ YES 예 ☐ NO 아니오
If YES, please provide a complete itinerary for your travel, including arrival/departure dates, flight information, specific location you will visit, and a point of contact at each location. 만약 있다면 여행출발 도착날짜, 항공편, 방문할 정확한 장소와 연락처를 포함한 자세한 일정을 적으십시오.

01-JAN-2004, UA725, VISIT AUNT IN SAN FRANCISCO (4DAYS), XYZ FINANCE CORP, LOS ANGELES (5DAYS)

Paperwork Reduction Act Statement

* Public reporting burden for this collection of information is estimated to average 1 hour per response, including time required for searching existing data sources, gathering the necessary data, providing the information required, and reviewing the final collection. You do not have to provide the information unless this collection displays a currently valid OMB number. Send comments on the accuracy of this estimate of the burden and recommendations for reducing it to: U.S. Department of State, A/RPS/DIR, Washington, DC 20520
이 정보를 수집하는 것을 위한 공식적인 보고 의무에 걸리는 시간은 참조하고 있는 자료, 필요한 정보를 수집, 준비하고 최종 검정을 위해 쓰여지는 모든 시간을 포함해서 평균적으로 1시간 정도 걸립니다. 이 정보가 현재 유효한 OMB 번호를 나타내지 않는 한, 귀하가 이 정보를 제공하지 않으셔도 됩니다. 예상되는 시간에 대한 의견이나, 이 시간을 감소하기 위한 추천들은 U.S. Department of State, A/RPS/DIR, Washington D.C. 20520로 보내주십시오.

DS-157
01-2002

U.S. Department of State

CONTACT INFORMATION AND WORK HISTORY FOR NONIMMIGRANT VISA APPLICANT

OMB APPROVAL NO. 1405-0144
EXPIRES: 01/31/05
ESTIMATED BURDEN: 1 Hour

PLEASE TYPE OR PRINT YOUR ANSWERS IN THE SPACE PROVIDED BELOW EACH ITEM PLEASE ATTACH AN ADDITIONAL SHEET IF YOU NEED MORE SPACE TO CONTINUE YOUR ANSWERS
아래 빈칸을 영문타자나 인쇄체로 써서 답변하십시오. 아래 질문에 대한 추가 답변이 필요하신 경우 별지에 작성하셔도 됩니다.

1. Last Name(s) 성	First Name(s) 이름	Middle Name
KIM	CHUL SOO	

2. Date of Birth (mm-dd-yyyy) 생년월일(월-일-년)	3. Place of Birth 출생지 Country 국명	City/Town 도시	State/Province 주/도
05-31-1975	SOUTH KOREA	SEOUL	NONE

4. Permanent Home Address and Telephone Number *(include apartment number, street, city, state or province, postal zone, and country)*
주민등록상의 주소(아파트 호수, 동, 시, 도, 우편번호 및 국가)와 전화번호

32-1 SEJONGRO APT, SEJONG-RO, CHONGRO-GU, SEOUL, KOREA 110-030

5. Full Name and Address of Spouse *(if applicable) (postal box number unacceptable)* 배우자의 이름과 주소 (기혼자일 경우)

Name (Last, First, Middle) 성명(성, 이름)	Address 주소(사서함 번호는 안됨)	Telephone Number 전화번호
NONE	NONE	NONE

6. Full Names and Addresses of Children, Parents, and Siblings *(postal box number unacceptable)* 자녀, 부모 그리고 형제 자매의 이름과 주소

Name (Last, First, Middle) 성명(성, 이름)	Address 주소(사서함 번호는 안됨)	Relationship 관계	Telephone Number 전화번호
KIM, YOUNG CHUL	32-1 SEONGRO APT, SEJONG-RO CHONGRO-GU SEOUL	FATHER	060-700-2510
LEE, SOO JA	32-1 SEONGRO APT, SEJONG-RO CHONGRO-GU SEOUL	MOTHER	060-700-2510
KIM, YOUNG HEE	UCLA, LOS ANGELES, CA, USA	SISTER	222-333-4444

SAMPLE

7. List at Least Two Contacts in Applicant's Country of Residence Who Can Verify Information About Applicant *(do not list immediate family members or other relatives) (postal box number unacceptable)* 신청자의 신원을 확인해 줄 수 있는 국내 거주자 2인 이상 기재 (가족 및 친척은 해당 되지 않습니다.)

Name (Last, First, Middle) 성명(성, 이름)	Address 주소(사서함 번호는 안됨)	Telephone Number 전화번호
CHOI, SOON HEE	10-10 HANKOOK APT, KWANGBOK DONG, PUSAN	02-725-6843
PARK, CHUL SOO	20-20 KOREA APT, ORI DONG, BUNDANG GU, SUNGNAM	02-736-6839

Paperwork Reduction Act Statement

"Public reporting burden for this collection of information is estimated to average 1 hour per response, including time required for searching existing data sources, gathering the necessary data, providing the information required, and reviewing the final collection. In accordance with 5 CFR 1320 5(b), persons are not required to respond to the collection of this information unless this form displays a currently valid OMB control number. Send comments on the accuracy of this estimate of the burden and recommendations for reducing it to: U.S. Department of State (A/RPS/DIR) Washington, DC 20520.
이 정보를 수집하는 것을 위한 공식적인 보고 의무에 걸리는 시간은 현존하고 있는 정보, 필요한 정보를 수집, 준비하고 최종 결정을 위해 검토에 걸리는 모든 시간을 포함해서 평균적으로 1시간정도 걸립니다. 5 CFR 1320 5(b)에 따라, 이 정보가 현재 유효한 OMB 번호를 나타내지 않은 경우, 이 정보의 수집에 대답하지 않으셔도 됩니다. 예상되는 시간에 대한 의견이나, 이 시간을 감소하기 위한 추천들은 U.S. Department of State, (A/RPS/DIR) Washington D.C. 20520로 보내주십시오.

DS-158
07-2002

Page 1 of 2

WORK EXPERIENCE - PRESENT 직장근무 경력-현재

Job Title: 직위	Date (mm-dd-yyyy) From 입사일(월-일-년)	Date (mm-dd-yyyy) To 날짜(월-일-년)까지
WEB DESIGNER	05-31-2000	PRESENT

Employer's Name and Address: 직장 및 고용주의 이름과 주소
HANKOOK INTERNET SHOPPING MALL
1-1 MYUNG-DONG, JUNG-GU, SEOUL
Telephone Number 전화번호 02-725-6843

Describe Your Duties: 직장에서 하는일
DESIGN AND UPDATE THE COMPANY'S WEBSITES

SAMPLE

WORK EXPERIENCE - PREVIOUS 직장근무 경력-과거

Job Title: 직위	Date (mm-dd-yyyy) From 입사일(월-일-년)	Date (mm-dd-yyyy) To 날짜(월-일-년)까지
TUTOR	06-30-1999	05-12-2000

Employer's Name and Address: 직장 및 고용주의 이름과 주소
KOREA COMPUTER TEACHING INSTITUTE
1-1 SEJONG-RO, CHONGRO-GU, SEOUL
Telephone Number 전화번호 060-700-2510

Describe Your Duties: 직장에서 담당했던 업무
TEACH WEB EDITING PROGRAM TO CHILDREN

WORK EXPERIENCE - PREVIOUS 직장근무 경력-과거

Job Title: 직위	Date (mm-dd-yyyy) From 입사일(월-일-년)	Date (mm-dd-yyyy) To 날짜(월-일-년)까지
NONE		

Employer's Name and Address: 직장 및 고용주의 이름과 주소
Telephone Number 전화번호

Describe Your Duties: 직장에서 담당했던 업무

WORK EXPERIENCE - PREVIOUS 직장근무 경력-과거

Job Title: 직위	Date (mm-dd-yyyy) From 입사일(월-일-년)	Date (mm-dd-yyyy) To 날짜(월-일-년)까지
NONE		

Employer's Name and Address: 직장 및 고용주의 이름과 주소
Telephone Number 전화번호

Describe Your Duties: 직장에서 담당했던 업무

I certify that I have read and understood all the questions set forth in this form and the answers I have furnished on this form are true and correct to the best of my knowledge and belief. I understand that any false or misleading statement may result in the permanent refusal of a visa or denial of entry into the United States.
본인은 이 신청서에 제시된 모든 질문을 읽었고 이해했으며 이 양식에 기술한 답변들이 본인의 지식과 신념에 비추어 진실이며 정확함을 확인합니다. 어떤 허위나 오도하는 진술은 영구적인 비자거부나 미국 입국거부의 결과를 초래한다는 사실을 알고 있습니다.

APPLICANT'S SIGNATURE 신청인의 서명 *Please sign here.*

DATE (mm-dd-yyyy) 신청날짜(월-일-년) 12-23-2003

DS-158 Page 2 of 2

3) 관광 / 상용비자(B1 / B2)

(1) 처음 신청

관광방문, 사업상 출장의 목적으로 신청할 경우이며, 반드시 인터뷰를 해야 한다. 80회 생일이 지난 경우와 부모 중 한 사람이 미국비자를 가졌을 때 14회 생일이 안 지닌 자녀는 인터뷰가 생략되고 서류접수만 하면 된다. 14회 생일이 안 지난 어린이의 인터뷰는 부모가 대신할 수 있고 지문인식도 없다.

〈표 12•6〉 B1 / B2 비자 신청시 일반 구비서류

NO	서 류	내 용
1	여 권	유효기간 6개월 이상 / 본인 서명
2	신청서	DS-156 / 157의 영문 작성 / 서명 / 사진(5×5) 1매
3	수수료	US$100을 신한은행 납부 영수증
4	택배신청서	DHL / 일양 / 한진택배
5	수입증명	① 봉급생활자(본인 / 배우자) : 재직증명서 / 급여명세서 / 소득금액증명 급여통장, 의료보험증 사본 등 ② 사업자(본인 / 배우자) : 사업자등록증, 납세증명, 소득금액증명원, 회사명의 및 개인 은행통장, 의료보험증 사본 등
6	재정상태	장기간 본인 / 배우자 월급이 입금되는 주거래 통장 원본
7	해당자	① 호적등본 : 가족이 함께 신청할 경우 ② 예전 미국비자가 있는 여권 ③ 출장증명서 : 출장일 때 ④ 성적증명서 : 학생일 때

(2) 미국으로 급히 가야 하는 경우(Emergency)

직계가족이 사망하거나 생명이 위독하여 미국으로 급히 가야 하는 경우에는 비자 일반 구비서류와 함께 '의사의 소견서'나 '사망진단서'를 구비하여 대사관 비이민비자과의 접수창구에 긴급비자를 신청하면 바로 비자 인터뷰와 지문인식이 진행된다.

(3) 비자를 전에 받은 경우

유효한 방문비자(B)를 이미 소지하고 같은 목적(관광방문)으로 미국을 갈 경우, 만기일까지 사용할 수 있으므로 미국비자가 있는 구여권과 신여권을 같이 제시하면 된다. 그러나 상용/방문비자를 갱신(기간연장)하려면 반드시 인터뷰를 해야 하고 신청방법과 서류는 신규 신청과 동일하다.

(4) 미국비자 분실·도난

미국비자가 있는 여권을 분실·도난당했을 경우, 신규 발급절차를 거쳐야 하고 분실된 여권은 찾아도 사용할 수 없다. 구비서류는 일반 구비서류 외에 한국 출입국관리소에서 발행하는 "출입국에 관한 사실 증명"과 분실한 비자의 복사본이 있으면 함께 제출한다. 또 경찰에 분실·도난신고를 한 증명서(날짜와 서명이 있는 것)가 있으면 제출한다.

(5) 외교관·관용여권 소지자

외교관·관용여권 소지자와 그 가족이 관광·상용(B)비자를 신청하는 경우, 전화비자정보센터(003-08-131-420)를 통해 예약을 하면 한 달간 유효한 면접 예약일을 받을 수 있다.

① 유효기간 6개월 이상의 본인 서명된 여권
② DS-156/157의 영문 작성과 서명, 신청자의 사진
③ 비자신청 수수료(US$ 100) 납부 영수증
④ 택배서비스 신청서(DHL 일양/한진 택배)
⑤ 공무원 ID
⑥ 고용주의 영문 공문서(신청자의 직위, 생년월일, 재직기관, 여행목적 기재, 가족이 같이 신청하는 경우 가족들의 이름과 생년월일 기재)

(6) 80회 생일이 지난 신청자

과거 미국비자가 거절된 적이 없는 경우, 인터뷰와 지문인식 없이 서류접수만으로 비자를 신청할 수 있다. 구비서류를 DHL 일양(1588-0002) 또는 한진택배(1588-0011)를 통하여 대사관에 제출하면 된다.

① 유효기간 6개월 이상의 본인 서명된 여권
② DS-156 / 157의 영문 작성과 서명, 신청자의 사진
③ 비자신청 수수료(US$ 100) 납부 영수증
④ 택배서비스 신청서(DHL 일양 / 한진택배)

(7) 14회 생일이 안 지난 신청자

부모 중 적어도 한 사람 이상이 유효한 미국 방문비자(B)를 소지하고 있는 경우 방문비자(B)를 인터뷰와 지문인식 없이 서류접수만으로 신청한다. 그 외에는 인터뷰 날짜를 예약한 후, 부모 중 한 사람이 인터뷰를 대신한다.

① 유효기간 6개월 이상의 본인 서명된 여권
② DS-156 / 157의 영문자성과 서명, 신청자의 사진
③ 비자신청 수수료(US$ 100) 납부 영수증
④ 택배서비스 신청서(DHL 일양 / 한진택배)
⑤ 부모와의 가족관계를 증명하는 호적등본
⑥ 부모 중 한 사람의 미국방문 비자 복사본

(8) 한국 국적이 아닌 사람

한국에 체류하고 있다면 비이민비자를 신청할 수 있다. 예약 후 비자 인터뷰를 해야 한다.

① 유효기간 6개월 이상의 본인 서명된 여권
② DS-156/157의 영문 작성과 서명, 신청자의 사진
③ 비자신청 수수료(US$ 100) 납부 영수증
④ 택배서비스 신청서(DHL 일양/한진택배)
⑤ 본인이나 배우자의 고용상태와 소득상황 증명서류(재직증명서, "소득금액 증명원", 은행통장 원본 등)
⑥ 합법적으로 한국에 체류 혹은 방문 중임을 증명

(9) 주한 미국군인 및 군속(U.S. Forces Korea) 관련

당사자와 배우자 및 미성년 자녀가 비이민비자를 신청하려면 비자 인터뷰 예약 없이 대사관 비이민과에서 비자 인터뷰를 받을 수 있다. 미군(U.S. Forces Korea)에서 근무하는 한국인 직원도 공무로(TDY order가 있는 경우) 비이민비자를 신청할 때 동일하게 적용된다.

4 경유비자와 괌 비자면제프로그램

1) 경유비자(C1)

(1) 경유비자의 내용

비자면제프로그램에 해당이 안 되는 경우 미국을 경유할 때 경유비자를 발급받아야 한다. 미국을 경유해서 캐나다에 90일 이상 체류하고자 하는 경우 등이 여기에 해당한다. 미국 경유비자(C1)를 신청할 경우에는 반드시 비자 인터뷰를 해야 한다.

모든 신청자는 비자 정보인터넷 서비스 사이트상에서 각각 신청자당 예약

을 하고, 본인을 포함한 직계가족 5인의 날짜는 PIN 번호로 한꺼번에 예약할 수 있다. 예약된 비자 인터뷰 날짜에 서류를 구비해서 대사관으로 가면 비자 인터뷰와 지문인식을 실시한다. 다만, 14회 생일이 안 지난 어린이 신청자 중 비자 인터뷰를 예약한 경우, 부모가 대신 인터뷰할 수 있고, 어린이 본인은 비자 인터뷰와 지문인식을 하지 않아도 된다. 비자를 신청하는 한국인은 한국에 실제로 체류하고 있어야 하고, 모든 비지 관련 서류는 비자 인터뷰 날짜에 신청자가 직접 지참하고 가야 한다.

(2) 경유비자 발급을 위한 구비서류

1 유효한 여권(여권 커버를 사용하지 않는다)

한국인의 경우 반드시 6개월 이내 유효해야 하는 조건이 적용되지는 않지만, 미국 이민관은 여권상에 기재된 여권기간 만료일보다 더 길게 체류기간을 정해주지 않을 것이고, 유효기간이 연장된 새 여권 없이는 미국 내에서 체류기간 연장도 불가능하다.

2 비이민비자신청서(DS-156)

신청서를 영어로 작성하고 본인의 서명을 한다. 그리고 신청자의 규격사진을 첨부한다.

3 추가비이민비자신청서(DS-157)

만 16~45세의 남성 신청자의 경우 해당된다.

4 비자신청 수수료 납부 영수증

신한은행에 비자신청 수수료를 납부하고 영수증을 받아 첨부한다. 어린이나 영유아도 미국비자를 신청하는 경우 각 신청자별로 비자신청 수수료 납부 영수증을 제출해야 한다.

⑤ 기 타

한국인이 아닐 경우, 합법적으로 한국에 체류 혹은 방문 중임을 증명하는 서류를 첨부한다. 예약된 인터뷰 날에 대사관에서 비자를 첨부한 여권을 받을 수 있고, 택배로 받을 수도 있다. 택배신청은 대사관에서 인정하는 택배회사[13]를 이용한다. 만일, 비자 인터뷰시 영사가 추가서류를 요청하는 경우 이를 추가로 제출해야 한다.

2) 괌(GUAM) 비자면제프로그램(GOVWP)

(1) 개 요

1988년 10월 미국연방정부는 괌 비자면제프로그램(GOVWP : Guam-Only Visa Waiver Program)을 시행했다. 대상 국가는 12개국 이상으로 해당국가의 여권 소지자는 미국비자 없이 관광이나 사업목적으로 15일까지 괌에 입국허가를 받을 수 있다. 그러나 실제로 미국 입국 여부와 체류기간에 관한 결정은 미 입국항의 미국토안보부 이민관이 결정한다. 미국무부 및 미대사관에서는 비자를 발급할 뿐이다.

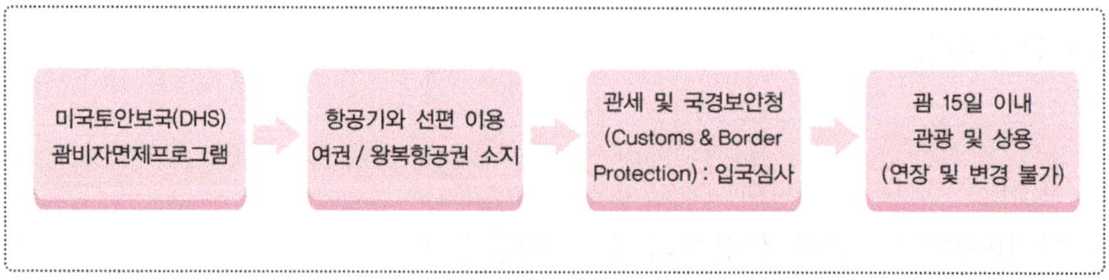

13 일양(1588-0002; http://www.ilyanglogis.com/).
한진택배(1588-0011; http://www.hanjin.co.kr/).

(2) 자격조건

괌 입국일로부터 6개월 이상 유효한 여권을 소지한 경우, 지정된 교통편을 이용한 경우 또한 미국 입국시 왕복항공권이나 다음 목적지가 명기된 항공권을 소지하거나 그 이외에 다른 결격사항이 없는 경우에만 해당된다. 이 경우 미국에서 체류하는 동안 연장이나 체류자격 변경을 할 수 없으며, 또한 괌에서 미국 내 다른 목적지로 여행할 수 없다. 만약 괌 비자면제 대상자가 괌을 입국하여 상용이나 관광비자(B1 / B2) 자격 이외의 활동을 할 경우에는 그 목적에 맞는 비자를 받아야 한다.

(3) 괌 비자면제 대상국가

대상국가들은 일반여권, 기계인식여권, 전자여권 등의 여권을 소지하면 괌 비자면제프로그램(GOVWP)으로 비자 없이 괌 입국신청을 할 수 있다. 대상국가는 오스트레일리아, 브루나이, 인도네시아, 일본, 말레이시아, 나우루공화국, 파푸아뉴기니, 뉴질랜드, 대한민국, 싱가포르, 솔로몬군도, 대만(단, 대만 출발 직항 비행편이나 혹은 미국 영토 경유 비행편 이용시), 영국령, 바누아투, 서사모아이다.

(4) 15일 이상의 괌 여행과 미국방문

괌 비자면제프로그램(GOVWP)은 미국 비자면제프로그램(U.S. VWP)과 별도로 구분된다. 2008년 11월 17일부터 괌으로 여행하는 대한민국 전자여권 소지자가 15일 이상 90일 이하의 기간 동안 괌에 여행하고자 할 경우 전자여행허가(Electronic System for Travel Authorization) 신청을 한 후 괌 비자면제프로그램으로 괌에 입국해야 한다. 만약 여행자가 전자여행허가를 거절당했다면 괌 입국신청시, 전자여행허가 거절을 당한 이유가 괌 입국거절을 받을 수 있는 이유가 될 수 있다.

미국토안보국(DHS) 괌비자면제프로그램 전자여행허가(ESTA) → 인가된 항공기와 선편 이용(개인용 / 관용 제외) 전자여권 소지 → 관세 및 국경보안청 (Customs & Border Protection) : 입국심사 → 괌 15일 이상 90일 이내 체류 관광 및 상용

U.S. Department of Justice
Immigration and Naturalization Service — **Guam Visa Waiver Information**

Instructions --This form must be completed by every nonimmigrant visitor, not in possession of a visitor's visa, who is a citizen of one of the eligible countries *enumerated in 8 CFR 212.1(e) and is applying to enter and remain on Guam for a maximum stay of fifteen days. This regulation applies only to entry on Guam; entry to any other part of the United States pursuant to this regulation is prohibited. Print legibly with pen in ALL CAPITAL LETTERS. Use English. Complete items #1-9; and SIGN and date the bottom of this form after carefully reading all of the information. Children under the age of fourteen must have their form signed by a parent, guardian, or other responsible adult. When all items are completed, present this form to the U.S. Immigration and Naturalization Service Inspector at Agana along with your completed I-94 Arrival/Departure Record. *The airline can provide you with the current list of eligible countries

Surnames/Family Names (exactly as in passport)

2. First Name and Middle Name

3. Other Names Used

4. Date of Birth (Day/Month/Year)

5. Place of Birth (City and Country)

6. Passport Number

7. Date Passport Issued (Day/Month/Year)

8. Have you applied for an immigrant or nonimmigrant U.S. Visa before?
□ No □ Yes (if yes, complete the following)
Place you applied
Date you applied (Day/Month/Year)
Type of visa requested
Was visa issued?
□ No □ Yes
Has your U.S. visa ever been cancelled?
□ No □ Yes

9. All applicants must read and answer the following:

A visa waiver is not available to persons who are within specific categories defined by law as inadmissible to the United States (except when a waiver is obtained in advance). Complete information regarding these categories and whether any may be applicable to you can be obtained from the Immigration and Naturalization Service. Generally, they include persons:

- Afflicted with contagious diseases (e.g., tuberculosis) or who have suffered serious mental illness;
- Arrested, convicted for any offense or crime even though subject of a pardon, amnesty, or other such legal action;
- Believed to be narcotic addicts or traffickers;
- Deported from the United States within the last five years;
- Who seek, have sought or have procured a visa, or other documentation, or entry into the United States by fraud or willful misrepresentation;
- Who are or have been members of certain organizations including Communist organizations and those affiliated therewith;
- Who ordered, incited, assisted, or otherwise participated in the persecution of any person because of race, religion, national origin, or political opinion under the control, direct or indirect, of the Nazi Government, or of the government of any area occupied by, or allied with, the Nazi Government of Germany.

Do any of these appear to apply to you? (if yes, you may be subject to exclusion from entry into Guam)
□ No □ Yes

Important Notice: Your admission into and stay on Guam is for a maximum period of fifteen days. You may not apply for: 1) a change of nonimmigrant status; 2) adjustment of status to temporary or permanent resident; or 3) an extension of stay.

Warning: Violation of the terms of your admission renders you subject to deportation from Guam. A nonimmigrant who accepts unauthorized employment is subject to deportation.

Waiver of Rights: I hereby waive any rights to review or appeal an Immigration Officer's determination as to my admissibility, or to contest, other than on the basis of an application for asylum, any action in deportation proceedings.

Certification: I certify that I have read and understand all the questions and statements on this form. The answers I have furnished are true and correct to the best of my knowledge and belief.

Signature ***Date***
Form I-736 (7/23/87)

U. S. Department of Justice
Immigration and Naturalization Service

괌 비자 면제 설명

설명 : 미연방규칙 제8장 212조 제1항(c)에 기재돼 있는 대상국(대한민국)의 국민이고, 여행자용 비자를 소지하고 있지 않은 일시 입국자로서 괌에 입국, 최고 15일까지의 체류를 신청하고자 하는 승객은 본 양식을 기입하여야 합니다. 본 규정은 괌에 입국시에만 적용되는 것으로 미국의 다른 장소에의 입국은 불가합니다. 펜을 사용하여 영어대문자로 기입해 주십시요. 제1항부터 제9항까지의 각 항목을 기입하시고, 모든 설명사항을 읽어보신 후 본 양식 하단에 작성일자를 기록, 서명해 주십시요. 14세 이하의 경우는 부모 또는 보호자가 서명하여 주십시요. 전 항목을 기입후 본 양식과는 별도로 작성한 I-94 도착/출발 기록 양식을 첨부하여 괌공항의 법무심사관에게 제출하여 주십시요.

이름

3. 이명

4. 생년월일(일/월/년)

5. 출생지(도시 및 국가명)

6. 여권번호

7. 여권발행일(일/월/년)

8. 과거에 미국에 이민 또는 비이민비자(일시체류)를 신청한 적이 있습니까?
☐아니오 ☐예(예의 경우는 다음 사항을 기입)

신청장소

신청일자(일/월/년)

신청한 비자 종류

비자는 발행이 되었습니까?
☐아니오 ☐예

취득한 이후 비자가 취소된 적이 있습니까?
☐아니오 ☐예

법령에 의거 규정된 특정 항목의 저촉으로 입국 불가한 승객은 비자면제를 받을 수 없습니다. (단 사전에 비자를 취득한 경우는 관계없음). 본 특정항목에 대한 자료 및 이것중 어느 것인가 승객에 적용여부의 자료는 미국법무성에서 입수 가능하며 일반적으로 아래 항목에 해당되는 자가 대상이 됩니다.

- 전염병(예를 들면 결핵)이나 중증의 정신병자
- 특사, 사면 또는 이에 준한 법적조치를 받았더라도 범죄에 의해 체포 또는 유죄선고를 받은 자
- 마약상습자 또는 밀매업자
- 과거 5년간 미국으로부터 강제 퇴거된 자
- 부정수단 또는 고의에 의한 허위신고로 미국비자 또는 기타 문서의 취득 또는 미국에 입국을 시도했던 자
- 공산당이나 그 관계조직의 일원이었던 자
- 독일 나치정부 또는 독일|나치정부에 의해서 점령되었거나 또는 이들과 동맹관계에 있던 지역의 정부의 지배하에 인종·종교·출신국 또는 정치적 의견 등을 이유로 박해를 가하도록 명령, 선동, 협조 등 기타의 방법으로 참여한 자

상기항목 가운데 하나라도 본인에게 해당하는 사항이 있습니까?
(어느 항목이라도 해당될 경우는 괌 입국이 거부될 수 있습니다.)

☐아니오 ☐예

중요사항 : 승객의 괌 입국 허가와 체류는 최대 15일간이며 다음 각 항목의 신청은 불가합니다.
1) 비이민자격의 변경 2) 일시거주자 또는 영주거주자로의 자격 변경 3) 체류기간 연장

경고사항 : 승객이 입국 허가조건을 위반한 경우는 괌으로부터 강제 퇴거되며 무허가 고용에 해당되는 자는 강제퇴거의 대상이 됨

권리포기 : 본인은 입국허가의 가부에 대한 입국심사관의 결정에 대해 보호수용의 신청사유를 제외하고 재심의 권리 또는 강제퇴거 수속에 대해 항의하는 어떠한 권리도 포기합니다.

선서 : 본인은 본 양식의 모든 질문 및 모든 기술사항을 숙독, 이해하였음을 서명합니다.
본인의 진술은 본인이 아는 한 전부 사실임을 선서합니다.

서명

일자

Asiana Airlines

☆ U. S. G. P. O. : 1988-220-922/89301

13

여행자보험

1 해외여행자보험의 뜻과 내용

1) 해외여행자보험의 뜻

해외여행자보험은 여행을 출발하여 외국여행을 마치고 귀국할 때까지 여행 중 상해, 질병, 배상책임, 휴대품 손해 등 각종 손해를 보상해주는 여행종합보험이다. 만 1세 이상 70세 이하의 모든 여행자들이 가입할 수 있으며 국내에서만 가입이 가능하다. 계약자의 요구 및 회사에서 정한 바에 따라 사망, 후유 장해와 의료비 손해 외의 기타 손해(질병, 배상책임, 휴대품 비용, 특별비용 및 항공기 납치)를 담보할 수 있다.

여행자보험은 만 1세 이상 70세 미만의 여행자들이 가입할 수 있으며, 2개월 이하 단기간 여행하는 경우에 해당한다. 그 밖에는 목적에 따라 유학생, 교환교수, 출장자, 조기유학생 해외여행보험 등에 가입해야 한다.

2) 해외여행자보험의 내용

최저 보험료 2,000원부터인데 나이가 많을 경우나 20명 이상이 단체로 가입할 경우 5%에서 최고 20%까지 할인되며 여행사의 패키지상품은 일괄 가입을 한다. 납입보험료는 보상금액과 여행기간 등에 따라 차등 적용되며 한정된 여행기간에만 적용되기 때문에 비교적 보험의 기간이 짧고 보험료가 저렴하며 여행이 종료되면 자동으로 소멸되므로 만기에 반환되지는 않는다. 보험의 담보내용은 다음과 같다.

〈표 13•1〉 해외여행보험의 보상내용

담보손해	담 보 내 용
상해 / 사망 / 후유장해 보험금	사고로 인한 사망시 기본금의 전액을 지급하고 신체의 일부분을 잃었거나 그 기능이 마비되었을 때 후유장해보험금을 지급한다(단, 사고일로부터 180일 이내에 발생한 사망이나 후유장해).
상해 / 의료실비 보험금	피보험자가 여행 도중 사고를 입고 그 직접의 결과로서 사고일로부터 180일 이내에 발생한 상해로 의사의 치료를 요할 경우 진찰비, 수술비, 간호원비, 입원비 등의 의료실비를 지급한다.
질병치료실비담보 특별약관	여행 도중 발생한 질병으로 보험기간과 보험기간 만료 후 30일 이내에 의사의 치료를 받기 시작하였을 때 기 지급한 실비를 보상한다(단, 180일 이내의 치료에 필요한 비용한도 내에서임).
질병사망위험담보 특별약관	여행 도중 발생한 질병으로 사망하였거나 질병이 원인이 되어 보험기간과 보험기간 만료 후 30일 이내에 사망한 경우 선택한 사망보험금을 지급한다.
배상책임담보 특별약관 (면책금액 1만 원)	여행 도중 우연한 사고로 타인의 신체나 재물의 멸실, 훼손 또는 오손에 대한 법률상의 손해배상 책임을 부담함으로써 입는 손해를 보상한다.
특별비용 특별약관	탑승한 항공기나 선박이 행방불명 또는 조난된 경우, 산악 등반 중에 조난된 경우, 상해나 질병으로 사망한 경우, 또는 직접 원인으로 14일 이상 입원한 경우 등에 수색구조비용, 구원자의 항공운임 등 교통비 및 숙박비, 유해이송비용, 제잡비 등을 피보험자 또는 피보험자의 법적 상속인이 부담하는 비용을 보상한다.
휴대품 손해 (면책금액 1만 원)	피보험자가 여행 도중에 생긴 도난, 화재 등 우연한 사고로 입은 손해를 보상한다(단, 통화유가증권, 우표, 크레디트카드, 쿠폰, 항공권, 패스포트, 자동차, 콘택트렌즈 등 신체에 관련된 용구는 해당 안됨).
항공기 납치	여행 도중 피보험자가 승객으로서 탑승한 항공기가 납치됨에 따라 예정 목적지에 도착할 수 없게 되는 동안에 대하여 일정금액을 보상한다(대략 매일 7만 원씩 20일).

〈표 13•2〉 해외여행자보험 보험료 예시(AIG)

PLAN			A-1	A-2	A-3	A-4	A-6	A-5 (15세 미만)
보상한도	상해	사망후유장해	2억원	1억원	8,000만원	5,000만원	3,000만원	5,000만원
		상해치료	3,000만원	3,000만원	2,000만원	1,000만원	500만원	1,000만원
	질병	질병치료	3,000만원	2,000만원	1,000만원	1,000만원	500만원	800만원
		질병사망	2,000만원	2,000만원	2,000만원	1,000만원	1,000만원	-
	배상책임		3,000만원	2,000만원	2,000만원	1,000만원	1,000만원	1,000만원
	휴 대 품		50만원	40만원	30만원	20만원	20만원	20만원
	특별비용		1,000만원	500만원	300만원	200만원	200만원	200만원
	항공기 납치담보		140만원	140만원	140만원	140만원	140만원	140만원
	천재상해	사망후유장해	2억원	1억원	8,000만원	5,000만원	3,000만원	5,000만원
		상해치료	3,000만원	3,000만원	2,000만원	1,000만원	500만원	1,000만원
보험료	2일까지		11,910원	8,990원	5,710원	3,860원	2,130원	3,450원
	3일까지		14,890원	11,240원	7,140원	4,820원	2,660원	4,310원
	5일까지		23,820원	17,980원	11,430원	7,720원	4,260원	6,900원
	7일까지		29,780원	22,480원	14,290원	9,650원	5,330원	8,620원
	10일까지		32,760원	24,720원	15,720원	10,620원	5,860원	9,480원
	14일까지		38,710원	29,220원	18,580원	12,550원	6,930원	11,210원
	17일까지		41,690원	31,470원	20,010원	13,520원	7,460원	12,070원
	21일까지		47,650원	35,970원	22,870원	15,450원	8,530원	13,800원
	24일까지		50,630원	38,210원	24,300원	16,410원	9,060원	14,660원
	27일까지		56,580원	42,710원	27,160원	18,350원	10,130원	16,390원
	1개월까지		59,560원	44,960원	28,590원	19,310원	10,660원	17,250원
	45일까지		71,470원	67,440원	34,310원	23,180원	12,800원	20,700원
	2개월까지		89,340원	67,440원	42,890원	28,970원	16,000원	25,880원

* AIG(American Home Assurance company korea) 2005년 4월 현재

2 여행사의 여행자보험 가입

1) 여행사의 해외여행보험 가입

여행사는 국외여행상품에 대해 대개 1억 원의 여행자보험에 가입한나. 미국계 보험회사로는 처브(Chubb), AIG, ACE 등이 있고 한국계 보험회사로는 현대해상, 동양화재, LG화재 등 대부분의 보험회사들이 해외여행자보험을 취급하고 있다. 관광진흥법상 기획여행(패키지)상품은 의무적으로 가입해야 하기 때문에 모든 패키지상품은 여행자보험이 포함되어 있으며, 보험가입 바우처(Voucher), 보험카드, 약관은 개별 고객에게 직접 건네지 않고 TC가 일괄적으로 보관하게 된다.

가입은 해외여행보험계약 청약서를 작성하고 보험료를 납부하면 된다. 단체가입은 대표 1인의 이름과 구성원수를 기입하고 성명, 성별, 주민등록번호가 기재된 명단을 첨부한다.

[그림 13•1] 보험카드와 약관책자

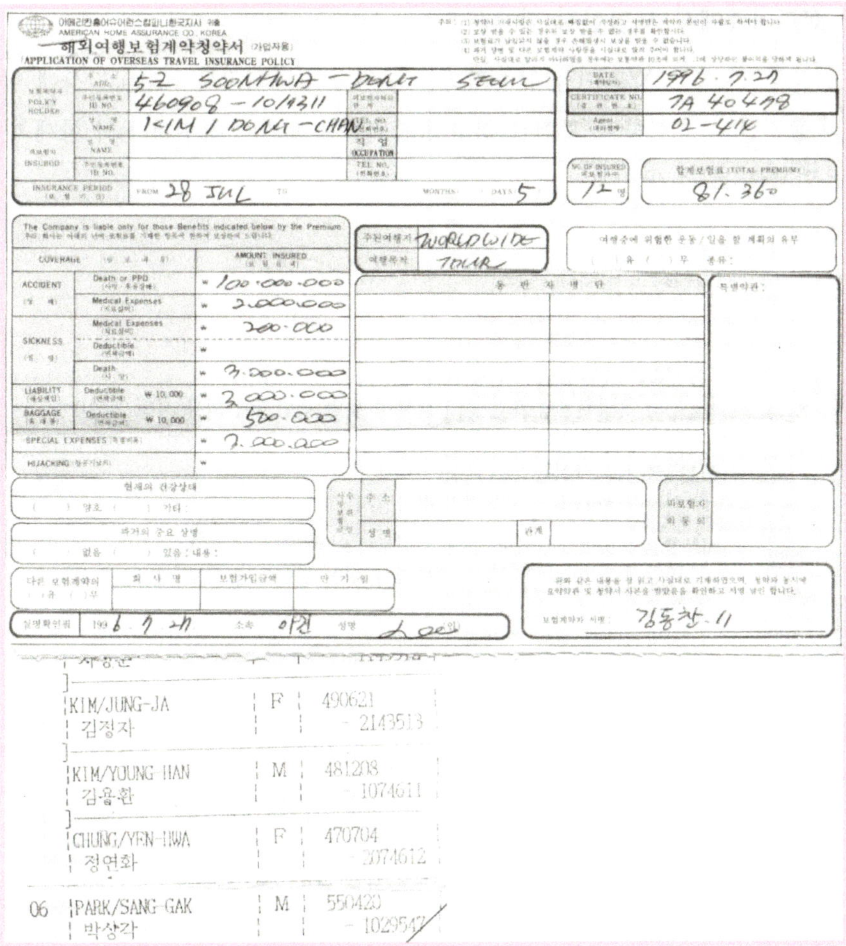
아메리칸홈어슈어런스컴퍼니한국지사
AMERICAN HOME ASSURANCE CO. KOREA
해외여행보험계약청약서 (가입자용)
APPLICATION OF OVERSEAS TRAVEL INSURANCE POLICY

POLICY HOLDER	ADR.	52 SOONHWA-DONG SEOUL
	ID NO.	460908-1014311
	NAME	KIM / DONG-CHAN
INSURED	NAME	
	ID NO.	
INSURANCE PERIOD	FROM 28 JUL	DAYS 5

DATE	1996. 7. 27
CERTIFICATE NO.	7A 40498
Agent	02-414

NO. OF INSURED	합계보험료 (TOTAL PREMIUM)
12 명	81,360

The Company is liable only for those Benefits indicated below by the Premium

COVERAGE		AMOUNT INSURED
ACCIDENT	Death or PPD	₩ 100,000,000
	Medical Expenses	₩ 2,000,000
SICKNESS	Medical Expenses	₩ 300,000
	Deductible	₩
	Death	₩ 3,000,000
LIABILITY	Deductible ₩ 10,000	₩ 3,000,000
BAGGAGE	Deductible ₩ 10,000	₩ 500,000
SPECIAL EXPENSES		₩ 2,000,000
HIJACKING		₩

주된여행지: WORLDWIDE
여행목적: TOUR

보험계약자 서명: 김동찬

KIM/JUNG-JA 김정자	F	490621-2143513
KIM/YOUNG-HAN 김용환	M	481208-1074611
CHUNG/YEN-HWA 정연화	F	470704-2074612
06 PARK/SANG-GAK 박상각	M	550420-1029547

[그림 13•2] 해외여행 단체보험 청약서와 첨부된 단체명단

2) 여행 중 사고로 인한 여행자보험금 청구절차

해외여행 중 사고가 발생하면 늦어도 30일 이내 보험금을 청구할 수 있는데, 사망/후유장해보험금, 휴대품, 특별비용에 따른 보험금은 국내에서 지급한다.

(1) 외국에서 보험신청 할 때

전화, 전보, FAX를 이용하여 가까운 보험사의 해외지사나 한국지사에 빨리 통지한다. 보험증권, 보험금 청구서(증권책자 뒷면에 첨부된다)와 함께 다음의 서류를 추가한다.

〈표 13•3〉 보험신청 구비서류

유 형	해 당 서 류
사고 발생	① 사고보고서(증권책자 뒷면에 첨부) : 소정 양식 ② 진단서(병원발행 또는 사고보고서 뒷면 진단서에 의사 서명/날인) ③ 치료비 명세서 및 치료비 영수증 ④ 교통사고 사실확인원(교통사고시) ⑤ 사망진단서 또는 사체검안서(사망시)
질병 사고 발생	① 사고보고서(증권책자 뒷면에 첨부) : 소정 양식 ② 진단서(병원발행 또는 사고보고서 뒷면 진단서에 의사 서명/날인) ③ 치료비 명세서 및 치료비 영수증 ④ 사망진단서 또는 사체검안서(사망시)
휴대품 도난 발생	① 사고보고서(증권책자 뒷면에 첨부) : 소정 양식 ② 경찰확인서 ③ 물품구입 영수증 및 명세서 ④ 목격자 진술서 ⑤ 항공사/호텔의 보상확인서, 사고보고서 첨부(기내/호텔 내 도난)
배상 책임	① 대인 : 제3자의 손해를 증명하는 서류 ② 대물 : 제3자의 손해를 증명하는 서류 및 손상물 견적서

해외에서 보험사에 연락을 할 경우에는 24시간 연중 무휴 긴급지원서비스를 이용하여 수신자 부담으로 한국인과 24시간 언제라도 상담을 받을 수 있다. 다양한 보험서비스를 이용하려면 보험증서를 항상 지참하고 있어야 한다. 성명, 증권번호, 보험가입 금액 및 기간, 현지 전화번호, 주소, 한국 내 연락처, 상해, 질병의 증상 또는 원인 등에 대한 사항을 확인하고 있어야 한다.

(2) 귀국 후 국내에서의 보상

국제 서비스망이 없거나 귀국하여 국내에서 보상받기를 원하는 경우에는 확인될 만한 서류 등을 챙겨서 가져와야 한다. 의료관계인 경우는 의사진단서, 처방전, 치료비 명세서, 치료 영수증이 필요하다. 휴대품 분실의 경우에는 경찰서에서의 신고서와 목격자 진술서 등이 필요하다.

(3) 보험금이 지급되지 않는 경우

여행 중 사고시 보장이 되지 않는 경우도 있다. 특히 피보험자의 고의적인 사고, 무면허, 음주운전, 군사작전이나 군사훈련 중의 사고, 전쟁, 혁명, 내란, 폭동 등으로 인한 사고, 전문등반, 글라이더 조종, 스카이다이빙, 행글라이더 등의 사고, 모터보트, 자동차 오토바이의 경기나 시운전사고 등은 보험에 따라서는 보상이 안 될 수 있다.

〈표 13•4〉 해외여행보험이 보상하지 않는 손해의 예

해외여행보험이 보상하지 않는 손해
① 보험계약자나 피보험자, 보험수익자의 고의(단, 사망보험 수익자가 두 사람 이상일 때 다른 사람이 수취할 금액은 제외된다) ② 피보험자의 자해, 자살, 자살미수, 범죄폭행, 폭력행위(단, 형법상 정당방위, 긴급피난 및 정당행위로 인정되는 경우 제외) ③ 무면허 운전, 뇌질환, 심신상실 ④ 피보험자의 임신, 출산, 유산 또는 외과적 수술, 그 밖의 의료 처치(회사가 부담하는 위험의 결과로 생긴 상해를 치료하는 경우에는 보상) ⑤ 피보험자의 의수, 의족, 의안, 의치 등 신체 보조장구에 입은 손해 ⑥ 전쟁 외국의 무력행사, 혁명, 내란, 사변, 폭동, 소요, 기타 이들과 유사한 사태 ⑦ 핵연료물질 또는 핵연료의 방사성, 폭발성 그 외 유해성에 의한 사고 ⑧ 보험가입 전 이미 가지고 있는 질환, 치과치료

OVERSEAS TRAVEL ACCIDENT INSURANCE CLAIM FORM
海外旅行保險金請求書兼狀況報告書(裏面診斷書)

아메리칸 홈 어슈어런스 캄파니 貴中
TO : American Home Assurance Co.

아래의 內容이 事實과 틀림없음을 確認하고 保險金을 請求합니다. 19 年 月 日

CERTIFICATE OR POLICY NO. (契約証·証券番号)

同一危險을 擔保하는 다른 保險契約(有·無)
保險會社名 保險種類
證券番號 保險金額

INSURED 被保險者	NAME 姓 名	AGE 年齡 SEX 性別 ADDRESS 住 所	TEL
	OCCUPATION 職 業	PLACE OF EMPLOYMENT 勤務處	TEL
CLAIMANT 請求者	NAME 姓 名	ADDRESS 住 所	TEL

POWER
I HEREBY APPOI... THE ... OR THE HOSPITAL AS MY ... NTATIVE TO FILE THE ME... ENSE CLAIM FOR MY ... SICKNESS).

委任狀
나는 나를 治療한 病院, 醫師를 代理人로 定하고 當該事故(疾病)에 關聯되는 保險金의 請求 및 受領에 關한 一切權限을 委任합니다.

SIGNATURE OF INSURED 被保險者의

DETAIL OF OCCURRENCE 事故의 內容

DATE & TIME 日時 | PLACE 場所
CIRCUMSTANCES 狀況

↓ 以下事故의 種類에 따라 該當欄에 記入하여 주십시오.

ACCIDENT SICKNESS 傷害·疾病		CLAIMED 請求	
	NATURE & CONDITION OF INJURY OR SICKNESS 傷害 또는 疾病名 및 症狀		DOCTOR FEE 治療費·手術費 等 藥代·繃帶費等 렌트겐等 診檢査費 職業看護費 入院室料
	NAME & ADDRESS OF HOSPITAL OR DOCTOR 病院 또는 醫師의 住所·姓名 TEL		HOTEL ROOM CHARGE 入院을 代身한 호텔客室料 $ ₩
			$ ₩
			TOTAL AMOUNT 合 計 $ ₩

PROPERTY DAMAGE 第三者의 財物에 미친 損害	NAME OF OWNER 所有者		ADDRESS 住 所	TEL
	KIND OF PROPERTY AND EXTENT OF DAMAGE 財産의 種類 및 損害의 程度	NAME OF VEHICLE 車名	LICENSE NO. 登錄番號	AMOUNT CLAIMED 請求金額

LIABILITY 賠償事故 / BODILY INJURY 第三者의 人身障害	
	NAME OF INSURED 負傷者姓名 AGE 年齡 TEL
	NATURE AND EXTENT OF INJURY 傷害의 部位·性質程度 AMOUNT CLAIMED 請求金額 $ ₩
	NAME AND ADDRESS OF HOSPITAL OR-DOCTOR 治療한 病院, 醫師의 住所·姓名 TEL
	NAME OF THE RENT-A-CAR COMPANY VEHICLE RENTED AT 렌트카회사의 營業所所在地 RENTAL AGEEMENT NO. (렌터契約番號)
	NAME OF VEHICLE RENTED 렌트카의 車名·車種 LICENSE NO. 登錄番號

BAGGAGE 携帶品의 損害	DAMAGED ITEM 品 名	QUANTITY 數 量	EXTENT OF DAMAGE 損害의 程度	ACTUAL COST 購入價額	DATE PURCHASED 購入年月日	AMOUNT CLAIMED 保險金請求額
						$ ₩
						$ ₩
						$ ₩
						$ ₩
						$ ₩
	IN CASE OF FIRE, BURGLARY, THEFT ETC., THE NAME OF THE GOVERNMENT AUTHORITY REPORTED. 火災, 盜難 等의 경우, 신고官公署名				TOTAL AMOUNT 合 計	$ ₩

AMERICAN HOME ASSURANCE COMPANY KOREA
3RD FLOOR, KUKDONG BLDG.
60-1, CHUNGMU-RO 3-GA, JUNG-GU,
SEOUL, KOREA TEL: 273-6331 FAX: 275-9531

[그림 13•3] 여행보험 청구서

3) 보험금의 지급사례

(1) 휴대품 도난사례

S양은 2001년 7월 유럽여행 중 열차를 타고 인스부르크에서 로마로 이동하다가 잠깐 졸다 깨어보니 옆에 놓아두었던 배낭을 도난당하였다. 가방 안에는 현금 미화 $460와 신용카드, 출국할 때 구입한 의류 및 화장품, 카메라의 물품이 들어 있었다. 현지 경찰서에서 '도난확인 신고서'를 받았으며, 귀국하여 보험을 청구했다.

해외여행 휴대품담보에서 손해배상시 통화(현금), 유가증권, 항공권, 여권, 쿠폰, 신용카드, 우표 등은 휴대품손해담보에서 제외되므로 도난을 당하여도 보상받지 못한다. 또한 동·식물, 의치, 의수족, 콘택트렌즈, 산악 등반이나 탐험 등에 필요한 용구도 보상받지 못한다. 따라서 이 경우 현금, 신용카드 등은 보상받지 못하며 도난 휴대품 중 카메라, 의류, 화장품 물건을 구입시기와 구입가격을 감가상각하여 휴대품 보상 한도액 내에서 보상받았다.

(2) 항공사 휴대품 분실사례

K씨는 2001년 6월 서울-취리히-서울로 해외출장을 갔다. 취리히에 도착하여 수하물을 찾으려 하였으나 수하물이 도착하지 않았고 현지에서 항공수하물이 도착하기를 기다리다가 결국 항공수하물을 찾지 못하였다. 항공회사로부터 보상금 $150를 보상받았고 K씨는 귀국하여 해외여행보험을 청구하였다(항공수하물 안에는 의복, 카메라, 기타 출장용품 등이 있었음).

해외여행보험 휴대품담보에서 도난 및 파손에 의한 손해를 보상하지만 본인 과실에 의한 분실 및 방치로 인한 휴대품 손해는 보상받지 못한다. 이 경우에는 본인 과실 및 방치가 아닌 항공사의 잘못이므로 보상받을 수 있다. 이때 수하물의 손해를 항공사에서 전액 보상받았다면 해외여행보험에서는 추가로 보상받을 수 없다. 그러나 수하물 손해액보다 적은 금액을 항공사에서 받았다면 나머지 차액만큼 해외여행보험 휴대품담보 특별약관에 의하여 보상받을 수 있다.

휴대품손해담보 특별약관
구입한 시기를 감가상각하여 보상하며 1개 또는 1조, 1쌍에 대한 물품에 대하여 20만 원을 보상한도로 하며, 여러 품목의 경우 보험증권의 휴대품 최고 보상한도액의 보상범위 내에서 보상한다.

따라서 K씨는 여러 품목을 손해 보았기에 해외여행보험 증권상에 명기된 최고 보상액 한도 내에서 보상받으며 이때 항공사에서 보상받은 $150를 제외한 금액이 보상되었다.

(3) 질병치료 보상사례

B씨는 2001년 4월 10일간 회사 업무일로 브라질, 페루, 미국 L.A.로 해외출장을 갔다. 브라질 리오데자네이루에서 미국 L.A.로 향하던 중 비행기 안에서 갑자기 심한 현기증과 구토 증상이 나타났고 기내에서 가벼운 응급조치 후 L.A.공항에 도착하여 곧바로 병원에 가서 치료를 받았다. 병명은 시차현상과 환경변화로 생긴 일시적 두통현상으로 진단되었고 B씨는 귀국하여 치료비를 청구하였다.

해외여행보험에는 여행 도중에 발생한 질병치료실비를 담보한다. 그러나 만약 여행 전부터 이미 기존에 질병이 있었고 그 질병이 여행 도중 재발이나 악화되어 치료를 받았다면 치료실비는 담보되지 아니한다. 일반적으로 해외여행 도중 발생한 감기, 피부병, 식중독, 급성맹장, 급성장염 등 급성질병은 담보하고 있으나 만성으로 인한 고혈압, 동맥경화 등과 같은 본인의 기존 질환으로 인하여 여행지에서 뇌졸중으로 쓰러지거나 뇌경색, 심근경색 등의 질병은 짧은 여행기간 도중에 발생한 질병이라 보기 어려우므로 담보되지 아니한다.

이러한 경우 B씨는 비행기 안에서 시차적으로 생긴 일시적인 두통현상이므로 진단서, 치료비 영수증을 첨부하여 청구하였고 치료비가 보상되었다.

질병치료실비 특별약관
여행 전부터 가지고 있던 질병 또는 치료 중이던 질병에 대하여는 보상하지 아니한다. 즉 해외여행지의 기후, 문화, 환경 등이 전혀 다른 곳에서 발생할 수 있는 질병을 담보한다.

(4) 보험기간 만료 후의 질병 보상사례

A씨는 2000년 4월 동남아 해외여행을 갔다가 귀국하였다. 귀국하여 며칠 뒤 심한 고열이 계속되었고 구토, 설사 등의 증세가 나타나며 몹시 아팠다. 종합병원에서 검사를 받은 결과 말라리아로 판명되었으며 급기야는 사망하게 되었다.

해외여행 담보기간(여행기간)이 만료된 후에 질병이 발생하였을 경우, 해외여행 도중에 직접적인 원인으로 인하여 발생한 질병을 30일 이내에 병원에서 의사의 치료를 받기 시작하였으면 보상이 가능하다. 중요한 점은 모든 질병이 여행기간 만료 후 30일까지 담보되는 것이 아니며 질병의 특성상 잠복기를 거쳐 발생하는 질병에 한하여 담보한다. 따라서 해외여행을 마치고 어느 정도 시간이 지나서 고열 및 설사의 증세가 나타날 경우 전염병 감염일 경우가 있으므로 신속하게 병원에서 치료를 받는 것이 좋다.

이 경우 여행기간 만료 후 30일 이내에 해외여행 도중 직접적인 원인으로 생긴 전염병에 해당한다. 따라서 질병사망 보상한도액 전액 보상되었다.

(5) 상해치료 보상사례

P군은 2001년 5월 말부터 미국 올랜도에서 4개월 동안 체류하게 되었다. P군은 장기 체류자 보험에 가입하고 출국하였다. 올랜도에서 체류하던 중 발등에서 무언가 따끔거리기에 바라보니 벌레 한 마리가 있었다. 하루 뒤에 P군의 발등이 퉁퉁 부어오르기 시작하였으며 거동하기가 불편하여 올랜도 안의 인근병원에서 치료를 받았다.

일반적으로 보험회사에서 상해의 정의는 발생원인이 신체 내부에 존재하지 않은 외래의 요인으로 인하여 우연하고 급격히 발생한 것을 상해로 정의하고 있다. 즉 우연이라는 것은 예견되지 않은 것이므로 뜻밖의 기대하지 않았던 것을 의미하며 급격하다는 것은 사고의 발생이 계속적・반복적・누적적 위험에 의하여 서서히 발생된 것이 아니라는 의미이며, 외래의 요인이란 상해발생 원인이 신체 내부에 존재했던 것이 아닌 외부적 요인(온도, 강풍, 햇볕, 기압 등)을 의미한다.

P군은 발생원인이 외래적 요인(벌레)으로 인한 우연하고 급격히 발생한 상해이므로 상해의료실비 보상한도액 내에서 치료실비 보상을 받았다.

주 의
상해치료실비 보상 중 본인의 고의(예 : 본인의 신체에 스스로 상처를 입힘)에 의한 상해는 담보하지 않는다(폭력행위 등). 그러나 고의가 아닌 과실(예 : 수영 미숙에 의한 익사)은 담보하고 있다.

(6) 상해치료(사고일로부터 180일간 담보) 보상사례

K씨는 2000년 12월 말에 일본으로 가족들과 해외여행을 떠났다. K씨는 여행 도중에 사진을 찍다가 미끄러져 넘어지면서 왼쪽 팔에 골절상을 입었다. 현지병원에 가기 위해 택시를 타고 갔으며 귀국하여 두 달 동안 통원치료를

받았다. K씨는 장사를 하고 있었기에 치료받는 동안 영업손실을 보았다며, 일본 현지병원비, 택시비 및 통원 교통비, 한국에서 치료받은 병원비, 휴업손해비용을 보험 청구하였다.

해외여행보험 상해담보는 여행기간 중에 우연하고 급격한 외래의 상해를 입고 치료받은 의료비만을 담보하며 사고일로부터 180일 이내에 치료비 실비용을 한도로 보험증권에 기재되어 있는 상해치료실비 보험가입금액을 한도로 보상한다. 특히 주의할 점은 사고일로부터 180일 한도일과 상해치료실비 보상한도액 둘 중 먼저 도래하는 것이 있으면 담보가 만료한다. 또한 치료실비만 담보하고 있기 때문에 통원치료를 위하여 발생하는 교통비, 휴업손실비용 등은 담보하지 아니한다.

K씨는 일본 현지병원비와 한국에서 치료받은 병원 실비를 상해치료실비 보상한도액 내에서 보상받았으며 교통비, 휴업손해비용은 담보하지 않으므로 보상받지 못했다.

(7) 상해치료 면책사례

N씨는 스쿠버다이빙 동우회 회원이었으며 2001년 7월 팔라우로 동우회 회원들과 여행을 떠났다. N씨는 현지에서 스쿠버다이빙을 하던 중 산소호흡기가 빠지는 사고를 당하였고 같이 동행하였던 회원에게 익사하기 직전 구조되어 병원으로 옮겨져 치료받아 다행히 생명을 건질 수 있었고 병원의료실비를 보험 청구하였다.

N씨는 이러한 특정 위험에 해당하는 행위에 속하므로 보상받지 못했다. 상해치료실비 중 "피보험자의 의치, 의족, 의안, 의치 및 이와 유사한 신체 보조장구에 입은 손해"도 보상하지 아니한다. 예를 들어 넘어지면서 틀니가 빠져나가 손상된 경우에는 신체 보조장구에 입은 손해에 속하며 보상되지 아니한다.

보상하지 아니 하는 손해(면책사항)
해외여행 상해 사고 중 특정 행위, 운동에 대하여 보상하지 아니한다. 전문 등반(전문적인 등산용구를 사용하여 암벽등반 및 특수한 기술과 경험을 필요로 하는 등반), 글라이더 조종, 스카이다이빙, 행글라이더 또는 이와 비슷한 운동 등으로 이와 관련된 행위를 하는 동안에 생긴 손해에 대하여 보상하지 아니한다. 이러한 행위는 그 위험도가 통상의 여행활동 위험도보다 무척 높기 때문에 현 보험료 수준으로 감당하기 어렵기 때문이다.

(8) 배상책임 보상사례

C양은 2001년 9월 중순에 싱가포르로 신혼여행을 떠났다. 신혼여행을 마치고 귀국편 비행기에서 귀국선물이 든 짐을 선반 위에 올려놓으려다가 실수로 짐이 선반 아래로 떨어지면서 옆자리에 앉아 있던 승객 머리에 맞았다. 승객은 이마가 찢어지는 부상을 입었으며 병원에서 치료를 받았다. C양은 병원치료비를 지급하였으며 영수증과 확인서를 받아 보험 청구하였다.

배상책임 특별약관에서 피보험자가(여행자) 여행 도중에 생긴 우연한 사고에 의하여 타인의 신체적 상해 또는 재물의 멸실, 훼손 혹은 오손에 대한 법률상의 손해배상책임을 부담함으로써 입은 손해를 보상한다.

C양의 경우 고의가 아닌 우연한 과실에 의하여 제3자에게 신체의 상해를 입힌 결과 법률상 손해배상을 하게 된 경우이므로 보상을 받았다.

배상책임 특별약관에서 면책사항(보상하지 아니 하는 손해)이 있으므로 면책사항에 해당되는지 여부를 확인하는 것이 좋다.

(9) 배상책임 면책사례(1)

L씨는 2001년 8월 초 한 달 동안 유럽으로 자유여행을 떠났다. L씨는 유럽여행 도중 승용차를 렌트하였으며 스위스에서 지방 국도를 달리다가 굴곡된 도로에서 급커브를 하면서 반대 차선으로 약간 넘어가 반대편 승용차와 접촉사고가 생겼다. L씨는 본인의 잘못을 인정하고 상대방 승용차와 렌트한 차를

모두 수리하여 주었다. L씨는 귀국하여 수리비 영수증과 사고 확인서를 첨부하여 보험을 청구하였다.

최근 해외여행 도중에 차를 렌트하여 운전 중에 사고가 발생하는 경우가 많으므로 해외여행보험 면책사항을 반드시 확인하는 것이 좋고 자동차보험 가입 여부를 렌트하기 전에 체크하는 것이 중요하다.

보상하지 아니 하는 손해(면책사항)
배상책임 특별담보 중 "항공기, 선박, 차량, 총기 등의 소유, 사용 또는 관리에 기인하는 손해배상책임은 보상하지 아니한다"라고 되어 있다. 이 경우 차량의 소유, 사용, 관리로 인하여 타인의 신체 또는 재물에 훼손을 입혀 손해배상이 발생한 경우이므로 보상되지 아니 하였다.

(10) 배상책임 면책사례(2)

○○군은 2001년 5월에 태국 파타야로 여행을 떠났다. 파타야 산호섬에서 자유시간을 즐기던 중 돈을 지급하고 제트스키를 빌려 탔다. ○○씨는 제트스키를 타면서 놀다가 운전 미숙으로 인하여 해변에 정박되어 있던 쾌속정과 부딪쳤다. 다행히 ○○군은 제트스키에서 부딪치기 직전에 뛰어내렸고 제트스키만 망가졌다. ○○군은 다치지 않았으나 제트스키 수리비를 지급하게 되었다. ○○군은 귀국하여 수리비를 보험 청구하였다.

타인의 재물을 대여받아 사용, 관리하는 중에 발생하는 재물의 파손에 대하여는 보상하지 아니한다. 따라서 ○○군이 지불한 제트스키 수리비는 보상되지 아니 하였다(단, 호텔의 객실이나 객실 내의 동산에 끼치는 손해에 대하여는 보상한다).

대여업체 자체적으로 배상책임보험에 가입되어 있는지 확인하는 것이 반드시 필요하다.

보상하지 아니 하는 손해(면책사항)

배상책임 특별담보 면책사항에 "피보험자가 소유, 사용 또는 관리하는 재물의 파손에 대해 그 재물에 대하여 정당한 권리를 가진 사람에게 부담하는 배상책임은 보상하지 아니 한다"라고 명기되어 있다.

부록

여행업 용어 정리

1. A / C CHANGE

항공기 변경(수요와 공급에 따른 항공기종 변경)

2. A / C(Air Craft)

항공기(B로 시작하면 보잉사 항공기, A로 시작하면 에어버스사 항공기)

3. ACM / ADM(Air Credit Memo / Air Debit Memo)

ACM은 여행사에서 발권할 때 실수로 해당요금보다 비싸게 발권하여 해당금액보다 많은 금액이 항공사에 입금된 것을 발견했을 때를 말하며 차액반환청구 신청한다.
ADM은 반대로 항공사에서 지정한 요금보다 여행사에서 싸게 발권함으로써 BSP에 항공요금보다 적게 입금되었을 때 그 차액을 여행사측에 입금시킬 것을 청구하는 신청이다. 흔히 DEBIT 맞았다 또는 DEBIT을 날린다는 것은 바로 이럴 경우에 쓰이는 표현이다.

4. Actual Flying Time : 실제비행시간

시차를 고려하여 비행기의 출발시간과 도착시간을 모두 계산한 후 실제로 비행기가 운행된 소요시간을 말한다.

5. AD(Agent Discount Ticket Or Agent Discounted Fare)

15인 이상이 되면 FOC TICKET이 가능하지만 10명 이상이면 AD TICKET이 가능하다. 여행사 직원용 할인 항공권으로서 지역에 따라 50%와 75% 정도의 할인을 적용받게 된다. 그런데 할인의 기준이 SHOWN 요금의 50%를 할인받아도 단체요금보다 더 비싼 경우가 발생하기도 한다. 통상적으로는 IATA 인가대리점의 한 점포에 대해 연간 2회에 걸쳐 75%를 할인한 항공권을 발행해주고 있으며, 발행된 항공권의 유효기간은 3개월이다.

6. ADD ON

관문도시와 해당도시 사이에 설정된 부가운임이다. ADD-ON은 해당국가의 통화로 지불한다. 예를 들면 OZ로 유럽이나 미주로 여행을 간다면 대구에 사는 손님은 대구-서울 간 국내선 구간을 또 사야 하는 불편함이 있다. 이 손님의 여정은 대구-서울-유럽-서울-대구가 되게 된다. 각각의 대구 구간은 따로 국내선을 살 필요 없이 ADD-ON을 적용하면 국내선 대구 구간이 왕복요금이 10만 원이라면 5만 원 정도에 ADD-ON을 적용할 수 있다.

7. ADDRESS

항공예약번호로 CRS에서 ADDRESS를 치면 PNR을 볼 수 있다.

8. ADT(Adult) Fare

성인요금을 말하며 현재 시점에서 생일을 기준으로 만 12세 이상일 경우 전부문에 걸쳐 성인요금이 적용된다(단 만 12세 미만인 경우 전부문에 걸쳐 아동요금을 적용한다).

9. AGT(Agent)

여행사를 지칭한다. 여행업계에서는 일반적으로 여행업자(Travel Agent) 또는 TATA 공인대리점(Approval Agent)의 의미로 사용되고 있다.

10. AGT(Agent) COMMISION

대리점이 판매한 관광자의 항공권이나 화불의 판매에 대하여 지불되는 TATA 소정의 수수료이다. 대개 10% 내외이지만 인터넷의 발달로 낮아지고 있는 실정이다.

11. AIR LINE

항공사

12. AIR LINE DESIGNATOR CODE

IATA에 의해 지정된 각 항공사별 TWO LETTER ALPHABET CODE로서 항공사를 나타내는 문자를 말한다.

EX) KOREAN AIR-KE / AIR CANADA-AC

QUANTAS AIRWAYS-QF / BRITISH AIRWAY-BA

JAPAN AIRLINES-JL / CATHAY PACIPIC AIRWAYS-CX

AIRLINE STICKER / 항공 스케줄 변경 스티커(Reservations Alterations Sticker)

스케줄을 확정하고 발권을 한 후 고객의 사정에 의해 여행 스케줄이 변경되는 경우는 항공권을 재발급하지 않고 변경된 스케줄을 Sticker에 기재하여 해당 Coupon에 붙여 사용한다. Sticker는 항공사용과 여행사용으로 구분되는데 포함되는 내용은 다음과 같다.

1. Issuing Office : 항공사용의 경우 항공사 발권 사무소
   Agency Name / Location / Agent'S Numeric Code 여행사용
2. Carrier Box : 2 Letter Airline Code 입력
3. Flight Class Box : 항공편명과 해당요금에 적용되는 Class
4. Date Box : 항공기 탑승일 표기
5. Time Box : 항공기 출발시간
6. Status Box : 좌석상태, 즉 OK, HS, HN 등으로 기재

13. AIRPORT 3-LETTER CODE

전세계 공항명을 알파벳 세 글자로 약호화한 것

EX) SEOUL-SEL, PARIS-CDG(CHARLES DE GAULLE), LONDON-LHR (LONDON HEADROW), ROME-FCO(LEONARDO DA VINCI FIUMICINO), TYOKYO-TYO(TYOKYO) / NRT(NIRITA)

14. American Breakfast

미국식 아침식사를 말한다. 주로 유럽식 식사에 계란이 추가되어 과일혹은 과즙+곡류음식+달걀과 베이컨(햄)+빵+커피 등으로 이루어진다.

15. American Plan

AP라고도 부르는데 호텔 숙박요금의 일종으로 숙박료에 매일 2식이 포함되는 경우를 말한다. 식사는 통상적으로 Table of Hotel 또는 Full Pension이다.

16. APEX Fare(Advanced Purchased Fare)

항공권에 대한 사전 구입회유운임이다. 이 운임은 해외에서 체제일수가 보통 25일에서 45일까지 정도(항공사마다 다소 차이)에 이르는 비교적 장기간 해외여행을 하는 개인 여행자에게 판매되는 할인운임으로서 보통운임보다 약 35% 정도 저렴하다.

17. APO(Airport)

공항

18. APSR(Automated Passenger Sales Report)

국제선 매표보고

19. APT TAX / Air Tax

Airport Tax로서 공항세이다. 국가에 따라서는 Airport Embarkation Tax, Airport Sevice Charge라고도 한다.

20. ASP(Advanced Seating Product)

사전 좌석배정제도라는 의미이다. 허니무너(Honeymooner)들의 Sending시 늦게 보딩을 하는 경우 부부가 서로 떨어져 있는 좌석에 가야 하는 경우가 있다. 이럴 때 Asp를 이용하면 편리하다. 그러나 허니무너들이 단체로 예약이 들어가는 경우 자리 배정(Seat Assignment)를 신청하기에는 현실적인 어려움이 있다.

21. ASTA(American Society of Travel Agents)

미국여행업자협의회로서 문화관광부, 관광공사, 항공사, 호텔 등이 회원으로 가입

22. ATM(Automated Ticket Machine)

자동발권기

23. ATR(Air Ticket Request)

담보능력의 부족으로 항공권을 자체적으로 보유하지 못하고 승객으로부터 요청받은 항공권을 해당항공사 발권 Counter에서 구입하는 대리점을 ATR 대리점이라고 말한다. 대개 BSP에 미가입한 여행사가 해당항공사에 직접 가서 Tkting을 하는 방법이다. 발권을 하기 위해서는 IATA BSP 사무국에 일정금액 이상의 담보금액을 내고 항공사 항공권을 받아서 보유하고 있어야 한다.

24. AUTH(Authorization)

허가, 허락의 의미이며 담당자의 승인, 일반적으로는 여행사 카운터나 영업부 직원이 항공사 세일즈맨이나 항공사측의 승인을 일컫는 말이다. 대개 할인요금의 경우는 할인조건이 붙게 되며 항공사측에서는 할인요금을 적용하기에 적당한지를 심사한 후 여행사에 Tour Code나 Auth Number를 줌으로써 할인 항공권은 효력을 인정받게 된다.

25. B & B(Bed and Breakfast)

객실료와 영국식 또는 대륙식 아침식사(English or Continental Breakfast)를 제공하여 호텔 숙박료를 계산하는 제도이다. 영국과 유럽 전역에서 통용되고 있다.

26. B / P(Boarding Pass)

탑승권

27. BACK TO BACK

연속적인 단체객의 출발과 도착으로 객실이 비지 않은 상태

28. BAGGAGE CHECK

항공권의 일부로서 여객이 예탁수화물의 운송을 약속하고, 그 여객의 수화물에 대하여 항공회사가 발행하는 증서를 말한다. 항공권은 'Passenger Ticket And Baggage Check'로서 여객의 운송뿐만 아니라 'Baggage Check'로서 화물의 운송을 약속하는 증표이다.

29. BAGGAGE

짐을 분실할 경우를 대비해 수화물의 식별을 용이하게 하기 위해 가방이나 짐에 부착하는 이름표이다. 화물을 취급하는 해당 항공회사 직원이 식별하기 쉬어야 하므로 영어로 적어주어야 하고, 고객이 영어가 불편할 경우 한글 표시도 함께하는 것이 좋다.

30. BAGGAGE CLAIM TAG

항공수화물을 위탁했다는 영수증이다. Boarding을 할 때 항공사는 수화물을 받고는 짐의 숫자만큼의 Tag를 주는데 이것은 반드시 가지고 있어야 한다. 특히 화물이 분실되었을 때 이를 확인하는 영수증이기 때문이며 Baggage Claim Tag를 잃어버리는 경우 짐을 찾기가 곤란해진다. 또한 도착지 공항에서 수하물이 나오는 장소를 Baggage Claim이라고 한다.

31. BAGGAGE(BAG)

무료 탁송화물

Piece System : 가방 개수로 적용

Weight System : 가방 무게로 적용

Pool System : 단체수속시 20kg×전체인원

32. BLOCK

호텔의 객실과 항공기의 좌석 등을 한꺼번에 예약하여 확보해 두는 것을 말한다.

33. BOARDING GATE

탑승구, 공항에서 탑승 수속시 항공권과 교환하여 탑승표(Boarding Pass)를 받고 수화물 수속을 마친 후 Ciq 과정을 거쳐 면세구역에 대기하고 있다가 Gate를 통해 탑승하게 된다.

34. BOARDING PASS

탑승권, 공항에서 탑승 수속시 항공권과 교환하여 관광자에게 주는 탑승표이다. 비행기 편명, 관광자 성명, 좌석번호, 목적지 탑승시간, 탑승게이트, 등이 적혀 있다.

35. BOARDING TIME

항공기 출발시간 전 승객이 기내에 탑승할 수 있는 시간. 항공편 예약승객은 이 시간 이전까지 각 해당항공사 Boarding Counter에서 항공권(AIR TKT)을 탑승권(Boarding Pass)과 교환한 후 C.I.Q를 통과하여야 한다.

36. Brochure

인쇄 홍보물

37. BSP(Billing Settlement Plan)

항공사와 대리점 간의 TKT 대금결재를 은행이 대신해주는 제도(한국외환은행)이다. 즉 여행사와 항공사 사이에 은행을 둠으로써 복잡한 정산 등을 효율적으로 하게 하는 것을 말한다. 한 개의 항공사가 수많은 여행사들과 직접거래를 한다는 것은 현실적으로 어려움이 있어서 이 제도가 생긴 것이다. 이렇게 항공사와 여행사(대리점)사이에 BSP가 끼어서 운송판매, 판매보고, 판매관리를 간소화·표준화하면 항공사나 여행사 모두 편리하다. BSP에서 여행사는 BSP 가입 항공사의 모든 표준항공권을 자체 발권할 수 있다.

38. C / A(Commercial Account)

상용기업

39. CABOTAGE

한 국가 영토 내의 상업적인 운송규제를 말한다. 원칙적으로 외국 항공사는 타 국가에서의 국내 구간에서의 운송이 금지된다.

40. CANCELLATION CHARGE

취소료를 말한다. 예약된 좌석을 사용하지 아니한 것에 대하여 부가되는 요금으로 항공사에 예약된 좌석을 이용하지 않거나 또는 호텔의 예약된 객실을 예정대로 고객이 사용하지 않는 것에 대하여 부과하는 요금이다.

41. CARRIER

항공회사

42. CARRY-ON ITEMS(Hand Carry Baggage)

출국 수속시 부치지 않고 기내에 여행객이 가지고 탑승할 수 있는 수화물(제한이 있으므로 반드시 탑승 수속시 카운터 직원에 문의하는 것이 좋음)이다.

* Maximum Dimension : 가로, 세로, 높이 세 변의 합계가 115cm 초과 불가
* Maximum Weight : 10kg 이하

43. CG50

여행인솔자 할인요금으로서 FOC가 안 나올시 10+1의 개념으로 SHOWN의 50% 요금으로 TKTING하는 할인요금의 한 형태이다.

44. CHARTER / CHARTER FLIGHT

전세항공기이다. 조건에 따라 다음과 같이 나뉜다.

* Block-Off Charter : 정기편의 뒤편을 그대로 대절하는 것
* Independent Charter : 정규노선이 아닌 비정규노선으로 임시편을 대절하는 것
* Non Affinity Charter : 일반 불특정 다수를 상대로 모객하는 전세기
* Affinity Charter : 특정 단체를 대상으로 탑승객을 모으는 전세기
* Dry Charter : 승무원이나 여타 직원을 포함하지 않고 항공기만을 전세하는 경우

* Mixed Charter : 전세요금의 일부씩을 탑승객과 전세 계약자가 지불하는 계약방식
* Back To Back Charter : 왕복구간 모드를 이용하는 전세기
* Single Charter : 단발운항 전세기
* Inclusive Tour Charter : 포괄여행차터(Itc)를 말한다. 여행 도매업자 등 투어 오퍼레이터가 항공기를 전세 내서 불특정 다수를 대상으로 관광 및 휴가 여행프로그램(여행상품)을 만들어 선보이는 차터이다.
  예) 자유여행사 2002년 여름 마카오 전세기 모객

45. CHD FARE(Child Fare)

소아운임을 말한다. 만 2세이상 12세 미만의 여행자에게 적용되는 항공요금으로서 성인요금(ADT Fare)의 50% 수준이다.

46. C.I.Q

Customs(세관), Immigration(출입국관리), Quarantine(검역)을 말하는 것으로 출국 또는 입국시에 공항에서 국가의 해당기관이 행하는 제반 수속절차를 말한다.

47. C.I.T(Charter Inclusive Tour)

전세항공기를 이용하는 여행

48. CITY 3-LETTER CODE

전세계 각국 도시를 알파벳 3글자로 약호화한 것

49. CITY TERMINAL

도심 터미널, 공항 외에 시내에서 이용할 수 있는 공항 터미널

50. CNCL(Cancel)

이미 예약된 항공좌석과 호텔객실 등을 취소하는 것

51. CLS(Class)

좌석등급

52. CMBS(Corporate Mileage Bonus System)

상용기업우대제도

53. COACH

항공기의 여행사 클래스를 의미하기도 하고 전세버스를 지칭하기도 한다.

54. CODE SHARE

비행기 한 대를 가지고 두 개의 항공사가 좌석을 공유 판매하는 것을 말한다. 안정적

인 좌석 판매 외에도 두 개의 항공사가 결합함으로써 노선사용 등의 시너지 효과를 유발할 수 있다. 가장 대표적인 것으로는 미취항 구간에 대한 특별요금이나 좌석을 안정적으로 확보할 수 있다는 것인데 예를 들어 서울에서 시드니까지 노선의 경우 OZ(ASIANA AIRLINES)의 비행기를 부분적으로 QF(QANTAS AIRWAYS)와 CODE SHARE를 함으로써 OZ 입장에서는 안정적인 고객확보를, QF 입장에서는 미취항 구간에 대한 시장확보를 장점으로 가지고 있으며 호주 국내 구간의 경우 QF에서 CODE SHARE의 조건으로 OZ에 특별한 요금과 좌석을 지원함으로써 OZ는 별도의 이익을 취할 수 있다.

55. COMBINATION FARE(합성운임)

항공운임이 항상 단일구간에 대한 운임으로 표시되어 있지 않으므로 해서 복수 이상의 운임을 결합하여 작성하는 운임을 말한다.

56. COMM(Commission)

일정 비율의 각종 수수료를 말한다. 여행상품을 타 여행사가 판매한 판매액에 대해 일정률의 금액을 지불하도록 하는 것인데 그 액수는 판매 대상에 따라 상이할 뿐만 아니라 적용률도 변동적이다.

57. COMP(Complimentary)

무료로 제공되는 호텔의 객실 등이다. 즉 무료로 제공되는 것이란 의미로 사용된다.

58. COMPLAINT

'컴플레인'이라고 하면 판매한 여행상품에 대해 불편이나 차질로 인해 손님이 회사에 항의하는 행위를 말한다.

59. CONFIRM

항공편에 예약되어 있는 관광자에 대하여 그 예약을 사용할 의사의 유무를 확인하는 절차로 NO-SHOW를 최대한 억제하기 위한 작업이다.

60. CONFIRM SLIP

호텔이나 지상수배에 대한 예약 확인서이다.

61. CONNECTION TRAFFIC

한 항공기편으로 목적지까지 가지 않고 중간 지점에서 내려 동일 항공사 또는 타 항공사의 다른 항공편으로 갈아타고 계속 여행하게 되는 여객이나 운송되는 화물이다.

62. CONNECTION TIME

경유편을 이용하는 경우 한 항공기에서 내려서 연결편으로 갈아타는 데 필요한 시간을 말한다.

63. CONTINENTAL BREAKFAST

대륙식 또는 유럽식 아침식사를 말한다. 빵과 커피, 우유, 과일이나 주스 등으로 간단하게 이루어져 있다.

64. COUPON(CPN)

AUDIT COUPON : 심사용 쿠폰

AGENT COUPON : 발행점소 보관용 쿠폰

FLIGHT COUPON : 탑승용 쿠폰

PASSENGER COUPON : 승객보관용

65. CREDIT CARD CHARGE FORM

C.C.C.F.라는 약자로도 사용되며 지불수단이 발권 항공회사가 인정하는 Credit Sales에 의하여 발권하는 경우 사용된다. 여행사는 매일 발권된 항공권에 대해 보고를 하게 되는데 이 경우는 C.C.C.F. 송부표에 항공사 코드 및 항공권번호를 기입하여 BSP에 보고하여야 한다.

66. CRS(Computerized Reservation System)

컴퓨터예약시스템

67. CRT(Cathode Ray Tube)

컴퓨터에 연결되는 브라운관식 정보처리 단말기이다. TV와 같은 화면과 타자판으로 구성되어 있으며 Main Computer에 저장되어 있는 정보를 즉시 Display해서 보거나 필요한 경우 In-put도 할 수 있다.

68. Cruise

보통 크루즈라고 표현한다. 포괄요금으로 여행자를 모집하여 운항하는 호화스러운 여객선을 말하는데 선박 내에는 초호화 숙박시설이 갖추어져 있고 세계의 음식과 유흥 등 위락시설을 갖추고 있으며 각종 이벤트를 개최하며 기항지 관광이 포함되어 있다. 카리브해를 중심으로 매우 번창하고 있으며 은퇴자나 고소득자를 중심으로 확대되고 있는 상품이다.

69. 2CXL(Cancel)

취소. 항공예약에서 CRT로 작성된 여정(Itinerary)을 취소하는 경우 CRS상에서 CXL을 하게 되면 PNR은 남지만 여정(Itinerary)은 모두 삭제된다.

70. DATE LINE

날짜변경선을 의미한다.

71. DATO(Do All Possible)

항공좌석의 확보가 어려울 때 여행사가 항공사에 최선의 노력을 다해서 좌석을 확보해 달라고 요청할 때 사용된다.

72. DB(Denied Boarding)

해당항공편 초과 예약(Over Booking)이나 항공사 귀책사유로 인해 탑승이 거절되는 것

73. DBC(Denied Boarding Compensation)

해당항공편 초과 예약이나 항공사 귀책사유로 인해 탑승 거절된 승객에 대한 배상제도이다. 배상은 돈으로 지불하기도 하고 숙식을 제공하고 다음날 우선순위로 탑승할 수 있다.

74. DEBIT

'차변기입'의 의미로 항공권 발권을 잘못하였을 경우 해당항공사에서 이것을 지적하는 작업으로 항공사는 여행사로 그 내용을 발송하게 되는데 이것을 ADM(Angent Debit Memo)이라고 한다. 즉 항공권 발권을 잘못하여 $1,000짜리를 $100로 발권하든지 또는 GRP TKT로 발권하여 T/C FOC OR AD를 받았는데 TKT 발권 후 CXLD된 경우 해당항공사에서 여행사로 ADM(Agent Debit Memo)을 발송한다.

75. DECLARE CUSTOM

세관신고서

76. DELATION OF INDEMNITY(Letter Of Indemnity)

동반자가 없는 소아 관광자, 환자, 기타 면책사항에 관하여 항공회사에 만일의 경우에도 책임을 묻지 않는다는 요지를 기입한 보증서를 말한다.

77. DEPOSIT(예치금, 공탁금)

항공사가 여행사에게 항공권을 배포하는 경우에는 매상금지연납입과 같은 문제에 미리 대비하기 위하여 일정금액을 보증금으로서 예치하도록 요청하는데 그 보증금을 말한다. 여행사는 항공사로부터 항공 좌석을 돈을 주고 살 경우 그 좌석에 대하여 어느 정도 모객을 채우지 못할 경우 일정액의 요금을 배상해야 하기도 한다.

78. DESTINATION

목적지를 말한다. 여행의 최종 목적지 또는 관광여행의 완료지점을 일컫기도 하며 왕복여행의 경우 목적지와 출발지는 동일한 지점이 된다.

79. DEPOSIT RESERVATION

호텔 예약시 객실사용 일수에 구분 없이 적어도 하루 객실 요금을 미리 받아두는 예약제도를 말한다. 이 경우는 고객이 늦게 도착하더라도 1일 사용분의 객실을 남겨 놓아야 한다.

80. DOUBLE BOOKING

이중 예약이다. 동일한 여객이 동일노선의 1회 여행에 대해 두 번 이상 중복하여 예약을 하거나 또는 동일한 투숙객이 객실을 2회 이상 동일한 호텔에 대하여 예약을 하거나 하는 경우를 말한다.

81. DSR(Daily Sales Report)

항공권 판매에 대한 일일보고서이다. 매일 판매한 항공권의 손익, 판매량 등을 알아내는 일련의 정산작업을 말한다. 판매한 티켓담당자, 티켓번호, 판매액, DC금액 등을 적어서 작성한다. 이 작업이 되어야 Package상품에서 순익, 차액, 지급수수료 등을 계산할 수 있다.

82. DUPE(Duplicate Reservation)

이중 예약. 동일인의 승객이 동일노선에 대해 두 번 이상 중복 예약하는 것

83. E / B(Excess Baggage)

초과 수하물

84. E / D CARD(Embarkation / Disembarkation Card)

출입국 카드. 한 국가를 출입국 하는 경우에 자신의 신분을 기입한 후 이를 출입국 관리사무소에 제출하는 신고서이다. 입국심사 또는 출국심사시에 제출해야 한다.

85. EN ROUTE

여행 도중(ON THE WAY)

86. ENDORSEMENT(ENDS)

전환 승인, 즉 항공권에 지정된 항공사가 아니더라도 타 항공사로 여행이 가능한 행위를 말하며 항공권의 경우는 Endorsement가 금지되지만 항공사측에서 Over Booking 등으로 Deny Boarding(Db)이 이루어진 경우는 타 항공사로 양도를 해주며 선진 항공사의 경우는 이러한 Endorse 발생시 손님에게 Penalty Charge를 주기도 한다.

87. ENTRY VISA

입국사증이다. 주로 '비자'라고만 호칭해도 무방하다. 그러나 경우에 따라서 출국사증(EXIT VISA)을 요청하는 경우도 있으므로 이와 구분할 때 사용되는 용어이다.

88. ESCORT

Tour Guide 또는 Tour Conductor를 말하는 것으로 유럽지역에서 주로 사용된다.

89. ETA(Estimated Time of Arrival)

도착 예정시간이다. 실제 항공기 도착시간은 ATA(Actual Time of Arrival)이다.

90. ETD(Estimated Time of Depature)

출발 예정시간이다. 실제 항공기 출발시각은 ATD(Actual Time of Departure)이다.

91. EURAIL PASS

지정된 기간 동안 유럽 전역을 운항하는 Eurail Train에 무제한 탑승할 수 있는 제도에 의해 발행된 표

92. EUROPEAN PLAN

숙박요금제도의 하나로 식사가 따르지 않고 객실료만 계산하는 제도이다. 흔히 EP라고 한다.

93. EVEN POINT

손익분기점. 불가피한 요금의 할인이나 저가정책 수립시 최소한 지켜야 할 마지노선으로 볼 수 있다. 손해도 이익도 없는 매출액으로 그 이상 매출이 발생해야 이익이 생기기 시작한다.

94. EXCURSION FARE

개인에게 적용되는 왕복할인요금이다. 주로 동남아지역의 할인항공요금에 많이 적용된다.

95. EXCESS BAGGAGE

초과 수화물이다. 무료 수화물 허용량(Free Baggage Allowance)을 초과하는 수화물을 지칭할 때 사용되며, 초과된 수화물에 대해 여객이 운송기관에 지불하는 요금을 초과수화물운임이라고 한다. 국제선의 경우 클래스에 관계없이 kg당 대인 편도 퍼스트 클래스 정상요금의 1%가 부과된다.

96. EXTRA SECTION / FLIGHT

정기적으로 운항되지 않고 필요할 때마다 설정되어 운항되는 부정기 항로나 부정기편을 말한다.

97. FAM TOUR(Familiarization Tour)

여행전문가들이나 대리점의 관계자들에게 판매인의 상품과 서비스를 친숙하게 하

고 판매를 증진시키기 위해 제공되는 여행으로 주로 각국의 관광청이나 지역관광청 등에서 주관한다.
항공사나 여행도매상, 기타 공급업자들이 특정 관광지를 홍보하기 위하여 여행사 또는 관련업자들에게 제공하는 Tour이다.

98. FAMILY PLAN

어린이를 동반하는 부부 손님에 대하여 추가요금을 적용하지 않는 특별객실요금

99. FBA(Free Baggage Allowance)

무료 수하물 허용량

100. F.I.T(Foreign Independent Tour)

Escort가 없는 개인의 외국여행

101. FLAT RATE

균일 요금

102. FLIGHT(FLT)

항공편

103. FOC

무료(Free Of Charge)

104. FREE BAGGAGE

특별한 경우를 제외하고 아래와 같이 적용된다(동남아 · 유럽 · 일본).
FIRST CLASS : 40KG
BUSINESS CLASS : 30KG
ECONOMY CLASS : 20KG
(단, 미주는 예약 Class 관계없이 2 Piece로 32kg×2개만 가능)

105. FREE SALE AGREEMENT

타 항공사의 좌석현황에 관한 정보의 교환 없이 사전 약정된 조건에만 부합되면 관광자에게 해당항공에 대한 좌석예약을 즉석에서 해줄 수 있도록 항공사 간 체결한 상호협정

106. FTBS(Frequent Traveller Bonus System)

대한항공 상용고객 우대제도. 일종의 항공사 자체의 고객에 대한 보너스제도로 볼 수 있으며 상용고객에게 누적된 실적만큼의 이점을 주고 있는 Mileage-System이다.

107. G.I.T(Group Inclusive Tour)

ESCORT가 동행하는 여행

108. G.M.T(Greenwich Astronomical Obsevatory Mean Time)

영국 런던의 교외 Greenwich를 통과하는 자오선을 기준으로 한 Greenwich 표준시를 중심으로 타 지역 표준시를 결정한다. 그리니치 표준시를 0시로 하여 각 지역의 표준시와의 차를 시차라고 한다. 지구는 각각 동서로 경도가 180도씩 15도마다 1시간의 시자를 갖게 된다. 한국은 동경 135도를 표준시로 정하여 G.M.T. (+9)이고 9시간 G.M.T.보다 빠르다.

109. GO SHOW PASSENGER(Stand By)

만석 혹은 운임상의 제한 등에 의하여 예약할 수 없는 관광자가 만약 여석이 생기면 탑승하려고 공항까지 와서 탑승을 기다리는 것이다. 이것은 출발시까지 예약을 취소하는 고객이나 No Show 고객이 생기면 남는 좌석을 배정받을 수 있기 때문이다. Standby Passenger라고도 한다. 항공사의 입장에서는 손님의 경위를 충분히 들은 후 해당 Show 고객에 대해서는 Stand-By 1순위로 시켜주는 것이 관례이다.

항공사가 Over-Booking을 하기 때문에 예약을 늦게 하면 Waiting으로 예약되는 경우가 있는데 이때 여행사는 '우선순위(Priority) 대기자 명단'에 넣어주도록 요청을 하기도 한다. 노선에 따라서 No-Show가 많이 생겨 Stand-By를 해도 쉽게 좌석을 받을 수 있기도 하지만 괌, 사이판, 중국처럼 국내 취항 항공사가 적은 노선의 경우는 Stand-By를 해도 어려운 경우가 많다.

110. GRP(GROUP)

단체

111. GSA(General Sales Agent)

총판대리점이다. 항공사가 해외의 항공시장에서 지점이나 영업소를 개설하여 판매활동을 전개하기 힘들다고 판단될 때 다른 항공회사나 여행사 등과 같은 기업들을 총판매대리점으로 지정하여 해당국가 또는 해당지역 내에서 대리점을 감독하고 홍보 및 선전활동을 전개하도록 하는 방법이다. 당해국 정부와의 교섭창구로 활용하는 경우도 흔히 있다.

112. GTR(Government Transportation Request)

정부 및 산하단체가 항공사와 특별계약을 맺어 SPECIAL 요금을 적용시키는 것으로 이때 여행사는 INVOLVE 못한다.

113. GTO(Government Tourist Office) / Nto(National Tourism Organization)

정부관광기구

114. GV

GIT(Group Inclusive Tour) 운임을 적용하는 경우에 항공권 면에 표시하는 코드이다. 만일 GV25라고 하면 이것은 25명을 최대 필요인원으로 하는 GIT 운임을 말한다.

115. HAND CARRY BAGGAGE

기내 반입수하물, 출국 수속시 부치지 않고 기내에 여행객이 가지고 탑승할 수 있는 수화물이다. 그러나 수화물에는 제한이 따르므로 탑승 수속시 카운터 직원에게 문의하는 것이 좋다. 다른 말로는 Accompanied Baggage, Unchecked Baggage 라고도 한다(가로, 세로, 높이 합이 115cm 이내 되는 것으로 항공기내 좌석 밑이나 선반에 올려놓을 수 있다).

116. HLDG(Holding)

현 상태를 진전 없이 그대로 유지하는 것을 말한다.

117. IATA(International Air Transport Association)

국제연합(UN)의 전문기구인 국제민간항공기구의 협의기관으로 1945년에 설립되었으며 항공운송에 예상되는 각종 규정 및 절차의 표준화를 목적으로 한다. 특히 항공운송의 운임결정과 요금정산의 기능을 수행한다.

118. ICAO(International Civil Aviation Organization)

국제민간항공협정에 의하여 1947년도에 설립된 국제민간항공기구이다. 본부는 캐나다의 몬트리올, 가맹국은 185개국이며 한국은 1952년도 12월에 가입하였다.

119. IMMIGRATION

출입국관리를 말한다.

120. INDV(Individual)

개인 손님. 반대말은 GRP

121. INT(Interline)

국제선

122. JOINT OPERATION

공동운항이라는 의미이며 이것은 항공 협정상의 문제나 경쟁력 강화를 위하여 2사 이상의 항공회사가 공동운항을 하는 것이다.

123. KICK BACK

리베이트(Rebate)의 의미로 항공사에서 여행사에 판매촉진을 위하여 일정량의 티켓 판매를 달성하면 인센티브로 Pf Ticket 또는 일정금액의 Rebate를 주는 것을 말한다. 과거 이 의미는 랜드사와 여행사 수배담당자 사이에 뒷거래를 뜻하는 부정적인 의미로 사용되기도 하였다.

124. LAND ARRANGEMENT

여행자들이 외국의 여행목적시에 도착하여 그 나라를 떠날 때까지 Tour Operator에 의해서 제공되는 모든 서비스를 말한다.

125. LAND OPERATOR

일반적으로 현지 제반 수배상항 대행 여행사를 통칭하며, Out-Bound 입장에서 현지 여행사를 바라본 입장이다. 그러나 일부는 국내인이 현지 법인 여행사를 설립한 후 국내 연락사무실을 개설하여 국내 시장을 공략하는 경우가 많다.

126. LOAD FACTOR

탑승객 수를 전체 좌석수로 나눈 숫자

127. LOCAL TIME

표준시(G.M.T.)에 대한 현지 지방의 시간을 말하는 것으로 TIMETABLE이나 모든 교통기관의 시간표에 기재되어 있는 출발시간과 도착시각은 현지시간을 기준으로 기록되어 있다.

128. LOST AND FOUND

유실물 취급소. 공항이나 역에 있는 유실물 취급소

129. M.C.O(Miscellaneous Change Order)

항공사가 손님 또는 여행사에게 Penalty로 지불하는 별도의 지불수단인 Coupon이다. 즉 추후 발행될 항공권의 운임 또는 해당승객의 항공여행 중 부대 Service Charge를 선 징수한 경우 발행되는 지불 증표이다. 그 용도는 초과 수화물, 재발행, 항공운임 지불용, Tax 및 호텔비용, Pta, Up-Grade Charge 등인데 일종의 어음과 같은 성격을 갖는 유가증권이다.

130. M.C.T(Minmum Connection Time)

연결항공편 최소 허용시간으로 항공연결편 간에 승객과 수화물이 탈 수 있는 최소한의 시간을 의미한다.

131. MAP(Modified American Plan)

수정된 미국식 숙박요금제도로서 통상 숙박과 조식이 포함되는 요금에 석식까지 포함된 요금이다. 즉, 1박 2식의 요금을 말하며 Demi-Pension, Half-Board, Half-Pension이라고도 한다.

132. MEAL PLAN

하루에 한 번 또는 그 이상의 식사를 제공할 것인가에 대한 계획

133. MINIMUM GROUP SIZE

단체를 구성하는 최소한의 인원수

134. MIS CONNECTION

여정의 탑승 예정편이 운항을 중지하거나 혹은 비행사정에 의해 늦게 도착함으로 해서 다음 예정 비행편에 탑승을 하지 못할 때를 말한다(이때 항공사에서 숙박 및 숙식을 제공해 준다).

135. MORNING CALL

Wake Up Call, 즉 손님의 요구에 따라 아침에 깨워주는 서비스이다.

136. MSP(Minimum Selling Price)

각 항공사는 노선구조, 운항횟수, 수요의 동향, 경쟁사의 가격 등 여러 가지 요인을 고려하여 실제 판매활동을 하는 공시운임에서 할인된 시장가격

137. NEGO(Negotiation)

협상, 교섭을 의미하는데 주로 가격협상을 말한다. 즉 정상가 또는 보통의 가격에서 조정과 협상을 거치는 것을 말한다. 도매여행사가 소매여행사에 주는 수수료는 세일즈맨의 경우 Comm Rate를 9~12%까지 조절할 수 있으며, 티켓의 경우에도 경쟁사에 비해 가격경쟁력이 떨어지면 NEGO를 하여 맞추어 팔 수가 있다.

138. NON ENDORSABLE

변경 불가. 항공사가 항공권을 발행할 때 항공권편이나 타 항공회사 항공편으로 변경이 불가하다는 의미이다. 즉 타 항공사 항공기로 바꾸어 탈 수 없다는 의미이며 대개의 할인 항공권이 이러한 제약을 받는다. Endorsable의 경우에는 발행항공사가 운송항공사에 해당 운항구간에 해당하는 정상요금 분을 지급하기 때문이다.

139. NON RECORD(NO REC)

항공권상에는 예약 필이라고 기입되어 있으나 탑승지 운송지점에서는 그 여객에 관한 예약기록이 없는 상태를 말한다.

140. NON REFUNDABLE(NON REF)

발권 용어로는 환불을 금지하거나 제약하는 취지의 표시로서 항공권 면의 Form Of Payment란에 'NON REF'라고 기입한다. 이것은 주로 할부방식 등과 같이 환불을 하는 데 제약이 있는 지불수단에 의해서 항공권이 발행되거나 운임 자체가 대폭 할인되어 있어 환불을 금지하고자 할 경우 사용한다.

141. NON-SUB(Non Subject to Load)

무료 또는 할인항공권을 소시한 여행객으로 좌석예약이 되는 경우를 말한다. 좌석예약이 되지 않는 경우는 'SUBLO'로 좌석이 있어야 탑승이 가능한 경우이다. NON-SUB에 해당하는 경우는 TC에게 발행되는 'TG50' 또는 'TG00'으로 표기되는 항공권이나 여행사 직원에게 발행되는 'AD75'로 표기되는 항공권 등이다.

142. NON STOP

무착륙 또는 도중 기항을 하지 않는 항공운항을 말한다. 직행 또는 목적지까지 중간 기항지 없이 비행하는 것이다(Direct는 직행 또는 목적지까지 중간에 경유해서 비행하는 것, 단 동일한 비행편에 한한다).

143. NO-RECORD

관광자가 탑승 수속시 예약된 Ticket을 제시했으나 항공사측에는 예약을 받은 기록이나 좌석을 확인해 준 근거가 없는 상태를 말한다.

144. NO SHOW

예약 후 당일 공항에 나타나지 않는 손님

145. NORMAL FARE

정상요금 또는 보통요금이라고 한다. 1년간 유효한 운임으로 특별운임(Special Fare)에 부수되는 제반 제한이 전혀 없다.

146. NUC(Neutral Unit of Construction)

각국 통화가치의 미흡한 실세 반영 및 사용자들에 의한 운임계산 규정의 악용 및 오용으로 말미암아 새로운 통화규정으로의 전화 필요에 따라 사용되는 가상의 화폐 단위를 말한다.

147. OAG(Officail Airline Guied)

전세계의 국내·국제선 운항항공사의 시간표를 중심으로 운임, 통화환산표 등 관광에 필요한 자료가 기록된 간행물이다. 영국에서 매월 발행되는 ABC와 함께 전 세계의 항공 및 여행업계에서 가장 널리 쓰이고 있다.

148. OAL(Other Air Line)

국적기(KE / OZ)가 아닌 외국 항공사를 일컫는 말이다. 외국 항공사 직원은 두 가지로 나뉜다. Own Staff(On Staff, On Line Staff)는 외국 항공사 직원 중에서 본사에서 인사권을 행사하는 정식직원이다. 그러나 본사의 경우는 인건비 절감 및 고용의 탄력성을 위하여 GSA 대리점을 정하고 직원을 두는데 임시직 또는 GSA 직원으로 채용하려는 경향이 있다.

149. OFF SEASON FARE

비수기 운임. 여행 비수기에 제공하는 할인운임을 말한다.

150. OP(Operator)

주로 수배담당자를 말한다.

151. OPERATION

'수배'라고 통칭되며 크게 항공수배와 지상수배로 나눌 수 있는데 대개는 지상수배를 의미한다. 지상수배의 내용은 ① 현지협력사 선정, ② 지상조건 확정(호텔, 식사, 가이드, 관광일정, 차량 등) 행사요금 조정, ③ 행사 진행시 안내원을 통한 현지의 행사 준비사항 점검 및 원활한 행사진행 유도, ④ 행사종료 후 고객의 고충사항 처리 등이다.

152. OPEN 발권 / OPEN TICKET

탑승일자가 구체적으로 기재되지 않은 탑승권으로 주로 출발일만 지정하고 RTN (Return)을 지정하지 않는 것을 말한다. 유학생의 경우 돌아올 정확한 날짜를 정하기 어려우므로 1년짜리 티켓을 Open으로 발권해간다. 돌아오는 예약은 손님이 직접 해야 한다. 일반적으로 할인항공권의 경우 Open 발권의 혜택은 주어지지 않으며 저렴한 항공권일수록 돌아오는 날짜를 정확하게 지정해야 한다.

153. OPTION TOUR

선택관광. 임의관광이라고도 하며 포괄상품에 포함되지 않고 필요에 추가로 지불하고 선택하도록 하는 관광이다.

154. OPUS

Operational Planning & Utilization System의 약어로 운항정보시스템을 말한다. 항공기상, 개별 항공기 자료 및 항공편의 진행사항 등 항공기 통제업무를 Data Base화한 시스템

155. ORG(Official Railway Exchange)

세계의 철도 시각표

156. OVER BOOKING

초과 예약. 호텔이나 항공회사가 예약상태가 이미 다 찼는데도 불구하고 다소의 취소가 있을 것으로 예상하여 그 수용가능한 객실과 좌석수의 예약을 접수하거나 판매하는 것을 말한다. 보통 항공사의 경우 정원의 120%까지 IATA에서 공식적으로 인정해 준다.

157. PASSENGER COUPON

국제선 항공권의 제일 마지막 장으로서 여행의 종료 후 남게 되는 장이다. 이것은 여행의 기록과 운송계약의 증거서류로서 영수증의 의미가 된다.

158. PBT

PC Based Terminal

159. PF TICKET(Price Free Of Ticket)

항공사에선 판매촉진을 위하여 다양한 Promotion을 진행한다. 여행사에 광고비 지원, 우수 여행사 직원의 인센티브시 현찰로의 지원이 아닌 위와 같은 PF Ticket으로 지원을 한다. 이는 일반 FOC 항공권과는 달리 마일리지 등에 전혀 제약이 없으며 다만 항공권의 운임 표시란에 공짜를 표시하는 00이 찍힌다.

160. PICK UP SERVICE

차로 사람을 마중 나가는 일로 특히 여행업자가 공항에 여행자를 마중하는 일과 여행업자의 수화물을 받아들이는 경우에 쓰인다.

161. PLANT TOUR

Technical Tour와 같은 의미로 미국에서 주로 쓰인다. 산업관광, 공장견학을 말한다.

162. PNR(Passenger Name Record)

승객의 예약상황 및 진행상황이 기록되는 것으로 일종의 항공예약상황 시작부터 변동상황, 종료까지의 History 기록상황을 말한다. 여기에는 여정(Itinerary)이 포함된다. Pnr Address는 알파벳과 숫자의 6자리 조합으로 구성된다.

PNR마다는 고유번호(Address)가 주어지고, 승객의 영문이름, 여정, 연락처 등이 기록되는데 승객의 이름은 여권, 항공권, PNR의 이름이 모두 일치되어야 한다. 만일 철자 한 개라도 틀리면 탑승이 거절될 수 있다.

163. P / P(Per Person)

Per Person. 1인당이라는 의미로 쓰인다.

164. PPP(Package Promotion Plan or Paper)

여행업계에서 모객상황, 가격표, 호텔 등의 정보를 얻을 수 있는 List이다. 1주에 3번 정도씩 발행된다.

165. PTA(Prepaid Ticket Advice)

항공운임을 지불하는 사람과 실제로 탑승하는 여객이 지리적으로 떨어져 있는 경우에 지불인으로부터 항공요금을 영수한 항공회사가 탑승여객이 있는 지역의 항공회사에다 항공권을 여객에게 넘겨주도록 의뢰하는 통지를 말한다. 대개 이러한 티켓의 유효기간은 1년이며 환불은 Prepayer에게만 가능하다. 이 경우 MCO를 발행한다.

166. Reconfirmation

좌석예약의 재확인. 관광자가 관광 도중 한 지점에서 72시간 이상 체재하는 경우 늦어도 항공기 출발 72시간 전까지 부재 또는 계속 편에 대한 예약을 재확인해야 하는 규칙이다.

167. REFUND & VOID

티켓을 발권하고 나서, 사정이 생겨 예약을 취소해야 하는 경우가 있다. 티켓을 발권하면 BSP 가맹대리점은 티켓 발권상황을 정기적으로 BSP에 보고를 해야 하는데 이미 보고가 들어가기 전이면 발권한 티켓을 무효화(VOID)시킬 수 있다. 보고가 이미 들어간 티켓의 경우 티켓을 환불받으려면 별도로 환불신청(REFUND)을 한다. 환불은 VOID보다 절차가 복잡하고 환불받으려면 몇 달이 소요되는 등 시간도 많이 걸리고 항공사에 따라서는 환불 CHARGE가 징수(DL : DELTA AIRLINES, UA : UNITED AIRLINES 등)되기도 하므로 주의해야 한다.

또한 여행사는 항공사에 담보금(○○여행사의 경우 9억 원)을 걸어두고 티켓을 받아오고 있으므로 이러한 담보금에 대한 은행이자 비용의 지출에 대한 부담으로 VOID된 티켓에 대해 자체적으로 담당자에게 일정액의 CHARGE를 부담시키기도 한다.

* 보고일은 한 달에 4회이다. 1~7일, 8~15일, 16~23일, 24~31일까지 주기로 나누어 구분한다. 즉 2일에 발권한 것은 4일에 CXLD되고 5일에 티켓을 담당자에게 가져다주면 VOID 처리를 할 수 있다. 그러나 이것을 8일에 가져다주면 환불신청(REFUND)을 해야 한다.

168. REISSUE

항공권의 재발행, 이미 발행된 항공권의 여정 변경, 항공사 변경, 좌석등급 변경 등

의 사유로 차액을 징수 혹은 지불하여 재발권 해주는 행위

169. REN(Refound / Exchange Notice)

승객이 티켓을 반납하고 돈의 재지불 요구를 대비해서 준비해 둔 문서

170. REQUEST(RQAT)

항공좌석이나 호텔객실 그리고 투어예약을 신청할 때 '요청'이라고 한다.

171. REROUTING

여정 변경

172. ROE(IATA Rate of Exchange)

출발지국 통화로 되어 있는 운임을 NUC로 환산할 때 사용되는 교환율로 IATA에 의해 1년에 4회 발행되며, 각 3개월간 동결 적용함을 원칙으로 한다.

173. ROOMING LIST

Rooming은 방 배정을 말한다. 즉 방 배정을 위해 고객의 목록을 미리 작성하고 호텔에 투숙할 시에 객실의 호수를 함께 적어 넣게 된다. 호텔에서는 객실투숙 고객명단이라고 한다. 단체여행객의 경우 TC는 단체의 Rooming List를 작성하여 이를 참조하여 모닝콜, 필요한 연락 등을 취할 수 있다.

* 단체여행은 주로 2인 1실을 기준으로 방이 배정된다. 만일 손님이 홀수라서 남자가 혼자 자게 되거나 여자가 혼자인 경우 TC와 함께 방을 쓰게 된다. 또한 손님들 중에 추가비용(Extra Chagc)을 부담하고 싱글룸을 요구하는 경우도 있다.
* SINGLE / TWIN / TRIPLE / QUAD ROOM : 1인 1실, 2인 1실, 3인 1실, 4인 1실의 방을 말한다. 따라서 침대도 Single Bed, Twin Bed, Double Bed로 구분된다. Twin Room의 경우 Single Bed가 둘이거나 Double Bed가 한 개 놓여 있다. 또는 Single Bed와 Twin Bed가 놓여 있는 경우도 있다.

174. ROP(Receive Only Printer)

출력전용 프린터

175. SAFETY BOX

호텔 내에 비치된 귀중품 보관금고를 말한다.

176. SAFETY BELT : 안전벨트(안전띠)

기내 좌석에서 승객의 안전을 위한 장치로 보통 이륙, 착륙, 기상변동으로 인한 흔들림 시에는 안전벨트 착용 경고 등이 뜨며 안전을 위하여 계속 착용하는 것이 좋다.

177. SEG(SEGMENT)

동일한 FLT에서 발생한 여객의 탑승지 또는 화물의 탑승지부터 화물의 하기지점까지의 구간을 의미하며 LEG 또는 복수의 LEG로 구성된다.

178. SENDING SERVICE

국외여행시 출국을 위해 공항에서 해야 하는 Boarding 절차를 대행해주는 서비스이다. Boarding Pass 수령, 수하물 수속, Baggage Tag 부착, 일정표 배포, 출입국카드 작성 등을 대행한다.

IATA 규정(RULE)에 탑승객은 국제선의 경우 출국시간 2시간 전에 공항에 도착해야 하는 것으로 되어 있다. 따라서 Sending Service는 비수기의 경우 두 시간 전에, 성수기의 경우에는 두 시간 반 전에 이루어져야 한다. 이 서비스는 여행사의 중요한 업무 중의 하나로 시간지연으로 인해 탑승하지 못할 경우 여행사의 신뢰에 문제가 생길 뿐만 아니라 직접적으로 금전적인 손실이 발생하는데 금전적인 손실에 대해서는 담당자가 부담하는 경우도 생긴다.

179. SHUTTLE SERVICE

예약을 접수하지 않고 근거리 지점 간을 빈번하게 왕복하는 열차나 버스서비스를 말한다.

180. S.I.T

Special Incentive Tour

181. SITA(Societe Internationale Telecommunications Aeronautiques)

국제항공통신 공동체를 말한다.

182. SPA(Special Proration Agreement)

특정 구간에 대해 정상적인 정산가보다 낮은 금액으로 정산할 것을 항공사 상호간에 합의한 계약

183. SPECIAL FARE

항공운임 중 정상운임 이외의 것을 통칭하기도 하지만 좀 더 자세하는 보통운임과 할인운임 이외에 것을 특별운임이라고 한다.

184. STA(Scheduled Time of Aircraft Arrival) / STD(Scheduled Time of Aircraft Departure)

시간표상에 나와 있는 항공기의 도착시간과 출발시간

185. STOP OVER(도중 체류)

항공여객이 출발지와 목적지 간 어느 한 지점에서 항공사의 승인을 얻어 국내선은 4시간, 국제선은 24시간 이상 의도적으로 여행을 중지하는 항공여행의 계획적 중단(Break of Journey)을 말한다.

186. STPC(Stopover On Company'S Account)

항공사의 비행 스케줄이 당일 항공편 연결이 안 될 때 주 노선 항공사가 승객의 숙식을 제공하는 것이다. 항공사는 고객을 위해 Meal Coupon과 공항 근처에 HTL(Hotel) 등 Accomodation을 제공해 준다. 일본의 항공사를 이용하여 호주 등을 여행할 때 가장 빈번하게 일어난다.

187. SUBLO TICKET(Subject To Load)

위의 FOC와 AD TKT가 여행사 직원용이라면 이것은 항공사 직원의 할인 티켓이다. 보통 90%의 할인을 받거나 무료이며 이 항공권 역시 좌석확정이 되지 않고 마일리지 적용 등을 받지 못한다. 그리고 이것은 사전에 예약이 인정되지 않고 잔여석이 있을 때 탑승할 수 있는 제도를 말한다.

188. SURFACE

여정 중 항공으로 연결되지 않는 구간이라서 항공을 이용하지 않고 다른 교통수단을 이용하는 경우를 말한다. 예를 들면 여정이 서울에서 동경을 가서 동경에서 오사카 기차를 이용하고 오사카에서 서울로 돌아오는 경우 표시는 SEL-TYC-X-OSA-SEL로 하고 동경과 오사카 구간은 SURFACE 구간이라고 이야기한다.

189. TARIFF

항공관광자 운임이나 화물요율 및 그들의 관계규정을 수록해 놓은 운임요율 책자

190. THROUGH BOARDING

서울을 출발하여 프랑크푸르트를 거쳐 파리까지 갈 때 수화물을 최종 목적지인 파리까지 부치고, 보딩패스 SEL→FRA 1장 FRA→PAR 1장 모두 2장을 받는데 이를 쓰루보딩이라고 한다.

191. THROUGH CHECK IN

단일항공편으로 여정이 끝나지 않고 연결항공편을 가지고 있는 관광자가 수화물을 처음 출발 수속시에 한 번만 하고 최종 항공편의 목적지까지 부치는 것을 말한다.

192. TICKETING TIME LIMIT(TKTL)

항공예약을 마치고 나서 항공권을 구입해야 할 시한을 설정할 때 사용한다. 즉 항공

권 대금지불기한을 말한다.

193. TIM(Travel Information Manual)

각국의 출입국 수속에 관한 최신의 규칙을 모아 놓은 것으로 각국의 출입국 관리규칙, 사증, 세금, 통관 등의 정보를 기록한 월간 간행물이다.

194. TIME DIFFERENCE

설정 동쪽을 +12가지 시간대, 서쪽을 -12가지 시간대로 나눈 것

195. TIMETABLE

각종 항공 스케줄 및 운항시간 등이 기록되어 있는 책

196. TOPAS(Total Passenger Service System)

대한항공이 사용 중인 예약전산시스템의 고유명칭. 많은 기능을 보완하여 선진항공사들과 경쟁을 할 수 있을 정도의 향상된 종합여행정보시스템으로서의 면모를 갖추고 있다.

197. TRANFER / TRANSIT

항공여행 도중 기착지에서 갈아타기. TRANSFER는 타고 온 비행기와 다른 비행기로 갈아타는 것을 말하고 TRANSIT은 원래 타고 온 비행기를 계속 타고 가는 것을 말한다.

198. TRAVELLER'S CHECK

여행자수표. 해외여행시 많은 외화를 현금으로 소지할 경우 분실이나 도난의 위험이 있으므로 소지의 간편함과 사고방지를 위해 사용되는 것으로 수표의 일종이다.

199. TURN AWAY

빈 객실이 없어 예약하지 않고 찾아온 손님을 거절하여 돌려보내는 일로 Over Booking을 한 호텔을 다른 호텔로 예약해주는 것을 말한다.

200. TWOV(Transit Without Visa)

여행객이 비자가 요구되는 경유지 국가를 비자 없이 경유하려고 할 때 적용하는 것이다. 예를 들어 한국에서 미국이나 일본을 경유하여 캐나다를 갈 때 미국은 TWOV가 필요하다. 이 경우 여권과 항공권을 제시하면 공항에서 TWOV가 적용되어 Shore Pass를 받는다. 이것이 비자 없이 체류가 가능한 입국허가증이다. 단, 미국은 8시간, 일본은 72시간 체류가 가능하며 이때 반드시 입국지와 출국지가 동일해야만 한다.

201. UM(Unaccompanied Minor)

비동반 소아운임 최초 여행일 기준 만 3개월 이상 12세 미만 승객으로서 성인 보호

자 없이 혼자 여행하는 승객에게 적용하는 운임

202. UP GRADE

낮은 등급의 좌석에서 높은 등급의 좌석을 이용할 수 있도록 하는 것이며 반대의 의미는 Down Grade이다.

203. VALIDATION

유효날인이란 말로 여객항공권이 운송인에 의하여 공식 발행되었음을 표시하는 항공권상의 날인

204. VAT(Value Added Tax)

부가가치세. 모든 이익에는 그 이익에 대해 법적으로 10%의 부가가치 세금이 부가된다. 자국 내에 입국하여 상품과 서비스를 구매한 외국인에 대해 환급이 적용된다.

205. VOID

무효. 항공권이나 여권을 무효화시키는 경우 기입한다.

206. VOUCHER

지불확정서로 일종의 상품권 또는 상품교환권으로 유가증권의 의미를 갖는다. 주로 여행사나 투어 오퍼레이터가 호텔, 식사, 관광 또는 다른 여행상품에 대해 미리 지불하였을 때 발행받는 문서이다. 따라서 Voucher는 여행서비스를 교환하는 수단으로 사용되기 때문에 Voucher의 발행은 사전에 업체 간 '지불이행보증계약'을 통해 이루어 져야 한다. 지불능력이 없는 업체의 Voucher를 믿고 선지불하는 경우 서비스를 제공받지 못할 때 큰 문제가 발생하기 때문이다. Voucher에는 Hotel Voucher(여행사와 호텔 간의 계약), Tour Voucher(여행사 간의 계약), Transportation Voucher(여행사와 교통수단 즉 차량, 철도, 유람선 등과의 계약) 등이 있다.

207. VUSA 요금

VISIT USA FARE, 즉 미국 방문객운임이다.

208. WAITING LIST

판매 가능한 좌석이 모두 예약필로 되었을 때 예약 취소를 기대했다가 탑승하는 것을 Waiting이라 하며 이들 공석을 기다리는 관광자의 List(대기자 명단)를 말한다.

209. WAITING CLOSE

항공권 예약시 좌석상태가 이미 초과되어 더 이상의 예약이 불가능한 상황을 말한다.

210. WAIVER

규정에 벗어나지만 요금, 일정 등의 규정위배 부분을 묵인 또는 승인해주는 것을

말한다. 예를 들어 기 발권된 항공권의 항공요금이 변경되었는데 재발행할 경우 인상 전 요금을 적용해주는 Waiver를 실시하고 Endorsement에 그 내용을 기재한다.

211. WORLD TIME ZONE

영국 런던 외곽의 그리니치 기상천문관측소의 시간을 국제 표준시(G.M.T. 0)

212. WTO

World Tourism Organization(세계관광기구)

고종원 외(2001). 여행업경영실무론, 대왕사.
김영규(2001). 여행사경영과 실무, 대왕사.
도미경(1998). 여행사경영분석모델개발에 관한 연구, 경기대학교 박사학위논문.
______(2002). 여행사경영실무론, 대왕사.
______(2002). 동양사상을 근거로 한 관광에 관한 고찰, 한국여행학회, 여행학연구.
______(2003). 관광서비스론, 백산출판사.
______(2003). 관광과 여행의 의미에 관한 연구, 한국관광학회, 관광학연구.
______(2004). 관광의 정신적 가치 확립에 관한 연구, 한국관광학회, 관광학연구.
______(2004). 관광의 본질과 이상향 탐구에 관한 연구, 관광경영학회, 관광경영학연구.
윤대순(1997). 관광경영학원론, 백산출판사.
______(1997). 여행사경영론, 기문사.
______(1997). 여행사실무론, 기문사.
윤병국 외(1999). 여행사경영실무론, 학문사.
이교종(2000). 여행업실무, 백산출판사.
이기을(1996). 경영관리론, 박영사.
이선희(2001). 여행업경영개론, 대왕사.
이효익 외(1998). 회계원리, 신영사.
임용식(1998). 국외여행안내업무론, 학문사.
임헌국(2000). 여행사실무의 이해, 기문사.
장희정 외(1999). 여행사경영론, 백산출판사.
정수영(1996). 신경영학원론, 박영사.
정익준(2000). 최신여행사경영론, 형설출판사.
조봉진 외(1991). 최신마케팅원론, 도서출판 석정.
문화관광부(2005). 2004년 관광동향에 관한 연차보고서.
하헌국 외(2000). 여행사경영론, 대왕사.
한국소비자보호원(1996). 계약・약관규제법과 친구하기(개정판).

[외국서적]

Alston, A., Sharp(1979). Working in the Travel Business, Redwood Publishing.

Donald, E., Lundberg(1977). The Tourist Business, CBI Publishing Company Inc.

Lehman. A. D. & D. Embree(1988). Travel Agency Policies and Procedure Manual, Delmar Publishing.

Phillips, R. G. & Susan, W.(1983). Group Travel Operating Procedures, CBI Publishing Company, Inc.

Stevens, L.(1985). Guide to Starting and Operating a Successful Travel Agency, Merton House Travel & Tourism Publishers, Inc.

Reed Travel Group(1992). International Air Travel Handbook.

S. Wahab(1975). tourism Management, Tourism International Press Londo.

[기 타]

아시아나, 운항시간표.

대한항공, 운항시간표.

Air France, TIMETABLE.

Vietnam Air, TIMETABLE.

예약발권 및 운임정산 매뉴얼, 아시아나애바카스정보(주), 2004.

TOPAS 예약발권 및 운임정산 매뉴얼, 한진정보통신(주).

E-TICKTING, 토파즈여행정보, 2005.

하나투어, 분기보고서, 공시정보, 2009.

자유투어, 분기보고서, 공시정보, 2009.

롯데관광, 분기보고서, 공시정보. 2009.

모두투어, 분기보고서, 공시정보, 2009.

[웹사이트]

http://www.mct.go.kr(문화관광부)

http://www.knto.go.kr(한국관광공사)

http://www.mofat.go.kr(외교통상부)

http://www.koreatravel.or.kr(한국관광협회)

http://hotelskorea.or.kr(한국관광호텔협회)

http://www.Kata.or.kr(한국일반여행업협회)

http://www.iata.or.kr(국제항공운송협회)

http://www.tourguide.or.kr(관광통역안내원센터)

http://www.airport.or.kr(인천국제공항)

http://www.flyasiana.com

http://www.goldtour.co.kr

http://www.topas.net

http://www.traveltimes.co.kr

http://www.travelportal.co.kr

http://www.modetour.co.kr

http://toisinco.co.kr

http://www.mastertour.co.kr

http://www.tourlet.com

http://www.hyuntour.co.kr

http://www.lottetours.com

http://www.hanatour.com

http://www. jautour.com

http://www. onlinetour.com

http://www. nextour.com

http://www.carlsontravel.com

http://www.Attic.co.kr

http://www.ThomasCook.com

도미경(都美慶)

경기대학교 대학원 졸업(관광경영학 박사)
서울여자대학교 경영학과 수석졸업
소성관광종합연구소 연구원 역임
아주여행사 국외여행인솔자 역임
이스타꼬레여행사 해외여행부 과장 역임
배재항공여행사 국외여행인솔자 역임
현재, 대덕대학 교수

논 문

관광경영분석에 관한 연구, 2005.
관광의 정신적 가치 확립에 관한 연구, 2004.
관광과 여행의 의미에 관한 연구, 2003.
인터넷시대 여행사의 전략에 관한 연구, 2000.
여행사의 경영성과에 영향을 미치는 요인에 관한 연구, 1999.
여행사 경영분석 모델개발에 관한 연구, 1998 외 다수

저 서

웰빙시대 여행사실무, 백산출판사, 2005.
관광서비스의 이해, 백산출판사, 2003.
여행사경영실무론, 대왕사, 2002 외 다수

신웰빙시대의 여행사실무

2010년 1월 20일 초판 1쇄 발행
2018년 8월 30일 초판 3쇄 발행

지은이 도미경
펴낸이 진욱상
펴낸곳 백산출판사
교 정 편집부
본문디자인 편집부
표지디자인 편집부

저자와의 합의하에 인지첩부 생략

등 록 1974년 1월 9일 제406-1974-000001호
주 소 경기도 파주시 회동길 370(백산빌딩 3층)
전 화 02-914-1621(代)
팩 스 031-955-9911
이메일 edit@ibaeksan.kr
홈페이지 www.ibaeksan.kr

ISBN 978-89-6183-235-9 93980
값 23,000원